PÁTRIA QUE PARIU

NIELSON PIMENTEL

KOTTER EDITORIAL

Coordenação Editorial: Sálvio Nienkötter
Editor-Executivo: Francieli Cunico
Editor-adjunto: Daniel Osiecki /Claudecir Rocha
Capa: Paula Villa Nova
Design editorial: Carlos Garcia Fernandes
Produção: Cristiane Nienkötter
Revisão e preparação de originais: O Autor

Dados Internacionais de Catalogação na Publicação (CIP)
Angelica Ilacqua CRB-8/7057

Pimentel, Nielson
Pátria que pariu / Nielson Pimentel. – Curitiba : Kotter Editorial, 2022.
376 p.

ISBN 978-65-5361-154-2

1. Ficção brasileira I. Título
CDD B869.3

22-5664

KOTTER EDITORIAL

Kotter Editorial Ltda.
Rua das Cerejeiras, 194
CEP: 82700-510 - Curitiba - PR
Tel. + 55(41) 3585-5161
www.kotter.com.br | contato@kotter.com.br

Feito o depósito legal
1ª Edição
2022

PÁTRIA QUE PARIU

NIELSON PIMENTEL

Dedico este livro à Bruna Cordeiro,
a pessoa cujo o apoio foi primordial. Deu-me segurança
e tempo suficiente para poder trabalhar exclusivamente
na escrita deste romance.

SUMÁRIO

Capítulo 1.

I

A alta umidade grudava na pele piorando a sensação de agonia. O suor escorria pelo pescoço, passava entre os seios morenos e fartos — não tão bonitos quanto antes, pois agora apresentavam estrias devido ao inchaço pela produção de leite. A barriga, outrora delgada e definida, estava com os chamados "pneuzinhos", graças às gorduras localizadas que apareceram na gravidez, os quais depois de um ano após o parto, ainda não haviam desaparecido.

— Também pudera, gêmeos, não bastava ser uma gravidez não desejada, tinham que ser gêmeos. — pensava Clara enquanto passava roupa sobre a cama.

Estava sentada com as pernas abertas e os joelhos dobrados para dentro, lembrando a posição de lótus, as costas curvadas para frente. Fixava a camisa com a mão esquerda, e com a direita segurava o ferro de passar, que não é um peso tão grande assim, entretanto, depois de segurá-lo por mais de uma hora, parecia uma marreta de 15 quilos.

O ombro e as costas estavam latejando de tanta dor, e para piorar, ainda tinha que ficar, vez por outra, olhando para a barriga flexionada com toda aquela gordura comprimida formando três filas de "pneus". O umbigo, agora fundo, estava transbordando o suor acumulado, escorrido dos sucos entres as "filas"; lembrando-a do corpo que, um dia, foi motivo de orgulho; hoje, vergonha. Não deveria sê-lo, principalmente porque os motivos dessa mudança corpórea eram as maiores alegrias de sua vida. Mesmo sabendo disso, ela não conseguia mais andar com a barriga exposta como antes. — "Pareço uma velha, e tenho apenas 21 anos." — Entristeceu.

O calor massacrante e a alta umidade de Belém, unidos ao ferro quente de passar, ao teto baixo com telhas de amianto, ao piso de cimento cru e, na parede, uma única janela ao lado da porta; nesse barraco considerados por eles como "casa", não fornecia uma estrutura adequada para circulação de ar. Devido a isso, a casa tornava-se uma panela de pressão.

— "Não sei como esses pequenos conseguem dormir assim." — pensava Clara olhando para os gêmeos deitados na cama do quarto ao lado. "Quarto" este separado por uma parede de tecido, uma cortina colocada por ela para separá-los sempre que Clayton queria fazer sexo.

Sexo, algo que um dia foi bom, gostoso, quente, impulsivo. Agora não tinha mais nada, não passava de algo tedioso e morno, tal qual uma piada repetida inúmeras vezes até perder a graça. Clara não queria que fosse assim, queria sentir aquele fogo, aquela paixão incontrolável; infelizmente, desde que passou a morar junto de Clayton, ele parece não se preocupar mais em excitá-la. Apenas dizia que queria foder, tirava a roupa, dava-lhe algumas estocadas, gozava, depois virava para dormir ou ver televisão.

Uma vez tentou recusar, ele estapeou seu rosto com força jogando-a ao chão. Disse que iria comê-la quer ela queira ou não, se não quisesse, iria apanhar até querer, porque quem mandava era ele. Ela decidiu fazer sexo com ele, faria obrigada de qualquer jeito mesmo, melhor ter o rosto limpo e o respeito ferido que ambos. Além do que, melhor fingir consentir a ter os filhos testemunhando a agressão, mais uma entre tantas.

Filhos, um acidente maravilhoso! Clara nunca tinha sentido felicidade tão grande, como foi no dia que segurou os dois filhos no colo. Não era boa em redação, nem matemática, nem pintura ou artesanato. Nunca havia produzido algo próprio, os quais fossem motivos de admiração e orgulho, por parte dela ou de outrem. Todavia, seus filhos eram perfeitos, mesmo sendo gêmeos nasceram grandes; também fortes, bonitos, corados e cabeludos. Constantemente muitos profissionais do hospital e outros pacientes, iam à sua enfermaria para admirar seus filhos e parabenizá-la pelo "trabalho".

— "Posso ser ruim em tudo, mas vou ser uma boa mãe — pensava quando segurava-os no colo durante a mamada. Contudo, atualmente não tinha tanta certeza se poderia sê-la, principalmente quando os filhos choravam de fome — Uma mãe boa de verdade não deixa seus filhos passarem fome — pensava Clara quando os observava sofrendo por isso — Mas hoje não, hoje sou boa. Estão até dormindo."

— Orgulhava-se enquanto lembrava deles comendo o mingau de farinha de mandioca com leite.

Uma certa preocupação começou a afligi-la. O leite havia terminado, sobrou apenas cerca de um quilo de farinha de mandioca; caso Clayton gaste todo o dinheiro em cerveja ou "bagulho", ou ambos, os gêmeos pelo menos poderão comer o famigerado "chibé" paraense — farinha de mandioca "baguda" com água — não é muito nutritivo, pelo menos a farinha incha com a água, dando sensação de saciedade e evitando a dor da fome. Ela não comeria nada, sentiria fome, pelo menos continuaria sendo boa mãe. — "Tenho que olhar pelo lado bom, essa banha acumulada aqui tem que diminuir." — pensou com um leve sorriso, pressionando sua gordura abdominal com força entre o polegar e o indicador; sabia que não iria acontecer isso, passou fome outras vezes, e aquela maldita banha continuava ali, apenas os braços, pernas, bunda e peitos encolhiam, porém, a banha não saia dali. Todavia, tinha que forçar o "pensamento positivo".

Pensar na fome a fez lembrar de esquentar o resto de arroz que sobrou do almoço, se é que se pode chamar aquilo de almoço, arroz com farinha e uma posta de charque frito, escaldado e escorrido antes, para tirar o máximo possível do sal. Charque é uma das poucas proteínas que ela poderia armazenar, já que não tinham geladeira.

Clayton chegaria por volta das 19 horas, caso não houvesse comida pronta a sua espera, seria motivo suficiente para agredi-la. Tudo era motivo para agressão, era um dos prazeres dele. Clara tinha certeza disso, nas várias vezes que apanhava, vez por outra, conseguia enxergar entres os braços posicionados para proteger o rosto. Via as expressões de alegria e prazer no rosto dele, expressões que não via nem quando ele gozava nela.

Colocou o ferro de passar sobre o colchão de uma forma que não queimasse as roupas ou aquele. Levantou da cama com cuidado, não queria que o estrado rangesse e despertasse os filhos. Andou em direção a cozinha/sala, aproximou-se do fogão industrial de duas bocas depositado sobre dois tijolos, e estes sobre uma mesa de metal, dessas muito encontradas nos botecos da vida. Nele havia uma panela de alumínio opaco, com um dos cabos quebrado; dentro tinha um pouco de arroz, não o suficiente para o marido, teria de fazer mais. Foi até a um balde de margarina velho ao lado do fogão, que servia como reservatório de água, pegar água para cozer; percebeu que havia pouco, teria de pegar mais do poço localizado uns 5 metros depois da casa e uns 3 antes da "casinha". Após unir os ingredientes: água, arroz e sal. Ligar o fogo, tudo imitando movimentos de uma bruxa, divertiu-se internamente. — "Bem que eu poderia ser uma bruxa, pelo menos faria um feitiço para acabar com meus problemas — pensava ela sabendo que seus 'problemas' eram um só: Clayton — O que eu faria depois que o matasse? Como ia sobreviver?" — Clara não havia terminado o ensino médio, não sabia costurar, cozinhar, nem cuidar de criança, pois ainda estava aprendendo. Outro ponto: com quem deixaria os filhos, já que o irmão está morto e a irmã em outro Estado? Com os pais não era opção, quando descobriram que a filha de 18 anos estava grávida antes do casamento, foram ditas coisas, palavras que machucam mais que socos e chutes.

Parou de pensar nisso, não era bruxa nem assassina, nunca mataria Clayton, mesmo ele sendo esse merda batedor de mulher, não que ela não quisesse, mas não queria ser presa e deixar os filhos sozinhos. — "Não, eles foram a única coisa que eu fiz bem nesse mundo, vou fazer de tudo para eles serem alguém na vida, e não cometer os mesmos erros que eu. Não vou matar ele, mas não quer dizer que eu não posso querer que ele morra, quem sabe um desses 'amigos' dele que vendem 'nóia', e que ele está devendo, me faça esse grande favor. É, mas ele morrendo eu não teria como sustentar meus filhos, como conseguir dinheiro? Melhor ele continuar vivo, posso aguentar por eles." — pensava Clara enquanto olhava para os meninos.

Continuavam dormindo, calmos e tranquilos, nem pareciam as crianças agitadas e cheias de vida de quando estavam acordadas. Nesse momento Maria mexeu-se parecendo que ia acordar, mas rapidamente voltou a ficar quieta. Rafael continuava impassível e estático como uma pedra. Ela pensou em acordá-los, estavam dormindo muito tempo, provavelmente teriam dificuldade para dormir à noite, mas decidiu não fazer, ainda tinha uma pilha de roupas para passar. Era muito mais fácil e rápido passar roupa sem precisar se preocupar onde estavam os dois.

Posicionou-se na cama para passar roupa com cuidado, sem fazer barulho para acordar os pequenos. Voltou a passar, enquanto isso, lembrava dos tempos antes da gravidez, do seu corpo bonito e firme;

de como a maioria dos homens a olhavam com desejo e as mulheres com inveja. De como era mais fácil apenas se preocupar com a escola, sem precisar se ocupar com a vida de outros se não a sua. Lembrou de Clayton e como ele era bonito, além de ser mais velho. Da bajulação que ele fazia inicialmente, todas as palavras doces e românticas; dos mimos e presentes, da sua "pegada" firme e gostosa. — "Onde esse cara foi parar?".

Um cheiro de queimado entrou pela narina, despertando-a de seu sonho acordado mais rápido que um balde de água fria.

— O arroz! — gritou, quase em desespero.

Jogou o ferro de passar sobre a cama, correu em direção à panela. Não tinha jeito, estava tudo queimado. Rapidamente uma sensação de medo tomou conta de Clara, sabia que hoje seria espancada.

— Merda, merda! — dizia repetidamente com um misto de raiva e medo.

— "Estava indo tudo tão bem, os pequenos dormindo de barriga cheia, sem choros." — pensava ela.

— Choros! — gritou ela alto.

Virando-se rapidamente em direção aos filhos que choravam aterrorizados. Nesse momento Clara viu sua cama em chamas. O ferro de passar jogado ligado e quente sobre o colchão esquentou a espuma até entrar em combustão. Uma fumaça preta subia acumulando-se no teto.

Momentaneamente Clara pensou em fugir, mas viu seus filhos em perigo. Não hesitou nenhum segundo a mais, pegou o balde de margarina e correu em direção a cama e derramou a pouca água sobre o fogo. Algumas chamas apagaram, mas não foi o suficiente para extinguir todas as labaredas. Ao perceber que o fogo estava voltando a ganhar força, ela olhou em volta, pegou a vassoura e começou a bater nas chamas, abafando-as até apagar completamente o incêndio. Um alívio tomou seu corpo, as pernas e os braços estavam fracos e trêmulos. Começou a agradecer a Deus mentalmente pelo controle da situação.

O alívio foi-se rapidamente ao sentir dificuldade de respirar. A fumaça preta estava acumulada no teto e demorando para dispersar. Os filhos choravam histericamente, Maria e Rafael, como um instinto de autopreservação, afastaram-se engatinhando do fogo na direção oposta até ficarem contra a parede lateral da casa.

Clara pegou-os em seus braços e saiu, sentou num banco sob um jambeiro localizado logo à frente. Tentava acalmar as crianças e ela mesma. As lágrimas começaram a cair, o susto da possibilidade de os perder foi aterrorizante. — "Que merda de mãe que eu sou. Só faço merda, podia ter matado meus filhos." — martirizava-se.

Não apareceram vizinhos ou curiosos por: primeiro, morar numa invasão, próximo à uma mata; bem no fundo, com poucas casas ou vizinhos distantes o suficiente para não ouvi-la; segundo, por estar anoitecendo; terceiro, por ter sido breve, mesmo na cabeça dela ter parecido uma eternidade; quarto, não ter produzido fumaça o suficiente para chamar a atenção de alguém.

II

Logo após todos estarem mais calmos, Clara retornou com as crianças para ver os estragos. A fumaça já havia se dissipado, permanecendo apenas o cheiro forte. A cama estava estragada, perdida. Colocou as crianças sobre a cama contígua intacta, realocou as proteções para evitar que os filhos sofressem uma possível queda.

Um pavor tomou conta dela.

— Clayton vai me matar! — disse para si amedrontada.

— "O que eu faço? Fujo? Mas pra onde? Não adianta voltar pra casa dos meus pais, não por orgulho, mas por ser o primeiro local onde ele vai procurar. Se eu fugir só vai deixar ele mais irritado — maquinava ela olhando para o chão sem focar em nada. — Não, vou ficar e encarar isso de frente, já apanhei outras vezes e aguentei, hoje não vai ser diferente. Será? Espero que ele não chegue bêbado ou drogado, sempre que ele está assim, as surras doem muito mais".

Impaciente, vagava de um lado ao outro aguardando a chegada do marido. O relógio simples de parede, comprado em qualquer loja de atacado, marcava 19:12h; ele não tardaria a chegar, a não ser que tivesse ido jogar bola com os amigos. Ela torcia que não, queria sua chegada logo, receberia sua surra e acabaria com tudo de uma vez. A ansiedade era muito mais torturante que as ofensas e golpes proferidos pelo cônjuge.

Um barulho soou do lado de fora, Clara imediatamente olhou novamente para o relógio, 19:16h. Uma sensação de frio e fraqueza subiu pelas pernas, passou pelo estômago, atingiu a coluna vertebral, seguiu por esta até alojar-se na base da nuca arrepiando todos os pelos do corpo. Ela sentiu vontade quase incontrolável de chorar, com muito esforço conseguiu conter as lágrimas. A bexiga pareceu diminuir ao tamanho de uma ervilha. Semelhante um condenado à morte que, depois de anos de prisão aguardando o trânsito em julgado, engana-se ao pensar estar conformado com a morte programada; caminha pelo corredor e, quanto mais aproxima- se da porta, mais o medo e o choro tornam-se incontroláveis. Não importa, credo ou conformação, ao aproximar-se do fim, qualquer ser vivo treme ao encarar a morte.

Um tilintar de metal tocava ante a porta, sugerindo um molho de chaves. A fechadura tremia resistindo, até que, por fim, abriu-se; as dobradiças enferrujadas e empenadas gemiam alto clamando por uma lubrificação. A quina inferior arrastava pelo chão de cimento cru, rangendo e aumentando o suco formado no piso por tantas idas e vindas. — "É ele, meu Deus, me ajuda." — suplicou! Olhou para a janela ao lado da porta. — ainda dá tempo de fugir", chegou a se posicionar para correr, mas um som doce do riso de criança a fez declinar.

Olhou para cama onde os filhos estavam; Maria, sentada de frente para Rafael, ria alegremente do irmão tentando sentar-se, e falhando, naquele colchão fofo e instável. Aquele rosto moreno e redondo, os olhos fechados, as bochechas cheias e vermelhas, a boca aberta com apenas uns poucos dentinhos emitiam os sons capazes de quebrar o mais duro dos corações, daqueles que o tem, é claro.

— Que porra de cheiro é esse? — disse Clayton inquisitivo.

Ela virou-se lentamente. A baixa luminosidade da lâmpada de 40 watts fundida ao piso cinzento e úmido, davam o tom daquele cenário soturno e nojento. A mesa azul escuro, oxidada nos vértices, arestas e pernas com exposição da ferrugem, pareciam chagas abertas pela natureza cruel e inexorável. As paredes de madeira deteriorada, podres e frágeis exemplificavam a exata insegurança daquela família. O fogão pequeno, velho, mais enferrujado que a mesa; nojento, com gorduras viscosas espalhadas por todo aparelho patenteavam a falta de higiene onde moravam. Panelas velhas, amassadas, com os fundos negros, estavam distribuídas pelo chão indicando sua desorganização.

— Bora porra, responde! — bradou, com a voz um tanto enrolada.

Clayton estava lá, sob a lâmpada, imóvel esperando a resposta — "O vilão principal da minha vida de terror." — pensava ao observá-lo. A forma que a lâmpada o iluminava reforçava isso, incidia sobre ele quase num ângulo reto. Os cabelos desgrenhados; a parte frontal da testa; o cenho franzido, as sobrancelhas cobrindo as órbitas que, por sua vez, escureceram. Apenas os olhos firmes, vidrados e avermelhados, fixos nos dela, podiam ser percebidos facilmente. O nariz, as maçãs do rosto - minimamente -, uma pequena porção da boca e a ponta do queixo estavam luzidos, ao mesmo tempo que os outros detalhes da face se encontravam escurecidos. O pescoço escuro, somente com a silhueta alumiada, e os ombros e braços clareados, deixavam seus contornos distinguíveis; os punhos cerrados, comprimidos com força evidenciando algumas veias e tendões. A roupa desarrumada fedendo a suor, álcool, cigarro e outros fumos, davam provas do pior para ela, Clayton estava bêbado e drogado. Essa imagem formava um monstro, na mente dela, pior que a mais assustadora concepção da qual H.P. Lovecraft poderia conceber.

— Aconteceu um acidente aqui. — disse ela com tanto medo que teve de fazer força para atingir um tom audível.

— Tu não queimaste de novo o caralho da comida, hein?

— Que... que... queimou sim...

— Não quero saber, tô morrendo de fome, te viras para trazer comida. — disse ele sentando numa cadeira simples de madeira ante a mesa de alimentação, coberta com uma toalha impermeável enfeitada com vacas, porcos, galinhas entre outros. Tirou do bolso alguns objetos enrolados em pedaços de sacolas plásticas, os quais ela sabia muito bem o que eram.

Estava imóvel, não tinha nada para servir. O medo foi dominando-a, a surra estava próxima, e pior, ele estava completamente drogado, violento e agitado. O corpo tremia, sentiu vontade de urinar, a barriga parecia estar num frio glacial, a garganta doía pelo esforço de conter o choro.

— Bora, caralho, tô com fome. — gritando.

Os gêmeos assustaram-se e começaram a chorar prevendo o que estava por vir.

— Não tem comida.

— Como não tem comida? — questionou.

Subitamente uma sensação de ódio mesclou-se com o medo, o suficiente para incitá-la. — "Não tem comida porque todo o nosso dinheiro você gastou com cerveja e drogas, seu filho da puta" — pensou tão alto que teve medo dele poder ter escutado, mas conseguiu se controlar. Sabia que enfrentá-lo só pioraria as coisas, o deixaria muito mais agressivo.

— T.... t... tem só charque com farinha.

— Eu não quero comer só essa merda.

— Mas é só o que tem. — respondeu firme olhando nos olhos dele, o ímpeto ficou incontrolável e acabou fazendo o que sabia que não poderia fazer. — Como tu queres que tenha algo diferente? Se tu não me deixas dinheiro para comprar nada? Tu trouxeste alguma comida? Se tiver trazido, me dá que eu faço. — disse rapidamente se arrependendo das palavras proferidas.

Ele levantou rápido derrubando a cadeira no chão, fazendo barulho e, junto com os gritos, assustava ainda mais os filhos, fazendo-os chorar bem mais alto. Andou em direção dela expressando fúria. Clara ao perceber, recuou com medo em direção à cama, chocou-se, desequilibrou, e caiu sentada sobre o colchão queimado.

— Tu cales a boca sua vagabunda, não responde pra mim. — gritou ele levantando o punho cerrado para socá-la, ao firmar o pé esquerdo para ter sustentação e equilíbrio, e assim, poder socá-la com mais força. Hesitou momentaneamente, seus olhos pareciam não acreditar, o colchão estava destruído. Clara aproveitou os segundos extras antes do espancamento para desvencilhar-se do marido e correr na direção oposta aos filhos, não queria que eles acabassem se machucando por culpa dela.

— O que foi que tu fizeste aqui? Quis tocar fogo na casa? — virou-se e foi andando na direção dela lentamente. Estava irado, mas estava prestes a descontá-lo em outrem; e poucos prazeres se igualam ao ato de aliviar todos os ódios, vergonhas e frustrações num terceiro.

— Foi um acidente, desculpa. — chorava ela de medo, tentou segurar-se o máximo possível, no entanto o medo acabou vencendo.

— Me desculpa, eu não fiz por querer, tinha que passar a roupa, reparar os meninos, fazer a comida; acabei não prestando atenção. Me perdoa, me perdoa, isso não vai se repetir.

— Não vai mesmo, e eu vou me certificar que tu não vais esquecer. — riu.

O instinto primordial dela foi proteger o rosto, principalmente por ser a única coisa no corpo que ainda a orgulhava. A gravidez, o parto e aquela rotina deram-na uma expressão de cansaço. Olheiras, pequenas marcas de expressão que surgiram próximas aos cantos da boca, suaves linhas apareciam no canto lateral dos olhos; na testa, pequenas rugas de preocupação começavam a estampar naquele rosto jovem. Todos esses sinais podiam atormentá-la, como qualquer mulher, contudo uma boa maquiagem podia facilmente escondê-los, deixando-a muito mais bonita que antes da gravidez, pois aqueles traços de menina, agora eram traços de mulher. Outro fator importante para proteger primeiramente o rosto: é porque no corpo é mais fácil de esconder os hematomas e edemas, no rosto não.

Por ela proteger o rosto, Clayton socou primeiramente no estômago. As mãos que antes protegiam o rosto, de imediato foram em direção ao abdome tentando conter a dor, e esta foi se espalhando por toda a cavidade abdominal, tão forte que a fez urinar na calça. O ar escapou imediatamente de seus pulmões, procurando fôlego, Clara abria a boca tentando inspirar o mínimo de oxigênio possível; parecia um peixe que, tirado da água, abri a boca incessantemente em busca daquilo que o mantém vivo.

O soco seguinte acertou o nariz, quebrando-o no mesmo instante; o sangue jorrou escorrendo pela boca, pescoço e, por fim, acumulando-se na camisa. O outro golpe atingiu o olho esquerdo fechando-o rapidamente pelo edema formado. Finalmente o corpo voltou a permitir que os pulmões pudessem encher-se de ar, a inspiração foi acompanhada de um gemido assustador; a expiração foi um grito alto de choro, numa medida desesperada de tentar aliviar a dor.

Os vizinhos próximos, mesmo morando numa distância confortável, ouviram os gritos de dor dela. Muitos desses viraram o rosto na direção do som, alguns pensaram: "lá tá a Clara apanhando de novo, coitada, não sei como aguenta isso, é tão mirradinha a pobre, mas 'briga de marido e mulher, ninguém mete a colher'". Outros, principalmente homens: "o cara de vez em quando tem que dar uma lição para mostrar quem é que manda". Outras mulheres pensavam que ela devia ter feito algo e merecido aquilo — afinal de contas, ninguém apanha sem merecer — algumas outras, ao ouvirem os gritos e os choros de dor, entristeciam-se por também sofrerem daquele mal. Uns, por aquilo ser algo rotineiro, nem mais prestavam atenção. O certo é que ninguém fazia ou fez nada.

Estava ela ao chão, jogada, sangrando; fechada em si mesma tentando minimizar ao máximo os machucados, tal qual um tatu bola defendendo-se do predador. Clayton gritava ofensas e palavras de baixo calão entre risos de satisfação. Os gêmeos choravam assustados ao testemunhar tal ato violento e repulsivo. Clara não mais gritava, não mais chorava, apenas aguentava, calada e gemendo, sua sina. — "Eu não posso desmaiar, não posso deixar meus filhos com esse monstro, eu tenho que tá aqui para proteger eles— pensava ela.

Ele parou exausto, sentia-se leve, feliz; descarregou toda sua raiva, frustração e covardia nela.

A repreensão da chefe que o advertiu pelo armazenamento errado dos tecidos no estoque. — "Quem ela pensa que é, essa vagabunda, só porque tem dinheiro acha que pode falar comigo assim; se eu pegar ela, ela vai gritar, mas é por outro motivo." — pensava ele pegando no pênis enquanto corrigia o erro realocando os tecidos. Do traficante que estava no pé dele por dever alguns papelotes, principalmente depois de ameaçá-lo com outros dois caras — "filha da puta, faz isso só porque estava com dois e armado, quero ver se ele me enfrenta na mão limpa." — Da recusa de suas investidas, por parte uma das lindas vendedoras da loja — "Vagabunda, ainda vou te pegar quando tu tiveres sozinha no estoque." — Por todas essas frustrações acumuladas, espancar a mulher era tão prazeroso, tirava todo o peso de um dia péssimo.

— Isso, sua vagabunda, é pra ti aprender a dar valor nas coisas. Achas que eu cago dinheiro pra você ficar queimando comida e destruindo a casa? A culpa disso é tua, eu não queria bater em ti, mas tu teimas em fazer merda, quando tu parares de fazer merda, tu não vais mais apanhar. — disse ele tentando justificar-se, como se a culpa fosse toda dela, ele apenas estava no seu dever de homem de corrigir a mulher. O que era uma grande mentira de sua parte, mesmo que ela nunca mais errasse, ele encontraria algum motivo. Estava mais viciado em descontar suas frustações nos outros que nas próprias drogas, sentia mais prazer nisso que no próprio sexo. Por isso, muitas vezes, "brochava" no ato sexual; mas espancando a esposa, nunca teve um episódio cujo o pênis não ficasse ereto.

— Cala a boca, seus filhos da puta. — gritou ele olhando em direção dos filhos. — Vamos, calem a boca, seus merdinhas.

Clara levantou a cabeça para ver o que estava acontecendo. Estava difícil enxergar com o olho esquerdo inchado e fechado, o outro sujo de sangue, oriundo do supercílio que quebrou quando foi empurrada e deu com o rosto de encontro na quina da mesa azul enferrujada. Conseguiu observar malmente o marido andar em direção ao local onde estavam os filhos. Gritava alto mandando-os calar a boca. — "Ele vai machucar meus filhos." — pensou. Uma raiva dominou seu ser, tal qual uma leoa ao ver suas crias em perigo. Uma força tomou conta de si, imediatamente as dores pararam, levantou como num pulo e correu em direção do marido.

— Sai de perto dos meus filhos! — gritou ela.

Seu corpo frágil e machucado foi tomado de fúria, levantou-se e correu rápido na direção do agressor e o empurrou para longe das crianças. Clayton caiu desequilibrado dando com o rosto na cadeira. Um corte abriu-se sobre o olho direito, o sangue quente escorreu pelo rosto atrapalhando a visão. Meio desorientado, sentindo um calor viscoso espalhando pela face, imediatamente passou a mão verificando, ao olhá-la, a viu completamente vermelha em sangue. Um ódio doentio — se é possível ficar mais doentio que estava — o possuiu. — "Como essa vagabunda se atreveu a me empurrar? Não se tem mais respeito? Não posso permitir isso, tenho botar ela no lugar dela".

— Sua puta, agora tu vais morrer!

Clara ao observar seu rosto retorcido e deformado em raiva, pensou estar vendo o próprio diabo em sua frente. — "Senhor Deus, por favor, me livra desse mal, se não for possível, livra meus filhos, eles não têm culpa dos pecados que eu cometi." — pensou enquanto corria na direção do porta-facas, ouviu um barulho de pisadas atrás de si, parecia que uma fera demoníaca estava em seu encalço. Quando conseguiu segurar uma faca grande, sentiu um escorão forte, lançando-a na parede.

Um grito alto de dor ecoou por toda a vizinhança. Dedos passearem por seu couro cabeludo, agarrando os cabelos quase a ponto de arrancá-los. Um puxão foi dado em direção ao marido, depois, sua cabeça foi empurrada em direção à parede de madeira; uma, duas, três vezes, em seguida, foi lançada com força ao chão caindo de bruços.

Ela estava imóvel no chão, mas consciente. Apenas um movimento tênue de expansão e contração do tórax, gemidos fracos e desfalecidos eram ouvidos com dificuldade. Clara estava olhando em direção aos filhos chorando, não tinha forças para falar ou mexer-se. Espantosamente, não perdeu a consciência depois de tanta agressão, mas ela não iria desmaiar, não podia dar-se ao luxo de deixar os filhos desamparados. Sua única opção era orar, e foi isso que ela fez: "Por favor, Deus, livra os meus filhos. Eu sei que estou cheia de pecados, que não tenho mais jeito, mas, por favor, cuida dos meus filhos, esse é meu único desejo. Em nome de Jesus, amém."

Clayton andou em direção à faca caída no piso. — Ainda se atreve a pegar uma faca pra mim. — dizia enquanto se abaixava para pegar a faca, olhou para Clara, andou bufando à ela; chegava a salivar.

— Agora vou te colocar onde mereces.

Ele esfaqueou Clara com tanta força que o metal atravessou o corpo atingindo o chão duro de cimento chegando a entortar a ponta, mas não o suficiente para atrapalhar os outros golpes. Esfaqueava rápido com raiva e força; sangue espalhava-se pelo piso formando uma grande poça. Gotas respingavam pelo rosto, peitos e braços dele; chegou até a cair em sua boca, num dos momentos em que ria ao golpeá-la, fazendo-o sentir o gosto meio amargo, levemente metálico e inconfundível de sangue. Depois da 43° facada e do ombro cansado, a loucura foi passando e um pouco da razão voltou, então ele começou a tomar dimensão de seu ato.

— Meu Deus, que foi que eu fiz — disse desesperado, jogou a faca longe como se ela fosse a culpada por ele cometer tal atrocidade. Virou a esposa de peito para cima, chamando por seu nome, sacudindo-a, pedindo para ela parar de fingir e dizer que tudo não passava de uma brincadeira de mal gosto.

— Clara, Clara, vamos, fala comigo, para de brincadeira. — estremeceu num misto de choro, remorso e desespero.

Não parecia estar morta, parecia a mesma, só estava um tanto pálida, fria e com os lábios levemente azulados; continuava de olhos abertos. "Não pode estar morta, as pessoas fecham os olhos quando morrem, ela tá de olho aberto", pensava ele. Segurou-lhe o rosto com as duas mãos, olhou diretamente nos olhos dela que estavam realmente abertos, contudo, tinha algo diferente, faltava alguma coisa que não sabia explicar, um brilho talvez.

Largou-a no chão e recuou assustado, as crianças continuavam a chorar. Havia sangue espalhado por todo lugar, inclusive por ele. Retirou a roupa suja velozmente. Com uma toalha, tentava tirar o sangue do corpo, no entanto, em alguns pontos, estava seco e duro. Começou a cuspir na mão e esfregar saliva para retirar as crostas secas, não estava funcionando, não produzia saliva suficiente.

Parou um pouco, tentou respirar e se acalmar, as crianças chorando não ajudava.

— Cala a boca, moleques malditos! — gritou desesperado.

Decidiu apagar a luz, correu em direção ao poço, puxou dois baldes d'água, lavou-se rápido. Voltou correndo para casa, vestiu uma roupa limpa e apresentável, colocou outras numa mochila pequena, pegou algumas pedras de droga que haviam caído no chão no momento da briga, não pôde encontrar todas, não tinha tempo para isso. Olhou brevemente para os filhos chorando sobre a cama, apagou a lâmpada, fechou a porta e saiu.

Maria e Rafael ficaram chorando ao lado da mãe morta, trancados naquela casa escura, até que por fim, dormiram.

Capítulo 2.

1

As contas se acumulavam na gaveta da cozinha, o cartão de crédito que, no início, parecia uma boa ideia, porém, com o passar do tempo, mostrou-se um erro. Isso era o que estava passando na cabeça de Iraci ao ficar parada em frente a gaveta, em pé, olhando para seu interior. "Perdi o controle, como eu vou sair dessa situação?", preocupava-se. Estava tudo sob controle até acontecer um imprevisto: o marido (diabético), machucou-se enquanto trabalhava como pedreiro, ferindo o pé (e, como todo homem que não se cuida, não deu importância). Ela só tomou conhecimento disso quando o viu mancando e sentiu um odor pútrido recorrente na casa. Questionou ao cônjuge qual era o motivo, só assim ele mostrou o ferimento, tarde demais; a perna estava totalmente comprometida.

Foram na unidade básica de saúde (UBS) da região, tiveram uma consulta com o médico que deu a triste notícia: "ou tira a perna do joelho para baixo, ou morre". Tentaram conseguir a cirurgia pelo sistema único de saúde (SUS), contudo a demora em marcar o procedimento e o agravamento no quadro de saúde do esposo, a fizeram decidir pagar pelo serviço privado. Foi a melhor decisão a ser feita — será? — Antonio ficou vivo, a amputação deu-se no meio da coxa direita; ficaria preso às muletas, mas vivo.

Ainda tinham os remédios (tarja preta) dele para comprar, os quais deviam ser tomados ininterruptamente, caso não o fizesse, começava a ver coisas, parecido com o irmão dele. Eles eram uma família de "doidos", pensava Iraci, de vez em quando, aparecia um ou outro parente dele vendo vultos e visagens. Além do irmão, alguns tios e primos, da parte da mãe dele, sofreram do mesmo mal. Entretanto, por serem descendentes de índios, grande parte não procurava tratamento, por acharem ser algum espírito xamã. Ele passou a cuidar disso depois que disse ter visto alguma coisa perseguindo-o, e por ser cristão, não acreditava em espírito xamã, acreditava ser o diabo. Isso o fez viver nos cultos quando estava de folga, em rodas de orações, no início ajudou, mas depois voltou a aparecer.

Um agente comunitário de saúde, depois de ouvir essa história numa visita regular, encaminhou-o ao CAPS (Centro de Atendimento Psicossocial). O médico prescreveu alguns remédios que, por milagre "divino", sumiram com essa aparição. No entanto, tinham um preço muito alto, e quando o posto não os fornecia, tinham de comprá-los com o, já diminuto, próprio dinheiro — e quase sempre estavam em falta, diga-se de passagem.

Ficar vivo custa caro, principalmente com uma taxa mensal de juros a 2%, que parece tão pouco, mas quanto custa 2% ao mês do valor de uma vida? Como quitar essa dívida astronômica sendo um pedreiro pensionista aposentado por invalidez e uma diarista? Para eles, como para muitos brasileiros, era uma dívida impagável. E como todo inadimplente: vivos fisicamente e mortos financeiramente, seus nomes foram enviados nos temíveis SPC e SERASA; marcam-nos quase como se fosse uma estrela de Davi, ou um triângulo invertido de qualquer cor, qualquer cor não, a cor de suas peles. Estavam, de fato, condenados à morte, não por inalação de cianeto de hidrogênio, mas por fuzilamento, fome, doenças causadas pelas péssimas condições de vida, algo de certo modo comum nesse meio, a dúvida era qual, quando e onde? A única diferença é que o termo "campo de concentração" foi alterado para "bairro".

O ser humano é o ser mais adaptável do mundo, capaz de viver nas condições mais adversas. Quando precisavam adquirir algo que só poderia ser quitado a prazo, Iraci ia com uma vizinha pedir seu cartão de crédito emprestado, precisava apenas engolir o orgulho e aguentar ela maldizendo seu nome por toda a vizinhança; um preço muito menor que o cobrado pelo Banco. Com o "crédito da vizinhança" não podia falhar, era seu único meio de comprar a prazo, perdendo este seria o fim.

A comida estava quase pronta, deixaria quase tudo pronto, apenas para Antonio ter o trabalho de esquentar: macarrão, feijão, arroz, frango, picadinho; o suficiente para uma semana, porém sabia que lá pela quarta ou quinta-feira teria de fazer mais. Desde a cirurgia o marido havia engordado mais de 20 quilos, não só por deixar de jogar o futebol semanal com os amigos, estava também comendo muito mais e não saia de casa, além de ficar o dia todo vendo TV, sem falar no humor que estava insuportável, qualquer coisa era motivo de raiva e ofensa.

Estava muito preocupada com a saúde dele, a diabetes estava descompensada; o médico da UBS, um rapaz novo, branco, bonito, com uma barba bem-feita e um cabelo bem penteado, já tinha puxado a orelha dele quanto a isso, entretanto não fez efeito algum. Na consulta ficava calmo e calado, quando saía, fazia todo o oposto, comia doces, frituras, refrigerantes, tudo. Não mais estava apenas com diabetes descompensada, também adquiriu a pressão alta de brinde. Até parecia estar querendo se matar. "Logo agora, depois de todo o gasto que a gente fez? Se eu soubesse não tinha me desesperado toda tentando conseguir uma cirurgia", pensou enquanto finalizava o preparo da comida.

Iraci concordava com Schopenhauer na ideia de "viver é sofrer". Na verdade, nem sabia quem ele era, só tinha ouvido falar, não sabia onde - o certo é que nem falar seu nome sabia, muito menos escrever, mal sabia o seu, e olha que passou a vida toda treinando -, mas concordava com o filósofo. Todavia não precisava de um pensador alemão do século XIX dizer-lhe que viver é sofrer, ela sabia disso, vivia isso, sua vida sempre foi um sofrimento.

Nasceu numa família pobre com vários irmãos, disputando por cada porção de comida, trabalhou desde cedo para ajudar na casa, teve pouco acesso à educação, e esse pouco de péssima qualidade, mal sabia ler e escrever. Casou-se cedo, teve 4 filhos e um aborto, um desses morreu criança, ficou com febre alta, cheio de pintas e sangrou pela gengiva, os médicos não descobriram a tempo, acham que foi dengue, assim como aconteceu com outras crianças da região onde moravam; o outro morreu jovem, assassinado, todos sabem quem foi o responsável, mas ninguém tem coragem de falar; a terceira mudou de estado atrás de emprego e não dava notícia a meses; a mais nova acabou engravidando com 18 anos e foi morar com o "marido". Sentia tanta saudade de todos, delas principalmente por estarem vivas, queria abraçá-las, beijá-las, dizer que as amava, porém: uma a distância não permitia, a outra o orgulho idiota não deixava.

A hora de sair se aproximava, tudo estava armazenado adequadamente na geladeira. Deixou um recado sobre a mesa explicando onde estavam e como prepará-las, no final da mensagem, escreveu um singelo: "eu te amo", com um beijo em batom rosa bebê ao lado. Iraci não sabia se ainda o amava realmente— "Será que ainda o amo? Será que isso que ainda sinto por ele pode ser chamado de amor? Não sinto mais aquela vontade, aquele fogo e nem ele por mim, pelo jeito. Parece que estamos juntos apenas pela comodidade e nenhum dos dois tem motivação para acabar com isso. E pra que amor? Amor é coisa de jovem, eu quero é confiança, e ele me dá isso, será? Bom pelo menos sei que ele não vai me roubar e fugir pra longe só com uma perna!" — pensou rindo, mas rapidamente pediu perdão a Deus por isso.

Próximo a porta de saída havia um quadro com a foto dos três filhos pequenos; parou em frente ao quadro, passou a mão pela imagem dos três. Fez uma breve oração pedindo ao Senhor a proteção de toda a família e saiu. O céu ainda escuro começava a ser tingido pelo crepúsculo. Aproveitou para unir-se a um aglomerado de desconhecidos que rumavam em direção da parada de ônibus mais próxima, isso a acalmou — é mais difícil ser assaltada em grupo —, sentia-se mais segura, semelhante aquelas caravanas medievais que transitavam de uma cidade a outra, vez por outra eram assaltados, porém com uma frequência menor.

Perdeu quatro coletivos, um por estar tão lotado que nem se prestou a parar no ponto, os outros três pararam; contudo não teve o "mérito" suficiente para pegá-lo. Estava com seus mais de 50 anos, e não tinha a disposição, vigor e força necessária para enfiar-se numa horda de pessoas brigando, cuspindo e empurrando para passar por uma porta com capacidade de um por vez. Sua prioridade, garantida pela constituição, não passava de uma lenda urbana, uma estória, uma mitologia. Quando se vive no caos, direito, é o que se consegue garantir pela força; e quanto maior a velhice, menor é a força, portanto, menor o direito. "Deve ser isso que significa 'mérito': a força necessária para impor sua vontade", pensou Iraci em pé, espremida no ônibus lotado.

Subir no quinto coletivo não a fez chegar atrasada— como dito outrora, o ser humano é o ser mais adaptável do mundo: é capaz de analisar os padrões e tirar o melhor de cada situação, foi assim que conseguiu usar a natureza a seu favor, nunca foi capaz de dominá-la (e talvez nunca consiga), mas soube identificar as fases da lua e suas consequências nas marés, as estações do ano e o melhor período para o plantio; quando estocar comida e recursos. Com Iraci e seus pares não era diferente, já saiam de casa calculando o tempo perdido na espera do coletivo, nos engarrafamentos. Vez por outra ocorria um imprevisto, algo não programado; um pneu furado, um acidente e acabava atrasando. Normal, sempre ocorreram imprevistos na natureza e o homem acabava sofrendo, uma tempestade, uma enchente, uma seca, uma peste inesperada que causa danos terríveis. E assim, como a raça humana, Iraci sobrevivia, levantava e seguia em frente. Contudo, sempre pairava uma pergunta, tanto para ela como para o homem: até quando vou conseguir sobreviver?

Chegou no condomínio de luxo onde trabalhava, cercado de muros altos, concertinas e cercas elétricas. Feio, parecia um presídio por fora, e ela sabia como um presídio era, já tinha feito muitos trabalhos missionários evangelizando presos. A entrada, muito bonita, diferente da entrada do presídio; toda vigiada com seguranças e câmeras de vídeo, aquela também tinha, mas não tanto como na penitenciária. Seu nome foi autorizado, outro ponto melhor, não precisava passar por uma revista íntima para liberação; só de lembrar de uma mulher procurando objetos no meio de suas pernas já a deixava constrangida.

Atravessou a entrada como se tivesse atravessado um buraco de minhoca, uma fenda no espaço tempo que a transportou para outra realidade. Nem parecia estar na mesma cidade, sempre se impressionava com a mudança; mesmo trabalhando nessa residência por mais de 3 anos, parecia que a realidade tinha se invertido — que nem numa série de uma empresa de streaming, onde crianças lidam com monstros estranhos, só que o submundo feio, escuro, nojento e destruído era o dela.

Tudo estava do avesso, as casas não pareciam mais monólitos, pareciam obras únicas concebidas para a personalidade de cada família; as linhas, as curvas, as janelas, as cores conversavam entre si. As ruas não separavam-se das residências por muros ou grades, todas as moradas tinham garagem com um ou mais veículos. Os moradores, em suma maioria, tinham pele branca ou clara, enquanto no seu bairro eram negros ou de pele escura; dos poucos negros, desse condomínio, a grande maioria eram de funcionários, faxineiros, seguranças, serventes. Pelo menos nisso os dois "mundos" se pareciam.

11

Entrou na bela mansão da Dra. Ludwig, uma juíza muito diferente dos outros "doutores" com que ela trabalhou; essa a tratava como uma igual, não tinha aquela soberba enojada ou uma superioridade opressora, diminuindo-a ao status de sub-humana. Quando começou a trabalhar na casa pela primeira vez, a Dra. pediu que a chamasse pelo seu primeiro nome, Roberta. Iraci não se sentiu confortável com isso, em todas as outras residências, sempre os patrões queriam ser avocados com algum termo que os ratificassem como superiores.

Inicialmente não conseguiu, estava condicionada a tanto tempo em utilizar esses termos que, quase como títulos de nobreza, sempre colocava-o antes do nome da patroa: senhora, dona, doutora juíza. Roberta sempre respondia da mesma forma, com: "Pois não, dona Iraci? " Ou, "O que deseja, doutora diarista? ". Ela ao ouvir isso ficava totalmente constrangida, falava para a patroa não a tratar assim, "Não é certo que uma Dra. Juíza trate uma empregada desse jeito". Essa respondia: "Fora do tribunal sou humana como qualquer outro cidadão, assim como você, portanto, enquanto me tratar dessa forma, a tratarei de forma semelhante".

Demorou a acostumar-se com esse tratamento de "igual", pessoas sem separação por cargo ou classe social, apenas a hierarquia trabalhista, dois humanos interagindo de forma isonômica e respeitosa, quase como uma amizade, — na medida do possível dentro de um vínculo trabalhista. Difícil agora era se acostumar com o tratamento desigual nas outras residências em que trabalhava, continuava a fazer o seu serviço da melhor forma possível, porém apenas na casa da Dra. Ludwig que trabalhava em plena satisfação.

Só não era perfeito por um "problema", Roberta era "sapatão"; morava junto com Helena, uma contadora linda e muito gentil, que também a tratava sem preconceitos de cor, profissão ou estudo. "Como é que pode essas mulheres tão bonitas e inteligentes, gostar de uma 'sem-vergonhice' dessa? Duas mulheres juntas, não é natural, não é de Deus"; pensava. Apesar do preconceito aversivo à homossexualidade, Iraci as adorava pela maneira e respeito que a tratavam. Por gostar tanto delas, orava toda noite a Deus para as "endireitar a vida".

Ao chegar na casa, entrou pela porta da entrada principal.

— Bom dia, Lena, como tá indo a manhã? — disse à Helena ao vê-la tomando café na cozinha.

— Bom dia, Iroca, — respondeu chamando-a por um apelido carinhoso enquanto sorria. — tá indo ótimo.

— A Rô já saiu pro trabalho?

— Já, hoje ela foi cedo. — falou, antes de levar a xícara novamente a boca para outro gole.

Após os 3 anos de serviço, Iraci havia conquistado uma confiança e uma relação informal de amizade, quase familiar com suas patroas; contudo tinha ciência de sua posição e dever profissional, mesmo que as ordens viessem seguidas de um "por favor" no final. Não queria cair no erro de dizer ou brincar com algo que as ofendesse, principalmente em relação às suas opções sexuais, sabia como "esses gays" eram sensíveis em relação a isso. Poderia perder um trabalho excelente por uma falta de atenção; "Não, isso não, não quero perder essa", pensava sempre.

Iraci rumou para seu "escritório", um depósito no fundo do quintal com todo material de limpeza; colocou sua bolsa na prateleira, próximo aos materiais de limpeza. Guardou o celular no bolso, pôs um lenço na testa para evitar que o suor caísse nos olhos ao fazer esforço no limpar e esfregar. Encheu o balde com água, misturou sabão em pó com uma essência de lavanda para dar um cheiro agradável, colocou-o num carrinho, propriamente feito para transporte de limpeza; separou os panos-de-chão que utilizaria no serviço; colocou a vassoura, o esfregão e o rodo no aparato, e foi para cozinha trabalhar.

— Vou começar a limpeza por aqui hoje, tá bom?

— Claro, pode começar, não precisa nem pedir, só vou terminar minha xícara de café e já tô saindo para não te atrapalhar.

— Que isso? A casa é sua, pode ficar aí, não atrapalha não; eu até gosto que fique, pra a gente falar da novela. Viu só que o coronel fez ontem?

— Não, Iroca, o que o coronel fez ontem?

— Menina tu nem sab... — o celular dela tocou.

Ela achou estranho — "Quem poderia estar ligando essa hora? Provavelmente deve ser o Antonio ligando para saber onde tão as coisas, nem deve ter lido o bilhete; mas uma hora dessas? Nem tá perto do meio-dia ainda." — pensou. Começou a sentir um incômodo, uma sensação estranha de aperto no peito, como se algo de ruim tivesse acontecido. "Meu Deus, será que o Antonio caiu? Ai meu pai, protege meu Tonico, não permita que nada de mal aconteça com ele", orou em silêncio. Pegou o celular, estava sem coragem de olhar no visor. Era ele, Antonio.

— Alô, fala Tônio, sim posso falar, mas fala rápido que tenho muito trabalho para fazer. Sim, o quê que tem?

Inesperadamente Iraci caiu no chão, como se suas pernas tivessem perdido toda força e controle. Jogada, gritando prantos de desespero, tentava se afastar daquele maldito celular. Helena ao ver e ouvir isso, assustou-se quase largando ao solo a xícara com café; rapidamente correu em direção dela para tentar ajudá-la.

— Iroca o que tá acontecendo? Me diz, fala. — disse ao ajoelhar próximo, segurando-a, tentando contê-la e evitar que acabasse se machucando.

— Não, isso não, porque meu Deus, porquê? — Gritava Iraci em meio às lágrimas.

Sem saber o que fazer e como proceder, Helena tentou conduzi-la ao sofá da sala para sentar. Após alguns minutos Iraci saiu de seu estado de desespero, as lágrimas haviam diminuído, permitindo que ela pudesse pronunciar algumas palavras. Helena só entendeu: filha, identificar, facada, morta, IML. Foi o suficiente para ela entender, não precisou de conjunções, preposições ou artigos para formar uma oração entendível; essas palavras foram o suficiente para saber que a filha dela foi morta a facadas e estavam chamando-a para identificar o corpo no IML.

— Iroca, você quer que eu a leve num hospital?

— Não, eu preciso ir pra casa com o meu marido, a gente tem que reconhecer nossa filha. — disse ela voltando a chorar.

Lena ficou com medo que Iroca passasse mal após tão trágica notícia, ela estava incapacitada para retornar sozinha para casa. Ela tinha medo que a sua amiga — porque não? Só por ser sua funcionária, isso impediria que ambas pudessem ter uma relação de amizade além da relação profissional? — sofresse um atropelamento ao atravessar alguma rua sem prestar atenção, ou se perdesse por causa da confusão causada pelo choque sofrido.

— Tem certeza, acho melhor você ir no hospital, eu te levo, pode deixar.

— Não precisa, obrigado, dona Helena, mas eu preciso ir pra casa para começar a preparar o funeral.

— Tudo bem, não posso te obrigar, mas eu vou chamar um transporte de aplicativo para te levar, eu pago, não se preocupe.

— Muito obrigada, dona Helena, a senhora é um amor.

— Não precisa agradecer, é o mínimo que eu posso fazer para ajudar. E pare de me chamar de "dona", eu não sou tua dona, sou tua amiga. — disse ela com uma voz doce e calma.

— Me desculpe.

— Tudo bem.

Helena deixou Iraci sentada no sofá, foi na cozinha pegou um pouco de água e colocou açúcar; sabia que aquilo não acalmava em nada, mas também sabia que ela acreditava em "crendices populares"; o placebo seria ótimo para mantê-la mais calma por um pouco mais de tempo.

— Toma aqui, Iroca, um pouco de água com açúcar, isso vai te acalmar.

— Obrigado, Lena, vai me ajudar mesmo. — disse enquanto segurava o copo, tomou até a última gota, colocou-o sobre a mesinha da sala. Achou incrível como o efeito foi quase imediato, suas pernas e braços diminuíram o tremor, e a respiração ficou mais equilibrada. "Incrível como esse negócio funciona mesmo", pensou Iraci.

Helena pegou o celular e chamou um transporte pelo aplicativo. Sentia-se triste por Iroca, nem podia imaginar a dor de perder uma filha. Queria tanto ter uma, criar uma família feliz com Roberta. Era seu sonho, desejava isso mais que tudo; e pensar que, de uma hora para outra, existe a possibilidade de ter seu sonho arrancado da forma mais violenta, a deixava extremamente infeliz; mas não era o suficiente para fazê-la desistir de tentar.

III

O carro chegou, Helena conduziu Iraci até o carro, esta agradeceu-lhe pela ajuda e compreensão. Lena respondeu que não era nada, e que ela deveria ligar avisando-a de tudo, além de estar disposta a ajudar com o funeral, caso necessário. Ela entrou no banco traseiro do carro, despediu-se da chefe e foi em direção a sua casa.

Tentava lembrar do rosto da filha, mas não conseguia, apenas lembranças antigas dela quando criança correndo pela casa com os outros irmãos. Agora 3 dos 4 filhos que nasceram estavam mortos, e a outra não dava notícias, nem sabia se estava realmente viva. Um temor enorme de solidão pairou sobre sua mente, "meus filhos estão todos morrendo, meu marido não tem muito tempo de vida, pelo jeito que ele tá vivendo, não vai muito longe. O que vai ser de mim? Vou ficar sozinha, sem ninguém?", pensou.

"As crianças!", lembrou como num susto. "O que aconteceu com meus netos?". Uma ansiedade começou a dominá-la, mexia-se inquieta de um lado para o outro no banco traseiro do carro.

— Vamos moço, rápido, acabei de saber que minha filha faleceu, preciso ver o pai dela. — disse com a voz trêmula e triste, olhando nos olhos dele com os seus vermelhos e inchados de tanto chorar. Queria usar de sua tristeza para manipular o motorista, e convencê-lo a andar mais rápido. Deu certo, o homem passou a cortar os carros no trânsito de um lado ao outro, por duas vezes quase batendo dois motociclistas desatentos.

Por um momento ela parou de pensar na morte da filha e passou a preocupar-se mais com os netos. "Onde eles poderiam estar, o que aconteceu com eles?", nesse breve período, o medo de ficar sozinha ficou um pouco mais distante, num sentimento meio egoísta; ficar levemente feliz ao lembrar dos netos por não querer morrer sozinha, a deixou envergonhada. "Mas por que não me disse nada sobre meus netos? Será que eles morreram também? Não, ele me falaria. Ai meu Deus, será que aquele desgraçado, além de matar minha filha, ainda roubou meus netos? Por favor, isso não". Pensar nisso fez o medo de morrer sozinha voltar.

— "E se ele não levou, como vou conseguir sustentar essas crianças? Da onde vou tirar dinheiro? Calma, um problema de cada vez, primeiro tenho que resolver a situação do corpo da minha filha." — pensou tentando se controlar. Na ligação recebida, não disseram que o principal suspeito do assassinato era o genro, entretanto os inúmeros episódios de agressões sofridos pela filha por parte dele, já despertava-lhe um medo que isto poderia acontecer e, infelizmente, a possibilidade se concretizou.

Pararam em frente à casa dela, antes de sair, o motorista deu seus pêsames; ela agradeceu a gentileza. Duas viaturas estavam paradas em frente a sua residência, uma da polícia militar e outra da civil. Ela adentrou pela porta da sala que já estava aberta, dentro havia alguns policiais, enquanto outros protegiam o perímetro. Antonio estava sentado no sofá da sala conversando com um investigador, ao vê-la, levantou e foi em sua direção pulando; ao abraçá-la, ambos choraram como crianças. Após o alívio das emoções, o investigador comunicou-lhes que teriam de ir até a delegacia prestar depoimento. Entraram na viatura e partiram.

Na delegacia esperaram relativamente pouco, pela deficiência do esposo, dessa vez, tiveram prioridades. Contaram tudo o que sabiam, pouco acrescentaram à polícia; lá foram informados que os netos estavam num abrigo social e estavam bem, um pouco desnutridos e desidratados, porém já haviam sido consultados pela Santa Casa de Misericórdia e foram liberados de alta. "Que bom, pelo menos no abrigo receberam cuidado e comida, não precisarei me preocupar com isso no momento, só com o funeral mesmo.", pensou ela.

Souberam que as crianças foram resgatadas quase 2 dias depois do assassinato. Uma vizinha que ouviu e testemunhou toda a discussão, viu Clayton sair rápido e apressado pela noite; depois disso, estranhou não ver a "vizinha" depois da briga. Após um dia sem ver nenhum deles, achou meio estranho e decidiu "meter a colher". Ligou para a polícia que, ao chegarem na casa, ouviram o choro fraco de duas crianças e sentiram um odor pútrido; arrombaram a porta, encontraram Clara já em início de decomposição, e as duas crianças sobre a cama, famintas, desidratadas, urinadas e defecadas. Rapidamente foram encaminhadas para o atendimento hospitalar.

Não foi difícil chegar à conclusão desse homicídio ser passional, havia sinais de briga por todo o lugar, poucas roupas masculinas, indicando que o assassino tinha pegado algumas mudas de roupa antes de fugir; foram encontrados alguns entorpecentes pelo chão, fazendo-os pensar brevemente num possível "acerto de contas", mas os testemunhos da vizinhança consolidaram a tese primária.

Felizmente o celular da vítima havia sido encontrado, sem código de segurança — não tinha código porque o Clayton queria o celular livre para poder verificar as mensagens e ligações da esposa —, dando acesso da polícia a todos os contatos de forma bem simples. Ligaram primeiramente para o Antonio pedindo o endereço, pois a polícia precisava fazer uma investigação; foram até a moradia deles, primeiramente contaram do assassinato ao marido que por sua vez ligou e informou-a.

IV

Agora rumavam para o Instituto Médico Legal (IML), amiúde tentava lembrar do rosto da filha sem sucesso. Quando chegou em casa, foi tão rápido e apressado o rumar à delegacia, que nem lembrou de procurar o álbum de família e rever algumas fotos — se bem que não adiantaria, pois continha apenas fotos juvenis, e dessa fase lembrava muito bem —; tentou olhar nas redes sociais, porém, devido a fatídica "última" briga, Clara os havia bloqueado, e a foto do seu perfil era dos filhos. Constatar que não lembrava o rosto da filha deu-lhe um grande remorso.

— "Que espécie de mãe sou eu que não conseguiu proteger seus filhos? Quase todos morreram, e a outra fugiu; todos se afastaram de mim, onde foi que eu errei? Por que Deus, minha família sofre tanto, que pecado eu cometi para receber uma provação dessas? Eu não fui o suficiente na igreja, eu não dei o dízimo correto, não evangelizei o suficiente, cantei pouco, hein? Me mostra o meu erro para não cometer mais, por favor, não me deixa passar por isso novamente, eu acho que não vou aguentar."— pensava no banco traseiro da viatura.

Ao chegarem no IML, uma dor no peito apareceu tirando-lhe o ar, como se uma fumaça preta, fria e densa tivesse tomado todo seu tórax; uma sensação horrível que ela sabia muito bem o que era, culpa misturada com remorso. Sentia como se ela fosse a responsável pelas facadas, por causa da sua criação, ou falta de. Conduziram-na para esse necrotério.

A história bíblica de Jó veio a sua mente, nunca entendeu direito como Deus e o diabo apostaram a vida dele, apenas na intenção de saber se ele era realmente fiel ao Senhor. "Será que é isso? Será que Deus apostou minha fé com o diabo? Tirou todos os meus filhos de mim, que nem ele fez com Jó? Que espécie de Deus amoroso é esse? Será que esse é o verdadeiro significado do amor, apostar até onde vai o limite do amor dos seus para com você? Se for isso, tenho a certeza que o Antonio me ama, porque ele tá testando a minha paciência a muito tempo".

Esperaram por um breve momento, rapidamente foram ao local. Caminhar parecia a pior tortura possível, um peso quase que insuportável aumentava sobre seus ombros, diretamente proporcional à aproximação do necrotério. A porta se abriu, viu logo ao entrar uma mesa metálica com um corpo, coberto com um lençol branco escondendo-o; não podia saber quem era o defunto, mas podia saber que era gordo, com peitos e barriga grandes e nariz adunco.

Por fim, pararam próximo a uma parede com várias gavetas, uma delas foi aberta. Um barulho medonho e ensurdecedor de metal batendo e arrastando, num local fechado, a despertou; estava perdida em seus devaneios. A gaveta foi puxada; um corpo surgiu coberto igualmente por um lençol, desta vez claramente era uma mulher. O funcionário descobriu o rosto; finalmente ela lembrou do rosto que outrora tentara lembrar, e por várias vezes falhou; não restava dúvida, era ela, Clara, sua filha mais nova; estava linda, um pouco pálida e levemente azulada, com os lábios roxos, entretanto continuava linda.

Dessa vez não conseguiu chorar, tentou, mas não conseguiu; olhou para o lado e viu Antonio chorar copiosamente. Contudo, ela não derramou uma lágrima. Clara nem parecia estar morta, estava apenas dormindo, bastava chamar que ela levantaria, tal qual Lázaro. Tentou abrir a boca, mas não conseguia falar, nenhum som foi emitido por ela. Sentia algo estranho, como se tudo estivesse lento. Subitamente percebeu que vários homens a estavam segurando, começou a ouvir um grito alto de desespero, e percebeu que era ela mesma esbravejando tal grito. Foi nesse momento que tudo ficou escuro e ela apagou.

Iraci acordava momentos depois, numa sala contígua ao necrotério. Estava sobre um sofá velho e surrado, com um tecido amarelo queimado, encardido pelos inúmeros traseiros ali depositados durante anos. Olhava para o teto tentando lembrar de onde e como foi parar nesta poltrona; o teto de gesso branco, manchado por vários pontos de infiltração, faziam-na sentir que sua vida assemelhava-se muito àquele teto: estava feia, mal cuidado, abandonada e destruída pelas intempéries do tempo.

Capítulo 3.

1

Antonio sentado pouco mais à frente numa cadeira de plástico barata, olhava para o nada, com os olhos inchados, marejados e vermelhos; o rosto expressava uma dor e remorso enorme. O valor de algo é subjetivo, na verdade, quanto mais raro e único, maior é seu valor. O que é mais singular e raro que uma vida? Cada indivíduo, da onde a própria palavra se originou: "indivisível", algo único, impossível de ser partilhado. Ele estava assim, com a expressão de alguém que possuía algo de valor incalculável que, por negligência, acabou se perdendo; tal qual um museu que tem todas suas obras e relíquias históricas destruídas por um incêndio causado por anos de indigência estrutural.

Assim estava ele, igual ao povo brasileiro. Ao ter seu museu e tesouros nacionais expostos a qualquer visitante, não os dava valor; mas ao ser destruído, caiu em prantos, chorou, sofreu a perda daquele tesouro. Esse era o sentimento de Antonio, contudo sua dor era apenas compartilhada com sua esposa, não com toda a nação.

O remorso esmagava-o, saber que nunca mais poderia conversar com sua menina, nunca mais poderia pedir perdão pelas palavras pesadas que a expulsaram de casa. A culpa de tê-la jogada à cova dos leões, semelhante com o rei Dário ao permitir que Daniel, seu amigo, fosse entregue às bestas. A diferença é que: Deus protegeu-o das feras famintas e perigosas, sua filha não.

Lançou sua filha às feras, não aos leões como o rei sírio, mas a um homem tão violento e perigoso quanto. Já tinha ouvido falar desse Clayton, do seu envolvimento com o tráfico, receptação de materiais roubados, assaltos e latrocínios. Mesmo assim expulsou-a de casa, "e para onde iria uma adolescente de 18 anos grávida? Cometeu um erro sim, fornicou, não se casou com alguém da igreja, tendo sua relação abençoada por Deus. Não, tinha que ceder aos pecados da carne... E quem nunca errou? Eu também engravidei a mãe dela antes do casamento, por isso tive que casar cedo. Qual direito eu tinha de condenar ela, se eu cometi o mesmo pecado? Poderia ter perdoado, seguindo as palavras de Jesus a Pedro: 'não perdoas uma vez, nem sete, mas setenta vezes sete'. Hoje ela poderia estar viva, e eu não teria essa culpa me consumindo". Pensou ele. Não deixa de parecer um certo egoísmo, se ele não tivesse a sensação de remorso e culpa, sofreria tanto?

Depois de vê-la dentro da gaveta do necrotério, orava a Deus constantemente. O seu medo mais íntimo era de perder sua alma e queimar no fogo do inferno.

Os netos vieram à sua mente, como uma pontada de uma agulha grande e grossa furando a carne. "Agora têm mais dois pra eu cuidar, mais duas almas que podem pesar na minha balança do juízo final. Como vou conseguir dar educação pra eles?, ficar em cima deles pra não fazer merda, assim, desse jeito, só com uma perna, inválido. Me ajuda senhor, não quero me perder, quero estar com o senhor nas mansões celestiais, me ajuda a fazer o certo", pensava ele olhando para o teto esperando uma luz divina atravessar o forro velho do necrotério e iluminá-lo, contudo, nada acontecia.

Fechou os olhos, imagens do seu inferno imaginário vinham a mente, cenas de seres deformados e monstruosos, com pele vermelha, chifres negros e grandes saindo da fronte, dentes grandes e pontiagudos emergindo de uma boca com lábios negros e língua bifurcada. Um local escuro, cheio de fogo e enxofre, pessoas torturadas, gritos de dor e sofrimento. Dentre essas pessoas torturadas, identificou um homem, sem todos os membros, apenas o tronco preso em correntes com as entranhas de fora. Era ele, ele estava no inferno, tendo sua alma torturada pela eternidade.

Acordou desesperado, quase caindo da cadeira de plástico que estava sentado. Tinha dormido, estava suado e tremendo. "Que pesadelo horrível", pensou. Queria ir para a igreja, mas deveriam esperar até a emissão dos documentos necessários para dar seguimento ao funeral. Sentia medo, estava sozinho com sua esposa numa sala estranha, isolados, dois pecadores, cúmplices no assassinato de sua filha. Olhava para as janelas de vidro as quais davam acesso ao corredor do IML; pessoas estranhas vagavam indo e vindo. Num canto mal iluminado, que uma das janelas dava visão, ele identificou uma sombra escura, sem detalhes, apenas uma silhueta com olhos vermelhos, encarando-o.

Um frio subiu por toda sua coluna, arrepiando todos os pelos de seu corpo, alojando-se na base da nuca. Tremendo, Antonio pegou em seu bolso uma Bíblia pequena, inseparável, abriu-a no livro de Salmos, capítulo 121 e começou a ler para si: "Elevo meus olhos para o monte; de onde me virá o socorro? O meu socorro vem do senhor que fez os céus e a terra. Não permitirá que teus pés vacilem; aquele que te guarda não dormirá. Não dormita nem dorme o guarda de Israel. O Senhor é quem te guarda".

Tirou os olhos da Bíblia, olhou para o corredor e a sombra de olhos vermelhos continuava a encará-lo.

— "O senhor é a tua sombra a tua direita"— lia falando alto. — "de dia não te molestará o sol, nem de noite a lua. O Senhor te protegerá de todo o mal; ele guardará a tua alma. O Senhor guardará a tua entrada e a tua saída, desde agora e para todo o sempre".

Levantou a fronte, a sombra continuava ali, no canto, encarando-o com seus olhos rubros. Voltou-se a Bíblia novamente, abriu-a agora no capítulo 91 do mesmo livro, começou a ler novamente em alto tom.

— "Aquele que habita no esconderijo do altíssimo..."

II

A filha não tinha plano de sociedade funerária — o que para eles era um grande problema: pois, para tirá-la do IML, exige-se translado adequado do corpo, caixão, local de enterro e etc., em outras palavras: contratar uma funerária. Eles não tinham dinheiro para o custeio à vista, ou crédito no cartão para pagamento a prazo. Tiveram de deixar a filha no IML e tentar encontrar uma solução. Antonio olhava para a esposa triste, com os olhos inchados e vermelhos. Ela não mais chorava copiosamente como foi ao acordar do desmaio: estava quieta, calada, apenas com a respiração pesada e o olhar perdido e estático. Após vários minutos encarando a esposa sem que ela percebesse, e relembrar dos momentos felizes que teve com a filha — e assustar se ao perceber que eram tão poucos: a maioria na época infantil dela—, olhou para fora, pela janela tentando encontrar algo que ele não sabia o que seria. Pessoas e objetos passavam rápido, sem foco, apenas imagens borradas sem definição; percebeu na paisagem em movimento, uma única coisa permanente: os mesmos olhos vermelhos, vistos no IML. Eles apareciam nas sombras de todas as coisas: árvores, telhados, viaduto etc.; e quanto mais escuro fosse o local, mais vivos eles ficavam.

Antonio fechou os olhos com medo, porém, ao fazê-lo, a luz foi impedida de passar pelas córneas, deixando-o em completa escuridão, e, por consequência, os olhos rubros surgiram na sua mente mais nítidos que nunca. Arregalou os olhos apavorado, pegou rápido a bíblia de bolso, folheou-a tentado desesperadamente encontrar o Salmos 91. Folheava grosseiramente as páginas finas e delicadas, quase arrancando-as; encontrou a passagem, tentou ler sem sucesso: o chacoalhar do ônibus, devido ao péssimo estado das vias, não deixava-o ter uma compreensão adequada do texto.

Os olhos começaram a doer por causa do esforço, fechou-os massageando para aliviá-los, mas rapidamente os abriu com medo. Deu-se conta que não precisava ler o capítulo pois o sabia decor. Repetiu-o inúmeras vezes como um mantra, piscando apenas quando os olhos começavam a arder. Fixou a visão no teto do coletivo, por ser branco e claro, além de não ter nenhuma sombra nele.

Depois de muito tempo, chegaram ao ponto de ônibus mais próximo da casa deles. Desceram e puseram-se a andar rápido. O sol escaldante de poucos segundos antes, escondeu-se atrás de uma nuvem grande, densa e negra, cuja chegada não foi percebida até tomar o céu. O clima quente esfriou até uma sensação amena e agradável, o suor que corria incessante pelo corpo, molhando toda a roupa e fazendo grandes manchas de suor nas axilas, pescoço e costas cessou. Um vento forte e frio soprou, folhas e poeiras subiram anunciando a chuva que estava por vir — seria forte, grossa e longa, algo que os paraenses estão acostumados.

Antonio olhou no horizonte e viu uma mancha branca, entre a terra e o céu, aproximando-se paulatinamente. “Égua do toró”, pensou preocupado. Tentou andar mais rápido, porém não podia, a muleta o deixava mais lento. Iraci acompanhava-o na mesma velocidade, olhando para o chão, sem levantar o cenho; molhar-se era sua última preocupação.

— Lá vem ela! — disse Antonio referindo-se a chuva

— É, e vem braba. — respondeu Iraci.

Apertaram o passo. O barulho da chuva batendo agressiva no chão e nos telhados, criava nele um senso de urgência. Chegaram na frente de casa, a entrada estava fechada por um portão com dois grandes cadeados mais a fechadura da porta. Iraci pegou o molho de chaves e procurou a correta para abrir o primeiro cadeado.

A chuva surgiu no final da rua e veio aproximando-se furiosa.

— Bora, mulher, bora.

— Calma.

O som aumentando, a água caindo violenta cada vez mais perto, semelhante ao soar do chuveiro elevado à enésima potência.

— Bora, mulher! Ela tá perto.

— Não me apresse! — respondeu nervosa.

O barulho dos cadeados batendo na grade ao serem retirados, prepararam-no para um alívio que veio ao ouvir o estalar dos trincos destrancando o portão. Faltava apenas a fechadura da porta, o molho de chaves tilintou nas mãos de Iraci ao conectar a chave na fechadura.

A chuva estava muito perto, a três postes de luz de distância.

— Vamos, mulher.

Iraci não respondeu. O barulho das engrenagens da fechadura, ao abri-la, denunciavam a falta de lubrificação. A chuva aproximou-se engolindo o primeiro poste, dois segundos depois o outro poste foi engolido— a tensão crescia dentro de Antonio. O terceiro poste foi engolido, a poucos metros de distância. Finalmente a porta se abriu. Antonio entrou num pulo, pouco antes de ser engolido pela chuva, pouco depois Iraci entrou fechando a porta. Ao fazer isso, o único meio de iluminação da casa findou-se, pelo fato das lâmpadas estarem desligadas e as janelas fechadas, a sombra de olhos rubros personificou-se na frente de Antonio de imediato. Assustado, ele ficou estático encarando aqueles olhos penetrantes, não conseguia se mexer ou falar, nem respirar conseguia. Sentia como se os olhos daquela sombra o tivessem petrificado, tal como olhar uma medusa.

O corpo estático o fazia pensar estar congelado, principalmente quando um frio glacial tomou conta dele. Tentava olhar para outro lugar, mas não podia, seus olhos estavam fixos nos da sombra. Iraci pediu para ele ligar a luz, porém ele não respondeu, ela falou mais alto, pensando que ele não havia escutado, novamente nada foi respondido. Ela decidiu olhar para o esposo: percebeu ele parado, aproximou-se dele chamando-o alto sem ser correspondida, tentou despertá-lo com o toque, porém nada aconteceu, olhou na mesma direção que ele estava olhando, entretanto nada viu. Percebeu apenas uma expressão de pavor no rosto dele.

Por fim, após ficar preocupada, decidiu ligar as luzes.

Tão rápido quanto a luz iluminando a casa foi o desaparecimento da sombra. Ao desaparecer, finalmente Antonio pode respirar, ele puxou o ar desesperado, semelhante aquelas pessoas que, ao mergulharem fundo, sentem o ar acabar e ao chegar na superfície dão uma grande inspirada tentando absorver o máximo de oxigênio possível, soltando uma espécie de grito com gemido e alívio.

— O que foi, Antonio? Tudo bem?

Antonio não respondeu, olhava para todas as direções apavorado. Iraci tocou-o tentando acalmá-lo, ele afastou o corpo com medo, desequilibrou-se e caiu no chão. Ela tentou aproximar-se, no entanto ele se afastou, arrastando-se no chão, dando chutes com sua perna única, parecendo um animal ferido acuado. O coração palpitava descontrolado, os olhos abertos ao extremo, a ponto de doer-lhe as órbitas.

— Antonio, me responde, tô preocupada. — falava Iraci com um misto de medo e preocupação.

Percebendo que a sombra havia sumido, ele foi aos pulos para o quarto, trancou a porta, pegou a sua bíblia grande, bem-acabada, com letras legíveis e uma diagramação confortável que estava sobre a pequena estante. Ao lado do livro sagrado, estava um gravador que foi posto para tocar música gospel no volume máximo. Abriu a bíblia rápido no capítulo 91 de Salmos e pôs-se a ler repetidamente, tal qual um mantra. Iraci batia na porta chamando por ele, pedindo para ele abrir.

— Antonio, abre! Por favor! — gritava ela socando a porta.

— ...Ele é meu refúgio e fortaleza...

— Vamos! Por favor, abre! — gritava tentando superar a porta e a música alta.

— ... Debaixo das suas asas encontras refúgio...

Capítulo 4.

1

Iraci estava sentada na cozinha, apoiada com o cotovelo na mesa de madeira velha e rústica — um eufemismo para não dizer: feia. Olhava para a xícara de café preto, forte, sem açúcar. Não gostava de café amargo, mas não sabia o porquê de o estar tomando; poderia estar tentando se punir? Nem ela sabia ao certo se era esse o motivo, parece que escolheu o amargo para fazê-la lembrar qual era o gosto de sua vida.

Já passava das 16 horas, como de costume estava chovendo, uma chuva constante e chata, iniciada forte pouco mais das 13 horas e, depois de uma chuva torrencial, prolongava-se de maneira amena, porém constante. A umidade grudava em tudo, infiltrando-se pela madeira, paredes e telhados, grudando em tudo. Em superfícies duras e lisas, escorriam gotas do "suor" formado pela condensação. A roupa estava úmida, mesmo dentro dos guarda-roupas — o mofo estava adorando aquilo. O sol não aparecia, nem teria como aparecer, a menos que rasgasse uma cortina de nuvens mais densas que o concreto. Tudo dava um tom sombrio, frio e triste que casava "maravilhosamente" bem com o estado emocional dela.

Uma fina luz, pouco mais forte que um luar, entrava pela janela iluminando malmente a cozinha; juntamente com os cupins de inverno, voando por todos os lados com suas asas irritantes e frágeis — quase nunca são vistos, contudo, basta uma chuva prolongada que, como mágica, surgem por todos os lados. Ela não queria ligar a luz, primeiro por sentir-se mais confortável na escuridão, a tristeza encontra aconchego nas trevas, e é aí que muitas vezes mora o perigo. Segundo por atrair mais desses cupins, ela não aguentava mais esses bichos pousando por todo o canto e sujando tudo.

Olhou a xícara e viu um desses pousado na borda, a luz lúgubre iluminava três asas separadas e um cupim, morto, boiando sobre o líquido.

Pensou que ficaria irritada vendo aquilo, seu café estava estragado, contudo não sentiu nada. Estava naquele estado de não sentir tristeza, dor, raiva, alegria, nada. Não conseguia chorar, sorrir, xingar. Estava num torpor depressivo que não conseguia nem se matar, mas não queria ficar assim por muito tempo, pois uma hora poderia conseguir. "Não temos condições de enterrar uma, imagina duas pessoas", pensava com pesar. "Até para morrer nesse país é caro. De onde vou arranjar dinheiro para pagar a funerária? Não posso mais usar o 'vizinha bank', já tenho uma conta alta lá, se fizer mais um gasto posso não conseguir pagar e perder meu último 'crédito'. Isso não, se perder isso estamos destruídos".

Os netos vieram novamente à mente, continuavam no abrigo, esperando serem resgatados. Ela prendeu-se ao significado da palavra "resgatados", normalmente é usado para situações onde um ser é retirado de um local perigoso para outro mais seguro. "Será mesmo que aqui é mais seguro que o abrigo? Lá pelo menos eles têm comida garantida, aqui não. Crescendo no abrigo eles podem se tornar marginais, aqui também, tanto que meu filho foi assassinado por se envolver com esse mundo. Quem sabe, talvez lá eles possam ter uma oportunidade melhor que a oferecida por nós". Olhou envolta, sentiu-se só, não queria isso, tinha um pavor disso acontecer. Pensou em ir ao quarto e ficar com Antonio, mas não aguentava mais ele lendo a Bíblia alto sem parar com tudo iluminado. Precisava ficar um pouco só, no silêncio, pensando no que fazer.

Uma ideia passou-lhe pela cabeça, como um choque, fazendo-a levantar o rosto, procurou pelo local como se fosse por um objeto palpável, parou o rosto em direção ao teto, olhando para o nada como se tivesse encontrado tudo. "As 'sapatonas', é isso, vou pedir pra elas me ajudarem com o funeral da minha filha, elas são muito legais, pode ser que elas me ajudem. Peço pra elas irem descontando do meu pagamento em suas prestações". Finalmente um sorriso apareceu no rosto de Iraci, era isso, pensou ela, estava no fundo do poço, mas conseguiu enxergar a luz da saída.

Levantou-se da cadeira, ligou a lâmpada iluminando a cozinha. Cupins voadores entraram pela janela, atraídos pela iluminação, rapidamente ela foi à janela e fechou-a. "Antes de ir com as sapatonas, tenho que ir no abrigo pegar as crianças, aparecer com elas vai ajudar em convencê-las de me darem o dinheiro".

Capítulo 5.

1

Clarisse olhava assustada para o relógio de parede, não tardaria a algo horrível acontecer sem sua casa, estava no horário de seu pai chegar em casa depois de trabalhar o dia todo. Enquanto pensava nisso, ouviu o barulho da porta abrindo, o som seco de um coturno sujo chocando-se sobre o piso ecoava pela casa. Ela estava na cozinha sentada junto à mesa, esperando a rotina assustadora de sempre. Antonio entrou pelo compartimento, jogou suas ferramentas sujas e pesadas sobre a mesa de madeira fazendo um grande barulho. Sem falar nada, foi direto ao seu compartimento particular da casa, um armário pequeno no canto, onde escondia seu segredo dos demais, apenas seus familiares sabiam daquilo que estragava a vida dele e de todos que residiam na mesma casa: o álcool.

Antonio abriu a porta com rapidez, pegou a garrafa de álcool destilado, porém algo estava errado: ele encontrou sua garrafa com menos líquido que havia deixado na noite anterior— isso foi a uns três anos antes da morte de Clara, ela devia ter seus 14 anos na época, ele ainda tinha as duas pernas, e Clarisse, a filha mais velha, estava com 18 anos (não tinha fugido, ainda), e Claudenir, ainda vivo, tinha 16 anos.

Ao perceber que seu único bem havia sido transgredido, foi tomado por uma fúria, não por alguém ter tomado um ou dois goles de sua bebida, mas sim pelo desrespeito, pela audácia de mexer em algo exclusivamente seu. Sentiu-se desafiado, como um leão que vê um jovem ameaçar sua soberania e, para não perdê-la, impõe por força sua vontade sobre os outro, cabendo ao jovem apenas três opções: a morte, o ostracismo ou a obediência e subjugação irrestrita. Sabia que o único capaz de desafiá-lo era o filho, a mulher e as filhas não tinham esse "colhão". Tomou alguns "bons" goles de cachaça direto no gargalo da garrafa, e foi resolver essa questão.

Entrou no quarto dele chutando a porta, Claudenir ao vê-lo, recolheu-se todo ao canto do quarto, olhando-o com aqueles olhos culpados. Antonio ao olhá-los diretamente, não precisava nem perguntar, já sabia a resposta, "foi ele, ele teve a audácia de me desafiar, moleque sem respeito", pensava ao encará-lo. Iraci e as filhas, ouvindo o barulho da porta sendo arrombada, correram em direção ao som, elas sabiam que algo ruim iria acontecer.

— O que foi isso, Tônho? — perguntou Iraci.

— Cala a boca, mulher, não se meta, isso aqui é coisa de homem. — respondeu.

— O que já tu vais fazer? — perguntou Clarisse quase chorando, prevendo o que aconteceria.

— Já falei pra vocês saírem daqui, se não querem que sobre pra vocês.

— Vamos meninas, vamos que o pai de vocês sabe o que faz. — disse puxando as duas pela mão, antes de sair disse olhando para ele. — Cuidado, marido, não faça nenhuma besteira.

— Cala a boca, mulher, não me fale o que eu tenho que fazer, você que tem que fazer o que eu digo. E com ele — disse apontando para Claudenir — Eu faço o que eu quiser, ele é meu filho, e ninguém vai dizer como devo criá-lo.

Iraci fechou a porta com cuidado. Ele virou-se e olhou para o rosto assustado do filho, os olhos pequenos, com certeza herdados dos avós deles, por parte de ambos os pais. A sogra de Antonio era indígena direta, falava até algum dialeto morto desses do qual não importa a ninguém; o sogro não conheceu. Sua mãe também era descendente de alguma outra tribo indígena. O pai não, ele era negro, desses do cabelo crespo, beiços grossos, nariz largo; a única coisa branca nele eram os dentes e o globo dos olhos, nem a palma das mãos e pés eram brancas, eram amareladas. Antonio ainda lembravas das histórias que o pai contava que os avós sofriam quando ainda eram escravos, todas as torturas e humilhações, relembrar disso o fez tremer, "ainda bem que a escravidão acabou", pensou ele — pobre ignorante. Claudenir não puxou nada a ele, não pareciam em nada, entretanto, era a cara da mãe, o rosto ovalado, olhos levemente puxados, cabelos lisos e negros, pele cafuza e um sinal vermelho no lado direito da barriga, lembrando muito pássaro de asas abertas. "Com certeza não parece nada comigo", pensou.

— Tu sabes muito bem porquê eu tô aqui, né?

Ele não respondeu, o medo não permitia isso.

— Bora, filha da puta, responde.

Claudenir respondeu com um leve aceno na cabeça de confirmação.

— Responde, caralho, não tô perguntando? Tem boca para quê? Só para beber o que é meu? — disse baixo, não queria que os vizinhos ouvissem, principalmente soubessem sobre o motivo da briga, seria disciplinado da igreja, e perderia todos os cargos e respeito da congregação.

— Bora, responde, ou quer que eu tire a resposta à força?

— Não. — respondeu tão baixo que quase não pôde ser ouvido.

— Vamos, diga.

— Por ter tomado sua bebida.

— Por que tu fizeste isso? Não sabes que aquilo é meu?

— Sei.

— Então por que bebeu?

— Porque eu queria saber como era. — respondeu Claudenir choroso.

— Não te falei que tu tens que ficar longe daquilo? O álcool é um veneno?

— Sei.

— E por que tomou?

— Porque o senhor toma.

A resposta o acertou como um soco, que moral ele tinha para cobrar do filho algo que ele não era? Sabia que estava mais errado que o filho, pois este só ingeriu bebida alcoólica graças ao seu exemplo e, não podendo esquecer, por ele ter levado uma garrafa para dentro de casa. Apesar de saber que estava errado, nunca admitiria; dentro da casa, ele era o rei, e o rei nunca está errado, se o rei admitir o erro, perde o poder e o respeito dos súditos. Além disso, dentro daquela casa, ele fazia as leis, portanto, apenas ele tinha o direito de quebrá-las.

— Olha aqui, moleque, eu tomo cachaça porque eu posso. Eu que trago comida para encher essa tua barriga e compro a roupa que tu usas. Eu faço o que quiser aqui, e tu fazes o que eu digo. Se não fizeres, vai embora e constrói a tua própria casa e lá, faz o que te der na cabeça, foda-se, eu não me importo, mas aqui dentro dessa casa quem manda é eu, e se eu mando tu não tomar álcool, você não toma álcool, tá entendido?

— Sim, "faz o que eu digo, mas não faz o que eu faço". — respondeu ele ironicamente.

— Exato. — disse Antonio sem entender a ironia.

— Hipócrita. — disse Claudenir de canto de boca, quase imperceptível.

— O que tu disseste, filha da puta? Me chamou de quê? É melhor tu calar a tua boca, vai ser melhor pra ti. — disse ele, dessa vez elevando a voz e falando irado.

Claudenir recuou o máximo que pode, quase se fundindo com a parede, virou o rosto e levantou os braços para se proteger por instinto.

— Tu vais apanhar por duas coisas: por ter mexido no que é meu, nunca mais faça isso; por ter bebido álcool quando eu já disse pra não fazeres isto; e pela audácia de me desafiar.

Claudenir percebeu que eram três motivos, e não dois, todavia decidiu ficar quieto, não queria aumentar a força dos golpes. Antonio tirou o cinto de couro duro, pesado, dobrou em dois, segurou com força esmagando o couro com as mãos. Claudenir pode ouvir o barulho das fibras rangendo, o pai levantou o braço, apontando o cinto para o filho.

— Não grita, e nem chora, quanto mais tu fizer isso, mais forte eu vou bater.

Claudenir aguentou todos os golpes calado, quieto, sem emitir uma verbalização, apenas alguns gemidos podiam ser ouvidos do outro lado da porta. Contudo, o principal som a ser ouvido eram os estalos, soavam de forma aberta, seca, curta e contínua. Inicialmente, vários estalos eram ouvidos, faziam-nas pensar que tinha uma plateia no quarto aplaudindo algo admirável. Infelizmente não era nada disso, tudo uma enganação, uma fantasia criada por elas, as quais eram melhores que a sofrível realidade. Não existia nenhuma plateia, apenas duas pessoas; e o som de aplausos, não eram para engrandecer nada, o oposto, eram para diminuir, humilhar, machucar e ofender alguém, muito piores que qualquer vaia.

Primeiramente começou rápido e contínuo, pouco depois, a frequência foi diminuindo, até que chegou a cessar. Um silêncio se fez por alguns minutos, entretanto Antonio não saiu do quarto. Iraci e as meninas esperavam nervosas, rezando para aquele tormento cessar. Clarisse e Clara lagrimavam, sofriam como se a dor fosse nelas. Momentos depois os "aplausos" voltaram a soar, continuaram por mais alguns minutos, até que por fim, findaram.

Instantes depois Antonio saiu exausto do quarto, suado, com o cinto enrolado em uma das mãos direita, e a esquerda massageando o ombro, relaxando-o depois de tamanho esforço. Andou em direção à geladeira: queria beber água, estava sedento. Iraci entrou no quarto logo após, as meninas que estavam na cozinha, ouviram o pranto da mãe ao ver o filho desfalecido no chão. O pai abriu a geladeira, pegou uma garrafa de refrigerante de dois litros, cheia de água, e tomou no gargalo até ingerir um pouco mais da metade, saciando-se. Soltou um grande gemido de frescor, parecido com os gemidos desses jovens bonitos, atléticos e felizes que estrelam os comerciais de refrigerante.

11

Clara o olhava assustada, Clarisse irada; Antonio ao perceber aquele olhar acusador, sentiu uma vergonha incomoda.

— O que é que tu tá olhando? Hein? Quer apanhar também?

Clara baixou a cabeça rapidamente, Clarisse sustentou o cenho, continuou encarando-o direto nos olhos, acusadoramente. Ela também estava desafiando, o pai sentiu uma revolta, "na minha própria casa, mais uma que não me respeita, quer me desafiar", pensou. Deixou a garrafa sobre a mesa e quando ia em direção da filha, Iraci apareceu.

— Antonio, precisava mesmo disso? Tu quase mataste o menino, ele tá lá, todo marcado, não consegue nem se mexer direito de tanta dor. — disse ela pegando a garrafa sobre a mesa, e enchendo um copo até a borda.

— Pra quem é essa água mulher?

— Pro Claudenir, ele tá morrendo de sede, me pediu água assim que acordou.

— Pois tu não vais levar é nada, que fique com sede, quem mandou me desrespeitar.

— Mas homem, ele precisa.

— Precisa nada, se ele precisar de mais alguma coisa, é surra. E tu faz o que eu tô dizendo mulher, antes que sobre pra ti. — disse olhando diretamente para Clarisse, a qual não desviava o foco, continuava encarando irada.

Iraci percebendo o aumento da tensão, achou melhor permanecer ali na cozinha. Claudenir estava mal, contudo ainda podia esperar mais alguns minutos. O maior perigo atual era ali mesmo, ela percebeu que a filha não deixava de encarar zangada o pai, e o desconforto dele era visível. Se tinha algo que precisava urgentemente de atenção, era aquele caldeirão de tensão que se formava entre os dois. Antonio já estava muito revoltado, e pior de tudo, estava visivelmente alcoolizado, o que o deixava muito mais agressivo.

O incômodo dele foi crescendo, as ameaças não surtiram o efeito desejado sobre a filha revolta. Sentia-se como se estivesse num júri, daqueles réus que ainda tem o mínimo de empatia, tendo a moral como o juiz, e, naquele momento, sua filha era a testemunha de acusação, identificando-o para todos, apontando o dedo, derrubando sua máscara, expondo suas sujeiras, vergonhosa, vil, feia e podre.

Não suportando mais aquela situação, tinha que fazer algo para acabar com aquilo.

— O quê que tu me olhas tanto? Hein? Sua merdinha?

— Um alcoólatra de merda, mentiroso, que gosta de posar de bom religioso, mas em casa, na família, é o verdadeiro demônio. — disse Clarisse.

Iraci, ao ouvir a fala da filha, ficou em choque, o pior tinha acontecido, Clarisse não conseguiu conter todo aquele rancor guardado do pai. Ela já sabia desse sentimento nutrido pela filha, sempre a observava nos dias em que Antonio ficava bêbado dentro de casa, ofendendo a todos, agredindo não apenas verbalmente como fisicamente também. A maior revolta dela era quando, no outro dia, o pai ia na igreja falar sobre o amor de Deus, defesa do bem familiar e do dever do homem de guiar sua família na direção certa porque o homem é a cabeça da família.

A mãe percebia Clarisse crescer com esse fel dentro dela, via como a filha mais velha tentava proteger os irmãos menores da violência do pai; quantas vezes ela assumiu erros que não eram os dela, simplesmente para proteger os irmãozinhos das agressões do pai.

Quantas vezes Iraci a ouviu falar sozinha, trancada no quarto, remoendo-se de ira, dizendo que fugiria de casa, "daquele inferno", como ela dizia. Depois de muito choro irado, desistia, não por perder a vontade de fugir, mas sim pelo medo de deixar os irmãos sozinhos, desprotegidos, da violência do pai bêbado. Todavia, sempre prometia a si mesma: "eu um dia vou conseguir me sustentar, nesse dia vou pegar meus irmãos e fugir daqui, nem que eu me mate de trabalhar".

A mãe ao ouvir isso, tinha uma confusão de sentimento: orgulho da filha ser tão forte, medo dela um dia se revoltar contra o pai, e, isso, destruir a família, tristeza por sua família não ser feliz como sempre ela desejou, decepção por ouvir da filha, escondida, sua vontade de fugir com os irmãos, porém sem levá-la.

Ouvir isso a deixava extremamente triste, por vezes amargurada, achava-a ingrata por não saber dar valor a todo esforço que eles, os pais, davam para sustentá-los, e que, por conta desses esforços, eles, os filhos, deveriam fazer tudo o que eles pedissem, se não tudo, pelo menos deveriam mostrar um pouco de respeito. Ela também não gostava de ver os filhos apanhando, sinceramente, sofria bastante, mas não podia contrariar Antonio na frente das crianças, contudo, quantas vezes discutia com ele na cama indagando o motivo de tanta violência. Não surtia muito efeito, pois sempre estava bêbado e não lembrava de nada no dia seguinte. Não lembrava ou fingia não lembrar.

Certo dia, inquieta, quando a filha já devia ter seus 17 anos, perguntou o motivo dela querer tanto fugir. Iraci já sabia, ou tinha uma boa suposição dos motivos da filha. O real motivo da conversa era saber o porquê de ela querer fugir sem a mãe, só com os irmãos. Como previsto, a filha falou de todos os maus tratos do pai, da sua hipocrisia de fingir ser um "bom cristão", um "cidadão de bem", todavia, no íntimo de sua casa, na privacidade de seu lar, tornava-se tudo o que condenava.

Ao perceber o momento certo, a mãe perguntou à filha, qual a razão de ela querer ir sem a mãe. A filha deu uma das respostas que mais impactaram Iraci, ela respondeu que deixaria a mãe por ela era cúmplice de toda a violência do pai, por assistir os filhos serem espancados e ficar calada, "e como todo mundo sabe: quem cala consente.", disse a filha.

Sentiu-se como se a terra tivesse aberto um abismo sob seus pés, veio logo à mente o episódio bíblico quando Deus abriu a terra e engoliu todos os israelitas idólatras do bezerro de ouro. Nunca havia se visto como uma agressora, achava que suas mãos estavam limpas, mas estava enganada, estavam tão sujas quanto as de Antonio.

Tentou argumentar que ela apoiava o pai, pois ele estava no seu papel de educar e corrigir os filhos. Usou a palavra de Deus para embasar sua opinião, quando a bíblia diz que: "educa a criança no caminho que deve andar, mesmo quando for grande, nunca se desviará dele; provérbios 22:06" ou "não retires a disciplina da criança; pois se a fustigares com a vara, nem por isso morrerá. Tu a fustigará com a vara, e livrarás sua alma do inferno; provérbios 23:13, 14". Tudo o que eles faziam era para o bem deles, argumentava Iraci.

Clarisse, ao ouvir isso, deu uma grande gargalhada irônica, disse que eles deveriam ter vergonha de usar a palavra de Deus para justificar suas atrocidades. Falava que aquela família era tudo, menos uma família cristã, eram apenas uma capa, uma mentira social. Falou também que eles estavam certos em corrigi-los como pais, contudo não daquela forma, e se continuasse daquela forma, um dia poderia acontecer o pior, alguns dos filhos poderiam acabar morrendo, e ela, a mãe, teria tanta culpa quanto o pai, por não fazer nada.

Iraci tentou defender o pai, disse que ele realmente, às vezes, passava do limite, mas era porque ele era um homem muito ignorante, não havia terminado nem o ensino fundamental. Clarisse respondeu que isso não era desculpa, pois o seu Jurandir, era pedreiro como o pai, não sabia nem ler, tinha 5 filhos, todavia nunca espancou os filhos para educá-los. Os corrigia com castigos físicos, como diz a bíblia, mas nunca desmaiou um dos filhos de tanto bater, como o Antonio fez com Claudenir ao saber que ele não estava indo à aula. Falta de estudo ou dinheiro, não é motivo para agir dessa forma, afirmava Clarisse, pois até homens ricos e estudados, também agrediam suas mulheres e filhos por aí; bastava ver nos jornais, sempre tinham notícias de agressões ou assassinatos passionais, "e só não existem mais notícias sobre isso, porque, com certeza, muitos ricos compram o silêncio da imprensa". Nem ser temente ou não a Deus, já que o pai dizia-se servo do senhor, e era muito pior que muito ateu, umbandista, espírita ou qualquer religião que seja, a maldade é inerente do homem, dizia a filha.

— A senhora mãe, por não se opor, está apoiando ele, o está fortalecendo, sem o apoio da senhora ele não seria quem ele é. — disse Clarisse, concordando com Simone de Beauvoir, sem nunca tê-la lido, apenas a observância de sua realidade, de como a mãe era conivente com as agressões percebeu: "O opressor não seria tão forte se não tivesse cúmplice entre os próprios oprimidos".

— E tu queres que eu faça o quê? É ele quem nos sustenta, se não for ele, pra onde a gente vai?

— Vamos para qualquer lugar, não precisamos depender deles, podemos nos sustentar, somos fortes, não precisamos de homem nenhum para dizer o que devemos ou não fazer.

— E como vamos nos sustentar?

— Trabalhando, com o nosso suor, só assim poderemos ser livres, viver sem medo de apanhar por ter feito alguma coisa que alguém considera errado.

— É só vocês fazerem o que ele diz que não terão medo de apanhar.

— Que nem a senhora? Pensa que eu não lembro de ouvir a senhora apanhar quando eu era criança, das discussões, dos gritos, dos seus choros, das marcas na senhora? Foi assim que a senhora decidiu viver? Renunciar todas suas vontades, sonhos e desejos para não apanhar? Isso é realmente viver? Ou é morrer lentamente?

Aquelas palavras atingiram-na mais forte que qualquer soco já recebido de Antonio. Realmente, foi isso que Iraci decidiu fazer a muito tempo atrás, achou melhor não enfrentá-lo, ser apenas um boneco sem vontade, fazer todas as vontades do marido, no momento certo, no jeito certo, na forma certa, assim nunca apanharia, continuaria tendo um teto sobre a cabeça, uma comida no estômago, e uma roupa para vestir, tudo só custaria a subserviência completa e irrestrita. No começo foi difícil, mas o ser humano se acostuma com tudo, tudo!

"Como ela pôde descobrir isso? Eu nunca disse isso para ninguém, nem para minhas amigas, guardei comigo no mais fundo do meu íntimo, tranquei às sete chaves", pensou Iraci. Estava assustada, descobriram seu segredo para aguentar todo aquele tormento: renunciar toda e qualquer forma de pensamento crítico. Sentiu vergonha, contudo foi seguido de uma raiva, sua autoridade estava sendo desafiada, o único poder que ela tinha, a autoridade sobre os filhos na ausência do pai, estava ameaçada, mesmo ela sabendo que a filha estava certa em tudo.

Agora Iraci tinha uma escolha difícil a fazer, concordar com a filha, pegar os outros filhos e fugir, viver na incerteza, de uma mudança que poderia trazer uma vida livre, entretanto, vinha acompanhada de uma grande responsabilidade, além do enorme risco de fracasso e necessidades muito maiores do que as já enfrentadas. Viver sob o domínio do marido, na certeza de ter um teto, alimento e vestes. Qual decisão escolher? Iraci escolheu a certeza, viver daquela forma é muito difícil, porém, é muito melhor que viver com fome e frio.

Escolheu abdicar da liberdade por um pouco de segurança. — pobre Iraci, nunca teve educação, nem mesmo a oportunidade de ouvir falar de Benjamim Franklin e sua bela frase: "Aqueles que abrem mão da liberdade essencial, por um pouco de segurança temporária, não merecem nem liberdade, nem segurança". Se o tivesse ouvido, poderia ter feito outra escolha, quem sabe.

— Tu calas a boca, menina, me respeita, depois que tu ficaste lendo esses livros do demônio, começou a ter esses pensamentos assim, torto.

Clarisse chorou ao ouvir aquilo, amava a mãe, queria libertá-la daquela caverna escura na qual estava presa, estava não, nasceu presa nela. Clarisse, como por milagre, adorava ler. Primeiro começou pelas classes bíblicas da igreja, ao crescer se interessou mais pela leitura, até que um professor percebendo isso, incentivou-a a ler mais e mais. Orientou-a a ir à biblioteca pública de Icoaraci. Foi assim que leu obras maravilhosas como "Os miseráveis de Victor Hugo"; "O conde de monte Cristo" de Alexandre Dumas e muitas outras. Contudo, foi ao ler "Ana Karenina" que ela despertou. Ler sobre aquela mulher presa às amarras morais de uma sociedade machista, sobre a infelicidade de viver de aparências, e de como a hipocrisia social— "os tribunais morais dos bons costumes", a levaram à morte. Clarisse não achava que Ana Karenina tinha se suicidado, a sociedade a suicidou.

Depois desse livro, pareceu que ela havia saído de sua caverna, começava a ver agora o que era "verdade", não mais via sombras, via a "realidade", e como sua realidade era feia. Perceber que vivia sob uma opressão tão, ou muito pior que a de Ana. Ver que esse opressor era seu pai, o responsável biblicamente de prover segurança à família, perceber isso a revoltou amargamente. Desde esse dia sabia que deveria lutar para conquistar a sua liberdade, pois jamais ela, a liberdade, é dada pelo opressor, é conquistada pelo oprimido, isso Clarisse sabia de onde tinha ouvido, de um grande homem chamado Martin Luther King Jr.

— Que pena que pense assim mãe, por isso vou fugir de você também. E quando o pai matar um de seus filhos, a senhora vai ser uma assassina também. Eu vou tentar fugir com eles antes. — disse Clarisse saindo do local cheia de lágrimas.

Iraci ficou em choque ao ouvir que poderia ser uma assassina, e pior, de um de seus filhos. Isso a atormentou todos os dias desde então. Sabia que Antonio, num dia de fúria, seria capaz disso. Por isso foi ajudar Claudenir assim que o pai saiu do quarto, não queria permitir que o filho morresse, não queria conviver com aquela culpa.

Agora, vendo aquela tensão construída na cozinha, percebeu que era muito mais arriscado deixar a filha com o pai nesse estado, que o filho mais alguns minutos sem água. Conhecia a filha, também conhecia o marido, sabia do risco que estavam passando. O pior estava por vir, muito pior que a surra do filho. Ela também conhecia o filho, sabia que ele era forte, e poderia aguentar aquele sofrimento um pouco mais; contudo, Clarisse, era muito pequena, magra, frágil — fisicamente, pois mentalmente ela era a mais corajosa de todos ali.

— O que foi que tu disseste, sua vagabunda? — perguntou Antonio aos gritos

— Seu hipócrita, covarde, que bate na gente para se achar mais machão. Depois vai na igreja com a cara mais lavada dizer pros irmãos amar o próximo.

— Cala a tua boca, sua puta.

— Por quê? Pra ninguém saber que tu és um covarde, além de um alcoólatra, uma mentira. Tu és, na verdade, um joio que tanto condena, ao invés de um trigo que pensa ser — disse Clarisse alto para os vizinhos ouvirem.

Antonio pulou na direção dela, Clarisse empurrou Clara para longe, não queria que a irmã se machucasse por culpa dela. Iraci vendo o marido com o rosto desfigurado pela fúria, e indo na direção da filha, não teve outro pensamento: "ele vai matar minha filha, e eu também vou ser a culpada", tentou segurá-lo sem sucesso.

A mão grossa, calejada, pesada, cheia de calos de quase duas décadas de construção civil batendo massa, usando marreta, britadeiras, levantando pedras, concreto e tijolos, ergueu-se no ar, e baixou rapidamente. Um estalo alto foi ouvido, logo depois a filha mais velha caiu no chão com a mão no rosto, entre a mesa e o fogão, num espaço estreito de um metro. O cabelo grande e negro de índia, caiu sobre o rosto, impedindo-os de saber se ela estava desacordada ou não. A dúvida cessou quando ela levou a mão ao rosto onde o tapa havia sido dado. Não teve muito tempo para absorver a dor, pois o pai veio em seguida acertando um chute na parte posterior da coxa; um grito soou alto. Antonio gritava ofensas e pedidos de respeito, suas mãos agarraram o pescoço da jovem enforcando-a.

Iraci tentou tirá-lo de cima da filha, contudo ele era muito mais forte. Clara, imóvel, chorava assustada vendo todo aquele horror. Finalmente a mãe conseguiu desequilibrá-lo, forçando-o a largar o pescoço da filha. Antonio empurrou a esposa para longe, chocando-a contra a geladeira, prontamente voltou a enforcar a filha, ela contorcia-se embaixo dele em busca de ar. Recuperando-se do golpe, observava desesperada a filha sendo morta pelo marido, olhou em volta tentando encontrar alguma solução que impedisse aquela tragédia, seus olhos depararam-se na panela de pressão, essa estava na parede, sustentada pelo cabo, engatado num parafuso próximo a pia de lavar louça.

Prontamente ela levantou, correu até a panela, tirou-a do suporte, sentiu seu peso do metal duro, grosso; manchado pela gordura e pela fumaça. Sem conseguir pensar direito, Iraci posicionou-se atrás de Antonio, percebeu que as mãos e pernas da filha não estavam mais se movimentando como antes, agora pareciam espasmos de alguém que aceitou a derrota.

O golpe acertou a nuca, um som oco gritou pela casa, Antonio caiu desacordado por cima da filha, Clarisse começou a chorar e tossir em busca de oxigênio seus lábios marrons estavam roxos, debateu-se debaixo do pai tentando tirá-lo de cima. Iraci correu tentando ajudar, Clara continuou estática, chorando em choque. Claudenir, no quarto, estava desmaiado, todavia sem risco de morte.

Clarisse levantou apavorada, em prantos, abraçou a mãe e chorou copiosamente. Iraci também, nem acreditava que tinha encontrado forças para fazer aquilo; após um pequeno período, o terror voltou à mente da mãe, " e agora? Como vai ser? O que Antonio vai fazer quando acordar?", pensou desesperada. Não havia jeito das coisas voltarem ao "normal", ele buscaria vingança, nunca deixaria sua autoridade ser ameaçada dessa forma.

— Clarisse, minha filha. — disse Iraci segurando-a pelos ombros. — Você não pode mais ficar aqui, seu pai quando acordar vai tentar te matar, e acho que eu não vou conseguir te proteger dessa vez.

— Vamos fugir, mamãe, enquanto é tempo.

— Nós não, só você. Não vamos conseguir sobreviver os quatro juntos. Você tem mais chance sozinha. Vá, eu tô mandando, você é inteligente, não sei de quem você puxou isso; mas vá, e quando você se estabelecer em algum lugar, mande notícias avisando, que eu mando seu histórico escolar. Estude minha filha, seja alguém, não seja como eu. Pegue uma muda de roupas e seus documentos.

Clarisse hesitou momentaneamente.

— Vamos garota! Quer morrer?

Ela assustou-se com a altura da frase e com o questionamento dessa. Correu para o quarto, pegou sua mochila escolar e tirou tudo de dentro jogando ao chão, livros, cadernos, canetas, anotações; colocou tudo o que pôde de roupas. Pegou a mochila escolar da irmã e fez o mesmo, assim que encheu, levantou-se para sair do quarto; olhou de relance para o chão e viu o último livro emprestado da biblioteca, "1984" de George Orwell, ainda estava no início, contudo já identificava-se com o Winston, sentia toda aquela opressão e medo constante do personagem, a diferença que, no seu caso, não era "grande irmão", era "grande pai", e a teletela, era a sociedade, os vizinhos e as redes sociais. Pegou o livro do chão, guardou-o em uma das mochilas e saiu.

Ao sair, viu a mãe sair do quarto, trazia nas mãos toda a renda acumulada; guardava embaixo do colchão, eles não confiavam em bancos, desde uma vez que tiveram a poupança roubada— não era muito, mas era tudo o que eles tinham. Entregou a filha 2.300 reais, Clarisse ficou admirada com tanto dinheiro; recusou inicialmente, não podia fugir com todo dinheiro, como ficariam a mãe e os irmãos? Insistiu mais um pouco para todos fugirem, Iraci recusou novamente.

Um som veio da cozinha, Antonio acordando desorientado bateu no fogão, derrubando todas as panelas que estavam sobre o fogão— as que não caíram no momento do enforcamento. Ambas se assustaram, o tempo estava findando, Clarisse abraçou a mãe bem forte, deu um abraço apertado em Clara que continuava em choque, infelizmente o irmão permanecia desmaiado e não houve a oportunidade de despedida.

Pegou as mochilas, guardou todo o dinheiro na calcinha e sutiã, saiu pela porta e nunca mais foi vista por nenhum deles.

Antonio recobrou a consciência total momentos depois, perguntou o que tinha acontecido, lembrava apenas de estar "corrigindo" a filha, quando sentiu um forte baque na nuca e tudo ficou escuro. Iraci disse que Clarisse tinha pego uma das panelas que caíram do fogão, na hora da "correção", e acertou o pai na cabeça. A mãe sabia que essa história não era muito crível, entretanto Antonio acreditou. Ela prosseguiu dizendo que a filha logo após derrubar o pai, pegou as roupas, foi no quarto deles e pegou todas as economias. Ouvir que as economias sumiram doeu mais em Antonio que o golpe, questionou porque a mulher não fez nada para impedir, Iraci respondeu que a filha a tinha ameaçado.

Antonio resmungou dizendo que sabia que isso iria acontecer, ele devia ter proibido de a filha ler aqueles livros mundanos, veneno para a mente dos filhos de Deus. No dia seguinte foi na igreja pedir oração aos irmãos pela sua família, disse que o inimigo os tinha atacado, e quase destruído. Falou que a filha foi enganada por esses livros mundanos, que servem apenas para desviar as pessoas dos caminhos da verdade. Disse também que o filho foi seduzido pelo demônio do álcool, deixando-o totalmente agressivo, e que ele, como pai, fez o que estava na palavra de Deus, o certo, corrigiu-o com a vara. Apenas sua pequena filha Clara permanecia correta nos caminhos da salvação eterna.

Capítulo 6.

1

Helena estava deitada sobre o peito de Roberta, com a cabeça apoiada por cima do ombro esquerdo dela, seu braço e perna esquerdos repousavam por todo o corpo da esposa. Estavam deitadas na cama, cobertas por um felpudo e confortável edredom, esquentando-as do clima montanhoso proporcionado pelo forte ar-condicionado. Ela, com o olhar vago, mirava em direção da parede sem nada ver, não parava de pensar em Iroca e todo sofrimento que ela estava passando. "Coitada, nem consigo imaginar a dor que ela deve estar sentindo".

— O que foi, amor? Continua pensando na Iroca? — disse Roberta, olhando para o rosto da amada, iluminado pela claridade da televisão no quarto escuro.

— Tô, não consigo parar de lembrar dela chorando desesperada, sabendo que a filha foi assassinada.

— É, deve ser desesperador mesmo.

Helena saiu de cima da esposa e sentou na cama apoiando as costas na parede. Roberta vendo isso, posicionou-se de igual modo para ter um contato visual melhor e assim ter um diálogo mais efetivo.

— Eu quero muito ter uma filha, Rô, quero muito ser mãe, ter uma família completa, acho que está faltando isso para nós.

— Não tô entendendo, agora mesmo você estava toda triste com a dor que a Iroca sofreu pela filha assassinada

— Uma coisa não anula a outra, estou muito triste com essa violência que o país tá passando, mas não quer dizer que, se eu tiver uma filha, vamos passar pela mesma coisa. — disse Helena olhando nos olhos de Roberta.

— Tu não sabes disso.

— Tu também não, Rô, não podemos nos comparar com a Iroca, moramos num condomínio fechado e seguro, nosso carro é blindado. Se tivermos uma filha, ela não vai pra mesma escola dos filhos dela, nem frequentar os mesmos locais que eles. Podemos ser assassinados? Claro que podemos, todo mundo está à mercê disso, mas a nossa probabilidade é muito menor do que a dessa gente! O nosso medo da tristeza, pode nos privar de muitas alegrias. Não sabemos, o futuro a Deus pertence. Se eu ficasse com medo de me assumir gay, poderia estar naquele casamento horrível ainda. Claro que me traz problemas ter casado com você, vejo muitas pessoas me olhando como se estivesse suja, como se eu fosse uma aberração, o que eu não sentia quando estava num casamento hétero. Porém, por estar com você, percebo que essas coisas e me incomodam bastante, mas isso não é nada comparado a minha felicidade de estar com o amor da minha vida. Se o meu medo falasse mais alto, eu nunca teria tido a melhor experiência da minha vida, que foi casar com você, meu amor, disse ela segurando o rosto de Roberta. Não vamos deixar que o nosso medo nos impeça de sentir algo que pode ser maravilhoso.

Roberta segurou a mão de Helena que estava em seu rosto, pressionou contra a bochecha para sentir sua pele quente e macia, beijou o dorso da mão, olhou nos olhos dela. Inclinou-se para frente e deu um beijo apaixonado em seus lábios, voltou à posição inicial e olhou nos olhos da esposa.

— Você tá certa, não posso deixar que o meu medo me impeça de fazer o que eu quero, se assim o fosse, também não estaria aqui com você, me sentindo feliz e amada como jamais estive. Tenho medo de ter uma filha e ela sofrer por ser filha de duas lésbicas, crianças podem ser extremamente maldosas. Eu, mesmo sendo juíza, sofro com comentários maldosos e piadinhas dos outros magistrados, mesmo tendo todo o poder e respeito que a profissão me fornece, ainda sim, sofro, sou tratada diferente pelos meus iguais. Imagina uma criança.

— Eu sei disso, por isso temos que educá-la bem, pra saber se defender quando for agredida.

— Você tá certa, não vamos permitir que a violência dos outros nos impeça de ser feliz. — respondeu Roberta.

11

Acordaram cedo. Roberta decidiu chegar mais tarde no tribunal, queria aproveitar mais a cama macia e quente. Depois que se cansaram de estar deitadas, decidiram descer para a cozinha e tomar café juntas. Helena era uma excelente cozinheira, isso era um dos dons que admirava na esposa, sempre fazia receitas deliciosas, tinha certeza que aquele café da manhã não seria diferente.

Sentou ante a ilha, observando Lena fazer a refeição, sentia-se no paraíso, observar aqueles cabelos castanhos cacheados, cortados na linha do ombro, a silhueta esbelta, marcada pela camisola de seda fina azul turquesa, um contraste muito bem combinado com a pele alva e sensível. A voz doce, cantando uma música da MPB, fazia-na pensar estar em algum filme de comédia romântica, desses bem clichê, nem as desafinadas quebravam o encanto. O cheiro delicioso saído das panelas complementava aquilo que parecia um sonho, chegou até a duvidar realmente se estava acordada, deu um leve beliscão no dorso da mão, a dor confirmou: tudo era real!

Devido a conversa da noite anterior, começou a imaginar uma menina correndo pela casa e rindo. "Talvez esse seja realmente o próximo passo que precisamos" pensou Roberta. Helena colocou o maravilhoso banquete sobre a ilha, o cheiro daquilo tudo estava fazendo salivar. "Acho que nada pode estragar isso", cortou a omelete, ao tentar garfar o pedaço. O telefone tocou.

— Não é possível. — esbravejou ela.

— Tudo bem, amor, deixa que eu atendo.

Helena andou até ao telefone preso à parede da cozinha.

— Alô! Sim, aqui é a Helena falando... Iraci? Sério? Não, tudo bem, pode liberar.

Ela voltou a sentar-se na ilha para comer, levaria alguns minutos caminhando até Iraci chegar na residência. Helena queria aproveitá-los para comer alguma coisa e saciar um pouco a fome.

— Eu ouvi o nome da Iraci amor, tudo bem? — perguntou Roberta.

— Tudo, a portaria que ligou dizendo que a Iraci estava na entrada querendo falar com uma de nós.

— Iraci? Pensei que ela ficaria alguns dias sem trabalhar por conta dos problemas a resolver, com o funeral e outras coisas.

— Eu também, mas ela deve tá precisando de alguma coisa, disse que eu ajudaria no que precisasse, não sei por que de ela não ligar…

— Porque o que ela precisa pedir é mais fácil de conseguir pessoalmente.

— Ok, ok, vamos aproveitar esses poucos minutos que temos a sós, e curtir nosso café, juntinhas.

O tempo passou, Roberta chegou a pensar que Iraci podia estar com algum problema ou parou em algum lugar, estava demorando muito mais que o tempo médio de uma caminhada da portaria a sua casa. Quando finalizavam a refeição, a campainha tocou.

— Deve ser ela, deixa que eu atendo.

Helena levantou-se e caminhou em direção a porta, Roberta querendo ficar a par de tudo, seguiu-a. Queria saber o real motivo da visita surpresa de Iraci, sabia que tudo envolvia dinheiro, a questão era quanto. A porta se abriu, Iraci adentrou a sala segurando duas crianças pequenas no colo, lindas, não tinham mais que dois anos, olhos graúdos, peles mulata. Não eram tão fofinhas, pois estavam um pouco emagrecidas, a tez um tanto amarelada, indicavam uma certa anemia, contudo, não deixavam de ser crianças lindas.

— Nossa, Iroca! Que surpresa, não esperávamos te ver hoje, e quem são essas belezinhas?

— Desculpa, Lena, desculpa, Rô, de aparecer aqui assim sem avisar, mas preciso muito da ajuda de vocês, não tenho como pagar a conta para enterrar minha filha. — disse ela com uma voz suplicante.

— Mas Iroca, por que você trouxe essas crianças? — perguntou Roberta.

— Porque não tinha com quem deixar, meu marido, vocês sabem que ele é deficiente físico, não tem condições de cuidar de duas crianças dessa idade.

— Sabemos disso, Iroca, mas você tá cuidando de criança agora? — disse Helena retirando Maria do colo dela e segurando no seu.

— Tô, Lena, desde que minha filha morreu. Esses dois são meus netos. — disse olhando as crianças.

— Certo Iroca, e no que podemos ajudá-la? — perguntou Roberta já sabendo a resposta.

Iraci disse o preço, não era alto para o casal, na verdade, Roberta se impressionou com o valor, achou que ela pediria mais— contudo o custo é relativo, para elas era baixo, porém para Iroca, era mais de três meses do salário suado que esta recebia. Ela já tinha uma ideia de quanto custava para se enterrar alguém; quando o pai morreu, ficou responsável por todos esses entraves e custos burocráticos, entretanto, o valor pedido por Iraci não chegava a um quarto do valor gasto no funeral do pai. "Imagina como vai ser isso, deve ser só uma caixa entre dois castiçais enferrujados, dentro de uma casa humilde ou uma igreja pequena", pensou ela dando-se conta que até na morte há diferença.

— Tudo bem, Iroca, vou fazer um cheque.

— Muito obrigado Rô, muito obrigado, pode ir descontando do meu salário aos poucos. — disse torcendo para ouvir um: "não precisa"; a resposta não veio, mas ela poderia tentar convencê-las disso mais tarde.

— Que coisinhas mais lindas. — disse Helena. — Qual o nome dessa boneca aqui?

— Maria. — respondeu Iraci.

— E desse gatão?

— Rafael.

Roberta foi pegar o talão de cheques o qual estava na bolsa sobre a ilha da cozinha. Estava chateada— não por ter que dar uma quantia baixa para seus padrões, gastava mais que isso em roupas todo o mês, mas por saber que estava sendo manipulada. "Trazer as crianças foi uma ótima jogada por parte da Iroca", pensou. Pegou-as no emocional, tornou-se quase um dever moral ajudá-la, não fazendo isso, tornar-se-iam automaticamente em monstras. "Como que a Iroca usou disso para pedir dinheiro? Será que ela não sabia que pedindo, sem precisar desses joguetes emocionais, nós a ajudaríamos? "

Terminou de preenchê-lo, voltou para a sala. "Não gosto de ser manipulada", olhou para o sofá onde as duas estavam sentadas segurando as crianças no colo. Viu Helena sorrindo, cuja alegria só podia ser equiparada à felicidade do dia em que casaram. Ver que tão nobre sentimento foi manipulado para conseguir algo, deixou-a extremamente irritada. "Nunca vou perdoar Iraci por isso".

— Tá aqui o cheque com o valor Iraci, só ir no banco e resgatar esse dinheiro. — disse sem conseguir esconder a irritação.

— Muito obrigada Rô.

Ao entregar o cheque, Roberta segurou firme, quase se recusando a entregá-lo, fazendo isso, seria como reconhecer estar sendo enganada, para uma juíza, não há pior sensação que essa. Iraci pegou o papel e puxou, tracionando-o, quase como um cabo de guerra. Roberta olhou nos olhos dela, viu-os vermelhos e inchados, as olheiras fundas e escuras, o cabelo desarrumado, muito mais branco que os fios prateados antes apresentados em meio aos negros, as rugas fundas em volta dos olhos, testa e ao redor da boca, pareciam ser marcados com um cinzel, a expressão cansada e triste não poderia ser fingida, nem Al Pacino ou De Niro poderiam expressar tão bem. Estava muito mais envelhecida que na semana anterior, parecia que os dias para essa mulher tinham se tornado anos.

Soltou o cheque, conhecia essa mulher por mais de três anos, nunca tinha percebido tal desvio de caráter como esse. Confiava nela, a ponto de deixar grandes valores e joias expostas sem a preocupação de sumirem. Sabia que ela era extremamente orgulhosa, e, com certeza, pedir esse dinheiro deve ter sido muito difícil para ela. A morte da filha, a impossibilidade de enterrá-la, a responsabilidade sobre duas crianças para alimentar e cuidar não justificavam aquela ação, mas a faziam entender o desespero que a levou a fazê-lo. Após refletir melhor, perdoou-a, todavia não gostou nada.

— Muito obrigada, Rô. Vou lá sacar esse dinheiro. — disse Iraci se levantando e tentando pegar Maria do colo da Helena.

— Não! Deixe as crianças aqui, não as faça passar por todo o estresse de ir no banco, aquele local imundo, podendo fazê-las pegar alguma virose. Não, você vai sozinha, cuidamos deles enquanto isso. Assim que receber o dinheiro, volte aqui para pegá-las. — disse Roberta imperativa, foi até ela e tirou Rafael de seu colo.

— Tudo bem, muito obrigado por cuidar deles. — disse Iraci um pouco chateada, ainda não tinha passado dos 60 anos, teria que pegar a fila comum, e sem as crianças não poderia passar na frente de todos. Chegou até a pensar em pedir só um deles, mas achou melhor desistir. Tentaria fingir ser uma sexagenária, não seria difícil com sua aparência atual.

Roberta a viu sair pela porta da sala, "se eu estivesse no lugar dela, seria capaz de usar duas crianças inocentes para conseguir dinheiro?", pensou enquanto olhava para o rosto inofensivo de Rafael, "provavelmente sim". Olhou para a esposa que brincava divertidamente com Maria, balançando de um lado para outro, tirando gargalhadas doces e gostosas de criança,

— Você não vai se atrasar amor? Eu posso cuidar das duas, — disse Helena.

— Não se preocupe com isso, sou juíza, eu posso tudo. — disse dando um sorriso irônico — Vou ficar com você esperando por ela.

— Que bom! Vamos ficar juntas e fingir que somos uma família.

— Fingir? Não somos uma família?

— Claro que somos, meu amor, desculpe, não quis dizer isso. Vou me retratar. Fingir que eles são nossos filhos.

— Melhor.

Sentaram uma do lado da outra, vendo aquela cena: juntas e com filhos. Roberta foi tomada por um tipo de felicidade que até o momento só havia sentido uma vez, uma alegria não própria, individual, mas coletiva, uma sensação oposta da solidão, como se agora tornava-se importante para alguém, não por seu cargo ou conhecimento, e sim por ser ela mesma, Roberta, essa que gosta de assistir comédias românticas comendo pipoca, que gosta de lasanha, adora tulipas, curte um bom rock, blues, jazz e MPB, a que se faz de durona, mas é emotiva e adora um abraço apertado. A primeira vez foi conhecendo Helena, e vendo essas crianças como filhos, essa felicidade aumentou — quanto maior o número de pessoas na sua existência se faz importante, maior é essa felicidade coletiva.

— Em que você está pensando? — perguntou Helena.

— Ha? Não, nada, nada de mais, por quê?

– Porque você estava sorrindo olhando pro nada.

— Estava pensando que você está certa.

— No quê?

— Que estamos na hora de aumentar nossa família.

Helena sorriu, lágrimas começaram a cair. Maria vendo aquele líquido escorrer pelo rosto da estranha, ficou curiosa e, prontamente, começou a apalpar aquele rosto molhado. Roberta aproximou-se e beijou-a com paixão, a felicidade das duas foi tanto que, mesmo se fazendo de durona, lagrimou também de alegria.

— Você tá chorando também? Pensei que só eu era a chorona.

— Não, foi um cisco.

Rafael começou a chorar, rapidamente sendo seguido pela irmã, fazendo um barulho ensurdecedor.

— Meu Deus, por que será que estão chorando? — questionou Helena.

— Eu não sei, não queria filhos? Tá aí, todo bônus tem seus ônus!

— Será que é fome?

— Pode ser — disse Roberta olhando na fralda do Rafael — Uagh! Não só fome, acho que esse aqui cagou na fralda — disse tirando-o de cima do colo e estendendo com os braços.

— Ok, vou fazer uma sopa deliciosa para esses bebês enquanto você dá banho neles.

— E por que eu fico com a pior parte? — questionou Roberta.

— Tu sabes fazer sopa?

— Não.

— Então pronto! Eu faço a comida e você limpa eles.

— Mas não temos fraldas limpas.

— Não seja por isso, eu ligo pra Iroca comprar um pacote com o dinheiro, quando ela chegar aqui eu reponho o dinheiro gasto. — disse Helena pegando o celular e indo à cozinha.

— Sabia que estava bom demais pra ser verdade — resmungou para si mesma.

Olhou para as duas belezuras as quais estavam sentadas sobre o sofá de couro de uma coleção caríssima, "Espero que vocês não tenham cagado meu sofá todo", pegou as duas crianças no colo, "ufa, ainda bem que não sujaram nada", pensou. "Vamos com a tia Rô tomar um banhinho de banheira", disse subindo em direção ao banheiro.

III

Após um banho gostoso de banheira, todos foram à cozinha, o casal alimentou-as com uma sopa deliciosa de feijão com macaxeira. Comeram com velocidade e ferocidade, dilatando seus abdomens que, mesmo sendo mulatos, veias azuis podiam ser observadas, destacando ainda mais as costelas. Ambas olharam para aquilo com um misto de alegria e tristeza: alegria por tê-los alimentado com algo gostoso, e triste por perceberem a fome que estavam passando.

Foram para o pátio e deitaram juntos num sofá aconchegante, estavam ali como uma grande família feliz. Alguns vizinhos, os quais sabiam de suas orientações sexuais, olhavam com repúdio e nojo. Roberta reparava alguns olhando e balançando a cabeça negativamente, imaginava até o que poderiam estar pensando: aberrações, libertinas, imorais, vagabundas, nem se quer vão pra dentro de casa ficar se agarrando, meus filhos são obrigados a ver essa "sem-vergonhice", pecadoras.

— "Hipócritas filhos da puta, julgam-nos como se fossemos uma peste que vai acabar com toda a humanidade, atraindo os filhos deles para um mundo de luxúria, pecado e podridão. Esses juízes, 'os guardiões da moral e dos bons costumes', são os mesmos que espancam as mulheres, traem, frequentam prostíbulos, roubam, sonegam, matam. Muitos são exemplos muito piores que a maioria das pessoas a quem julgam. Tenho certeza que o que fiz hoje por essas crianças é muito mais do que eles fizeram na vida toda deles.", pensava.

Um toque macio tirou-a do transe.

— O que foi amor, tudo bem? — disse Helena.

— Tudo, amor, tudo — respondeu beijando-a com cuidado para não acordar as crianças.

Uma silhueta familiar apareceu no final da rua.

— Ali, amor, tá acabando nosso faz-de-conta — disse Roberta apontando com o queixo na direção.

— Ah! Tá tão bom que eu não queria que acabasse nunca.

— Nem eu, amor, nem eu.

Iraci caminhava em direção a elas, quanto mais próximo, mais doía saber que aquele sonho estava findando. Teriam de voltar a vida real, que não era nada ruim para falar a verdade, porém nunca mais teria o mesmo gosto, sempre pareceria que estaria faltando algo, incompleta, como um balão cheio que, depois de esvaziado, nunca mais volta a forma antiga, fica esgarçado, murcho, feio, sem graça. "Maldita Iraci, por que tu me fizeste passar por isso?", pensou.

— Desculpa a demora, é que a fila estava grande demais. — disse Iraci com uma indireta.

— Tudo bem, adoramos cuidar desses amores. — respondeu Helena.

— Está aqui as fraldas que me pediram. — disse ela esperando o reembolso.

— Ah! Obrigada, demos um banho neles, eles estavam sujos. — disse Helena quase que se desculpando.

— Tudo bem, eu que agradeço. — disse Iraci, pensou até cobrar o reembolso prometido, mas achou melhor ficar calada, "melhor não abusar", pensou.

— Me dá aqui, deixa eu vestir eles logo. — disse Roberta sem esconder o tom raivoso, não estava com raiva de tê-los cuidado, e sim por ela os levar embora.

— Sou muito agradecida, Rô e Lena, não sabem como vocês me ajudaram para poder enterrar minha filhinha querida.

Quando Iraci retirou Rafael dos seus braços, Roberta sentiu como se um pedaço seu estivesse sendo amputado. "Como pode, já estou tão apegada assim a essas crianças, ficamos apenas algumas horas juntas", pensou. Ao ver Maria sendo tirada dos braços de Helena, sentiu vontade de arrancar as crianças dela e dizer que ela não tinha o direito sobre elas, pois não os podia criar, ambas agora que seriam suas responsáveis legais. Pensou até usar seu poder de juíza, acionar o conselho tutelar, retirá-los do poder dela e adotá-los. Sabia que isso era errado em todos os sentidos, era tão ruim quanto todos os "filhos da puta guardiões da moral e dos bons costumes". Mesmo sabendo, não conseguiu parar de pensar nisso.

— Muito obrigado, vocês são uns amores, uns anjos abençoados que vieram pra terra ajudar os necessitados. — disse ela já se arrumando para ir embora.

— O que você tá fazendo? — perguntou Roberta.

— Me arrumando para ir embora. — respondeu ela

— E você vai como? — perguntou novamente

— De ônibus.

— Nada disso, não vai fazer essas crianças passarem por isso novamente, vou chamar um motorista de aplicativo, deixa que eu pago.

— Obrigada Rô, você é um presente de Deus. — desejando isso desde a fila do banco.

O carro chegou, Iraci e as crianças entraram no carro, ficando no banco de trás. O veículo foi se distanciando lentamente até sumir do campo de visão. Helena começou a chorar e entrou em casa. Roberta não entrou imediatamente, ficou lá fora, em pé, olhando para onde o carro havia sumido. Ficou um bom tempo lá fora, parada, não queria que Helena visse que chorava também.

Capítulo 7.

1

Clara jazia na sala, dentro de um caixão simples entre dois castiçais prateados, sem detalhes expressivos; apenas uma base larga circular dando suporte que, naquele chão irregular, deixava-o em falso. As velas, simples, brancas de parafina não iluminavam nada, estavam ali apenas como um enfeite do velório. Iraci não sabia o porquê de se usar aqueles candelabros feios e sem graça, mas todo mundo usava em todos os velórios, a grande maioria sempre usa esses famigerados castiçais. Por isso, decidiu usá-los, mesmo achando-os horríveis, não queria ser considerada diferente, "alguma coisa deve ter de bom, já que todo mundo usa, eu que não vou ser a doida 'diferentona'", pensou.

Teve de fazer o funeral em casa, o pastor da igreja pediu uma oferta para ajudar na manutenção do templo, ela respondeu que não tinha, depois disso funeral foi vetado por Clara não ser um membro da igreja. Segundo o pastor, ela morreu em pecado, e o funeral dela poderia manchar a casa de Deus. Tudo mentira, tanto do líder religioso quanto de Iraci, ela tinha o dinheiro, só não queria dá-lo pro pastor pagar a parcela do carro novo e ele não fez o funeral por não ter recebido a oferta. "Essa igreja não tem mancha alguma porque já tá toda preta", pensou ela.

Não tendo jeito, afastou os sofás da sala, colocou-a bem no meio do compartimento apertado. Na cabeça dela não seria problema, não eram muito populares, principalmente a filha, que tinha muitos desafetos por não medir as palavras com os outros. Ledo engano, a casa lotou, encheu de pessoas aleatórias, conhecidas, desafetas, inimigas, falsas, alguns poucos colegas, mas a suma maioria de desconhecidos, pessoas que nunca tiveram um contato verbal, apenas reconhecimento visual por fazerem algum mesmo percurso irrelevante.

Interessante como a civilidade humana respeita as grandes tragédias; as inimigas, pessoas desafetas as quais difundem inverdades e ofensas, chamavam a defunta de, quando viva e jovem: vagabunda, piranha, puta, por usar roupas curtas e apertadas que evidenciavam seus dotes físicos. Contudo, a morte é o impulso necessário para visitarem o local, olhar aquela pessoa, com tributos detestáveis e condenáveis, parada, estática, fria, não sendo mais ela mesma, porém sendo ela mesma — é confuso de entender, mas a vida é confusa. Um corpo inerte e frio. Ainda que a odiassem (ou ainda odeiem), vão até os parentes de luto, desejam-lhe conforto e pesar, mentem sobre a defunta para aliviar a dor dos seus chegados e — mesmo que ao saberem da morte acharam justo pela vida que levou. Não a ofendem mais, durante o funeral é claro, acabando este, voltam a destilar todo seu veneno, algumas nem conseguem esperar o fim da cerimônia e ofendem o defunto na própria homenagem deste.

Outros vão "prestigiar" o morto apenas para testemunhar aquilo que aflige todo o homem, a morte, o fim da vida terrena. A grande maioria dos homens procuram por aquilo que os perpetue, seja num plano superior, ou outro estágio do existir — dependendo da crença. Mesmo os niilistas, estes não aceitadores de nenhum propósito na existência, fogem o máximo da única certeza irrefutável, o sono eterno. Iraci mesmo tendo essas dúvidas existências, coisa que não tinha até presenciar debates filosóficos da Roberta com seus amigos intelectuais, citando frases de homens mortos sobre o existir, morrer, viver, sofrer. Numa dessas vezes que o "sofrer" entrou na pauta de discussão desses "sábios", que ela ouviu o tal de Chopenruer, Xopenrauer, Ischopemruauer, não importa, achou que estavam falando da vida, mas espantou-se ao saber que o Xhopen..., o "alemão depressivo", havia morrido a mais de 150 anos. "Devia ser um vidente", pensou no dia em questão.

Após presenciar essas longas discussões que iam do nada a lugar nenhum, achava todos os inteligentes um bando de idiotas, principalmente pela grande maioria não acreditar em Deus. "Bando de burros, tenho mais a ganhar acreditando em Deus que não acreditando, se ele não existir, vou pro mesmo chão que esses ditos de "intelectuais", se ele existir, vou pro céu morar numa mansão de ouro puro e eles pro inferno. Por isso, quem tem mais a ganhar sou eu, como eles não veem isso? É tão simples que até eu vejo", pensava ela.

Antonio cantava hinos e lia a Bíblia com membros da igreja que foram ao velório, chorava compulsivamente. Ela não sabia identificar se era arrependimento ou remorso, principalmente por vê-lo segurando o livro sagrado junto ao corpo por todo lado, lendo as passagens repetidamente com o máximo de luz possível em volta — o que estava se tornando um incômodo, nem para dormir ele apagava a luz. Felizmente, o quarto vazio dos filhos veio bem a calhar, só o colchão velho e mofado era um problema, mas compraria um novo assim que o enterro fosse consumado.

No início, chegou a sentir uma vergonha misturada com remorso por pedir dinheiro a mais do valor cobrado pela funerária às sapatonas. "Pensando bem, acho que fiz o certo sim, elas são cheias da grana, isso não é nada pra elas, além do mais, com esse dinheiro vou poder comprar esse colchão novo, pra eu e as crianças dormirem, utensílios que elas vão precisar, fralda, leite, roupa entre outras coisas e, claro, um celular novo pra mim, porque eu mereço esse luxo, só tenho que esconder das sapatonas, aparecer com um celular novo não vai ser muito bacana".

Agora o remorso havia se invertido, "acho que pedi muito pouco, devia é ter pedido mais. Afinal de contas eu mereço, mais de três anos trabalhando sem nunca roubar nada daquela casa, elas é que roubam de mim. Uma juíza sustentada pelos meus impostos, cheia de privilégios, não seria roubo, seria retorno dos meus impostos", começou a pensar assim após ouvir de um desses "inteligentes" que: "sonegar imposto não devia ser considerado roubo, visto que o estado é quem rouba dos seus cidadãos por não gerar retorno adequado, diferente da Europa ou dos EUA, lá sim eu pagaria imposto sem reclamar".

Iraci ao ouvir isso e saber, por alto, quanto eles pagavam de impostos ao Estado, concordou com eles. "Ainda bem que o Estado nunca veio me cobrar imposto, se viesse, sonegava também". Refletiu melhor sobre o assunto, e achou por bem não roubar nada das patroas. Primeiro que roubar é pecado, e ela não queria ir para o inferno, segundo que, se fosse pega, iria para cadeia e nunca mais sairia de lá, principalmente por roubar uma juíza, além de ser preta (preta não, morena cor de jambo) e pobre, dois dos piores agravantes. Concluiu que roubaria apenas do

Estado, quando pudesse, "porque quem rouba do Estado quase nunca vai preso", pensou.

Olhou em volta e não achou os netos, não se preocupou muito, sabia que alguém estava cuidando deles: "isso é o bom de criança pequena, todo mundo quer pegar no colo, o problema é quando crescem e viram uns demônios, aí ninguém aguenta, mas elas ainda vão fazer dois anos, tenho três ou quatro anos até isso começar a acontecer".

Um barulho de discussão chamou a atenção, não que discussões nesses funerais não sejam comuns, elas são. Como a maioria das pessoas vão a funerais para saciar a curiosidade de ver algo sem vida, encontram conhecidos e aproveitam para colocar o assunto em dia. Lembram de outros falecidos, parecendo que, presenciar um funeral e falar de outros mortos, ratificam suas condições de vivos, minimizam seus problemas ao saberem da existência de outras pessoas em piores condições. Entretanto, esse barulho de discussão era diferente, tinha um tom de descontentamento, e "quem está mais descontente que os parentes da morta?", pensou.

A insatisfação vinha de alguns visitantes chateados por um desses ter acabado com o café preto e o biscoito de água e sal, uma falha não antecipada corretamente pelo funeral não ter sido realizado na igreja, ela não previu a quantidade exata de curiosos, subestimou o fascínio do homem pela morte, e o gosto por lanches de graça. Não tinha estoque para repor o café e biscoito, isso era um grande problema, agora todos falariam que ela não teve nem a decência de receber bem todas as pessoas que foram prestigiar os últimos momentos da filha. Isso não poderia acontecer, bastava as mentiras e fofocas já contadas sobre ela e sua família; tinha que fazer algo.

— Atenção! Atenção! Está na hora de ir para o cemitério, vamos nos direcionar ao ônibus da funerária estacionado pouco mais a frente. — gritou ela em alto tom para todos ouvirem.

— Por favor, quatro homens para carregar o caixão, meu marido não pode, alguém?

Muitos se voluntariaram para carregar o caixão e assim poder contar que estiveram o mais próximo da morta que os demais. Os outros com uma espécie de excitação por andarem de ônibus sem pagar, não conseguiam conter o volume da conversa. Todos se acomodaram, o caixão foi depositado no compartimento adequado para o transporte; Iraci diferente do habitual, teria um tratamento diferenciado, andaria no carro funerário junto com o marido, desfrutariam de um ar condicionado, diferente dos que estavam no ônibus, "pelo menos no enterro da minha filha eu posso usufruir de um luxo restrito, um luxo de poucos, um luxo que me faça sentir melhor que a maioria. Não é à toa que a maioria dos ricos são soberbos, eles sentem que são maiores do que o resto.".

Chegaram ao cemitério público, muito diferente dos que aparecem nos filmes e novelas, tumbas velhas e feias, sem arquitetura ou desenho, poucos jazigos bem feitos, muito mato, flores secas e lixo. "Se pros vivos a cidade está toda destruída, ruas esburacadas, calçadas destruídas, praças abandonadas, patrimônios esquecidos, imagina pros mortos", pensou. Na cova, algumas palavras eclesiásticas foram proferidas. Nada muito inspirador; o orador perdeu-se várias vezes no discurso, mas como a palavra Deus era proferida a cada 5 outras, todos repetiam: "amém", sem nem mesmo entenderem, até mesmo os que prestaram atenção para tentar entender algo, não conseguiram, e repetiam amém junto com todos por segurança — "se forem pro céu eu vou junto, se forem pro inferno, não estarei sozinho", alguns pensavam quando respondiam sem entender.

O caixão baixou e a terra começou a ser atirada. Iraci e Antonio não se contiveram, choraram compulsivamente junto com os netos os quais choraram sem entender, apenas porque todos estavam chorando ao redor. Muitas pessoas choravam sem saber o motivo, apenas para ir na "onda", outros para mostrar que estavam tristes com a perda de uma vida, quase tentando colocar-se como superior, por ser empática com a dor dos outros; poucos choravam realmente por tristeza ou por conhecê-la e saber que nunca mais poderia ter algum contato, ou pela tristeza de saberem que duas crianças nem lembrariam da mãe perdida, ou por conhecerem os familiares dela e se compadecer de sua dor. A verdade é que nesses funerais encontra-se todo tipo de pessoa.

Após a tristeza de uns e o teatro de outros, todos retornaram para seus bairros. Saciados com a tristeza e os problemas de um terceiro, fazendo-os pensar que suas vidas não estavam tão ruins assim, tinham piores. Iraci estava só, limpando e arrumando a casa sozinha, Antonio, no quarto, lia a bíblia e reparava os netos.

A sensação de vazio retornava com força, Renato Russo exemplificou muito bem quando dizia: "parece cocaína, mas é só tristeza", Iraci não sabia realmente o que essa droga fazia, nunca usou cocaína, mas pela música, parecia ser algo muito ruim, tal qual ela sentia no momento. Todo o torpor de ver a casa tomada de pessoas, dando uma pseudo sensação de companhia, se foi. A tristeza, dor e agonia retornaram com tudo, de forma mais forte e cruel, "deve ser isso que ele se referia na música". Chegou até a gostar de toda aquela bagunça deixada pela multidão de desconhecidos, assim ela se focava em arrumar, e, vez por outra, conseguia esquecer que a filha estava enterrada.

Quando terminou de limpar, estava "morta", mas não o suficiente para parar de pensar. O corpo exausto, mas a mente funcionando, ela queria o oposto, a mente funcionando a fazia sofrer muito mais que o corpo exausto. Não queria ficar sozinha, foi ao quarto ficar na companhia do marido e dos netos, não conseguiu permanecer muito tempo, não aguentava mais ouvir o Salmo 121; além do mais, queria dormir, o barulho e a iluminação dificultavam muito. Pegou as crianças e levou-as ao outro quarto, deitou-as no colchão velho, tentou fazê-las dormir e, com muita dificuldade, conseguiu. Deitou do lado dos pequenos, mas não conseguia dormir, o corpo cansado, todavia a cabeça estava a mil. A culpa, remorso, sofrimento, problemas, latejavam em sua cabeça.

Novamente tentou lembrar do rosto da filha e não conseguiu, não lembrava nem da roupa que ela estava usando no caixão; isso a perturbava, pois foi ela que a vestiu. Não queria que a filha pudesse ser aliciada depois de morta, uma vez ouviu isso e ficou aterrorizada, nunca mais esqueceu, esperava que ao morrer, não deixassem que ela fosse molestada depois de morta. "Que roupa eu vesti nela? Qual a cor do batom que passei nela?", pensava.

Saiu do quarto com cuidado para não acordar os netos, remexia-se inquieta de um lado ao outro na casa. Foi para a cozinha, sentou na cadeira e apoiou-se na mesa, quis tomar café, mas lembrou que tinha acabado tudo, ainda tinha um pacote escondido, entretanto achou melhor guardar e fazer pela manhã. Ficou ali sentada sem noção do tempo, passou horas sozinha no escuro. "E agora como faço para criar esses dois?", pensou ao lembrar dos netos.

Cogitou em dá-los para alguém com mais suporte financeiro.

— "As sapatonas parecem que gostaram, acho que elas aceitariam cuidar deles, mas vou deixar meus netos com duas sapatonas? Elas podem transformar eles em libertinos imorais? Como eles podem ser decentes sendo criados por esse tipo de gente? E como eles podem ser decentes criados por mim? Parece que eu não acertei muito com meus. Com elas pelo menos eles vão ter mais oportunidades que aqui, não vão se meter com traficantes e ladrões pé de chinelo, só podem ser viados. Ser viado acho que é melhor que ser ladrão, pelo menos viado rico é mais respeitado, o dinheiro compra o respeito, se não o respeito, a bajulação, o que faz muita diferença. O problema se for viado, pobre e preto, esse tirou a sorte grande, acertou a trinca da merda, esses, é só aceitar e pedir música no 'fantástico' — pensou rindo —. Vou dar meus dois netos, e ficar sozinha? Ah não! Isso não, tudo menos ficar sozinha, os dois não, se eu não aguentar dou um, o outro fica comigo, tem que cuidar de mim quando eu estiver velha e incapaz. Pelo menos, assim espero".

Capítulo 8.

1

Claudenir nunca mais foi o mesmo, desde o fatídico episódio, retraiu-se no seu mundo de forma impenetrável; as poucas conversas com os familiares, já não mais aconteciam. Nas poucas refeições em família, não dizia uma palavra, não olhava no rosto de ninguém, malmente respondia alguma pergunta, sempre usando o mínimo de palavras possíveis para uma resposta compreensível.

Isso causava grande aflição em Iraci, sentia estar perdendo o filho, parecia que após acordar da "punição educativa", o filho era outro, não mais o rapaz alegre, comunicativo e amoroso. Chegou a pensar se o filho realmente havia morrido e, por suas orações, ressurgiu à vida por caridade divina, porém não retornou completo, algo em sua personalidade permaneceu morta. Os abraços afetuosos, as brincadeiras carinhosas, e os sorrisos contagiantes transformaram-se em silêncios quietos e melancólicos.

Ser espancado pelo pai, não foi o real motivo desta trágica mudança, o pior foi acordar e saber que nunca mais veria a irmã mais velha. Estar desmaiado e não vê-la partir, doeu mais que toda a surra. Clarisse era a única pessoa da família com a qual tinha alguma relação mais próxima que os deveres dos laços sociais, era a única dali que apresentava uma preocupação real com o seu bem-estar, sentia-se amado, importante para outrem. Diferente dos outros, na presença dos quais, em grande maioria, sentia-se um estorvo, um peso, um fardo ambulante. Principalmente para os pais, estes sempre jogavam na sua cara que tudo o que ele tinha, o que não era muito, era por razão deles. Que eles abdicaram de um luxo para alimentá-lo, ou vesti-lo, se não fosse por ele, poderiam estar numa situação financeira muito melhor.

Como se ele tivesse pedido para nascer... muitas vezes perguntou-se qual era a razão de sua existência, o porquê dele estar ali. Por que, logo ele? Entre milhões de espermatozoides, foi vencer a maldita corrida da vida. Se pudesse escolher, não venceria a famigerada disputa gestacional, "pra que vencer, se eu não importo para ninguém? Sou um fardo, um encosto, eu que deveria ter morrido criança no lugar do meu irmãozinho", pensava constantemente. O pai não estava nem aí para o que ele fazia ou não da vida, desde que o auxílio social não fosse cancelado. A mãe ficava ocupada demais com a casa, roupas, comida e etc., tendo que deixar tudo certo para não ser corrigida também. Clara estava muito mais interessada nas amigas e meninos. Clarisse era a única que se preocupava com ele, chegava até ser chata, às vezes, mas ele sabia que era chata por amor.

Sempre que chegava da escola, ela vinha com ele saber como foi a aula, principalmente depois de saber de suas faltas escolares. Depois disso, ela ficou no seu pé, forçando-o a estudar, dizia que estudando era o único meio de subir na vida. Claudenir respondeu que estudar demorava muito, pelo crime era mais rápido, tinha amigos que estavam traficando e, pouco tempo depois, já tinham um tênis maneiro, e uma roupa de "marca cara". A irmã concordou, "o problema de viver assim, é que: o que vem rápido, termina rápido. Me diz três traficantes da área que tem mais de 35 anos?", perguntou. Ele pensou um pouco e concluiu que ela estava certa, o traficante mais velho da área que teve, era o Cabeleira, e morreu com 32 anos. "Bustela", o atual, tinha 28 anos e já estava jurado de morte.

Ela o fez prometer estudar, pois queria ver ele virar um homem respeitado, não o respeito daqueles homens da área, mas respeito social e com esse respeito, não importa onde vá, mesmo se for num shopping de bacana, continuará tendo. E que todos os olhares atraídos, fossem de admiração ou inveja, não os de medo ou repúdio, os quais, só por existirem, já atraiam. Claudenir, preferia entrar no crime, viver uma vida curta e agitada, mas como ela o fez prometer, cumpriria sua palavra, apenas por ela e por mais ninguém.

Lembrava dos dias em que conversavam horas. Confiava nela, podia contar todos seus pensamentos sem medo de serem revelados, ela era a única que o tratava como um igual, não uma criança. Falavam de como odiavam a casa em que moravam, principalmente os abusos do pai, Clarisse dizia que faria de tudo para protegê-lo, e ele acreditava nela, disse também como, um dia fugiriam juntos, os três irmãos, não mais apanhariam e ajudariam uns aos outros.

Ele não tinha uma relação muito íntima com Clara, achava-a metida e prepotente, principalmente por seu narcisismo. A irmã mais nova sabia que era muito bonita e usava isso a seu favor, vivia na sua rodinha de meninas fúteis, que são paparicadas por muitos homens e mulheres, ganhando presentes e mimos, são altamente egoístas, acham que o mundo gira em torno de seus umbigos. Clarisse concordava que a irmã mais nova era muito egoísta, no entanto, ela o fez perceber que, naquele mundo, a única coisa valiosa que tinham, era uns aos outros, já que suas roupas não eram deles, eram dos pais, como eles sempre faziam questão de lembrá-los.

Agora ela tinha ido embora, e pior, tinha o deixado para trás, mentiu para ele, como todos os outros. Sentia-se mais irritado com ela que com o próprio pai, "pelo menos ele não me enganou, sempre me tratou como algo sem valor. Agora Clarisse, me fez sentir querido, importante, dizia que me amava muito, que eu era o único homem que ela amava com amor verdadeiro e nunca deixaria de amar, mas na hora do aperto, me deixou para trás como um lixo, como todos ao meu redor", pensava ele em meio às lágrimas.

Viver ali, não era mais que um sofrimento, uma humilhação, acordar todo dia sabendo ser um estorvo. "Para que iria à escola? Fingir estudar, enquanto os professores, a maioria deles, fingem que ensinam, vão para aula apenas para cumprir sua carga horária, e assim, poder receber seus vencimentos. Outros têm alguns incentivos à mais, principalmente os homens, tentam comer as "novinhas" em troca da aprová-las". Poucos realmente davam aula pelo amor de ensinar, mas rapidamente eram desmotivados. Claudenir pensou um pouco mais: "eles estão certos, afinal de contas, amor não enche barriga nem paga boleto, para, vez por outra, ser ameaçado ou apanhar de algum aluno 'valentão', quando não é os dois".

Sua única motivação de estudar havia fugido; qual seria agora a motivação para terminar o ensino médio? Sabia que não teria a mínima condição de tentar uma vaga na universidade. Poderia até tentar estudar sozinho, mas como compreender assuntos de um livro que, nem sequer, o professor não havia mencionado no ano inteiro? Como competir com os filhinhos de papai que estudam nas melhores escolas e cursos preparatórios? Meritocracia, uma palavra que ele já tinha ouvido falar nas redes sociais, significa um método justo onde as conquistas são garantidas pelo próprio esforço de alguém: "onde está a justiça nisso?", pensou.

O certificado de conclusão do ensino médio seria o máximo que conseguiria alcançar na vida acadêmica. E para quê? Para ser algum caixa em supermercado? Um vendedor numa dessas lojas de atacado? Frentista? Não que exista alguma pirâmide social classificando-a em castas, enganar quem? Todos sabemos que existe. Ou um carroceiro tem o mesmo respeito de um juiz? De qualquer forma, em todas as suas opções, ganharia um salário merda para sobreviver, ser humilhado o tempo todo e, como já acontece, ser taxado de ladrão e vagabundo, sem direito a defesa. "Já que sou taxado de ladrão, é melhor ser mesmo, assim, quem me julgar, vai estar certo!".

Decidiu-se, foi com o "Bustela" procurar "emprego", passou na prova prática de lealdade, colocaram uma arma na boca dele, e fizeram inúmeras perguntas, não falou nada, não dedurou ninguém. Caso o fizesse, não perderia apenas a vaga, perderia a vida, pois ninguém no mundo gosta de delator, "cagueta". Foi contratado, entrou para o "grupo Bustela de investimentos in association", um conglomerado de empresas nas áreas de segurança, varejo e atacado, manufatura, lazer, empreendimento, entre outros.

Começou de baixo, apenas como "pipeiro", teria de avisar quando os "homi" estivessem chegando. Rapidamente virou vendedor, depois soldado. Em 7 meses de "empresa", já tinha um cargo de confiança e respeito, finalmente sentiu-se alguém respeitado, virou "sujeito homem", não era mais invisível, agora todos sabiam quem ele era na sua "quebrada".

Mudaram as coisas na residência da família, o pai, naquele instinto idiota de dominação, tentou ratificar sua liderança pelo medo, impondo a força. Numa das vezes que Claudenir chegou tarde, Antonio tentou "corrigi-lo", dessa vez, o leão jovem havia crescido, ganhado confiança e ferocidade. Empurrou o pai que, desequilibrado, caiu indefeso no chão, antes do filho espancá-lo, a mãe jogou-se na frente protegendo-o, clamando ao filho que não fizesse nada que, se amasse, não faria nada, não queria a culpa de ter uma família onde o filho mate o pai ou vice-versa.

O filho recuou sem saber o motivo, também nutria pela mãe uma certa revolta, sempre a considerou cúmplice das atrocidades do pai. Vestiu-se e saiu, foi com um dos "parças"; chegou no outro dia de manhã, ressacado, dormiu o dia inteiro e, quando o pai chegou, nada aconteceu, ficou calado, fingiu que nada tinha acontecido. Foi ali que Claudenir descobriu que, agora, quem mijava nas coisas era ele, o macho alfa.

Tudo parecia perfeito, tinha mulheres, dinheiro e poder, até que o Bustela foi assassinado em represália à morte de um policial à paisana. Ele e alguns empregados foram coletar "investimentos" numa casa de show, o segurança foi reagir, matou um empregado do "grupo Bustela de investimentos in association", porém acabou morto na troca de tiros com o CEO do conglomerado.

No mesmo dia, vários carros de polícia invadiram a "quebrada" e mataram o Bustela, depois, todos seus empregados foram ameaçados de morte, alguns fugiram, alguns (idiotas) ficaram e morreram— a maioria deles. Claudenir ficou, não tinha para onde ir, passou a viver dentro de casa trancado, quase não saia. Todas as vezes que alguém batia na porta, sentia um medo desesperador. A cocaína, maconha e o crack, não o relaxavam mais, pensava que seria morto a qualquer momento, sonhava que sua casa era invadida por vários homens estranhos que o executariam na frente da mãe.

Os meses passaram e ele não morreu. Depois de 5 meses da morte do Bustela, outra empresa havia tomado conta do mercado. Achou que o haviam esquecido, passou a sair brevemente para ir no boteco perto de casa, depois começou a jogar bola numa arena num bairro próximo, o medo de morrer havia desaparecido.

Uma bela tarde, crianças brincavam pela rua, moradores sentavam em cadeiras de plásticos na frente de suas casas, jogando conversa fora. Uma brisa leve soprava tentando espantar o calor do verão amazônico. Claudenir caminhava devagar, tranquilo, pela estrada de terra batida, vinha da casa de um de seus parças. Uma sensação estranha apossou-se dele, não sabia o que era, "será que aquela 'nóia' tinha alguma porcaria?", pensou ele. Uma aceleração foi ouvida ao longe, parecendo um rugido de uma besta, o som veio correndo pelo solo, fazendo-o perceber que algo se aproximava por trás rapidamente pelo pequeno tremor sentido nos pés e rapidamente somado à percepção auditiva.

Virou-se curioso para descobrir o que era, viu um carro popular, preto, com os vidros escurecidos, impossibilitando a identificação de quem ou quantos eram. A grade do para-choque dianteiro estava avariada, parecia uma boca aberta com presas assimétricas, a cada acelerada, parecia que a boca se abria emitindo aquele som feroz. Um ser, encapuzado, vestido de preto, coloca-se para fora da janela lateral do passageiro, metade do seu tronco. Ver aquela imagem despertou o maior pesadelo de Claudenir, e o terror nas pessoas ao redor da rua.

Um barulho de disparo foi ouvido, despertando-o de seu pavor. Uma criança caiu inerte no chão após o barulho. Ele, assim como todos, correu fugindo, menos um pai que foi na direção do monstro e dos tiros, para pegar seu filho, mas ao chegar percebeu que a criança não se mexia. O menino havia caída de peito para cima, com um pequeno furo na testa, entre os olhos, sem nada de sangue, só pequenos pontos esbranquiçados, muito comuns em cortes que atingem o tecido adiposo. Ao ver aquilo, achou que o filho tinha sido atingido por uma pedra, jogada inadvertidamente por outra criança— "acho que vai precisar de ponto"— pensou o pai. Contudo, ao levantá-lo, percebeu que na parte de trás da cabeça, havia um buraco maior que seu punho, escorrendo massa cefálica e sangue. Ficou desesperado, começou a balançar o corpo inerte do filho violentamente, tentando acordá-lo do sono eterno. Claudenir corria olhando para trás, olhando preocupado para o pai e seu filho imóvel no colo dele, até que outro disparo foi ouvido, um calor passou rápido ao lado de sua cabeça, fazendo-o deixar de preocupar-se com esses dois e concentrar-se apenas e manter-se vivo.

Outro surgiu da janela posterior, atrás do motorista, estouros começaram a surgir, parecendo festa junina; a cada disparo, Claudenir percebia montes de poeira surgindo no chão, nas paredes das casas quebrando o reboco, das que tinham é claro, ele chegava a sentir o calor do projétil passar rente a cabeça. Moradores batiam portas e janelas, tentando se esconder do pesadelo.

Corria o mais rápido que suas pernas podiam suportar, o coração acelerado só faltava sair pela boca; o suor escorria pelo rosto, caindo ardido nos olhos. Tentou entrar por uma casa que ainda estava com a porta aberta, ao se aproximar, a porta fechou-se, tentou empurrá-la, fez forçar, entretanto outro alguém fazia força oposta, fechando-a, impedindo-a de abrir.

Uma bala acertou na parede, 30 centímetros ao lado da sua cabeça, a parede rachou, soltando detritos de cimento em seu rosto. Outro tiro acertou a madeira da porta, pessoas dentro da casa gritaram de medo e desespero, a força contrária aliviou, Claudenir forçou conseguindo abri-la levemente. Os moradores ao perceberem que estavam cedendo, juntaram as forças conseguindo fechá-la. Uma bala passou de raspão pelo ombro esquerdo acertando a madeira da porta, a dor e o susto o convenceram de desistir, gritos soaram de dentro do imóvel. Ao fugir, brevemente olhou para trás, viu um líquido viscoso vermelho escorrer sob a fresta da porta. Seu desespero estava no máximo.

Quando estava trabalhando no "grupo Bustela de investimento in association", ouvia de vários parças seus, como eles haviam aceitado aquela realidade violenta; alguns, por cometerem as maiores atrocidades, sentiam-se desamparados; achavam que Deus não olhava mais por eles, estavam totalmente entregues e conformados aos braços do diabo. "Nós já tá no inferno mesmo, então eu vou abraçar o capeta, sou cruel mesmo, pra quando eu tiver pegando fogo, ser justo; eu não vou ser bonzinho; pra queimar do mesmo jeito, eu mato mesmo, não fez o que eu pedi? Vai ser plantado cedo", dizia alguns.

Outros, iam às igrejas procurando uma forma de amenizar os tormentos daquela vida de crime, violência e morte. Procuravam igrejas, muitas os aconselhavam a deixar aquele viver e se entregar para Jesus, outras tentavam aproveitar-se da situação, usavam a bíblia para justificar aqueles crimes, desde que fosse dado o dízimo, além de defenderem os interesses da congregação, transformando-os em "traficantes de Cristo", sobretudo se protegessem a comunidade do crime e da violência dos forasteiros.

Claudenir se encontrava no primeiro exemplo, principalmente por sua vivência familiar, ver a hipocrisia do pai, o fez acreditar que Deus o tinha esquecido a muito tempo, pois vivia num verdadeiro inferno. Todavia, ao sentir o desespero da morte iminente, sentir o calor dos projéteis passando rente ao seu corpo, clamou a Deus por proteção, pediu perdão por todos seus pecados, e prometeu ir na igreja caso sobrevivesse.

Uma dor aguda e forte manifestou-se no lado esquerdo de sua costa, sentiu algo queimando dentro de seu peito, a respiração ficou pesada e difícil. Não sabendo o porquê, lembrou de quando era criança e foi no rio tomar um banho, ao nada divertidamente, sentiu uma câimbra na perna esquerda, tentou flutuar sem sucesso, afundou como uma pedra, engolia água sem parar, quando desistiu de lutar e aceitou a morte, uma mão passou pela sua cabeça, segurou forte seus cabelos, e o puxou para cima, era Clarisse salvando-o do afogamento, nunca esqueceria disso, o dia que escapou da morte.

Sentia-se como naquele dia, respirava muito difícil, parecia que o pulmão estava cheio de líquido. Como poderia sentir-se daquele jeito? Se estava em terra firme, sob o sol escaldante de Belém? Sua velocidade diminuiu, não conseguia respirar normalmente. Engasgou-se ao fugir, tossiu com força, sentiu o gosto metalico na boca, colocou a mão na frente da boca para ver o que era, ao olhá-la, viu que ela estava cheia de sangue.

A besta assassina aproximou-se a 2 metros de distância, antes da arma apontada para a sua nuca disparar, dobrou na rua saindo da linha do tiro. A bala acertou sua orelha, arrancando-a. Estava tão tenso e amedrontado que nem sentiu dor, apenas sentiu o algo escorrer pelo pescoço. O miliciano passou direto no cruzamento, dando-lhe tempo para distanciar-se um pouco mais, antes de sentir a esperança de uma possível fuga, sentiu algo acertá-lo na articulação do joelho, derrubando-o.

Levantou-se enquanto manobravam, estava fraco, sem conseguir respirar direito, percebeu que Deus não havia ouvido sua oração, estava prestes a morrer; sem ter para quem clamar, chamou pela mãe chorando. Todavia, o som quase não pode ser ouvido, o sangue pela boca o impedia de falar direito. Tentou gritar por ajuda, mas todos que estavam na rua fugiram ou se esconderam.

Tentou fugir aos pulos, seus algozes o fecharam com o carro, quatro tentáculos do monstro saíram dele, todos pretos e encapuzados, pensou ser os espíritos do mal que o vieram buscar, como no filme "Ghost", visto por ele a alguns anos atrás. Os quatro ficaram em pé a sua frente, Claudenir olhou desesperado por todos os lados procurando por ajuda, não via nada, nem cachorro ou gatos, olhou rápido para o céu, alguns urubus prevendo o seu fim, sobrevoavam procurando a próxima carniça para comer.

Tentou clamar por piedade, porém o sangue em seu pulmão estava deixando com dificuldade de fala, a única coisa que pôde fazer foi juntar as mãos em gesto de oração, expressar um rosto de piedade enquanto tossia sangue. Um tiro foi dado no joelho da perna na qual tinha sustento, caiu no chão imediatamente, apenas não gritou de dor por não poder. Contudo, gemidos de súplica eram ouvidos, o máximo que podia ser compreendido era um grunhido, lembrando muito a palavra mamãe, tal qual esses animais que aparecem na internet emitindo sons semelhantes a palavras humanas.

Claudenir tentou arrastar-se, numa última medida desesperada de tentar sobreviver, os quatro homens ao verem isso, começaram a gargalhar com o desespero daquele morto-vivo. Um outro tiro foi dado no ombro esquerdo, inutilizado o braço. Claudenir ofegante, agonizando, afogado em seu próprio sangue, não desistiu, queria viver, não clamava mais por Deus, chamava pela única pessoa que poderia salvá-lo e já tinha feito uma vez, Clarisse. Entretanto, não passava de um gemido de dor e agonia, em pensamento questionava-se do porquê da irmã tê-lo deixado. Chegou a culpá-la de sua morte, tudo era culpa da irmã por tê--lo abandonado, num pensamento humano, vil e sujo, de sempre culpar terceiros por suas escolhas pessoais.

Não desistiu, firmou o único braço bom na rua de terra batida, e tentou puxar-se, afastando-se daqueles monstros que espalham terror e pesadelos pelas periferias da cidade. "Olha, ainda que fugir, ele não desiste mesmo.", ouviu de um deles acompanhado de risadas sádicas. Outro tiro foi dado, incapacitando o único membro funcionante, a dor de sentir a pele e ossos estourar por um metal quente, foi alucinante. Não podia mais fazer nada para tentar viver, como na vez que se afogou, desistiu, aceitou o fim, a única coisa que podia fazer, era esperar pela irmã, ainda tinha esperança de sentir seus dedos passarem pelo couro cabeludo e puxá-lo de volta à vida.

Infelizmente para ele, isso não aconteceu, a única coisa que sentiu foi um coturno pressionar suas costelas, virando-o de peito para cima. O sol cegava Claudenir, a única coisa que ele viu foram quatro seres negros, tais quais os espíritos malignos responsáveis por buscar as almas maldosas das pessoas cruéis. Ele era cruel, sabia disso.

— 03 vai lá no carro e traz o "estraga velório".

Claudenir ouviu, não sabia qual dos espíritos havia falado, um deles saiu, foi até o carro e trouxe uma arma calibre 12

— Me dá que esse é meu. — disse um deles.

O metal duro entrou pela boca quebrando muitos dentes, o cano foi apontado para cima, em direção ao topo da cabeça. Claudenir teve tempo de chamar pela irmã, e tudo ficou escuro.

11

Iraci estava lavando a louça quando algumas vizinhas vieram avisá-la do fim trágico de seu filho. Apenas algumas dessas pessoas realmente se importavam com ela, outras foram apenas para testemunhar o "show" da desgraça de outrem. Ela correu desesperada ao local do qual havia falado. Ao chegar, presenciou uma cena trágica, vista somente nesses filmes Trash: sangue, cérebro, ossos, cabelos e carne espalhados pela calçada.

Viu um corpo de pele cafuza, com a palma das mãos e plantas dos pés pálidos, sem cabeça, apenas com um queixo e um amálgama de tecidos humanos com um olho no meio, o outro, sabe-se lá onde estava. Ela recusou-se a acreditar que aquele corpo inerte, sem rosto, apenas uma massa amorfa de sangue, osso, cérebro e olho era seu filho. Aquilo não tinha documento identificando, pois alguém já havia roubado sua carteira e o celular antes dela chegar. Iraci queria admitir, "não pode ser Claudenir, é outro que foi morto, como tantos outros que morrem por aqui dessa forma, só porque tem a pele escura é meu filho? Não, quase todos aqui têm a pele da mesma cor, e morrem do mesmo jeito, pode ser qualquer um, menos meu filho", pensava ela.

Ajoelhou-se ao lado daquilo frio, inerte, parecendo um boneco de barro sem vida. Foi em direção ao abdome, ver aquilo que apenas seu filho possuía. Ao levantar a camisa do morto, para infelicidade dela, estava ali, no lado direito da barriga, um sinal vermelho, muito parecido com um pássaro de asas abertas. Ao se dar conta que aquele corpo inerte, sem cabeça, apenas com a mandíbula era seu filho, Iraci deu um grito alto de dor e desmaiou sobre o corpo.

Antonio estava na obra quando recebeu a ligação, primeiramente ficou chocado, não sabia como reagir, sentiu uma forte tristeza por ter seu filho assassinado, acompanhada de um alívio por ter aquele problema eliminado. Desde que o filho havia se envolvido nessa vida, ele e a mulher viviam num medo constante, pensavam que teriam a casa invadida por assassinos em busca do filho, e, por consequência, eles também.

Conversou com o patrão informando-o da tragédia, como esperado foi liberado. No IML, ao buscar o corpo do filho — felizmente nessa época, pagava um plano funerário para toda a família; uma quantia pequena, nada muito caro, todavia foi cancelado quando perdeu a perna e teve de se aposentar com o mínimo fornecido pela previdência. No esperar do corpo, pela primeira vez viu a sombra negra com olhos rubros, que o acompanhou por vários dias depois do enterro dele.

Antes do assassinato, Antonio e Iraci haviam discutido feio, quando estavam sozinhos em casa; ela havia jogado no rosto dele, que todos aqueles problemas na família, eram em decorrência de sua violência e abuso, principalmente depois de alcoolizar-se e que tudo seria cobrado por Deus no dia do julgamento final. Ouvir aquilo o impactou, nunca tinha passado por sua cabeça que poderia ir para o inferno por tudo o que fazia.

Como de costume, ficou irado, jogou-a na parede, quando a estava enforcando, sentiu algo duro, pontudo e frio no peito. Ela tirou uma faca das costas, escondida sob a camisa, e pressionou no peito dele, sob o mamilo esquerdo. Antonio ficou paralisado de medo instantaneamente, ela falou que estava cansada de tudo aquilo, não aguentaria nada mais calada, não permitiria que ele os espancasse mais.

Por medo, ele recuou, disse que não faria mais nada para tentar salvar aquela família, porém o pensamento de poder ir para o inferno, nunca saiu de sua cabeça, aquilo passou a atormentá-lo todos os dias. Desde então, passaram a ser um casal de enfeite, sem qualquer afeto amoroso. Até queria tentar, mas sempre que deitavam na mesma cama, sentia medo do que Iraci podia estar guardando sob o travesseiro.

Depois de ver a sombra seguindo-o por todos os lados no funeral do filho, decidiu deixar a bebida, mas não admitiu sua culpa na morte dele, culpou o "inimigo" que o estava testando, como Jó, e como ele, não negaria a Deus, nunca. A sombra sumiu depois de alguns dias. Desde esse dia, a única coisa que o acompanhava diariamente, era o medo de ir para o inferno.

Capítulo 9.

I

A ansiedade estava consumindo-a. Helena, sentia-se como um vulcão em atividade, necessitando com urgência expulsar todos aqueles sentimentos reprimidos. Desceu as escadas pisando forte no chão, entrou no carro, deu a partida e saiu. Dirigiu de forma agressiva, com sua SUV 4x4, cortava entre os veículos, arrancava e freava bruscamente nos sinais ou quando necessário. Parou numa loja de artigos populares, foi ao compartimento de cozinha, escolheu duas dúzias de copos de vidro baratos, outras duas dúzias de pratos de porcelana tão baratos quanto, após separá-los, foi chamar um atendente.

— Oi, boa tarde, com licença, o senhor poderia me ajudar?

— Boa tarde, claro, em que posso ser útil.

— Poderia levar aquelas caixas em separado ali, para o caixa de pagamento? — disse apontando para elas.

— Claro.

— Muito obrigado.

Enquanto o vendedor se preparava para transportar as caixas, Helena foi em direção ao caixa.

— Oi, dona Helena, tudo bem? — disse a caixa.

— Tudo, Sheila, e você?

— Por onde enxergo, vou bem. — disse a caixa soltando um riso sem vontade, Helena esperando por isso, retribuiu sorrindo sem graça.

— Comprando copos e pratos de novo?

— Isso mesmo — disse ela enquanto observava o vendedor depositar a primeira caixa sobre o balcão, para a moça realizar o pagamento.

— Deve ser um custo muito grande ser dona de buffet, né?

— É, Sheila, não sabe o quanto.

— A senhora de vez em quando tá por aqui, comprando copo e prato.

— Verdade, Sheila, mais do que eu gostaria.

— Mas esse prejuízo quem paga é a pessoa que aluga, né?

— Nem sempre, Sheila, nem sempre.

O vendedor colocou a última caixa, ela agradeceu-lhe dando uma gorjeta. Entrou no carro e saiu dirigindo com mais zelo, não queria "correr" o risco de quebrar algum objeto. Guiou até um escritório em reforma, alguns quilômetros de distância; estacionou em frente. Estava tudo fechado, as obras estavam paradas a alguns anos. Ela tinha comprado o ponto para fazer um escritório de contabilidade, tentou reformar o local, contudo, nunca chegou a concluir as obras.

— "Porque vou gastar dinheiro com essa reforma? — pensava ela tempos atrás — Ganho dinheiro na bolsa com especulação financeira, a corretora se vira tentando render meu dinheiro, se não gerarem lucro, mudo para outra. Caso um dia precise, espero que não, finalizo essa reforma e abro outro escritório de contabilidade."

Pegou um par óculos de segurança no porta-luvas, tirou as caixas do bagageiro e levou até uma sala dentro do imóvel, cheia de cacos. Abriu as caixas, pegou um copo, encarou-o por um tempo, depois lançou-o com força na parede, quebrando-o em vários pedaços. Deu-se conta que estava sem os óculos, colocou-o, não queria correr o risco de perder um olho, ou os dois.

Começou a lançar os artigos de vidro e porcelana contra a parede sólida, gritando com toda a força dos pulmões, liberando toda aquela raiva, pressão, decepção e descontentamento. Voltou a imaginar-se como um vulcão em erupção, os pratos e copos seriam as tochas incandescentes.

Fazia isso há alguns anos, e adorava. Viu uma vez, num programa de televisão, um restaurante chinês, ou japonês, ela não lembrava ao certo, os funcionários forneciam porcelanas para os clientes quebrarem, eles afirmavam que isso espantava os maus espíritos e vibrações, achou ótima a ideia, decidiu imitá-los. Fazia toda vez que estava chateada ou irritada com algo, "melhor que terapia, e mais barato", pensava.

No início, alguns vizinhos ouvindo aqueles barulhos, chamavam a polícia, que entraram algumas vezes no imóvel para investigar o local, entretanto nada podiam fazer, o imóvel era particular, com toda a documentação em dia, ainda estava dentro do horário permitido pela lei do silêncio. Depois de algum tempo, os vizinhos se acostumaram com os episódios — a alguns anos não era mais interrompida em seu ritual de autoexorcismo. Quando o último objeto foi quebrado, ela puxou uma cadeira de plástico há muito deixada ali e sentou descansando.

Olhou para os cacos amontoados por todo compartimento, pensou que deveria contratar alguém para limpar aquilo, de novo. Roberta veio à mente novamente, sentiu uma forte irritação, todavia foi menor que seu amor.

— Por que você não quer mais falar sobre isso? Por que se fecha na sua própria carapaça? — falou para si mesma.

Após o enterro, Iraci ainda não tinha voltado a trabalhar, fazia mais de uma semana desde o episódio, uma semana que não viam as crianças. A questão não eram as crianças, até porque ficaram pouco mais de uma hora com elas, o grande problema era ter experimentado todo aquele sonho, o qual foi uma ilusão. Isso doía muito.

Roberta fingia-se de forte, mas claramente estava sofrendo muito por acordar daquele sonho, tanto quanto ela. Helena percebia tudo, queria conversar, encontrar uma solução, entretanto, sempre que tocava no assunto, ela desconversava, fugia; e, se insistisse, acabava sendo atacada verbalmente, tal qual um animal ferido e acuado, o qual, ao sentir-se cercado e com medo, ataca qualquer um que se aproximar, mesmo que seja para cuidá-lo, ferindo assim a mãe que tenta proteger-lhe.

Uma lágrima caiu, limpou-a com os dedos. Segurou nos dois joelhos, como se estivesse acumulando impulso, levantou rápido, quase pulando, respirou fundo. Andou até o banheiro para avaliar a maquiagem — como havia chorado, o rímel poderia ter borrado. Limpou toda a sujeira do rosto, fez retoques necessários na maquiagem e saiu do edifício. Alguns vizinhos e outros transeuntes que ficaram curiosos com os barulhos ouvidos, encaravam-na de forma incômoda, conquanto ela não se importava com isso, ignorou-os como se fossem insignificantes, e eram para ela.

Entrou no carro.

— De hoje não passa, hoje vou resolver isso, não importa quanto ela tente fugir, espernear, ou atacar. — pegou o celular e enviou-lhe uma mensagem.

Ligou a chave, deu a partida e dirigiu para casa, dessa vez não dirigia tão agressiva, tudo havia se dissipado na sua terapia, porém não estava tão atenta, chegou a quase causar um mini acidente. Todavia isso não a despertou, continuou concentrada no seu maior problema. "Tenho que resolver isso hoje", continuou pensando durante todo o percurso.

Capítulo 10.

I

O relógio na parede acusava a única sentença universal, a única que não tem recursos ou interpretações, que não tem preconceitos de raça, gênero ou classe social, como um juiz verdadeiramente deveria ser, e ninguém é. Uma enxaqueca impiedosa martelava com força na têmpora direita. Os olhos, pressionados com tanta força de dentro para fora, faziam-na pensar que a qualquer momento ouviria gritos de desespero e espanto, com inúmeras vozes: "Meu Deus, os olhos dela saltaram da cabeça"; enquanto apontavam aterrorizados para ela, contudo ela não poderia enxergar, pois seus olhos estariam apontando para os seus pés, segurados pelos nervos oculares, e estes fixados ao cérebro.

Riu por imaginar tal situação dentro do tribunal, "como é que eu consigo imaginar besteiras nessa situação?", questionou-se. Encontrava-se naquele ambiente chato, cheio de pessoas falsas, fingindo uma civilidade que não possuem, usando seus disfarces sociais, escondendo os facínoras reais de cada um de nós. Os homens e mulheres, em suma maioria, com suas roupas engomadinhas, falando em tons monocórdicos e enfadonhos, num "juridiquês" nauseante, cheios de "data venia" e termos em latim que, mesmo tendo significado em português, são ditos e repetidos como uma medida de manter o conhecimento restrito aos intelectuais da área, para assim, o camponês iletrado não poder questioná-los da decisão tomada. Roberta já vinha querendo mudar isso há algum tempo, mas enfrentou resistência dos outros, "Não pode, isso é tradição, sem nossas tradições o que seríamos? Se não seres guiados pelo caos?", argumentavam alguns. Ela sabia que isso era um monte de bobagem rebuscada, apenas para manter o status quo, manter o conhecimento restrito à uma pequena parcela. "Quem tem o conhecimento, tem o poder. Todo mundo sabe disso, se não sabe, deveria".

— Como queria uma maconha agora — pensou Roberta alto enquanto massageava os olhos com ambas as mãos escondendo o rosto.

— Desculpe, vossa excelência, não entendi direito, ma... o quê? — questionou sem entender o promotor.

— A má condutividade, doutor, do processo investigativo, pode gerar ilegalidades que invalidam as provas da promotoria. — respondeu ela.

— Eu sei disso, vossa excelência.

— Disse isso só para não haver dúvidas, pois bem, elucidado esse tema e retirada qualquer centelha de incerteza sobre, de todos os presentes, podemos prosseguir.

O julgamento prosseguiu, achou melhor manter o microfone desligado, caso pensasse alto novamente. "Preciso de maconha mesmo, essa enxaqueca tá tão forte que nem percebi que verbalizei o pensamento". Olhou para o relógio novamente, apenas 6 minutos se passaram desde a última verificação. "Maldito Einstein, relativizou a única sentença universal justa, mas não tenho como discordar dele, o tempo é relativo, eu tenho certeza disso. Quando estou num julgamento chato, o tempo não passa, (como agora), contudo, quando estou com Helena, o tempo foge, corre mais rápido que a luz. Quer dizer, corria, nos últimos dias estamos discutindo tanto que até quando fico junto dela, o tempo está correndo devagar".

Horas massacrantes se passaram, a enxaqueca não a fazia compreender quase nada, não se preocupou tanto com isso, mandaria algum assessor seu ler o processo e dar o parecer. Leria posteriormente e, caso concordasse, assinaria ratificando-o. Tinha muito bem o poder de acabar com aquela sessão e remarcá-la para outro dia, todavia, fazer isso implicaria em sair mais cedo, logo, chegaria mais cedo em casa e discutiria por mais tempo com Helena. Achou melhor continuar a tortura por mais algumas horas.

— A vossa excelência sente-se bem? — perguntou o advogado.

"Ixi, meu mal estar já está aparente" pensou consigo mesma após algumas horas de julgamento.

— Estou bem, não se preocupem, entretanto, acho por bem, encerrar aqui essa sessão, amanhã continuaremos. Não quero que meu cansaço interfira no meu discernimento, comprometendo assim, meu julgamento e, por conseguinte, minha sentença.

Os rituais jurídicos para encerramento de sessão foram realizados, tal qual uma dança sem graça. Antes de deixar o recinto, o advogado de defesa a interceptou, falando-lhe baixo próximo ao ouvido.

— Tenho a quase certeza que ouvi a palavra maconha de vossa excelência, agora a pouco no tribunal.

Ela o encarou, ele estava com uma expressão cínica no rosto.

— Shiiii! — disse baixo, próximo ao ouvido dele — Eu não conto do seu vício em cocaína e do traficante que você compra, se você não contar. — falou, sendo agora ela que ostentava o cinismo.

— Touché. — respondeu rindo.

— Por isso eu sou juíza e você advogado. — falou rindo, enquanto se retirava.

Ao entrar no seu gabinete, um assessor veio em sua direção falando alto, fazendo sua cabeça latejar ainda mais forte.

— Vossa excelência, quero informar-te que terminei o relatório sobre o caso do descarte inadequado de lixo hospitalar do Hospital Cais Semanas, o qual acarretou em contaminação ambiental e danos aos trabalhadores da coleta de lixo que infectaram-se com objetos perfuro-cortantates.

— Silêncio, Pereira, tô com uma puta dor de cabeça, quero que tu faças um relatório dos autos, bem embasado juridicamente, pra amanhã, quero ler antes de continuar esse julgamento. Silva, quero que você faça o mesmo. Depois vou ouvir os autos e ler seus relatórios, se eu ver que algum está muito pobre, vai pra rua. Entenderam?

— Sim, doutora. — responderam os dois quase em uníssono.

Pereira olhou para Silva, por trabalharem algum tempo juntos quase já entendiam-se apenas com o olhar e expressões faciais. Dessa vez o olhar de Pereira queria dizer: "Ela não escutou nada do que eu disse". Silva respondeu (novamente apenas com os olhos): "Bom para você que já fez o relatório, agora eu tenho que fazer também. "

Roberta saiu rapidamente da frente deles. Ouviria a gravação dos autos naquele dia, esperaria um dia que não estivesse com a cabeça estourando de tanta dor, nem cega de tanto ver pontos multicoloridos por todos os lados como uma chuva de confetes. Claro que não os demitiria por isso, dizia essas coisas apenas para que a temessem, e assim, fazerem um melhor relatório. "Obrigada, Maquiavel. "— pensava dirigindo-se à sala.

Entrou em seu escritório, disse à secretária, a qual estava na antessala, que não queria ser incomodada por ninguém, nem pelo governador, se ele entrasse em contato, que esperasse. Entrou em sua sala e trancou a porta. Caminhou até sua mesa, pegou uma chave de seu bolso, levava-a para qualquer lugar, destrancou a última gaveta, retirou um saco plástico cheio de *Cannabis*, pegou no fundo desta uma folha de seda grande, enrolou um generoso baseado. Retirou a toga, jogando-a sobre o sofá adjunto à estante de livros. Na gaveta superior, pegou um comprimido de codeína de uma cartela pela metade vazia, essa não precisava esconder, era prescrita legalmente, colocou o remédio na boca engolindo-o, foi até ao frigobar e tomou um copo de água para ajudar a deglutir. Foi até ao banheiro particular contíguo, fechou a porta, sentou no sanitário, acendeu o baseado, deu uma tragada satisfatória. A fumaça quente entrou pela boca, passou suave pela garganta, espalhou-se pelos pulmões distribuindo gozo e relaxamento, expirou a fumaça para cima, com os olhos fechados e um leve sorriso no rosto.

— Ô crime gostoso. — falou olhando para o baseado seguro entre o polegar e o indicador, "e qual crime não o é? Se não os fossem, ninguém os faria", pensou.

Pegou o celular no bolso, olhou as inúmeras mensagens recebidas, dentre elas estava uma única de Helena, abriu-a: "Hoje temos que resolver isso, não podemos mais adiar, está nos consumindo, precisamos conversar, não importa quão cansada você chegue. Não esqueça que eu te amo, bjs".

— Merda.

Respirou fundo, "ainda bem que fiz este baseado grande, vou precisar"

Após queimar tudo até a última ponta, a cefaleia diminuiu, transformando-se num leve incômodo. Levantou-se e foi até o box do espelho, olhou seu reflexo e viu seus olhos vermelhos, pegou seu colírio, balançou-o, estava quase no fim; "vou ter que comprar outro", pensou enquanto marcava um lembrete na sua agenda do celular, em seguida, colocou duas gotas em cada olho. Felizmente o exaustor do banheiro se encarregava de dispersar a fumaça e o cheiro, voltou ao escritório, guardou seu saco de ervas e seus equipamentos da "cabeça ativa", trancou tudo com segurança. Cheirou as roupas, essas estavam impregnadas com o cheiro do fumo, passou seu perfume francês caríssimo, pegou também duas pastilhas de menta, de um frasco guardado na mesma gaveta.

Logo após encobrir todas as provas, verificou uma segunda vez, certificando-se de não ter deixado nada. Foi no computador e verificou as gravações do julgamento, para sua felicidade, o áudio da sua declaração estava ruim, não dava para ninguém entender— a não ser ela e o promotor, sua boca estava escondida da gravação, nada que poderia comprometê-la.

Dirigiu-se ao estacionamento, entrou no carro, ficou parada dentro, preparando-se para uma longa discussão com Helena. Pensou em antes ir num estande de tiros, aliviar ainda mais a tensão, decidiu por bem não ir, "deixá-la esperando por mais tempo pode ter um custo benefício menor que aliviar o estresse atirando". Dirigiu direto para casa, todavia foi a direção mais defensiva que fez na vida. Entrou pela portaria, estacionou o carro na garagem. Não tinha jeito, não podia protelar aquilo, teria de enfrentá-la. "Maldita Iroca, por que foi despertar isso? Depois daquilo, só tive brigas, discussões e raiva", pensou ela olhando para porta da casa de dentro do carro, tomando coragem para atravessá-la.

11

Saiu do carro, respirou fundo, ao se aproximar da porta, sentiu como se uma força não permitisse sua entrada, sabia qual era essa força: medo. Medo de toda aquela linda relação perder-se. Com Helena testemunhou algo incrível e maravilhoso, um amor grande, forte, recíproco, uma alegria indescritível, tudo isso poderia se perder após aquela discussão.

Criou força, respirou fundo e atravessou a porta, encontrou Helena sentada no sofá encarando-a. Ela levantou, andou em sua direção e deu-lhe um beijo demorado. Roberta sentiu um vácuo gelado no estômago, "esse pode ser nosso último beijo", pensou enquanto acontecia. Ao terminarem, Helena olhou fundo nos seus olhos.

— Precisamos conversar.

— Eu sei. — respondeu Roberta

— Nós não estamos bem, estamos distantes uma da outra, frias.

— Eu sei.

— Eu sei, eu sei, é só isso que você sabe responder? — disse Helena com raiva.

Ela ficou momentaneamente parada, olhando sem responder.

— O que você quer que eu diga? Se eu realmente sabia o que você evidenciou?

— Não me venha com esses truques retóricos de advogados, quero que seja sincera comigo, verdadeira, não tentar me manipular. Aqui não é um tribunal pra prevalecer apenas o que se pode provar com a melhor oratória, aqui é nosso lar, só a verdade pode prevalecer. Você jurou pra mim no dia do nosso casamento, que seria fiel, assim como você jurou na sua formatura. Posso confiar no seu juramento?

— Claro, meu amor.

— Então me diga.

— Dizer o quê?

— Do porquê de você perceber que estamos distantes, frias, e mesmo assim não tentou resolver o problema. Por que apenas eu que tenho que correr atrás da solução? Estou cansada disso, somos um casal, justamente para dividirmos tudo, inclusive o trabalho de manter esse relacionamento unido.

Roberta ouviu isso segurando para não chorar, a garganta doía prendendo o pranto. Tentava não piscar para não derramar uma lágrima dos olhos avermelhados — dessa vez não por fumar maconha. Todos os sinais denunciavam o quanto era o esforço dela conter o choro.

— Porque eu tenho medo de falhar e perder você. — respondeu ela com a voz carregada.

— E você acha que continuar assim não vai me perder? — perguntou Helena.

— Não, não acho. Por isso não fugi dessa vez, quero enfrentar meus medos porque eu te amo.

— Eu também te amo, por isso não quero que a gente continue assim.

— Sei que tudo isso é por você querer muito ter um filho.

— Sim, é. — respondeu Helena. — Por que você resiste tanto a isso?

— Porque é muita responsabilidade cuidar de uma criança, educá-la, mesmo se você fizer seu melhor trabalho, não é garantia de dar certo. O ser humano é algo imprevisível no seu individual, somos guiados pela teoria do caos, uma variação de pressão, temperatura, tempo pode criar resultados inesperados. O que deu certo conosco, não é certeza que dará certo com outro.

— Mas você não pode ser tão pessimista assim, deve olhar pelo outro lado, existe a possibilidade de dar certo.

— Desculpe, devem ser meus anos de juíza, vendo que tento fazer o melhor, aplicar correções aos erros, entretanto, a grande maioria incorre nas mesmas falhas.

— Você não pode utilizar sua realidade profissional como parâmetro. Além do mais, como alguém pode ser recuperado nessa nossa realidade prisional brasileira? Lá são verdadeiras universidades do crime, infratores que cometeram crimes leves misturam-se a criminosos de alta periculosidade, lá não tem segurança nenhuma, estão no ambiente mais violento e perigoso possível, como não se contaminar com toda violência? Como não se graduar no crime desse jeito? Nós nos contaminamos, ficamos felizes ou tristes dependendo do ambiente, imagina eles que ficam 24 horas por dia, anos vivendo sob pressão, sob medo, sem saber se vai ser morto ou estuprado, fora os que aceitam ser estuprados para não serem mortos. A realidade do seu trabalho, amor, não é nossa realidade. Somos ricas, vivemos em segurança, temos educação e vamos fornecer as mesmas coisas para nossa filha ou filhos, probabilidade de dar errado existe? Claro que existe, mas é muito menor que a maioria do povo brasileiro.

— Você tá certa, amor, como sempre. Eu que, como sempre, estou errada. — disse ela cabisbaixa.

— Não diga isso, amor — disse Helena abraçando apertado Roberta.

— Eu tenho muito medo. — disse Roberta em prantos, finalmente sucumbindo.

A carapaça, dura e rígida, cedeu, liberando todo aquele sentimento contido por anos. As pernas fraquejaram quase lançando-a ao chão, não caiu, pois Helena ao perceber, firmou o corpo, apertou os braços, endureceu as costas e suportou o peso. Ela ficou quieta, sem dizer nada, apenas erguendo-a, sentia a camisa gelada, molhada por lágrimas e saliva. Depois que Roberta voltou a sustentar o próprio peso, ela fazia carícias leves nos cabelos dela, começando da nuca e subindo até o topo da cabeça, com movimentos circulares e relaxantes. Logo após o choro copioso transformar-se em um silêncio lagrimoso, Helena repetia uma única frase: "Não tenha medo, eu estou com você".

Depois da tempestade de emoções findar, Helena conduziu-a ao sofá, para repousarem com mais conforto. No momento que Roberta levantou o cenho e olhou-a nos olhos, ela achou que era o momento exato para perguntar:

— Do que é que você tem tanto medo?

Meio hesitante Roberta respondeu.

— Já disse, de perder você. — respondeu olhando-a nos olhos.

— Eu sei disso, meu amor, quero saber o que aconteceu na sua vida pra você ter tanto medo de perder alguém?

— Não aconteceu nada. — disse insegura.

Helena percebeu a vacilação na resposta. Baixou o rosto decepcionada, "de novo ela se fecha nessa carapaça dela que a isola de tudo, quando eu pensei que tinha conseguido despi-la, ela volta a usá-la". Levantou-se do sofá, limpou as novas gotas de decepção que se formavam nos olhos.

— Tudo bem, te amo muito, mas infelizmente, desse jeito que estamos eu não suporto mais.

— O que? Você tá querendo dizer que vai me deixar? — Respondeu com a voz tremendo.

— Vou, Roberta, eu só posso ficar alguém que seja sincera comigo, não quero ficar com alguém que me afaste. Sei que todos temos segredos, eu também tenho os meus. Contudo, esses meus segredos não ameaçam a nossa relação, não te escondo nada que nos afete, mesmo que seja para tentar te defender. Você é minha parceira, minha cúmplice, meu refúgio, e só posso continuar com você se eu for o mesmo pra você, mas não é isso que eu sinto, nem é isso que você me considera. Como vou confiar em você? Se o seu refúgio é outro, ou outra? Por isso eu vou embora, pra você ficar o mais tempo possível na sua fortaleza, seja ela o que for, qual for e quem for.

Roberta levantou num pulo, correu em direção dela e a agarrou.

— Não, por favor, não me deixe. Você é tudo pra mim, por favor, não me deixe sozinha. — abraçou-a com força. — Por favor, eu digo, eu digo, mas por favor não me deixe.

— Então me diga o porquê você se fecha tanto afastando as pessoas?

— Isso é um problema apenas meu, amor, não tem nada a ver com você.

— Passou a ter no dia em que casamos e quando isso começou a afetar nossa relação.

— Mais uma vez você está certa. Vamos sentar, não se preocupe, dessa vez contarei tudo.

As duas voltaram ao sofá, Helena segurava as mãos dela, olhava diretamente nos olhos, sem perder o foco nenhuma vez. Nada no mundo era mais importante que melhorar seu casamento, por isso, poderia acontecer qualquer coisa ao seu lado, ela não perderia a atenção por nada.

— Isso pode ter ligação com meus pais que nunca me deram atenção, estavam sempre ocupados demais para se importar comigo. Não sei, nunca fui num analista para saber, mas eu sei o que espanta tanto em ter um filho. Antes de conhecer você, eu tive uma relação bem longa com outra pessoa. Passamos quase dez anos juntas, começamos a namorar pouco antes de eu terminar a faculdade. Gostava muito dela. Ela tinha uma filha linda de dois anos quando começamos a relação, Izabel o nome dela, vivíamos felizes, como uma linda família. Vi Izabel crescer, me chamava de mamãe dois, como eu a amava. Levava-a na escola, ajudava na lição de casa, comprava roupas lindas que a deixavam tão fofa, disse Roberta lembrando com um sorriso no rosto e os olhos no nada. Vi ela se transformar numa linda garotinha, mesmo naquela fase chata em que eles não ouvem ninguém, meu orgulho por ela era enorme, principalmente por ser muito inteligente, ela dizia que tinha puxado a inteligência de mim. Infelizmente minha relação com a mãe dela não era tão boa assim, o pai de Izabel nunca apareceu, ela dizia que a menina foi resultado de uma bebedeira, num desses congressos de direito que só é putaria, o verdadeiro pai nunca soube ter uma filha e eu adorava saber disso, pelo menos não teria ninguém para estragar minha relação com a minha filha. Só a mãe que fazia isso, infelizmente, brigávamos direto, ela tinha um ciúme doentio de mim. É bom saber que seu parceiro tem ciúme de você, de vez em quando, ciúme quer dizer que a pessoa te quer muito e não quer perder; mas o dela era demais, estava paranoica, começando a ver coisas onde não existiam. Mexia nas minhas gavetas, revirava meu celular, me afastava dos meus amigos, da família não, eu já não tinha contato com eles mesmo; estava sendo sufocada. Eu a amava, mas estava insuportável, minha única âncora naquela relação era Izabel, como eu amava aquela menina. Até que um dia decidi sair mais cedo do tribunal, ainda nem era juíza; quis fazer uma surpresa, reacender a chama da paixão que havia se extinguindo. Fui pelo shopping, procurando algo sexy para usar depois do jantar que estava planejando, foi quando eu vi, ela estava abraçada com outra mulher, sorrindo feliz, trocando carícias e beijos apaixonados. Eu não acreditei, como ela pode fazer isso comigo, logo eu, que a amei tanto, cuidei da filha dela como se fosse minha, ela faz isso comigo? Eu fui em direção dela, pensei em dizer tanta coisa; quando ela me viu, ficou pálida, parecia ter visto um fantasma. Parei na frente delas, mas as palavras não saiam, todas os mil palavrões que pensei, os socos que eu acertava na cara dela, os chutes que eu dava desfigurando o rosto daquela "amantezinha"; foi tudo metafísico, não saíram do campo da imaginação. Ela ainda falou as famigeradas palavras: "não é o que você tá pensando", filha da puta. Eu dei a volta e tentei sair de lá, mas ela me segurou, puxei o braço com força gritando para ela me soltar. Dirigi como uma desesperada pra casa, ela me seguiu. Izabel estava no quarto, entramos aos berros, discutimos feio, ela tentou me segurar, foi nessa hora que Izabel desceu para ver toda aquela discussão, mais uma; que eu a empurrei, pro meu azar, ela viu apenas eu empurrando a mãe dela, ela desequilibrou e caiu sobre a mesinha de vidro. O barulho da mesa quebrando foi assustador, os cacos cortaram as mãos dela, o sangue se espalhou pelo chão junto com o vidro. Izabel vendo isso, correu em direção da mãe, ficou entre eu e ela, começou a gritar comigo, dizia para não machucar a mãe dela; fiquei assustada, tentava pedir desculpa e dizer que tudo aquilo não passava de um acidente, mas ela não queria ouvir, estava com medo de mim, afastava-se toda hora que eu me aproximava, gritava mais e mais alto para deixar elas em paz. Depois de muita confusão, a babá trouxe toalhas para limpar o sangue e cobrir os cortes. Fomos ao hospital, mas Izabel nunca mais foi a mesma comigo. Separamo-nos pouco depois, tive que fazer um acordo que nunca mais me aproximaria ou manteria contato com as duas, caso descumprisse o acordado, seria fichada por um bocado de coisas, seria o fim do meu sonho de juíza. Isso me machucou tanto, até hoje me machuca, todas as alegrias que passei com aquela menina, as noites mal dormidas quando ela adoecia, as festas de fim de ano, os presentes que eu recebia ganhava dela no dia das mães e dos pais. Aquele meu erro, meu único erro, que foi um acidente, eu nunca tentaria machucar a mãe dela, mesmo depois da traição, foi maior do que tudo que fiz por ela. A mãe dela também fez a cabeça da menina, jogando-a contra mim. Todos aqueles momentos se perderam no tempo. — disse com essas escorrendo pelo rosto.

Helena ao ouvir aquela história não se conteve, lágrimas caíram por toda a narrativa de Roberta, agora ela entendia tudo, do porquê dela ser tão fechada, tão resistente a querer ter um filho. Ela a abraçou com força e afeto, beijou-lhe os lábios com todo amor que poderia demonstrar em um beijo.

— Meu amor, eu te entendo, agora eu te entendo, eu te amo muito, e sabendo disso, meu amor por ti aumentou mais, só é que isso seja possível, mas com certeza meu respeito e admiração, esses sim, cresceram de uma forma incomensurável.

— Eu também te amo muito.

— Mas o fato de você ter passado por isso não quer dizer que passará novamente, eu sou outra pessoa, não sou a mesma que fez isso com você.

— Disso eu tenho certeza, você me devolveu a alegria de viver, quando eu achava que nunca mais conseguiria encontrá-la novamente, você me dá carinho e afeto de uma forma como ninguém me deu, você me deixa livre, sou livre pra querer estar presa à você, não me prendo por obrigação, me prendo a você por prazer, por amor.

— Dessa vez vamos ter uma filha juntas, não será apenas minha ou sua, mas nossa; com todas as medidas legais que nos assegurem disso.

— Eu sei que terei todas as medidas legais sobre nossa filha, contudo isso não é certeza de nada, ela pode crescer e se revoltar, se desviar. Tu sabes como é difícil adotar uma criança nesse país, e pior, podemos pegar uma com a personalidade já formada por toda a realidade que elas vivem, pois só as crianças que passaram por muita desgraça vão pra adoção, se ela já achar normal viver rodeada de violência, drogas e criminalidade?

— Eu sei que tem esse risco, podemos pegar uma bebê, que ainda não tenha uma personalidade própria formada. — disse Helena.

— Não é tão fácil assim conseguir, todos querem adotar as pequenas, quanto mais nova melhor, mesmo eu como juíza é difícil conseguir isso.

— Eu já pensei nisso, sei o que podemos fazer. A Iroca acabou de ficar responsável por cuidar daqueles dois gêmeos, eles não têm nem dois anos ainda. Sabemos muito bem que ela não tem condições de criá-los, principalmente com um marido deficiente. Podemos conversar com ela, e convencê-la a permitir que as crianças fiquem sob nossa tutela, assim poderemos fornecer condições para que possam ser cidadãos responsáveis e produtivos, ninguém em sã consciência se negaria a isso, impedir que crianças tenham oportunidade reais de vencer na vida, é desumano.

— Você acha que ela vai aceitar?

— Eu converso com ela, nós temos uma boa relação, até tratamos ela como uma de nós. Ela sabe que não tem condição de criar aquelas crianças; a melhor coisa que pode fazer pelos netos. Se ela pensar nas crianças e não nela, fará isso, é a coisa certa a se fazer, deixar que cuidemos deles.

— Não sei.

— É perfeito, as crianças são pequenas, podemos formá-las desde a base, e o melhor, não vamos poder passar por toda aquela burocracia que só dificulta tudo. Não é perfeito?

— É, parece tudo perfeito, mas você que fala com ela.

Helena ouvindo Roberta concordar com o plano, abraçou-a com força e alegria, soltando gargalhadas de felicidade; finalmente teria uma família completa. Completaria de vez essa lacuna na sua vida, seu desejo de tornar-se mãe; desejo esse antigo, desde seu antigo casamento. Quantas vezes tentou engravidar sem sucesso, até procurar ajuda médica e perceber que seu útero era inviável para gerar uma vida, "logo o útero". Não eram apenas os ovários, se o fossem, poderia inseminar um óvulo de um terceiro fecundado. Contudo, o principal não suportava, não conseguia sustentar uma vida por muito tempo; tentou várias vezes, gastou milhares de reais tentando; entretanto nunca conseguiu passar da quinta semana de gestação.

Devia ser por isso que seu antigo marido a tratava tão mal, por não ser uma "mulher de verdade", como dizia ele: "você é uma mulher amaldiçoada e infértil, oca, uma imitação de mulher, porque mulher de verdade é aquela que consegue ter filhos, o resto não é mulher, é uma falsificação barata". Por isso a largou, dias depois já estava com outra, que é sua atual mulher. Agora ele está feliz, casado e com três filhos.

Finalmente ela seria uma mulher de verdade, com uma família completa de verdade. Provaria para todos que poderia ser uma mãe como todas as outras; como todas as outras não, a melhor mãe de todas.

— Não se preocupe, meu amor, deixa que eu cuido disso. — disse ela feliz.

Capítulo 11.

1

Traci caminhava admirando aquele paraíso que mais parecia Zalém, o Olympo, ou Elysium. Estava chateada, infelizmente teria de trabalhar, o dinheiro extra pedido às patroas "sapatonas" não durou muito tempo, acabou gastando mais do que devia no salão; "afinal, uma mulher tem que se cuidar um pouco também. Só posso cuidar deles se eu estiver bem". Os dois pacotes de fraldas acabaram num piscar de olhos, "tinha me esquecido como crianças pequenas são fábricas de cagar, e pior, gêmeos, produção de merda em dobro".

Não daria mais para ficar em casa, tinha que batalhar para ganhar o pão de cada dia, isso ou morreriam à míngua; "Foi bom passar essa semana de folga, e com dinheiro, o que é melhor ainda". Dobrou a rua e viu a casa das "sapatonas", sentiu um enfado, fez força para dar o próximo passo e seguir em frente. "Trabalho ou fome, qual escolher?", pensou um pouco mais e seguiu em frente.

A porta estava como sempre destrancada e aberta, isso sempre causava uma inveja e curiosidade nela, sempre quis saber como é viver sem se preocupar em estar trancada dentro de casa, com grades em todas as portas e janelas, com cadeados grandes e grossos para tentar evitar de, muitas vezes sem sucesso, ter a casa invadida e os pertences roubados, estes conquistados com tanto trabalho e sofrimento. Entrou pela casa quieta, não queria chamar a atenção para si, desejava aproveitar o máximo possível antes de voltar à rotina monótona da labuta. Passou pela sala e cozinha sem encontrar ninguém, foi ao seu "escritório" esconder-se, caso alguém perguntasse onde estava e porque chegou atrasada, responderia que havia chegado cedo e estava organizando os materiais no depósito.

Sentou-se num balde emborcado, ficaria ali mais uns minutos, o problema não era fazer tudo, sempre fazia o seu trabalho da melhor maneira, o problema era terminar e ficar livre, e como o ditado popular diz: "soldado de folga no quartel quer serviço". Assim que terminasse seus afazeres, ainda dentro do horário de trabalho, prontamente achariam outra coisa para ela fazer. Percebeu que a melhor coisa a se fazer nesse sentido era sempre parecer ocupada.

A preguiça bateu, o corpo doía, um sono veio forte, ao se espreguiçar, o braço esticado bateu numa vasilha de sabão quase vazia, desequilibrou-a, rolou pela prateleira que, por sua vez, bateu em outras vasilhas, pacotes e objetos, lançando todos ao chão, num efeito dominó de bagunça e barulho. "Merda", pensou ela, com certeza me ouviram. Como o previsto, uma voz ecoou perguntando se ela havia chegado.

— Sim Lena, sou eu, desculpe o barulho, estava arrumando aqui o depósito, só que sem querer, bati numa vasilha que acabou derrubando tudo, não se preocupe, vou arrumar. — disse ela reconhecendo a voz que a chamava, saiu do depósito e a viu numa varanda do segundo andar que dava acesso visual ao quintal.

— Não se preocupe com isso, tá tudo bem com você?

— Tá, Lena, na medida do possível está bem, só muito triste ainda, e preocupada com meus netos, hoje tive que deixar eles com uma vizinha. Como eu paguei à vista a funerária, com o dinheiro que vocês me deram, tive um desconto, aí comprei uns pacotes de fraldas e com o que sobrou, paguei ela para reparar eles hoje. — disse mentindo e omitindo o gasto com salão e com guloseimas para si. — "Não deixa de ser verdade o que eu disse, só não é toda a verdade. "— pensou enquanto falava.

— E como eles tão?

— Tão bem, só não sei onde deixar eles amanhã, não tenho mais dinheiro para pagar alguém para reparar eles. — disse dessa vez com meia verdade, deixou os gêmeos com Antonio, fazendo o teste se ele seria capaz de cuidá-los, realmente não sabia onde os deixaria no dia seguinte, se a experiência não tivesse um resultado animador, e isso a preocupava muito.

— Um momento, deixa eu descer para conversarmos melhor, e não precisar ficar gritando aqui pra toda vizinhança saber.

Iraci a viu sumir entrando pela porta de algum compartimento. "Lá vem ela me consolar, como todo mundo perto de casa fez, me desejando sentimentos mentirosos, e condolências falsas. Bom, eu realmente acho que ela gosta de mim, dessa vez pode até ser verdadeiro, uma das poucas", pensava enquanto tentava organizar o caos que o depósito havia se formado. Olhando para aquilo, irritou-se consigo, pensou em outro ditado muito popular que cansava de falar para os filhos, quando ainda eram crianças: "Preguiçoso trabalha duas vezes", pensou com um leve sorriso de ironia, adorava falar isso aos outros, porém se falassem para ela, ficava irada, tinha vontade de mandar esse cuidar da própria vida, isso para não dizer coisa pior.

Helena apareceu, saindo pela porta da cozinha, ela a viu vindo em sua direção, estava diferente, expressava algo que não sabia discernir o que era, parecia estar triste, mas não parecia real; a testa franzida, as sobrancelhas arqueadas de forma côncava, os olhos arregalados, os lábios arqueados para baixo, forçando a expressão de tristeza; parecia muito com os pêsames daqueles vizinhos e vizinhas que, conhecendo-os, sabia muito bem estarem fingindo, como péssimas atrizes e atores que eram.

"Mas será que Lena está fingindo? Por que estaria? Me ajudou tanto, além de ser minha patroa, não há necessidade dela fingir nada. O que ela tá querendo esconder? ". Questionou-se: "qual é a razão disso? Não importa, se ela tiver realmente triste, vou usar isso para tentar aliviar o meu lado", pensou.

— Ô Iroca, deixa isso aí, depois você arruma, me dá um abraço. — disse ela abraçando-a logo em seguida, Iraci sem saber o que fazer, meio desconcertada, retribuiu o abraço.

— Você tá bem mesmo? Não se preocupe em limpar, não sabíamos que você viria hoje, contratamos outra diarista que veio ontem, você não precisa trabalhar hoje. — disse Helena.

Ouvir isso primeiro trouxe uma satisfação que ela teve esforço de conter, logo em seguida, veio uma preocupação, isso não seria totalmente bom, precisava do dinheiro da diária, "preciso desse dinheiro para comprar comida pra amanhã, não tem nada em casa". Quando estava pronta para verbalizar o pensamento, Lena cortou-a.

— Não se preocupe, pagarei sua diária normalmente.

Ao terminar de ouvir a última palavra dessa frase, uma sensação de prazer e relaxamento percorreu seu corpo, foi tão grande que ela nem conseguiu conter a cara de alegria ao saber que receberia sem precisar trabalhar; sentiu a mesma felicidade de receber o 13° salário, o qual ela achava, erroneamente, ser um dinheiro recebido sem trabalhar.

— Muito obrigado Lena, não sabe como a senhora me ajuda. — disse começando a chorar, "quem sabe ela não me paga mais pelo meu choro?", pensou.

— Calma, calma, eu sei que você ainda está muito sensível, faz uma semana que teve essa tragédia com sua filha, eu nem consigo imaginar a dor que você está sentindo. Vamos, vem comigo, vamos conversar um pouco e tomar um café gostoso.

— Muito obrigada. — disse ela estranhando, "quando a esmola é muito, o santo desconfia", pensou.

Mesmo desconfiando de tudo aquilo, achou melhor não questionar, dançaria conforme a música, não queria correr o risco de irritá-la e ter sua folga revogada. Sentaram na ilha, Lena serviu uma deliciosa xícara de café, não esse café comum encontrado em todos os supermercados populares, um café seleto, vindo numa embalagem bonita, comprado numa loja única.

O cheiro delicioso daquele café "de verdade", sem milho, farelos ou palhas, era inigualável, parecia uma droga que entrava pelo nariz, relaxava todos os músculos e fazia a boca salivar. Quando o êxtase inicial passou, ficou levemente receosa. "Será que esse é aquele café feito do cocô de um bicho, que eu ouvi elas falarem certo dia?" . Sentiu um certo nojo, pensou em recusar, achou melhor não, isso poderia irritá-la, colocaria em risco o dinheiro "fácil". "Ah! Vou tomar isso, já como merda todo dia mesmo, devo até comer coisa pior com aquela água imunda que a distribuidora pública de água fornece — isso quando tem — principalmente com aquele gato que mandei fazer. Todo mal feito, nunca mais chamo o 'Maranhão' para fazer nada lá em casa, agora fica tudo alagado lá na frente", pensava ela olhando fixo para a xícara.

Logo em seguida, Helena foi no forno e pegou alguns brownies de chocolates. Estavam lindos, o cheiro que exalavam era delicioso, só de senti-lo a boca já enchia de saliva, chegando a escorrer pelo canto esquerdo; prontamente ela limpou com a costa da mão. Estavam fofos, com pedaços grandes de chocolates sobre a borda superior, derretidos, quase cobrindo toda a superfície; pelas bordas laterais, escorriam, caiam sobre outros pedaços, "sujando" de chocolate, tanto esses quanto a linda vasilha de cristal.

O estômago após esse estímulo começou a doer, a cevada com pão dormido de dois dias que, a priori, pareciam tê-la saciado, reviraram-se em seu interior, dava a impressão que o corpo queria livrar-se daquilo para abrir mais espaço e estocar o máximo possível desse delicioso "maná celestial"; o ronco gástrico era o clamor do corpo por aquele alimento maravilhoso cujo o sabor nunca havia sentido; sentiu momentaneamente vergonha pelo som causado. Helena fingiu não ter ouvido nada, não queria constrangê-la.

— Pode pegar, Iroca, não se acanhe.

Iraci pegou aquele pedaço de bolo macio, conteve-se de não levá-lo rápido à boca, não queria demonstrar sua vontade desesperadora. Ao colocá-lo, sentiu toda aquela maciez completando todos os espaços da cavidade oral, a saliva dissolvia todo o amido, e espalhava pela língua todo o sabor de uma forma equilibrada. Os pedaços de chocolates, ao leite e meio amargo, formavam um contraste maravilhoso, disparavam todos os sensores de sabor; um leve sabor cítrico ocupava os últimos sensores inativos da língua. "Ela deve ter colocado algumas gotas de limão, ficou maravilhoso", pensou. Tudo muito bem equilibrado, nenhum sabor se sobressaía ao outro, estavam em perfeita harmonia. Ela soltava gemidos de prazer, de um gozo nunca sentido antes, muito melhor que o sexo feito com Antonio, — diga-se de passagem.

— Um momento, Iroca, não tome o café ainda. — disse Helena caminhando à geladeira, pegou uma tigela antes no armário, abriu a porta do congelador, remexeu um pouco, e voltou com duas bolas generosas de sorvete.

— Tome, coma esse sorvete de baunilha antes de tomar café

Ela pegou a colher, tirou uma porção do sorvete, sentiu-o cremoso, suave, doce, quase neutro, gelado, ressaltando o gosto do brownie.

— Agora tome o café com a boca ainda gelada.

Iraci agiu sem pensar ouvindo o comando, o calor do café amargo, contrastando com a sensação de gelado, arrebatavam-na para um lugar que nem sabia existir. "Com certeza isso é melhor que fazer sexo", pensou. Na verdade, nunca soube o que era prazer sexual, havia apenas se relacionado com o marido, o qual nunca proporcionou-lhe isso, nem permitia que ela demonstrasse prazer, dizia que isso era coisa de mulher vagabunda; mulher de família e cristã, não pode demonstrar luxúria, tem que ser casta, tem que ser "bela, recatada e do lar".

— Rápido, coma outro brownie antes que o amargo desapareça. O quente e o frio, o doce e o amargo contrastam deliciosamente. Lembra um petit gâteau.

— Um pêtí o quê?

— Petit gâteau, uma sobremesa francesa deliciosa.

— Hum...

— Agora pare de falar e coma como eu te falei.

Ela assim o fez, perpetuando todo aquele gozo gastronômico. — Meu Deus, que gostoso! — disse ela soltando gemidos de prazer. "Essa é a melhor coisa do mundo, poxa, se isso é porque minha filha morreu, quisera eu estar trabalhando pra elas quando mataram o Claudenir; infelizmente ainda não as tinha conhecido nessa época", pensou ela. Pouco tempo depois, refletindo um pouco melhor, sentiu vergonha.

— O que foi Iroca? Tá pensando em quê?

— Nada não, tô na verdade pensando que ter você e Rô na minha vida é uma benção divina. — disse, "mesmo que vocês sejam duas sapatonas", pensou em seguida.

— Que isso, Iroca, você é quase da família. — disse Helena sorrindo com doçura, enquanto acariciava o ombro dela.

— Obrigada, cadê a Rô?

— Saiu cedo pro tribunal hoje. Muito bom isso, né?

— Muito, nem sabia que podia ter algo assim tão gostoso.

— Mas me diga, Iroca, como estão as coisas? — perguntou Helena segurando as mãos de Iraci.

— Ah! Lena, tristes, toda vez que eu lembro, sinto vontade de chorar.

— Sei, sei, e seu marido como está?

— Ah! Tá lá, daquele jeito. No início ficava lendo a bíblia direto, não saia da igreja, nem ficava mais em casa, nesse tempo que fiquei lá, só eu cuidava das crianças, ele só voltava pra almoçar e quando a igreja fechava a noite.

— Sério?

— Sério, depois do 5° dia nisso, desistiu de ir na igreja, diz que ele já está perdido, não adianta mais ler a bíblia, nem ir na igreja; que a alma dele já está condenada, não adianta o que ele faça, ele não some.

— Quem é "ele"?

— Isso mesmo, não sei quem é esse "ele". Parece que ele tá vendo coisas, alguma coisa tá atormentando o Antonio.

— Poxa, e os gêmeos?

— Estão bem, por enquanto, mas não sei como vou conseguir criar eles, é muito gasto, as fraldas não duram quase nada, a comida é muito cara, uma lata de leite nutritivo prescrito pela médica do posto, custa metade da minha diária. Não chega a durar nem um mês, os dois comem demais.

Helena ouvindo isso sentiu uma alegria, vil, suja e vergonhosa. Saber que estavam passando por grandes dificuldades ajudaria a convencê-la de passar a tutela dos netos para ela e Rô. Sentia que o sonho de ser mãe estava próximo, finalmente se sentiria completa. Estava realizada no amor, na profissão, tinha uma vida econômica e social muito confortáveis, faltava apenas aquilo que a natureza a impediu de ter, "não posso 'ter', mas posso criar", pensava.

— Come mais, Iroca, não se preocupe, isso é todo seu.

Capítulo 12.

I

As crianças finalmente dormiram, não aguentava mais ouvir aquele choro, tentou dar a "papinha" que Iraci fez antes de sair para trabalhar, todavia ele não tinha muito jeito com criança, nunca teve. Antonio deixou-os chorando por mais tempo, pensava que o melhor tempero pra comida é a fome, por isso, os netos comeriam, uma hora ou outra, principalmente quando a dor da fome fosse maior que o gosto ruim do alimento.

Quando era criança não tinha essa "frescura" de escolher o que comer, comia o que se tinha, e tinha que ser rápido, se não, um ou mais dos doze irmãos acabariam comendo no seu lugar; e não poderia reclamar, se reclamasse, acabaria apanhando para deixar de ser besta. "Assim que se deve educar um filho, eu fui educado assim e não morri, virei trabalhador, não um boiola sodomita, ou um ladrão vagabundo. Criança aprende é na porrada", pensava. Lembrando das surras que recebia do pai e da mãe, das humilhações sofridas, uma mágoa doeu dentro dele.

Como o planejado, as crianças ficaram tão famintas que nem precisou se preocupar se iam comer, comeram tudo, a única preocupação, era em cuidar para que eles não se machucassem no metal duro da colher, a ferocidade era tanta que Rafael deu com a gengiva na borda da colher, ferindo-a; chorou um pouco, porém voltou a comer com ferocidade, a dor no estômago era maior que a dor na boca. "É sempre bom ter razão", pensou Antonio rindo.

O som de choro cortou o silêncio, trazendo-o das mágoas passadas para o presente. "O que pode ser já? Acabaram de encher o bucho de comida", pensou irritado. Olhou para as muletas escoradas ao lado da pia de lavar louça, mas achou melhor não usá-las, "dentro da casa elas mais atrapalham". Foi pulando até o quarto da Iraci com os netos, estavam os dois sobre a cama chorando, próximos da borda dessa, sem nada impedindo-os ou dificultando-os de uma possível queda.

— O que foi, o que foi? — disse ele irritado. — Por que esse choro? Ainda tão com fome é?

Aproximou-se aos pulos perto deles, sempre que pulava, lembrava do apelido ofensivo do qual todos estavam lhe chamavam no bairro, "Saci". Num "belo" dia, teve a infelicidade de ir comprar no boteco próximo, apenas 7 casas de distância, um quilo de farinha para comer com seu prato preferido: açaí com farinha "bagúda". Para sua infelicidade, as muletas ainda não tinham sido compradas, mas a vontade de comer sua iguaria favorita era tanta que, mesmo com o risco de queda, decidiu ir sem muleta, aos pulos.

Foi tudo uma conciliação universal para concluírem a semelhança dele com esse personagem do folclore brasileiro, Antonio era preto, perneta, e pior, o short que usava era vermelho. "Cabeça de prego", um homem de 33 anos, o qual vivia às custas da aposentadoria da mãe idosa e cega por glaucoma e que complementava a renda com compra e venda de roubos, além do tráfico de entorpecentes— óxi pra ser mais exato: uma droga mais perigosa e viciante que o craque, feita da sujeira da sujeira que o próprio crack é. Cocaína, heroína, a própria maconha pura, essas drogas são quase um mito para esses dependentes químicos, como a maioria deles diz: "Essas são caras, são 'nóias' de bacana, empresários, juízes, médicos, jogadores de futebol, artistas famosos, nós 'pobre' se vira com o que tem, com o lixo, com o resto".

Quando "Cabeça de prego" o viu pulando pela rua, riu alto, logo lembrou dos episódios do "Sítio do Pica-Pau Amarelo" que passava na TV quando era criança, por isso, Saci foi o primeiro pensamento associado a Antonio "Olha o Saci aqui gente! Ei Saci, cadê tua ventania para te levar? " — gritava rindo para todos ouvirem; desde então todos na rua passaram a chamá-lo por esse maldito nome: "Saci". Depois disso, livrou-se de todos os shorts e bermudas, vermelhas ou alaranjadas. Passou a odiar o natal, a primeira impressão parece não ter nenhuma associação uma com a outra; contudo, todo mundo pedia pra ele usar o gorro do papai Noel, colocar um charuto na boca, desses de fumar crack mesmo, e servir de palhaço para todo mundo. "Natal de pobre não é com Papai Noel branco cheio de presente, é com Saci preto, perneta e com cachimbo de crack", diziam.

Aquilo o humilhava, seu orgulho grande, agora ferido, doía mais que a perna fantasma; pensou em ligar para a polícia e denunciar esse "traficantezinho de merda", mas e aí? O que aconteceria se fosse descoberto? Não precisa de provas para ser morto pelo tribunal do tráfico, a desconfiança é prova mais que suficiente para a pena capital. Como iria se defender sendo aleijado? A polícia o vigiaria dia e noite? Ganharia uma moradia segura do Estado por seus serviços à comunidade? Ou um prêmio? Mesmo um reconhecimento? Provavelmente não, amanheceria numa vala qualquer com a boca cheia de formiga. Seria melhor engolir o orgulho e aguentar toda a humilhação calado.

— Ah! Não, ah! Não. — gritou ele.

Sentou sobre a cama e viu a colcha molhada sob os dois, "Por favor Deus, que seja só mijo, por favor, por favor, por favor", orava ele. Antes de segurá-los para verificar o conteúdo de suas fraldas, percebeu na parte posterior de suas coxas, uma massa viscosa. O odor fétido, característico das fezes de crianças, empestearam todo o quarto quando ele tentou levantar a fralda para ver o tanto de fezes produzida; e pior, eram os dois.

— Isso eu não faço, limpar merda não, isso é trabalho de mulher, não é porque eu tô aleijado que vou fazer o trabalho delas. Iraci que limpe isso quando ela chegar.

Deixou as crianças chorando sobre a cama, levantou-se, e foi pulando até a porta; ao passar pelo espelho, viu um vulto da sua imagem nele, decidiu voltar. Ficou de frente a ele, parado, olhando fixo seu reflexo. Os cabelos crespos e grisalhos, as valas de expressões por toda a face, a pele negra e reluzente, os olhos graúdos e baixos, levemente amarelados; a barriga grande, caída sobre o short verde; parado sobre uma única perna, com joelho e tornozelo visivelmente inchados.

Prendeu-se mais na perna vazia do short, sem nada, oca. Ele olhava para aquele espaço, outrora preenchido, procurando a razão daquela horrível dor que não passava. "Médico filho da puta, arrancou tudo e esqueceu essa porra que vive doendo"; passou a mão expondo o coto, sentiu a pele rugosa, flácida, mole, um pedaço de carne sem sustentação, com um furo no meio, parece quando se faz um nó num saco plástico, e revira-o para dentro e no lugar do nó, aparece um orifício cheio de pregas. "Parece um cu essa merda, agora eu tenho um cu no lugar da minha perna, bela troca essa." — A dor fantasma latejou, fazendo-o fechar os olhos e expressar uma careta — "Merda não faz nem 10 minutos que tomei o remédio para acabar com esse tormento".

Ele estava tomando os remédios para dor compulsivamente, antes dos horários prescritos, devido às dores que, no início, foram controladas, entretanto com o passar dos dias, menos tempo de efeito eles faziam; por isso, tomava-os como doce, menos os "tarja preta", esses não, até os jogou fora, escondido da mulher. Primeiro por deixá-lo lento e confuso; segundo por dificultar sua ereção, não fazia sexo há muito tempo, mas gostava de masturbar-se de vez em quando, ter o pênis duro o deixava orgulhoso de sua macheza; terceiro por um pastor de sua igreja aconselha-lo a largá-los, e apenas confiar na palavra de Deus, pois ela é a palavra do médico dos médicos; e assim o fez.

— Não é que tu pareces um saci mesmo. — Antonio ouviu uma voz grave e musical.

Ele sentiu sua única perna fraquejar, olhou vagarosamente a porta, estava ali, parada, aquela maldita sombra que não o largou desde o IML. Seus olhos rubros olhavam dentro de sua alma, capaz de saber o menor pensamento que tivesse. Não dava para identificar nada, apenas uma silhueta de um homem— de um homem não, a sua própria silhueta, a diferença que tinha ambas as pernas. Preta, escura, mais negra que a noite; não importava quanta luz jogasse na sombra, ele não refletia nada; atravessava-o como se não existisse, mas ele existia, disso Antonio tinha certeza.

II

Inicialmente ele achou que poderia ser um demônio atormentando-o, contudo, essa força maligna não desaparecia quando lia a palavra do senhor; nem quando entrava na casa de Deus, inclusive sentava ao seu lado e via o culto o tempo que Antonio permanecesse, "não pode ser o diabo, se fosse não entraria na casa do Rei de Israel. Isso tem que ser real, não é possível, não desaparece nunca, até nos meus sonhos isso me atormente".

— E tu falas agora? — perguntou Antonio com medo.

— Eu sempre falei

— E porque agora, por que não falou antes?

— Porque antes eu queria apenas observar.

— Tu és real?

— Claro que eu sou real.

— E por que só eu te vejo?

— Porque eu sou só seu.

— Meu o quê? Você é o demônio que veio me atormentar?

— Não sou o demônio, pode me chamar de culpa ou remorso, você escolhe. Pode me chamar de demônio também, não me importo.

As crianças começaram a chorar alto, somando ao diálogo perturbador, dor no membro fantasma e uma dor de cabeça focal na têmpora esquerda, irradiando para os olhos, deixavam-no a ponto de perder o controle. Pulou em direção a porta atravessando a sombra, passou pelo corredor até chegar a sala, jogou-se no sofá tentando pegar a bíblia que estava sobre este; uma edição muito bonita, grande com letras garrafais, a capa preta, impermeável, tinha uma linda grafia dourada; na margem, tinha um zíper que, ao fechar, protegia a bíblia de um possível acidente.

Abriu rápido no livro de salmos capítulo 23.

— "O senhor é meu pastor, e nada me faltará. Deitar-me faz em pastos verdejantes, guia-me mansamente a águas tranquilas..."

— "Refrigera a minha alma; guia-me pelas veredas da justiça". Eu sei, eu sei, já até perdi a conta de quantas vezes você já leu esse capítulo. Você sabe muito bem que isso não vai trazer tuas filhas, ou o teu filho. — disse a sombra sentada ao seu lado no sofá.

— Cala a boca! Cala a boca! — gritou ele.

— Calma, não precisa gritar.

Antonio fechou os olhos, segurou as mãos uma na outra, apoiou um cotovelo sobre o joelho, o outro ficou suspenso no ar, a testa apoiada nos dedos cruzados, e começou a orar aos prantos:

— Por favor, Deus, me perdoe, eu não quis isso, eu sei que a culpa é minha de novo, eu sei que prometi que ia mudar, ser mais presente na vida dos meus filhos, eu falhei, sou fraco, mas por favor, não me deixe ir pro inferno, por favor, eu prometo, dessa vez vai ser diferente.

— Isso é mentira, tu sabes disso, que nem quando tu oraste na morte do Claudenir. Foi tudo da boca pra fora, no início até tentaste, mas depois de pouco tempo, voltaste a ser o cara que tu sempre foste: um merda, um egoísta, um irresponsável.

— Não, não, não, não.

— Tu sabes que sim, que eu tenho razão. Nunca foste numa reunião de pais e mestre na escola deles, o único dia que foste, foi quando notificaram-te da perda do direito ao auxílio familiar, porque o Claudenir fazias meses sem ir assistir aula, só assim pra ires lá, claro, ias perder dinheiro nisso. E o que tu fizeste? Subornaste o secretário para burlar a lista de frequência e não perder a mamata, depois espancaste o menino até cansar, nem sequer se perguntou onde ele estava indo.

— Eu sei, eu sei. Me perdoa, Deus.

— Davas mais importância ao campeonato brasileiro, sabias de tudo; formação, classificação, estatística, lesionados, contundidos, suspensos; contudo, se perguntassem-te alguma coisa sobre teus filhos, não sabia de nada, respondias: "pergunta pra mulher, esse é o trabalho dela, o meu é levar o pão".

Antonio cego pelas lágrimas, folheava a bíblia, tentando achar alguma coisa que, como encanto, sumisse com aquela sombra maldita.

— Não adianta folhear mais essa bíblia, tu já leste ela toda, mais de uma vez inclusive, o problema que nunca entendeste. Adora dizer aos outros no culto para cuidarem de suas famílias, que o inimigo era cruel e ardiloso, que satanás estava à espreita, como um leão faminto; ao menor descuido ele atacaria destruindo as famílias despreparadas. Estava tão preocupado com a família dos outros que esqueceu a sua. — disse a sombra com uma gargalhada no final.

— Não, para, me deixa em paz! — disse aos berros.

Levantou rápido do sofá, foi veloz em direção ao banheiro, fechou a porta e ligou a luz; sentou no vaso sanitário, encostou as costas na parede, sem muito conforto, o cano da caixa de descarga suspensa, não permitia um melhor descanso, acomodou-se da melhor forma, fechou os olhos e tentou respirar fundo para manter a calma.

Uma sede insuportável atingia a garganta, a sentia seca, dolorida, incômoda. O choro dos netos continuava forte, e aumentava cada vez mais. Sentiu certa preocupação, todavia hesitou, preferia ficar trancado no banheiro, longe daquela coisa. A sede aumentava cada vez mais, decidiu beber água da torneira da pia de lavar a mão, não confiava muito naquela água, principalmente por ser escura, e ter um forte gosto de ferrugem. Entretanto, a necessidade foi maior, bebeu até o estômago dilatar, e quase vomitar, contudo a sede não passava, só fez piorar, dobrou a sensação de dor. A perna ausente doía, a cabeça, os olhos, as juntas.

— Tu sabes que não é dessa sede que tens, precisas tomar outra coisa para matar essa vontade que te mata.

— Você aqui, como entrou.

— Trancar-te não adianta, tu me levas onde fores.

— Não, não.

— Sim, sim.

Antonio abriu a porta desesperado, voltou aos pulos na sala onde estava a bíblia, segurou-a firme, folheando quase a ponto de arrancar as páginas.

— Voltaste a querer esse livro? Ele não adianta de nada se não seguires o que tu ler. Vai ler o que agora? Salmos? Provérbios? Cânticos? Mateus? — dizia a sombra adivinhando todas as passagens que Antonio decidia.

Ele lançou a bíblia longe, não sabia o que fazer, aonde ir. Em meio à confusão, tropeçou no pé do sofá e caiu ao chão. Ficou prostrado sobre o chão duro e frio, cheio de dores, atormentado pelo pranto contínuo dos netos, com uma sede horrível. A sombra veio andando em sua direção lentamente, o levantou, sentou-o no sofá responsável por sua queda; ajoelhou-se a sua frente, encarando-o com aqueles olhos vermelhos e penetrantes.

— Tu sabes o que deve fazer para sumir comigo, o mesmo que serve para saciar essa tua sede.

— Não, eu prometi que não beberia mais.

— Antônio, sabemos que essa não é a primeira promessa que você vai quebrar, nem a última.

— Eu sei, eu sei.

— Faz que nem naquela época que tu bebias para esquecer, escondido claro, se a igreja soubesse seria um escândalo. Tu, depois de saíres da obra em que trabalhavas, fazias um leve desvio na rota, descias um bairro antes, ias num boteco isolado, num beco escondido, compravas uma ou duas garrafas de cachaça, e trazias na tua mochila. Bebias a noite, sozinho, tentando esquecer toda sua tristeza e frustração de uma vida morna; de ter engravidado Iraci sem querer, e ter de desposá-la obrigado, pelo preço de tê-la desvirginado, pensou em até fugir, mas ir pra onde? Sem dinheiro, educação ou posses? Teves de aprender a sentar tijolo e bater concreto para sustentar a vida que foste preso, por tua irresponsabilidade. Faça isso, beba, vai esquecer da tua culpa, teu remorso, tuas mágoas, vai esquecer de tudo, até de você mesmo. — disse a sombra. Dessa vez, Antonio conseguiu ver um sorriso na face escura.

— Eu quero, mas não tenho dinheiro.

— Tem sim, e tu sabes onde. Te finges de burro, mas já viste Iraci esconder o dinheiro para pagar a conta de luz, fica sob o colchão dela e dos netos, num daqueles cantos, sob a colcha. Ele levantou-se lentamente, ainda brigando para não fazer aquilo, sabia que bastava uma gota de álcool que perderia todo o controle.

Antonio estava parado em pé, equilibrando-se na perna um tanto enfraquecida, olhava para frente, fixo, quase como tentando resistir. O coto de amputação parecia pesar mais que todo o corpo junto, puxava-o em direção ao chão, prendia-o a qualquer lugar; levantar da cama, sofá, cadeira, ou qualquer lugar, era o maior esforço que tinha de fazer na vida, muito maior que levantar qualquer saca de cimento nas costas, ou ajudar a levantar qualquer edifício.

Além do grande peso, a perna fantasma latejava agoniante, doía tanto que enfraquecia a perna real. Ele teve de apoiar-se no sofá para continuar em pé; com a mão direita massageava o coto enrugado, flácido e nojento, com a intenção de minimizar aquela maldita dor. Sabia que seria inútil, fez isso inúmeras vezes, nunca surtiu efeito, mas tinha de tentar alguma coisa, a mínima que fosse. Ficar parado, sentindo aquela dor passivamente, era muito pior que atritar a pele a ponto de feri-la.

O pé direito, responsável por aquela amputação, há muito extirpado do resto do corpo, deu uma grande fisgada de dor, fazendo-o uivar solitário pela casa, sem ninguém para ouvir; a não ser os netos evacuados no quarto de Iraci. As crianças, agora em silêncio, cansados de chorar por ajuda, por alguém que os limpasse, estavam quietos.

A sombra permanecia atrás dele, bem próximo, sentia todo o peso daquela presença sobre seus ombros; sentia um sopro gélido sobre a nuca, arrepiando todos seus pelos; um frio culposo, um frio solitário, um frio mórbido. Antonio não podia identificar nada naquele rosto negro, apenas os olhos rubros, entretanto imaginava um grande sorriso vil. "Isso deve tá se divertindo muito comigo", pensava.

— Vamos, o que você está esperando, sabe muito bem qual é o remédio para acabar com essa dor, e sumir comigo. — disse a sombra.

— Cala a boca! Cala a boca! — gritou Antonio.

Tentou resistir o máximo que pôde, conseguiu mais dez segundos. Sem perceber, deu o primeiro salto em direção ao quarto; quis retroceder, contudo seu corpo continuava em frente, sozinho, contra a sua vontade. Percebeu que a sombra não estava mais atrás de si, agora estava a sua frente, segurando-o pela mão, guiando-o ao quarto. Sentia aquela mão fria e escura segurando a sua; parecia que aquele frio fúnebre passava da sombra para ele pelo toque, tomando conta de todo seu corpo, expulsando todo o calor da vontade de viver.

Parou na entrada do quarto, viu os netos deitados sobre a cama, olhando inadvertidamente para todos os lados. Foi conduzido até o leito onde eles estavam, ele levantou bruscamente a ponta do colchão procurando pelo dinheiro sem encontrá-lo; retirou todas as cobertas e capas colocadas por Iraci para proteção.

As crianças, sentindo um tremor violento sob seus corpos começaram a chorar— de novo. Antonio rapidamente foi para a outra ponta, novamente levantou bruscamente; a elevação criou uma rampa que fez as crianças rolarem. Rafael, que estava mais próximo do local levantado, rolou em direção ao centro; Maria, que estava no centro, rolou em direção a borda, parou próximo ao limite de cair. Quase como percebendo o risco em que se encontrava, ela fez a única coisa que estava ao seu alcance, gritou mais alto por ajuda.

Novamente ele não encontrou nada.

— Não tá aqui, não tá aqui. — falou Antonio desesperado.

— Calma, continue procurando, ainda tem duas outras pontas. — disse a sombra.

Rapidamente ele partiu para a ponta mais próxima; como anteriormente, a elevação dessa extremidade foi feita de forma brusca. Rafael rolou do centro para a extremidade oposta a elevação, parou pouco antes de cair; Maria não teve tanta sorte, rolou para fora da cama, caiu atingindo primeiramente a perna direita, depois o ombro, por último a têmpora direita. Pela continuidade do movimento, ela rolou mais duas vezes, parando de bruços; começou a chorar desesperadamente, sobretudo pela dor; tentava debater-se, como num ato instintivo, tentando chamar o máximo de atenção possível, por ajuda; porém apenas seus membros esquerdos se moviam.

Antonio finalmente achou algo sob a capa de proteção, um maço de papéis; retirou-os do compartimento, encontrou algumas notas de dinheiro, enroladas junto da conta de luz. Não era muito, mas o suficiente para comprar uma garrafa de cachaça; pegou todo o dinheiro esquecendo a conta — é claro. Jogou o colchão sobre o estrado da cama, o impacto assustou Rafael que voltou a chorar mais alto.

— Viu! Eu disse que você sabia onde tinha o dinheiro. Vai lá, você sabe o que fazer para acabar com essa dor, e sumir com seus problemas. — disse a sombra.

Ele balançou a cabeça em sinal de afirmação, repetindo o gesto uma porção de vezes para convencer-se, tentando justificar o injustificável. Olhou para a sombra, seus olhos fixaram-se naqueles olhos penetrantes vermelho sangue. Diferente das outras vezes nas quais, naquele rosto, nada podia ser identificado, dessa vez, Antonio notou um sorriso largo. Estranhou inicialmente, vinha vendo aquilo algumas vezes, porém nunca notou sorriso algum, apenas os olhos. Percebeu que aquele sorriso não era próprio da sombra, era o seu que, refletido, estava naquela silhueta escura.

Saiu rápido do quarto, deixando os choros e os netos para trás. A sombra o puxava para fora de casa, em direção ao boteco próximo. Uma tremedeira tomou conta de seu corpo, as juntas começaram a latejar, sentindo um frio gélido e mórbido e mesmo naquele clima quente e abafado o suor escorria por todo seu corpo. Procurou suas muletas por todos os lados, não as encontrava. "Sumiram! Não pode ser, onde pararam essas merdas?", pensou.

O pé fantasma doeu fazendo-o gemer novamente.

— Quanto mais você esperar, mais vai doer. — disse a sombra. — Pra que ficar sentindo isso? Enquanto você pode ficar sem dor, e melhor, com uma alegria ímpar?

Desistiu de procurar as muletas, pegou uma vassoura próxima. — Isso serve. — disse apoiando o peso e verificando a resistência do cabo.

Locomoveu-se em direção a saída, abriu a porta da frente, a luz do sol das 13 horas entrou pela sala escura e mofada, um vento quente vindo da rua passou espalhando poeira pela casa. Ele saiu em direção ao seu destino, a luz solar ardia sobre a pele escura, a iluminação estava tão alta que os olhos ficavam abertos minimamente. Passou pelo seu quintal frontal com dificuldades, o cabo da vassoura enterrava no chão amolecido, ainda úmido da chuva do dia anterior. Atravessou com cuidado a ponte de madeira, velha e apodrecida, a qual ficava sobre o esgoto a céu aberto, separando a rua de terra batida do seu "jardim". Chegou a rua de terra batida e olhou em direção ao boteco.

III

Poucas casas o separavam do boteco, porém, parecia não chegar nunca. "Cabeça-de-prego" vendo-o arrastar-se, apoiado pela vassoura, não poderia perder a oportunidade.

— Até onde eu sei, saci usa cachimbo, e não vassoura. Quem deve usar isso é a tua mulher. Ah! E o short eu pensei que era vermelho. — disse aos berros, rindo, acompanhado de seus colegas, os quais, viviam ali, bajulando-o, esperando por um desconto na "nóia", ou para fumar parasitando outro viciado.

Antonio não deu atenção, na verdade nem ouviu, estava tão concentrado em chegar ao boteco que não prestava atenção mais a nada. A garganta seca estava incomodando muito, tentava engolir um pouco de saliva, tentando amenizar, mas, sempre que fazia isso, sentia que estava engolindo um pedaço de cacto. Por um momento ele olhou em volta procurando por sua única companheira, ela não estava mais atrás dele. O sol alto no céu, não permitia muitas sombras, Antonio não via mais uma silhueta humana andando atrás de si, via apenas os olhos vermelhos encarando-o fixamente nos poucos locais de sombra que o sol permitia.

Chegou ao boteco, ficou sob a coberta do estabelecimento, imediatamente a sombra materializou-se ao seu lado. Foi ao local de atendimento, percebeu que estava fechado, era de se esperar por estar no horário de almoço. Bateu desesperadamente chamando pelo "Buchada", ou qualquer uma das filhas que atendiam no local. Ninguém respondeu, voltou a bater com mais força.

— Estamos fechados, abre só depois das três da tarde. — gritou alguém de dentro da casa, provavelmente o Buchada pela voz masculina.

— Pelo menos tem alguém aí dentro. — disse a sombra.

Antonio não respondeu, voltou a bater com força.

— Já disse que estamos fechados, só depois das três. — gritou alguém irritado.

Antonio não desistiu e continuou batendo com força e freneticamente. Instantes depois apareceu o "Buchada".

— Ô filha da puta, já disse que estamos fechados, caralho! Só depois das três. — disse abrindo a janela e olhando furioso para o palhaço que o estava irritando.

— Buchada, ainda bem, me vende uma cachaça por favor. Não, duas, duas. Aqui, toma, pega o dinheiro. — disse Antonio pegando o dinheiro do bolso do short e entregando ao Buchada.

— Antonio? — disse ele questionando, ainda não tinha acreditado na cena. — Tá doido caralho? Tu não sabes que eu fecho essa hora. Porra, tava dando no meu açaí, e tu vem me atrapalhar. Ora! Vá se fuder. — disse irritado fechando a janela de atendimento.

— Não, Buchada, me vende duas cachaças. Buchada, não fecha. Eu vou te perturbar até tu me vender. — disse Antonio voltando a bater forte.

Buchada ouvindo os baques irritantes decidiu vender as bebidas, sabia que se não o fizesse não teria paz. Voltou a parte do comércio e abriu novamente a janela de negociações.

— Sim! O que é que tu quer mesmo, pra eu te dar logo essa merda, e parar de encher meu saco.

— Obrigado, obrigado. Cachaça, eu quero duas. — disse Antonio dando uma nota inteira de 50 reais.

— Cachaça? Desde quando tu bebe? Umas duas semanas atrás estava na igreja pregando contra os pecados da carne.

— Cala a boca e me dá logo o que eu tô pedindo.

— Ora! Filha da puta, me atrapalha na hora do almoço, e ainda vem me dar ordens um fudido desse. — disse o vendedor resmungando enquanto colocava as garrafas numa sacola. Estava muito irritado, não reforçou com uma segunda, tudo ficou muito frágil, não suportaria todo aquele peso.

— Tá aqui. — disse o vendedor ríspido.

Antonio pegou a sacola com as garrafas, e ficou esperando o troco, ao ver que Buchada estava fechando novamente o comércio, questionou sobre seu troco. Ele falou vários palavrões, disse que o troco era o custo por tê-lo separado de seu delicioso açaí. Antonio ainda tentou questionar, mas a janela foi fechada no seu rosto. A voz do Buchada soou lá de dentro mandando-o ir embora, ou levaria uma: "rasteira para deixar de ser besta".

Decidiu ir embora, não queria mais perder tempo pois agora o que já era muito difícil, ficou muito pior. Retornar ficou perigoso, podia apoiar-se apenas com a mão direita na vassoura. A mão esquerda segurava a sacola fina que esticava com o peso das garrafas. Esforçou-se o máximo, arrastou-se o mais rápido que pôde.

No meio do percurso, percebeu que a sacola iria rasgar e derrubar a bebida no chão, com risco de quebrá-las e desperdiçar todo esforço já feito. Antes delas caírem, ele soltou a vassoura e segurou as garrafas contra o peito. Sabia que iria cair, mas tinha de protegê-las, por isso virou-se minutos antes do contato com o chão, colocando o próprio ombro, o qual bateu na rua de terra batida, arrastou sobre as pedras, abrindo várias escoriações pelo ombro, braço e costas.

Cabeça-de-prego e seus bajuladores, ao verem isso, começaram a gargalhar da cena trágica, porém cômica para eles. Gritos e ofensas eram proclamados, acompanhados de gargalhadas humilhantes, contudo nenhum deles se prestou a ajudá-lo. Antonio já não se importava mais com o orgulho, ou com o que pensavam dele, em poucos instantes nada disso importaria, tudo seria esquecido.

Recompôs-se, decidiu deixar a vassoura para trás, apoiou-se nas garrafas para levantar e saiu aos pulos. Novamente gargalhadas vexatórias foram ouvidas, novamente não se importou. Sua velocidade aumentou bastante em comparação a caminhada com o "apoio", se permanecesse nesse ritmo, logo estaria em casa esquecendo de tudo. As casas vizinhas foram passando, a sua porta aproximava-se, estava aberta, nem havia se dado ao trabalho de fechá-la, pouco se importava com o perigo de alguém entrar e roubar algo, queria apenas esquecer de tudo, "sem dor, sem choro, sem ninguém", pensou.

Um problema apareceu, por seus anos de sedentarismo. Começou a sentir-se cansado, percebeu que não conseguiria chegar até em casa, teria de parar e respirar um pouco. A ponte de madeira apodrecida aproximou-se, decidiu parar antes de passar por ela, não queria correr o risco de cair no esgoto. Quando sua velocidade cessou, pouco tempo depois desequilibrou-se, novamente tentando proteger o álcool, colocou seu corpo como escudo para as garrafas. Jogou-se do mesmo lado, achou melhor assim, "não quero estragar o outro lado".

Ficou deitado no chão, o sol quente castigava sua pele, sentia ela arder com o calor, mesmo sendo preta. Olhou fixo para o único lugar entre sua casa e a rua que tinha sombra, no espaço entre a água pútrida e fétida da vala, e a ponte. Os olhos rubros estavam ali, encarando-o firmemente. Levantou-se, passou com cuidado pela ponte, atravessou o "jardim" e entrou pela casa, indo direto para a cozinha. Ainda ouvia-se choros de crianças, porém mais amenos que outrora.

IV

Chegou na pia, descansou as garrafas em segurança dentro do tanque, não queria correr o risco de, por alguma praga ou descuido, bater nelas e derrubá-las, "logo agora que está bem perto", pensou. Tentou pegar um copo no armário, mas tremia tanto que derrubou vários pelo chão, inclusive de vidros, os quais caíram e espalharam cacos cortantes por toda a cozinha.

Abaixou-se para pegar um copo de alumínio no chão e ao virar-se, viu suas muletas ao lado da pia, no lugar que sempre as guardava. "Como é que pode? Olhei aí várias vezes e essas merdas não estavam aí. Foda-se agora já foi", pensou irritado. Abriu uma das garrafas, tirou o dosador com a boca, queria encher o copo o mais rápido possível. Suas mãos estavam tremendo, uma dose caiu fora do copo, escorreu pelos dedos, condenou-se por isso, chupando-os para desperdiçar o mínimo possível, encheu até quase a borda.

Levou o copo à boca, sentiu aquele líquido ardente passar pela garganta, para ele parecia doce. Aquela sede áspera e seca sumiu, sentiu a garganta suave e macia, bebeu tão afoito que uma hora afogou-se, álcool saiu pelas narinas, tossiu várias vezes até passar o reflexo corpóreo, condenou-se novamente pelo desperdício. Bebeu todo o copo de 300 ml em poucos goles. Olhou para frente, a sombra permanecia encarando-o; encheu o copo novamente até a borda, tomou tudo dessa vez, sem afogar-se, sem desperdiçar.

Os choros ficaram baixos, quase não podiam ser mais ouvidos, os problemas começaram a ficar distantes, a sombra foi desaparecendo aos poucos, quanto mais tomava, mais desaparecia. Sentou-se no chão, alguns cacos de vidro cortaram sua perna, nada muito grave, sangue escorreu pelo chão. Colocou as garrafas ao seu lado, tomou novamente outro copo cheio; dessa vez, seus problemas, todos, sumiram.

Capítulo 13.

1

O ônibus balança vertiginosamente, Iraci sentada ao lado da janela sofria com o forte sol incidindo sobre si; a pele ardia, sentia como se estivesse sendo frita pelo sol. O suor grudava na pele, escorria por todos os lados. Toda vez que virava o rosto para alguma direção, as peles grudavam entre si, piorando, e muito a viagem- já ruim.

O coletivo estava lotado, pessoas espremidas muito além da capacidade máxima permitida pareciam gado sendo transportados naqueles caminhões, esses que exalam fedor de merda de vaca por onde passam, além da urina delas que escorrer entre os vincos da carroceria. Diferente desses caminhões, o ônibus não exalava fedor de merda de vaca, fedia mais a "sovaco suado", vez por outra, entre aquela aquarela de odores do suor, podia ser identificado um chulé, mais ou menos forte, dependia do responsável.

Por isso ela escolheu o lugar na janela, na tentativa de absorver o menos possível dos "perfumes naturais", ainda tentou escolher um lugar onde a luz do Sol não iluminava, e conseguiu. Ao subir, viu o que todo pobre comemora ao pegar o ônibus: um lugar vago, ao lado da janela e na sombra. Ela deu um grande sorriso de satisfação, poderia ir todo aquele percurso descansando, num privilégio que todos querem, mas poucos conseguem.

Seu dia estava perfeito, não tinha como comemorar, ganhou dinheiro sem trabalhar, a Lena deu-lhe a melhor comida já experimentada por ela; "bem que ela poderia ter pago, mais uma vez, um transporte de aplicativo pra mim, aí não teria de pegar esse ferro velho, mas tá bom, nem tudo é perfeito", pensou enquanto caminhava à parada de ônibus.

Estava voltando mais cedo. Almoçou na casa da patroa uma lasanha maravilhosa feita pela chefe; Iraci estava experimentando prazeres nunca imaginados por ela antes. "Eu poderia já ter chegado em casa, mas foi bom eu enrolar um pouco mais, depois daquele bolinho, ela tinha que me convidar pro almoço, era o mínimo que ela devia fazer, afinal, minha filha morreu. Comi aquela delícia de lasanha, se fosse pra casa antes, teria de fazer o almoço, e por cima, comeria um ovo, com feijão e arroz bem sem graça. É, valeu a pena, só esse sol que tá sacaneando, bem que poderia chover um pouco, tá muito quente", pensou.

Achou que tudo estava indo bem, até um lugar na sombra conseguiu pegar. Todavia, para sua infelicidade, o veículo fez algumas curvas que, deixaram-na recebendo, com toda a força, as graças do astro rei do nosso sistema solar. Teria de terminar os 40 minutos restantes do trajeto sob o sol escaldante.

Nuvens carregadas surgiram no horizonte, no local de sua residência. Poucos minutos depois o sol foi encoberto, trazendo um alívio para ela. A temperatura quente e abafada, tornou-se abafada e menos quente, um vento úmido entrou pela janela, todos os passageiros sabiam que estava por vir um "toró": uma tempestade forte e rápida, parecendo um dilúvio, muito comum nas tardes de Belém.

A chuva começou a cair, gotas grandes e grossas, pareciam pedras ou granizos atingindo a lataria do veículo, todas as janelas tiveram de ser fechadas. O calor aumentou dentro do ônibus, Iraci não sentia mais estar sendo frita, parecia estar sendo assada dentro do forno que o coletivo se transformou. O fedor forte de suor entrava pelas narinas ardendo a garganta. Um chulé surgiu dentre os inúmeros fedores suplantando todos, os passageiros sem poder abrir as janelas tampavam suas narinas com as blusas, tentando amenizar o sofrimento. Crianças começaram a chorar dentro daquele ambiente fechado, um passageiro, tentando amenizar seu sofrimento e suportar melhor aquela sina, começou a tocar músicas altas em seu celular— se é que pode chamar aquilo de música: barulhos altos, distorcidos digitalmente, com buzinas e sirenes a todo momento. Tentando minimizar aquilo, alguns tentavam abrir um pouco as janelas para entrar algum frescor e amenizar o calor e o fedor, porém rapidamente entrava água, molhando todos, e por isso, tinha que logo ser fechada.

Iraci estava sentada, olhando para o vidro embaçado, tentava escrever alguma coisa para distrair-se o máximo possível daquilo, como muitos outros passageiros presentes — à primeira vista pode ser considerado um dia de "cão", mas para Iraci e todos os outros passageiros é só mais um dia.

Ela começou a refugiar-se nas belas memórias da manhã antes de voltar para casa, tentou recordar o sabor do bolinho com sorvete, da lasanha; lembrou-se também de como Lena estava compreensiva, amável, fazendo de tudo para bajulá-la, parecia que queria alguma coisa, "Mas o que? O que ela vai ganhar comigo? Eu não tenho nada que ela possa querer, nem trabalho tão bem assim, ela pode encontrar outra empregada muito melhor que eu, e mais barata, inclusive".

Todo esse tratamento recebido a estava incomodando muito. "Nada é de graça nessa vida, tudo tem algum interesse", pensava. Ela acreditava, inclusive, as boas ações tinham algum objetivo por trás; para muito, suas boas ações eram motivadas pela aspiração da vida eterna, tanto que, várias vezes, Iraci forçou-se a ajudar alguém não por querer, mas por pensar que, se não o fizesse, poderia ir para o inferno. "Espero que essas roupas que eu dei, pesem a meu favor na balança do juízo eterno".

O que poderia ser a motivação de Helena? Uma coisa ela tinha certeza, não era dinheiro. Um pensamento rápido passou por sua cabeça: "Será que aquele sapatão tá dando em cima de mim?", questionou-se rápido. Uma raiva subiu por seu ser, unindo-se já ao estresse daquela maldita viagem de ônibus. "Como essa sem-vergonha teve a audácia de fazer isso comigo, quem ela pensa que é? Não é porque paga o meu salário, e me deu alguns bolinhos que eu vou fazer essa obscenidade. Se um dia ela for doida de me tocar com outras intenções, vou quebrar a cara dela de porrada, num instante ela vai virar mulher", pensou bufando.

Momentos depois, pensando com mais calma, percebeu como eram imbecis e incabíveis suas suposições. Helena era linda, rica, casada com Roberta, uma juíza respeitada, loira e inteligente. "Desde quando ela trocaria a Roberta por mim, uma preta, velha e pobre", pensou. Riu consigo mesma, "isso foi a maior besteira que pensei. Mas se ela vier com gracinha, eu quebro a cara dela".

Começou a pensar nas patroas, principalmente em Helena, Iraci achava que ela seria uma excelente mãe, se não fosse sapatão é claro. Era educada, amável, inteligente, prestativa, com um grande coração, o único problema, na visão de Iraci, era ela ser homossexual. Achava que crianças não deviam ser criadas por esse tipo de gente, se não, acabariam transformando todas as crianças em bichas, transformaria o mundo numa "Sodoma e Gomorra" de luxúria e perversão.

Mesmo elas sendo esse "tipo" de pessoa, ela as adorava, considerava-as especiais. Trabalhou para muitos tipos de gente, mas elas foram as que melhor a trataram, não tinha dúvidas disso. "Mas crianças, recebendo esse tipo de exemplo, vão ser viadas que nem as madrastas. Onde já se viu isso, duas mães? Tem que ser uma mãe e um pai, como Deus quis e como a natureza é. Como elas vão poder virar cidadãos de bem vivendo na mesma casa de sapatonas?"

Imaginou crianças vivendo sob esses lares, crescendo e se transformando em tudo o que "não prestava": homossexuais, ladrões, traficantes, malandros, assassinos, prostitutas, viciados. Tudo o que é execrado pela família tradicional brasileira cristã.

Foi quando percebeu que, mesmo sendo temente a Deus, heterossexual, sua família não podia ser considerada um exemplo de sucesso. Um filho transformou-se num marginal violento, um criminoso viciado, traficante, ouviu até que ele chegou a matar algumas pessoas; a filha mais nova, virou uma vagabunda safada, até sapatão virou quando esteve presa; e a mais nova, uma revoltada que teve de fugir para não ser morta pelo pai.

"Por que isso tudo tá acontecendo comigo? O que eu fiz errado? Levamos eles na igreja, leram a bíblia desde pequenos. Não foi falta de porrada, disso eu posso ter certeza. Mesmo assim transformaram-se em tudo o que há de pior nesse mundo, não escapou um. Fui em todas as vigílias, todas as semanas de orações, paguei meu dízimo direitinho, dei estudo, até ajudei a batizar alguns. Por que Deus tá fazendo isso comigo? Eu não orei o suficiente? O quê? Hein? Me responde". Pensava ela olhando para o céu chuvoso.

Seu ponto de descida estava chegando finalmente. Levantou-se, espremeu-se entre os passageiros amontoados no corredor, entre ela e a saída. Logo após sair, uma pequena disputa aconteceu pelo lugar sentado vago, duas mulheres e um senhor idoso empurraram-se, contudo uma delas, mais corpulenta que os dois, empurrou o idoso sobre a terceira interessada no lugar, impedindo-a de conseguir; muito rápida, principalmente considerando seu porte físico, sentou-se. Alguns passageiros começaram a reclamar, dizendo que ela devia entregar o lugar para o "senhorzinho", entretanto ela olhou para fora e fingiu não ouvir nada.

Iraci forçava passagem entre todos, empurrava, pisava, acotovelava, tentando abrir um mínimo de espaço para chegar até a porta. Viu uma mulher muito incomodada, estava sendo imprensada entre uma barra de apoio e a virilha de um homem; este divertia-se com todas as sacudidas do coletivo pelas ruas esburacadas de Belém, já havia pedido para ele afastar-se, "um pouquinho", como ela tinha pedido, no entanto ele sempre respondia que não podia por: "o busão estar muito lotado", sempre com um sorriso cínico no rosto.

Ela até tentou sair, porém, ele segurou em dois encostos de cadeiras diferentes, prendendo-a entre os braços. No rosto dela, era visível sua humilhação e raiva, contudo, pela a vergonha que estava passando, ficou calada, não queria que as outras pessoas descobrissem, tinha medo que pensassem que ela gostava de se esfregar em paus por aí. Seus olhos lacrimejavam toda vez que, aquele pênis duro, atritava contra suas nádegas.

Iraci notou, outras pessoas também notaram, todavia nada faziam, achavam que não era problema seu. Lembrou de como ela já havia passado pela mesma situação algumas vezes, quando mais nova, toda aquela humilhação doída, lembrou das suas filhas que também tinham reclamado da mesma coisa: de como elas tinham sido quase engravidadas, de tanto que alguns porcos esfregaram seus pênis nelas.

Por um momento voltou a sentir a mesma vergonha que aquela mulher estava sentindo, pensou em passar direto, aquilo não era problema seu, porém imaginou que amanhã poderia ser. Esperou o transporte parar, ao acelerar, Iraci jogou-se sobre o homem, pisou no pé dele, e apoiou-se num dos antebraços, com o peso, ele largou o encosto em que segurava, abrindo espaço para a mulher fugir.

Percebendo a situação, ela aproveitou toda a confusão criada por Iraci e saiu dali. Ao se ver livre, olhou para trás, certificando-se se, realmente, estava fora de perigo. Nesse momento os olhos das duas se encontraram, nada foi dito, mas Iraci percebeu um leve aceno de gratidão; uma gratidão pela liberdade, e pelo fim daquele vexame, pelo menos até ao próximo coletivo a ser pego.

Imediatamente desculpou-se com o homem pelo transtorno causado, ele aceitou as desculpas e rapidamente Iraci seguiu em frente acotovelando-se com outros passageiros tentando passar. Ele, assim que tudo foi resolvido, procurou pela mulher, percebeu que ela não estava mais ali e não poderia divertir-se esfregando seu pênis nela; seu cenho fechou, ficou irritado por perder aquela diversão. "Velha filha da puta", pensou irritado.

Continuou a brigar para sair daquela "lata de sardinha", enfiava-se entre homens e mulheres, sentindo todos os tipos de perfumes e fedores. Finalmente passou por um que, provavelmente, era o responsável pelo belo chulé do qual todos reclamaram inicialmente, porém agora, pareciam terem-se acomodados. Depois de muito esforço, chegou à porta de saída, quase perdendo o ponto.

O ônibus parou, quando a porta se abriu, tudo estava alagado, coberto por uma água barrenta e imunda, cheia de lixo plástico boiando. Não se impressionou, sabia que aquilo aconteceria, "principalmente com uma chuvada dessas". Desceu do último degrau, a água passava de seu joelho chegando ao meio da coxa.

11

A chuva agora resumia-se a apenas algumas gotas, caindo aqui e ali, formando desenhos circulares por toda a inundação. Crianças nadavam, uma perseguindo a outra, brincando de "polícia e ladrão". Um deles estava deitado sobre uma porta de geladeira velha, que havia sido jogada próxima dali, num depósito de lixo irregular; o resto da geladeira vinha pouco atrás, servia como um barco para dois meninos que remavam com vassouras velhas, sem palha.

"Deve ser a geladeira velha do Tião, ele estava alguns dias atrás agradecendo na igreja a graça alcançada por ter conseguido comprar uma geladeira nova", pensou ela vendo-os brincar. Tinha quase certeza, Tião morava a poucas casas dali.

Andou com cuidado, com medo de cair em algum buraco ou alguns bueiros abertos que tinham pelo caminho. Andou tanto por ali que sabia onde estavam todos, entretanto, cheio daquele jeito, tudo parecia igual, sua certeza transformou-se numa grande dúvida. Caminhava às cegas, sem saber onde pisar, sempre que via alguma movimentação em espiral, passava o mais longe possível.

Dobrou a rua, para sua felicidade, sua casa ficava um ponto mais alto, no entanto, a cada ano, os alagamentos se aproximavam cada vez mais. Ela viu Tião fora de casa, parado, olhando estático para dentro, a água subiu e invadiu sua casa, tentou salvar alguns móveis do alagamento, colocou eletrodomésticos, sofás e colchões sobre mesas e cadeiras, tentando salvar o máximo possível. Infelizmente, a geladeira não deu tempo, ficou parcialmente submersa— o motor para ser mais exato.

— Que foi Tião, tá parado aí? — gritou Iraci.

— A chuva, ela entrou pela minha casa toda, os guarda-roupas estragaram tudo. Minha geladeira nova, Iraci, também foi. — disse ele desgostoso.

— Caramba!

— Mas eu tenho fé em Deus que ela ainda vai funcionar. — respondeu ele esperançoso.

— Amém! — respondeu ela.

Ao passar pela frente, viu a mulher dele sentada sobre a mesa, desolada, os filhos nadavam pelo corredor para ver quem era mais rápido. Depois de dois quarteirões, a água baixou até malmente cobrir a sandália de dedo. Sua casa se aproximava, estava louca para tomar um banho, se tivesse água, e deitar descansando, aquele trajeto diário cansava mais do que limpar qualquer casa.

Percebeu algo estranho, a porta de sua casa estava aberta, ela nunca ficava destrancada, não importa o horário do dia, tinham medo de serem invadidos e roubados. Acelerou o passo, entrou pela casa, a sala estava toda molhada pela chuva que entrou; chamou por Antonio, ninguém respondeu, um medo gelado surgiu no seu estômago e subiu pela coluna até a nuca.

Adentrando mais, ouviu choro de crianças, correu rápido ao quarto; viu apenas Rafael chorando sobre a cama, estranhou; "onde está Maria?", perguntou-se. Ao aproximar-se, viu algo no chão com sua visão periférica, não deu atenção, preocupava se mais com seu neto chorando, e com a neta desaparecida. Levantou-o nos braços, percebeu na parte interna da perna dele, próximo a fralda, uma cor marrom claro/

amarelo queimado, já endurecido; percebeu a fralda um tanto pesada, abriu-a e confirmou a sua dúvida, estava cheia de excretas.

— Cadê aquele velho imprestável. — disse ela reclamando— Calma meu filho, vovó tá aqui, já vou te limpar.

No banheiro, após ficarem responsáveis por duas crianças pequenas, Iraci achou melhor sempre deixar uma bacia larga e rasa— em comparação ao diâmetro da bacia—, a qual ficava no local do chuveiro. Nesse mesmo local, havia também uma cadeira de plástico, usada primeiramente por Antonio: por ter apenas uma perna, sustentar todo o peso corpóreo apenas nela causava-lhe muita fadiga, por isso achou melhor deixar a cadeira ali para facilitar sua higiene. Por ter de dar banho nas crianças, Iraci passou a usá-la com mais frequência.

Tirou fralda rapidamente, levou-o ao banheiro. "Aonde tá Maria? Será que aquele traste levou ela para algum canto? Espero que sim. E por que não levou ele? Ai meu Deus, por favor, não deixe nada de ruim acontecer", pensou enquanto enchia uma bacia de água para lavá-lo.

Sentou-se na cadeira para banhá-lo melhor, molhou-o com cuidado, apesar das fezes endurecidas, e da cor escura da pele dele, facilmente percebia-se um tom avermelhado pela genitália, pelve, nádegas e pernas pela área da virilha. Começou a esfregar levemente, o leve atrito causou grande dor na criança fazendo-a chorar novamente. As crostas endurecidas saiam levando consigo porções da derme, queimada pela acidez da urina e calor da fralda, expondo tecido vivo, altamente sensível e dolorido ao menor contato com qualquer coisa.

— Meu Deus! Meu Deus! Onde tá aquele merda, olha o que ele fez. — disse revoltada.

Rafael contorcia-se nos braços dela, gritava e chorava; fazendo força para aquela tortura, na visão dele, parar.

— Calma, calma, vovó tá te limpando.

A água tocava na lesão, ardendo; o sabão passeava pela pele higienizando-a, causando ainda mais dor. Iraci vendo todo aquele sofrer, sentiu uma forte pressão no peito, a garganta começou a doer, e suas lágrimas caíram. Sentiu-se culpada por todo aquele sofrimento do neto, sabia que Antonio não era confiável para cuidar deles, além de ser um ignorante, era um preguiçoso, usava-se de sua deficiência para não fazer nada, "tá certo que não ter uma perna dificulta muito, mas não precisa voltar a ser uma criança mimada". Ela não sentia que o esposo era inválido, pois inválido, significa aquilo que não tem valor; invalido, já foi um dia, há muito tornou-se um prejuízo, o que é muito pior.

Após terminar de limpar o neto, voltou para o quarto, colocou-o sobre algumas fraldas, e estas sobre uma sacola plástica; não queria vesti-lo com outra fralda, achou melhor deixá-lo nu, para não machucar ainda mais as assaduras. Sua preocupação aumentava cada vez mais, Antonio ainda não tinha aparecido, achou melhor ligar para o celular dele.

Um toque soou baixo e familiar, sim, era o celular dele, não havia dúvida, aquele toque monofônico, perturbador e irritante. Deixou o neto sobre a cama, no centro, para não correr o risco de cair da cama, também colocou travesseiros para servir como uma barreira. Levantou-se rápido, novamente algo no chão apareceu na sua visão periférica, estava imóvel, decidiu não olhar com atenção, estava preocupada demais para perder tempo com alguma possível roupa caída.

Saiu pela porta, andou pelo corredor estreito e escuro, percebeu pelo chão alguns cacos de vidro. O medo começou a tomar conta dela, começou a pensar nas piores coisas possíveis. Imaginou o marido no chão, jogado, morto ao lado da neta, principalmente por ele não ter respondido quando ela o chamou ao chegar do trabalho.

Reduziu os passos, não conseguia chegar até a cozinha, tinha medo do que poderia encontrar. Parecia estar acorrentada ao chão, sem a possibilidade de mover sequer um dedo, sentia como sem uma atmosfera densa e escura recaia sobre ela, pesada, opressiva e agoniante, a respiração ficou pesada, tudo estava escurecendo, sentia que ia desmaiar. Não importa o que tivesse acontecido na cozinha, se nunca visse, nunca teria acontecido, pensava.

Sentou no chão, não queria mais sair dali, queria ficar sentada naquele canto escuro, mas estava sozinha, e Iraci tinha um enorme medo da solidão. Começou a pensar na neta que poderia estar viva, caso continuasse parada, sem fazer nada, se estivesse viva, poderia morrer, e mais uma vez, seria culpa sua, "mais uma", pensou. Levantou devagar, apoiou as costas na parede e forçou a perna empurrando a para cima, o barulho da camisa atritando contra a parede de cimento cru, era o único som audível naquele momento.

Com muito esforço deu seu primeiro passo, o segundo foi menos difícil, e assim por diante. Ao entrar na cozinha, um fedor pútrido tomou conta do ar, seus olhos fecharam-se com força, como num reflexo instintivo de não presenciar algo horrendo, andou alguns passos sem ver, chocou-se contra a mesa, machucando o quadril. Pisou em alguns cacos pelo chão, esses quebravam fazendo barulho; cada estouro amedrontava cada vez mais, fazendo-a fechar os olhos com mais força, tanto a ponto de sua face começar a doer. Um dos cacos, ao ser pisado, cortou a fina sola da sandália emborrachada, ferindo-a entre os dedos.

A dor e o espanto causado fizeram-na abrir os olhos e olhar em direção da dor. Ao fazê-lo, viu Antonio jogado ao chão, imóvel, com uma mancha de sangue, já endurecida, vindo de sua única perna; da região dos glúteos, escorria fezes liquidas, pútridas, espalhando por suas costas e nádegas; escorreu pelo piso, chocou-se com a mancha de sangue, contudo não se misturaram. O tórax movia-se, indicando que ainda estava vivo. Ao lado dele, havia uma garrafa de cachaça pela metade, e outra vazia derrubada próximo do fogão.

Estava deitado de peito para cima, porém a face dele estava lateralizada; próximo a ela, uma grande mancha de vômito, fedorenta, cheia de pedaços de comida mal digeridas, em meio a uma mancha marrom-esverdeada que começava a secar. O fedor de álcool e vômito empesteava o local, entrando pela narina dela e causando ânsia e náusea, segurou-se com muito esforço para não vomitar também.

Após controlar-se, uma raiva subiu sobre seu corpo, finalmente tinha entendido tudo. “Esse filha da puta encheu a cara, cagou e vomitou a cozinha todinha, ainda quebrou tudo”, pensou irada. Começou a lamentar-se dele não ter se afogado no vômito e morrido, “isso seria um alivio”, pensou. Viu o fundo e um copo no chão, próximo a face dele, as bordas haviam quebrado, formando uma ponta afiada e cortante; sentiu vontade de enfiar aquele caco na garganta dele, assim acabaria com essa praga em sua vida. Antes do impulso assassino poder afligir mais sua mente, algo mais importante e imediato tomou conta dela.

— Onde tá a Maria? — falou alto.

Começou a procurar desesperada, olhou sob mesa, dentro da pia, saiu da casa pela porta dos fundos, procurou pelo pequeno terreno alagado pela chuva. Foi num pequeno quarto no fundo do terreno, o qual servia para guardar tranqueiras — "Vai que esse bêbado trouxe ela pra cá, vai saber?" — pensou ao abrir a porta, olhou em volta, viu tudo escuro, úmido, mofado, cheio de teias de aranha; baldes de manteiga vazios, um carro-de-mão velho e enferrujado, dentro deste, uma corda grande, grossa, roubada por Antonio há muito tempo de uma das empresas de construção a qual trabalhou quando saudável. Frustrada, não encontrou a menina em meio às tranqueiras.

Voltou para dentro da casa, foi à sala e quarto do Antonio, procurou desesperada sem encontrar nada. Voltou à cozinha, olhou sob a mesa novamente, sob a pia, sob o armário, sob a mesa (de novo), outra vez sob a pia; procurava nos mesmo lugares com a louca esperança da menina aparecer do nada. A angústia estava sufocando-a, uma raiva enlouquecedora de Antonio vinha crescendo dentro de seu ser. "Tudo é culpa desse merda, imprestável", pensava; no fundo, estava com mais raiva dela, sabia que o marido não era o único responsável, sabia que algo de ruim poderia acontecer; poderia mentir para todos negando sua responsabilidade pelo mal dos netos, tal qual fez sobre os filhos, mas no fundo sempre saberia a verdade; sempre seria torturada pela culpa e remorso, como já acontecia inúmeras vezes à noite, antes de dormir.

Chutou Antonio forte na costela tentando acordá-lo, nada aconteceu. Correu à geladeira, pegou a garrafa de água mais gelada, derramou sobre a face do marido afogando-o. Finalmente um sinal foi dado, ele começou a gemer, o corpo mexeu-se lento e pesado, as mãos moveram-se em direção ao rosto.

— Acorda seu porco, onde está a Maria? — perguntou aos berros.

Nada foi respondido, Iraci deu outro chute na costela dele, fazendo-o expressar um rosto de dor. Novamente sem resposta. Segurou-o pelos cabelos, com a mão livre deu tapas no rosto dele a ponto de machucá-la; depois da primeira verbalização dele dizendo: "ai"; ela soltou-o.

— Bora seu bêbado de merda, cadê a Maria, onde tu largaste ela? — disse chorando de raiva.

Ele começou a emitir sons nada compreensíveis, ela continuou a perguntar pela neta, entretanto não compreendia nada, ele apenas ficava apontando para a parede, olhando apavorado para o nada. Desistiu, estava perdendo tempo. Largou-o no chão, assim que Antonio viu-se livre, pegou a garrafa de cachaça pela metade; ao levá-la a boca, Iraci arrancou-a de sua mão.

Vendo aquele porco alcoolizado querendo beber mais, foi a gota d'água. Imaginou-se quebrando a garrafa na cabeça dele, segurando-a pelo gargalo; com o restante sobrado sem sua mão, pegaria as pontas afiadas e cortantes do vidro, e enfiaria no seu baixo ventre, próximo a pelve, perfurando a bexiga, espalhando urina por todo lado, subiria com o vidro pelo abdome em direção ao esterno, abrindo sua barriga e expondo suas vísceras; as tripas, cortadas, espalhariam as fezes, que ainda haviam em seu interior, por toda sua cavidade abdominal. Por fim, cortaria sua garganta, e ficaria vendo debater-se de agonia, tentando conter a hemorragia, enquanto ela olhava o brilho de seus olhos se apagarem.

Antes de cometer tal violência, novamente a neta veio-lhe à mente; queria muito fazer aquilo, todavia não podia, primeiro teria de achar a neta, além de, se fizesse isso, seria presa. "O que vai ser deles se eu for presa?", pensou.

Decidiu procurar novamente, não perderia tempo matando-o. Antes de sair decidiu torturá-lo, derrubou o restante da cachaça no chão, sobre a diarreia e o sangue coagulado. Ele, vendo isso, não falou nada, não podia, apenas gemeu de desespero, movimentou-se lentamente em direção ao líquido derramado, e começou a lamber o chão tentando consumir o máximo possível de álcool, mesmo que viesse com fezes e sangue.

Iraci olhou isso ojerizada, por fim, decidiu não matá-lo depois de achar a neta, deixá-lo vivo era uma tortura muito maior por todo o sofrimento que ele a fez, e a família, passar. Por um minuto preocupou-se com o neto, decidiu voltar ao quarto para verificar se ainda estava bem.

Entrou no quarto e sentou-se na cama. Ele não mais chorava, estava apenas inquieto pelo desconforto na virilha. Iraci acariciava sua cabeça, falava para ele não ter medo porque a vovó estava ali. Algo chamou sua atenção, o objeto jogado ao chão, desfocado, apenas sendo enxergado por sua visão periférica, mexeu-se levemente, ela percebeu aquilo no que pensava ser uma roupa velha; contudo, "roupas não se mexem sozinhas", pensou ser algum rato, ou barata coberta pela peça de roupa, por isso resolveu olhar diretamente. Ao identificar a neta no chão, quase teve um infarto de alegria e espanto.

III

Ela estava ali, jogada, imóvel, mexendo levemente os membros esquerdos. Iraci correu e segurou-a nos braços, ao movê-la, Maria começou a chorar desesperadamente. A avó tentou acalmá-la, porém quanto mais a manipulava, mais a neta chorava. Percebeu que a criança estava com um inchaço na têmpora direita, identificou também os mesmos sinais vistos no irmão dela, marcas ressequidas de fezes próximas a virilha dela. Correu com a menina para o banheiro, retirou a fralda e limpou a neta com delicadeza e agilidade.

Os choros eram fortes e constantes; as mesmas lesões do irmão também estavam pela genitália da neta. Enxugou-a com delicadeza, colocou-a sobre a cama ao lado de Rafael. No entanto, seus choros não terminavam ou diminuíam — na verdade aumentavam quanto mais a avó tentava acalmá-la. Aquele choro forte e constante não era normal, algo de errado tinha acontecido, pensava. Algo pavoroso tomou conta de sua mente, começou a duvidar se aquelas assaduras eram apenas pela sujeira, "será que Antonio estuprou eles? ".

Começou a questionar-se, será que aquilo poderia ser real? Recusava-se a acreditar nessa atrocidade imaginada; nunca o concebeu daquela forma; nunca havia visto o marido com algum trejeito sugestivo disso, nenhum dos filhos havia falado sobre; com os netos, nesses poucos dias, não havia notado nada diferente. "Será?", esse pensamento foi crescendo cada vez mais dentro dela, "Não pode ser, passei mais de uma semana aqui e não notei nada, mas se ele apenas estava esperando o momento certo de ficar sozinho com eles?", mais uma atrocidade poderia recair sobre os ombros dela, tudo porque quis economizar 30 reais.

"Antonio não seria capaz, ou seria?", pensava. Esse tipo de assédio é horrível, porém muito comum, ela já tinha ouvido várias histórias de casos semelhantes, de meninos e meninas molestados por alguém muito próximo delas, por alguém que ninguém duvidava, o pai, ou padrasto, ou tio, ou avô, ouviu até história de padres e pastores cometendo tais atrocidades.

Decidiu olhar a genitália deles novamente, observou-as vermelhas e irritadas, não sabia se aquilo era apenas uma assadura comum, ou um sinal de violência sexual. Novamente a vontade de matá-lo voltou à mente, isso seria uma boa justificativa para um assassinato com requintes de crueldade, pensou. Olhou novamente para neta e viu seu braço e perna direitos imóveis, com um leve desvio e inchados, não pareciam como os esquerdos, agitados e simétricos.

Ao tentar tocá-los, Maria começou a chorar com mais força, percebeu que eles não estavam normais, talvez esse fosse o motivo de seu choro persistente; todavia isso não anulava a possibilidade de estupro. Arrumou-os rápido, teria de levá-los a UPA (Unidade de Pronto Atendimento) mais próxima de casa. Isso era urgente, não dava para ir de ônibus, teria de pegar um transporte de aplicativo. Orou a Deus que o alagamento estivesse baixado, dando possibilidade de algum carro passar pelas vias.

Pegou os 30 reais economizados dentro da calcinha, não seriam o suficiente, teria de gastar o dinheiro guardado para pagar a conta de Luz. "Querendo economizar 30, vou gastar mais que o dobro; esse barato saiu foi caro demais", pensou. Foi até a ponta "secreta" do colchão, percebeu que o lençol estava todo desarrumado. Levantou a ponta com cuidado para não machucar os netos, passou a mão procurando, não encontrou nada além do espaço usado para esconder vazio, apenas com farelos de espuma. O desespero tomou conta de si, levantou a ponta mais alta tentando olhar no espaço, como se seu olhar tivesse o poder de materializar dinheiro. Maria começou a chorar, a elevação feita pela avó a fez mover o corpo, o suficiente para disparar a dor dos membros quebrados.

A raiva de Iraci foi tanta que ela teve vontade de jogar o colchão no chão com toda sua força, porém não o fez, o choro da neta a fez lembrar que isso seria pior. Repousou-o devagar. A vontade de matá-lo veio novamente à cabeça; começou a imaginar tudo o que havia imaginado outrora.

Novamente pensou nos netos, todavia, dessa vez, outra coisa veio a sua mente, se realmente cuidar deles era o melhor.

"Será que não é melhor pra eles irem para um orfanato? Por que ficariam comigo, conosco? O que de bom eu posso oferecer pra eles? Meus filhos foram todos pra lama do mundo, transformaram-se naquilo que todos odeiam. Por que com meus netos vai ser diferente? Eles são pequenos, as pessoas vão brigar por eles, vai que eles vão para um lar muito melhor, ou, provavelmente não, como a maioria deles. A burocracia vai desanimar a maioria dos que tentam adotar, com isso eles vão crescendo e perdendo toda sua fofura, parece filhotes de cachorros: quando são pequenos, todos querem carregá-los no colo, abraçar, apertar, segurar o máximo de tempo possível, depois de grandes, são deixados de lado, muitos são até abandonados. Parece essas crianças, quanto mais velhas, mais difícil de adotá-las, e, se passarem dos 10 anos, serão abandonadas de vez; que nem Helena falou, numa dessas reuniões dos "inteligentões" na casa dela, falando da dificuldade de adotar uma criança; principalmente para casais homossexuais, dizendo que esse era o destino da maioria das crianças, acima de 10 anos, nos orfanatos do Brasil: o ostracismo social. Eu nem sei o que é isso, mas deve ser muito ruim, principalmente pelo jeito que ela falou, depois disse que, a maioria desses abandonados vão para uma vida de crime e violência. Se os meus netos forem pro orfanato, também não quero que eles sejam adotados por uns viados, Deus me livre! Será que isso acontecerá com os meus netos? Não sei, melhor não matar esse filha da puta não, não quero que eles corram esse risco. Também não quero perdê-los, ficar sozinha o resto da minha vida. Bom, na cadeia nunca ficarei só, mas quando eu sair, como vai ser? Eu tô velha demais, e feia, para arranjar outro marido ou namorado. Não, não, tudo menos ficar sozinha, isso não! Melhor esse merda continuar vivo, aliás, do jeito que ele tá, não vai demorar a morrer".

Respirou fundo, tentando controlar-se, precisava pensar em algo para fazer, tinha de levá-los a um atendimento médico, e a UPA era muito longe para ir caminhando, "principalmente nesse clima", pensou. Mesmo parando a chuva forte, ainda caiam algumas gotas espaçadas. Essas, para os adultos poderiam ser inofensivas, porém, para as crianças, poderiam ser extremamente perigosas.

O que poderia fazer? Sem dinheiro, sem poder caminhar, com os netos extremamente machucados, e, com urgência, precisando de atendimento. O que fazer? Sentou-se na cama, os netos choravam. Rafael, depois de ouvir tanto a irmã, decidiu-se juntar ao coro. O tempo passava, e, quanto mais isso acontecia, maior era o perigo dos netos. Por fim decidiu o que fazer.

Capítulo 14.

1

Clara, assim como a mãe, entendeu a melhor forma de sobreviver com o mínimo de danos. Ela era muito inteligente, tinha uma ótima percepção das coisas ao redor. Depois de seu choque, o qual a paralisou de medo na briga da irmã com o pai, entendeu que não poderia continuar daquela forma, se quisesse sobreviver o máximo com o mínimo de avarias. Certa vez, viu um vídeo do Bruce Lee, explicando que, o indivíduo, deve ser como a água: mantendo a mente vazia, sem forma, adaptando-se a todas as situações; a água traz a vida, e também pode destruí-la, depende da forma utilizada— adaptar-se é a melhor forma de sobreviver.

Isso ficou em sua cabeça, martelando por dias, precisava adaptar-se a qualquer situação, e assim, tomar a melhor decisão, ou a menos danosa. Compreendeu que, dentro de casa, o pai detinha a autoridade máxima, principalmente por deter o monopólio financeiro, além da força física. Ele era a fonte de sustento de todos, em outras palavras, todos eram seus reféns. Deveria entrar em conflito com ele apenas em último caso, em outras palavras, só em risco de morte, sobretudo se for a dela, pelo menos até a independência financeira.

Percebeu todos os hábitos do pai, os que o irritavam e o agradavam, horários prováveis de saída e chegada etc. Agia de forma a ser despercebida em casa, quase invisível. Ouviu um provérbio chinês do qual agradou-se muito: "o prego que se destaca, é o prego martelado". Claudenir chegou a chamá-la de "puxa-saco", podia até ser, pelo menos não desmaiaria de surra ou ficaria cheia de hematomas pelo corpo; vez por outra não conseguia, e acabava pisando no calo do pai, devido a isso, tinha que "ser corrigida", entretanto a frequência era muito menor que a dos irmãos.

Com a mãe, não precisava ter uma preocupação tão grande, principalmente tratando-se de agradá-la ou não. Aprendeu esse limite, deveria ficar num patamar aceitável por ela, para não correr o risco dela contar ao pai qualquer falha de Clara, quando isso ocorria, a surra era certa. Caiu nesse erro até encontrar o limite da mãe, infelizmente, para ela, o método usado para descobrir esse limite, foi por tentativa e erro.

Não apenas dentro de casa sua observação foi usada, observou muito seu meio social para sobreviver; percebeu quais eram as pessoas que detinham o poder da área, seja por influência financeira, religiosa ou física. Quais eram os locais com maior índice de violência e quais horários mais aconteciam assassinatos, assaltos, estupros etc.; para assim, evitá-los sempre que possível.

Seu maior triunfo foi nascer com uma beleza exótica, a união de atributos negros com indígenas, deram-lhe uma pele marrom chocolate de 75% cacau, ao incidir uma luz sobre, sua cútis brilhava lindamente, os cabelos ondulados negros, balançavam de forma hipnotizadora a todos que olhassem, quase como a medusa mitológica petrificando qualquer observador, o rosto levemente ovalado, com olhos discretamente puxados, associados com os lábios carnudos e sedutores, despertavam desejo e inveja em qualquer um, os seios não muito grandes, nem muito pequenos, no tamanho ideal, permaneciam firmes sob a camisa sem sutiã (que ela não gostava de usar por sentir-se apertada), os mamilos entumecidos, sob o tecido leve da blusa, tinham seus contornos evidenciado, hipnotizavam qualquer animal que olhasse, e para potencializar a hipnose, sua voz era doce e suave; a barriga delgada e sedutora, unido a cintura fina, o quadril largo; a bunda grande, redonda, desenhada e firme; as pernas grossas e longas; formavam a imagem mais sedutora que a própria Deusa Afrodite.

Desde os 14 anos, muitos homens, pais de famílias, viam-na como uma ninfeta, um troféu a ser conquistado; assediavam-na, prometendo-lhe o céu, a ponto de largarem suas famílias, se ela os escolhesse. Inicialmente ficava assustada por ser tão nova, e ter homens de mais de 30, 40 anos disputando-a.

O dia mais assustador foi quando o pastor de sua igreja chamou-a para uma conversa a sós, disse que queria saber como estava a vida espiritual dela, entraram numa sala nos fundos, ele trancou a porta para não serem incomodados. Primeiramente começou gentil e generoso, com um olhar meigo e afetuoso, ela sentiu-se segura, falou sobre todo temor e violência que passava em casa, chorou copiosa ao colocar todo aquele peso para fora. Ele abraçou-a de forma afetuosa, por um instante sentiu-se protegida, pela primeira vez alguém a tinha ouvido e compreendido.

O pastor ao sentir aquele corpo macio, jovem e quente, aqueles seios firmes e duros, pressionados contra seu corpo, sentiu o cheiro doce e agradável daquela linda jovem virginal. Com sua mão direita, levou os cabelos dela até o nariz para sentir aquele perfume ímpar, as mãos começaram a deslizar pelas costas dela, passaram pelas curvas sensuais da cintura fina; chegaram as nádegas redondas, firmes e desenhadas, ele apertou-as com força, depois fez força comprimindo a pelve dela contra seu pênis ereto e sujo.

Clara ao perceber essa atitude, tentou debater-se para livrar-se daquilo, no entanto a força daquele homem maduro de 37 anos, era muito maior que a sua de adolescente de 15 anos. Tentou gritar por ajuda, mas a sala nos fundos da igreja.

Ela sentiu a língua nojenta dele passar por seu pescoço e subir até a orelha.

— Calma, não lute, eu sou o servo de Deus, vou aliviar toda essa dor que estás passando. — dizia ele próximo ao seu ouvido.

A boca dele pressionou-se contra a sua, Clara sentiu aquele hálito pútrido e azedo, vindo direto do estômago dele, sentiu vontade de vomitar. Uma das mãos dele subiu pela perna sob a saia e tentou tirar-lhe a calcinha, ela debateu-se dificultando.

— Calma, quieta, já disse pra você me deixar ajudar.

Ao perceber que ele conseguiu tirar-lhe a calcinha e expor seu sexo, Clara mordeu-o nos lábios com força, tirando sangue, quando ele sentiu a dor, liberou-a; ela deu uma joelhada nos testículos, por fim, libertando-se; destrancou a porta e fugiu do local, enquanto ele contorcia-se no chão.

Ela tentou denunciar a todos da congregação sobre o abuso sofrido, contudo, pouco tempo depois, apareceu o pastor, dizendo a todos que Clara estava possuída pela "pomba gira"; disse que ela o atacou tentando levá-lo a pecar, mas como ele é um homem temente e fiel a

Deus, não caiu nessa tentação, e por não ceder, foi mordido nos lábios, quase sendo arrancados, mas pela graça de Deus, conseguiu se livrar das garras do mal.

Falou a todos para fazerem uma grande oração e livrá-la desse obsessor maligno; para a infelicidade dela, não havia nenhum demônio para livrar-se; passou a ser isolada por todos. As mães começaram a proibir seus filhos de andarem acompanhados dela, com medo que eles fossem contaminados pelo espírito mau. Depois de ganhar essa famigerada fama, os assédios por jovens, adultos e velhos aumentaram vertiginosamente.

A relação com os pais piorou bastante, mas felizmente (para ela), a preocupação deles era maior com o irmão Claudenir; "o medo de serem mortos a qualquer momento, é maior que a vergonha e raiva da filha vagabunda", pensou.

11

Isolou-se, não conseguia a companhia sincera de ninguém, principalmente dos homens, sempre aproximavam-se dela querendo algo em troca. Foi julgada por todos, mesmo sendo inocente, foi condenada ao ostracismo social. Por onde andava, percebia aqueles olhares condenadores, principalmente das mulheres, com conversinhas canto de boca, malhando-a como Judas no folclore nacional; dos homens, recebia os mesmos olhares, com uma diferença, em vez de condenatórios eram lascivos, alguns até massageavam o pênis ao olhá-la; outros, não se contendo, gritavam ofensas, na maioria das vezes, dizendo o que fariam com ela, se a pegassem na cama ou em qualquer outro lugar isolado.

Estava apavorada, sentia que a qualquer momento poderia ser estuprada, e pior, ainda seria culpada pelo estupro. O único grupo que a aceitou foi o grupo dos excluídos, outras meninas que sofriam da mesma situação, ou homossexuais expulsos de seus meios; reuniam-se nos becos, longe da vista de todos os detentores da "moral e dos bons costumes". Caso permanecessem em algum local de lazer familiar, apenas suas presenças poderiam influenciar seus filhos a serem degenerados como eles, por isso, eram tratados com violência e grosseria.

Nesse grupo sentiu-se protegida, completa, sem o peso diário da condenação social. Aprendeu a não esconder seu corpo lindo, entendeu que ele não era uma vergonha, poderia ser uma arma que, utilizada da forma correta, poderia oferecer-lhe muitos benefícios e maravilhas. Entendeu como os homens, ficavam embasbacados ao olhá-la, e ofereciam tudo para agradá-la.

Inteligentemente não expunha seu corpo em demasia, transformando-a numa comum, uma qualquer; usava roupas que evidenciavam seus atributos e belezas, não de uma forma vulgar, mas de um jeito sensual, no limiar exato entre os dois; mostrava o suficiente para despertar o desejo nos homens e mulheres, desejo esse que ela aprendeu a manipular, para usá-los da forma que mais a beneficiasse.

Depois da morte do irmão e da fuga da irmã, pensou que teria sérios problemas em casa; agora a atenção recairia toda sobre ela. Contudo, o abalo foi tão forte nas estruturas daquela pobre família tradicional. Uma culpa exacerbada recaiu sobre os pais que, para seu deleite, não a importunaram tanto, estavam muito mais preocupados com algo que ela não sabia.

Continuava indo à Igreja por insistência dos pais, odiava estar ali, naquele antro de "decência e virtude"; julgada e condenada por todos, e, o pior, nem era isso, era quando não conseguia evitar olhar nos olhos do pastor, aqueles olhos lascivos, ofensivos e sujos. Sabiamente evitava ficar sozinha, sempre ficava ao lado de um dos pais; ele chegou até forçar situações para que ficassem sozinhos, mas ela, mais esperta que ele, antecipava todas as situações fugindo das armadilhas.

Pensava nas palavras da irmã, sobre estudar para ser alguém, mas o que ela observava, era que as mulheres inteligentes eram excluídas, afastadas pelos homens, as que tinham vez, eram as bonitas e sensuais. Percebeu isso nos filmes, novelas, séries, comerciais, na própria escola; as inteligentes, ninguém as dava importância, já ela, por ser linda e sensual, ganhava presente, mimos, favores, tudo de graça, de graça não, sempre tinha um custo, mas era só manipulá-los em sua hipnose que, sem muito esforço, deixava-os aos seus pés.

"Por que estudar, se tudo o que eu consigo não precisa de estudo, tenho de ser esperta, esperta a ponto de os fazerem pensar serem mais espertos que eu. Basta um olhar, um carinho, um sussurro ao pé do ouvido, que eles fazem o que eu quero; por mim, eles deixam até as esposas com os filhos em casa, só para sentir meu beijo e meu carinho", pensava.

Depois que o pai ficou doente e foi internado para a cirurgia, ela teve de acompanhá-lo no hospital. Como de costume, sua beleza chamou atenção, e também como de costume, usou-a para receber favores de todos os idiotas que pudesse. Alimentava uma vã esperança neles, da possibilidade de conseguirem alguma coisa a mais dela. Enganava-os com um certo prazer, gostava de os ver arrastar-se por ela, isso enchia seu ego; parecido com uma gata, que aleija sua presa, impossibilitando-a de fugir, brinca com o desespero desta, sem a mínima vontade de comê-la, apenas com uma diversão macabra do opressor contra o oprimido.

Seu verdadeiro alvo eram os médicos e os chefes administradores, os verdadeiros donos do dinheiro. Não se desvalorizaria com pequenos, ficaria com os grandes, os valiosos, por consequência, valorizar-se-ia. Pois é assim que a sociedade vê a mulher, como um objeto do qual seu valor é medido pela importância de quem o usa, tal qual um vestido usado por uma grande estrela, que aumenta de valor diretamente proporcional à importância de quem o usou.

Clara sabia- pelo menos era o que achava, que poucas mulheres eram valorizadas por seus talentos individuais, ou por seu conhecimento e inteligência; mas isso precisava de muito esforço e um suporte que ela não tinha. Teria de passar pela faculdade, entretanto, com a qualidade de sua escola, como teria condições de disputar aquela vaga, tão difícil.

— Como alguém que tem os melhores professores e melhores condições? — dizia para si mesmo.

"Ah, mas isso é vitimismo, é desculpa esfarrapada para não se esforçar, quer receber tudo de graça, não faz por merecer; conquistar algo pelo próprio esforço é a forma mais justa, que nem Fulano ou Ciclano que nasceram pobres, e conseguiram entrar na universidade pública por seus méritos", podem pensar alguns. "Esses, pegam um ou dois exemplos, e tomam como regra, defendendo seus vieses de confirmação. Todavia, eles não são a regra, são a exceção. Utilizam 4 ou 5 exemplos de sucesso, em milhares de fracassos, enquanto seus filhos, destes mesmos que sustentam esse discurso, estão nas melhores escolas, das quais poucos conseguem arcar, e esses são os mesmos que conseguem as vagas privilegiadas, nas faculdades públicas. Enquanto os pobres vão pra única universidade que o governo os oferece, a cadeia. Lá, aprenderão as mais avançadas, eficientes e violentas técnicas de crimes. Tá 'certo', eles tão se defendendo, enganam o povo idiota pra proteger seus interesses, se eu tivesse no lugar deles, fazia o mesmo; eu também, engano idiotas pro meu interesse, mas sou condenada por isso, hipócritas; mas o mundo é assim, hipócrita mesmo", pensava constantemente.

De preferência, escolheria um bonitinho, mas se não conseguisse, seria um velho pelancudo mesmo, o importante era ter dinheiro. Não demorou muito a ter seus candidatos. Escolheu um alto, branco, bonito, muito diferente dos homens de onde morava; tinha aliança, mas não se importou com isso — afinal de contas, quem tinha o dever de ser fiel era ele, o casado, não ela, a solteira.

Ficaram alguns meses juntos, transaram o máximo que podia sem camisinha, e para sua infelicidade, não engravidou, queria usar a criança como meio de manipulação. Não entendia do porquê não engravidar, aprendeu até a fazer a tabelinha para saber o dia mais provável de fertilidade, porém nada de engravidar. Foi até no ver-o-peso, comprar umas ervas para tomar um banho de "emprenha bucho", mas não deu certo. Descobriu semanas depois que ele tinha feito vasectomia.

Isso não estava nos seus planos, teria de desistir dele, ficou levemente triste, chegou a gostar desse médico, era bonitinho, mas precisava engravidar para ter direito a pensão. Mesmo depois da alta do pai, e ela não estando mais no hospital, ainda tinha vários contatos no celular. Nunca deixou de alimentar a esperança de suas possíveis vítimas, vez por outra, mandava algumas fotos picantes para deixá-los com "água na boca".

Escolheu outro, dessa vez, um grande gerente do hospital particular cujo pai foi operado graças ao plano de saúde do sindicato da construção civil. Não era tão bonito quanto o médico, esse era mais velho e gordo, cristão exemplar, não perdia uma missa, todos os domingos frequentava a igreja com mulher e filhos, participava até do conselho deliberativo dos membros da congregação, por sua reputação ilibada, e ser um grande exemplo; todos o admiravam por ter uma família perfeita, e ter opiniões contundentes contra tudo que destrói a "família brasileira", drogas, aborto, pornografia, cultura "lixo" etc.

Dessa vez o plano deu certo, sem muito esforço para enganá-lo — pois a maioria desses homens odeiam usar preservativos. Percebeu quando, depois de dois meses do início da relação, sua menstruação atrasou, os seios incharam e seus mamilos começaram a doer. Foi na primeira farmácia e comprou vários testes de gravidez, uma alegria tomou conta de si, quando todos confirmaram a gravidez.

Pronto, conseguiu sua passagem para longe daquele inferno onde morava, bastaria cuidar daquele responsável por sua ida ao "céu". Ligou para seu amante, dizendo que tinha uma coisa muito importante para dizer; marcaram de se encontrar num bar escuro, escondido num canto da cidade. Ela chegou primeiro, sentou numa mesa ao fundo, isolada, pediu um suco dessa vez, não queria prejudicar seu trunfo com álcool. Ele chegou minutos depois, sentando-se à sua frente.

— O que foi que eu te disse sobre me ligar? Tá doida? Quer que minha mulher descubra? — disse o amante irritado.

— Me desculpa, eu sei que não gosta disso, mas eu tinha que conversar com você, é muito importante.

— O que é então? Fala logo, sabe que eu não gosto de mistério.

— Amor, é uma coisa muito boa pra nós.

— Fala logo, caralho! — disse sem paciência.

— Eu tô grávida. — disse ela sem mais rodeio.

A notícia o atingiu como um soco, deixando-o sem palavras.

— Não é uma maravilha? — perguntou Clara.

— Você tá doida? Sua vagabunda, acha mesmo que eu vou acreditar que esse filho é meu? Deve ser de qualquer um desses que você se deita.

Isso a ofendeu levemente, sabia que ele poderia ter essa reação, entretanto ele teria de assumir o filho, se não o quisesse, a justiça o forçaria a querer, não se importava se o pai amaria ou não o filho, desde que pagasse a pensão em dia. "E pensão é a única coisa que a prisão é certa no Brasil, mesmo que seja cheio do dinheiro, pode mentir o que for, mas o DNA não mente", pensou.

— Não, amor, ele é seu. — disse passando a mão na barriga a qual não aparentava nenhum sinal de gravidez.

— Foda-se, não me importo, pode tirar essa merda.

— Não, amor, isso é pecado, você sabe disso.

Essas palavras penetraram na sua cabeça como uma agulha fina e quente dentro do ouvido, seus nervos subiram, isso seria o fim de sua "vida", tudo estaria a perder se essa criança viesse à tona; toda sua capa, todo seu castelo desmoronaria em um grande monte de areia amorfo. "Essa puta tem a audácia de dizer que aborto é pecado, como se, ser amante, não o fosse", pensou ele irado.

— Olha aqui, sua piranha, tu vais tirar essa merda, isso vai acabar comigo, tá me entendendo? — suas palavras subiram o tom, evidenciando sua ira.

As pessoas que estavam dentro do bar olharam para eles de forma curiosa, ao perceber isso, ele baixou o tom, entendeu o porquê dela ter escolhido um lugar movimentado, do qual nunca tinham ido antes, ela teria muitas testemunhas contra ele, caso ele fizesse algo que atentasse contra ela. Olhou para ela e percebeu um leve sorriso debochado no canto da boca, que, com muito esforço, ela tentou esconder.

— Calma, meu amor, não vamos fazer uma cena aqui. — disse ela, depois tomou o suco tentando esconder o sorriso.

Ele respirou fundo tentando controlar-se, não era desse jeito que resolveria as coisas, mesmo com uma raiva enorme dela, teria de entrar no seu jogo, se não quisesse ter a vida destruída por essa Cleópatra manipuladora, que usa de sua beleza para fazer os homens de bestas, e assim, fazerem o que ela quiser. Infelizmente para ela, Clara, ao agir como a imperatriz do antigo Egito: é que, no final, Cleópatra acaba morrendo, vítima de suas próprias manipulações.

— Como isso foi acontecer, amor? — disse ele se contendo. — Você me disse que tomava anticoncepcional, até me mostrou a cartela com as pílulas faltando.

Ela sentiu vontade de gargalhar na cara dele, "como os homens são idiotas", pensou. "Comprei essa cartela há muito tempo, desde o 'namoro' com o médico bonitinho; faz tanto tempo que eu nem sei se ainda está na validade".

— Não sei, amor, eu tomei todos os dias como sempre, só que dessa vez não sei o que aconteceu.

— Tá certo, desculpe minha irritação inicial, acho que foi o choque da notícia inesperada.

— Tudo bem, amor, eu te entendo. — disse ela, "ótimo, que bom que aceitou o golpe, se não fosse por bem, seria por mal; felizmente que escolheu por 'bem'", pensou a seguir.

— Você está com fome? Estou faminto.

— Que bom que você perguntou, estou faminta.

Escolheram seus pedidos, foi a melhor refeição da vida dela, tudo parecia mais saboroso; estava tão feliz que ria sem esforço das piadas ruins dele, muito diferente dos outros dias. Devia ser a sensação de uma vida nova, melhor, longe daquele inferno onde morava; longe dos pais, sozinha com o filho, não queria, de jeito nenhum, que o amante largasse a mulher e fosse viver com ela, seria horrível, teria que aguentá-lo por meses até o divórcio. — "Será que com o divórcio eu ganho mais que só a pensão do filho? Se for, então espero que ele largue a esposa e os filhos", pensou. Ele parecia estranho, mas parecia esforçar-se para agradá-la. — "deve ser por causa do golpe"— pensava ela.

Ao final do jantar, ele a beijou e acariciou sua barriga, perguntou até se ela sabia qual era a data provável do parto. Clara respondeu que não, não sabia, mas tinha feito vários testes que confirmaram a gravidez.

Ele sugeriu que fossem ao motel, queria ficar com ela, Clara recusou-se fazer sexo com ele, não queria machucar o bebê. "Graças a Deus que não preciso mais me deitar com esse velho pelancudo, por enquanto, pelo menos". Mesmo assim ele insistiu, queria pelo menos ficar deitado com ela, a sós, aproveitando aqueles momentos.

Clara aceitou, foram a um motel diferente dos que frequentavam. Ela entrou na frente, antes de entrar, ele pegou uma caixa no porta malas. — "Deve ser o Viagra dele, não vai servir pra nada, ele vai ficar só na vontade até a criança nascer", pensou. Era um quarto simples, sem nada demais, apenas uma cama, uns espelhos com um design bem ultrapassado. Ao virar para olhar seu amante, ela levou um tapa inesperado, forte o suficiente para derrubá-la no chão.

— Tu achas que eu nasci ontem, sua vagabunda? Hein? Pensa que é a primeira que tenta me dar um golpe, sua puta burra.

Ela ficou no chão, segurando no rosto onde o golpe foi dado; estava apavorada, percebeu estar num perigo enorme, e pior, estavam trancados num quarto, sozinhos, sabia que ninguém poderia chegar a tempo de salvá-la. Cometeu um erro, um grave erro, subestimou seu oponente, não conseguiu ler os sinais de forma correta; deixou-se levar para um local isolado, acreditou naquele carinho venenoso, foi ingênua em acreditar que ele, depois daquele acesso de ira, realmente havia se arrependido. "Ficar abraçado comigo, parecendo uma "família feliz", pai, mãe e filhos unidos em amor, até parece, nem eu quero isso, e olha que eu só tenho a ganhar, ele não, só tem a perder", pensou.

— Acha mesmo que eu vou acreditar nessa tua história de que tomou os comprimidos, e, como por milagre, gerou a criança.

— É verdade, amor, eu tomei tudinho de forma correta.

— Não minta pra mim — disse ele gritando

Ela começou a chorar, realmente estava apavorada, no entanto as lágrimas eram a sua última jogada, naquele xadrez da vida, tentaria diminuir os danos apelando para a compaixão dele, se fosse possível ainda.

— Não tente me enganar com suas lágrimas de crocodilo, eu não caio nessa.

— Por favor, não machuque nosso filho, ele não tem culpa de nada. — disse chorando, olhando com aquele olhar de piedade.

O tiro saiu pela culatra, a tentativa de apelar ao seu emocional fez o efeito oposto; ao ouvir a palavra "nosso", veio à mente dele tudo o que estava a perder na sua "perfeita" vida de homem bem-sucedido. Seria um escândalo, desencadearia uma avalanche de merda sobre ele: perderia o respeito na igreja; a mulher o deixaria, devido a isso, o divórcio levaria metade dos seus bens, teria de pagar 4 pensões alimentícias, seria mal falado por todos os seus amigos, homens ricos de moral "ilibada", perderia seus contatos e apoio, iria para o fundo do poço, semelhante ao que fizeram com o Jhon ao engravidar a empregada.

Um medo de cair em desgraça, somado a raiva de tentar ser enganado por: "essa vagabunda pobretona, sem estudo", pensou. A ira suplantou o medo, principalmente pela audácia dela: "desgraçada, quis me fazer de besta, vou mostrar o que acontece com aquele que tentam me fazer de besta", pensou.

O Amante chutou-a com força no abdome, na direção do útero; a dor se espalhou por todo seu corpo, sentiu uma sensação quente subir pela barriga, peito, garganta e sair pela boca na forma de um grito desesperado de dor. Ele vendo que outro grito daquele poderia chamar a atenção dos funcionários do motel, decidiu fazer alguma coisa, olhou em volta e viu uma toalha sobre a cama, uma ideia veio a sua mente. Antes de realizar sua ideia para conter os futuros gritos dela, pegou duas pílulas da caixa a qual trouxe.

Quando ele recebeu a ligação de Clara no meio do dia e ouviu que essa tinha algo muito importante para dizer, sem a possibilidade de espera, a primeira coisa que veio a sua mente foi uma notícia de gravidez. Como ele mesmo havia dito, Clara não havia sido a primeira amante que tentou dar-lhe esse golpe, por isso, antecipou ao movimento dela acertadamente, e assim, preparou-lhe uma armadilha.

Na primeira vez que tentou ser enganado, ficou nervoso, não sabia o que fazer, quase teve sua sujeira exposta. Porém conseguiu contornar a situação, deu uma grande quantia de dinheiro à primeira, obrigou-a a abortar com um amigo seu médico, isso custou caro, no entanto mais barato que o divórcio. Depois disso, pediu ao amigo que lhe desse remédios que causassem aborto; nas 3 amantes seguintes, tinha o mesmo modo operante, obrigava-as a tomar a medicação, e livrava-se delas como uma roupa velha e suja, depois de muito uso. Clara era a 4° a passar pelo "protocolo" de manutenção do disfarce de: "homem de família cristão, defensor da moral, e dos bons costumes.

Ele pegou 2 comprimidos da cartela de 4. Segurou a mandíbula com força, obrigando a abrir.

— Se tu morder a minha mão, vou arrancar todos os seus dentes, tá me ouvindo?

Ela nem precisou perguntar para que serviam aqueles comprimidos, algumas de suas amigas do ostracismo, já haviam lhe falado sobre. Todavia, poucas tinham a sorte de conseguir um desses, eram muito caros e difíceis de conseguir, além disso, tinham um perigo também, causavam uma grande hemorragia, podendo levar até a morte. Como aconteceu com Kaila e Stifane, não foram ao hospital com medo de serem presas, e acabaram morrendo. Jasmine, Paula e Monique tiveram um pouco mais de sorte, sobreviveram.

Após engolir os comprimidos, ele enfiou a toalha em sua boca para abafar os gritos. Tirou a calça dela e enfiou os outros 2 comprimidos dentro da vagina. Socos e chutes começaram a ser dados no abdome dela, rápidos e fortes, quando toda sua raiva e estresse foi aliviado, e a respiração estava ofegante, parou para descansar. Clara ficou desfalecida no chão, sem conseguir se mexer, apenas chorando de dor.

O alívio do fim do espancamento não durou muito tempo, contrações dolorosas iniciaram em seu ventre, parecia estar tendo, por alguém, seu útero arrancado por dentadas de um animal raivoso. Ao perceber os sinais, o amante já sabia o que estava acontecendo, pagou o motel, colocou-a no carro sobre duas toalhas que ele havia comprado do estabelecimento, não queria correr o risco de ter seus bancos manchados por sangue de puta.

Contorcia-se de dor no banco do carro, sentiu algo quente e viscoso escorrer pela perna, dois quarteirões antes de chegar na Santa Casa de Misericórdia do Pará, ele jogou-a fora do carro, num canto escuro, sob a sombra de uma árvore que empatava a iluminação do poste. Clara jogada na calçada suja, viu o carro se distanciar e sumir ao longe.

Conseguiu chegar ao hospital com muito esforço, deixou um rastro de sangue atrás de si. Antes de pedir ajuda a algum funcionário, tudo começou a rodar, as coisas perderam o foco e tudo ficou escuro. Acordou horas depois, algemada a maca, vestida com uma bata hospitalar, sua barriga ainda doía muito devido aos golpes recebidos. Tentou chamar algum profissional para ajudar-lhe, ninguém respondeu, vieram apenas para dar-lhe a medicação de horário; olhavam-na como um monstro, nem sequer dirigiam-na uma palavra. Horas depois apareceu um agente prisional, explicou-lhe que estava presa em flagrante por prática de aborto, e por ser menor, seria encaminhada a Fundação Casa, até completar a maior idade; para sua "sorte" seria em 4 meses.

Tentou contar a verdade, que foi obrigada a abortar pelo pai do seu filho, contou tudo como realmente aconteceu, entretanto ao investigarem quem era o "dito" pai da criança, não acreditaram nela. "Desde quando um homem desses, bem-sucedido, com uma família perfeita, um exemplo para todos faria uma atrocidade dessa? Essa piriguete tá é querendo chamar atenção, ver se ganha alguma coisa nas costas dele", pensavam e diziam alguns investigadores. Nem sequer investigaram se a história poderia, ou não, ser verdadeira.

Avisaram seus pais, sobre a detenção, estado de saúde, e qual hospital ela se encontrava. Apenas Iraci apareceu para acompanhá-la, isso após serem ameaçados de prisão por abandono de incapaz; o pai usou a perna, ou falta de, para não ir vê-la, a mãe não teve tanta sorte. A mãe disse a Clara que, ambos os pais, achavam que ela deveria ser presa, para pagar por seu assassinato, e que, depois de arrepender-se, deveria entregar a alma para Deus se não quisesse ir para o inferno.

"Nem meus pais acreditam em mim", pensou. Uma mistura de raiva, revolta e decepção tomou conta dela. Sabia que não era inocente, sabia que tudo o acontecido eram consequências de suas decisões. Todavia ela nunca obrigou ninguém a trair suas famílias. "Eles que traem suas esposas por livre iniciativa, eles que queriam isso; eu tinha culpa? Tinha, claro que eu tenho, sei disso, sabia que todos eram casados quando dormiam comigo, mas porque apenas eu sou a culpada por tudo? Apenas eu sofro as consequências desses atos. Eles continuam livres, aproveitando suas vidas mentirosas. Sobretudo, em relação ao aborto, fui coagida a fazê-lo, espancada, agredida, eu que fui vítima, porém, eu, apenas eu, serei presa, fichada, condenada por esse crime que não fiz. Poderia ser fichada por outras infrações, mas aborto, esse crime não é meu", pensou.

Nem precisava questionar o motivo de não acreditarem nela, sabia muito bem; mas o fato de saber o motivo não lhe dava conforto, ao contrário, deixavam-na mais revoltada com tudo e todos. Uma paciente que estava ao seu lado, ouvia músicas altas em seu radinho; dentre essas começou a tocar o rap *Pátria que me pariu* do músico "Gabriel, o pensador".

Após ouvir a música, finalmente Clara entendeu como todos a viam, não sem justificativa. Ela era o Brasil, sempre foi uma meretriz sem dinheiro; a diferença era que ela não quis abortar, obrigaram-na a isso; outra diferença é que, o espancador, não era um mendigo, era um pai de família, guardião da "moral e dos bons costumes', um cristão exemplar. Infelizmente, ou felizmente, seu feto não era tão forte quanto o da música, o aborto se consumou, não precisaria jogá-lo "num terreno baldio". Depois de certa reflexão, entendeu que, "felizmente", para o feto, o aborto se concretizou.

III

Assim que recebeu alta hospitalar, foi encaminhada para a Fundação Casa. Como sempre, teve de sobreviver, usou sua percepção aguçada para entender como deveria se portar naquele meio extremamente violento, controlado por quem detém a força e agressividade, sentiu uma leve familiaridade, sentiu-se em casa. Teve de ser namorada de uma presidiária, se não quisesse ter o rosto retalhado por uma lâmina cega e enferrujada. Vez por outra, dormia com as guardas também para receber alguns favores; e assim ela foi sobrevivendo até completar a maior idade, e, portanto, receber sua "liberdade" novamente.

Não recebeu nenhuma visita dos pais enquanto esteve detida, não se surpreendeu com isso, sabia que os pais a abandonaria. Todavia, estava livre agora e, mais uma vez, sem nada para voltar para o "lar". Pediu carona em troca de sexo oral ao taxista, ele aceitou, porém não cumpriu totalmente o acordo, não levou-a ao destino combinado por motivo de "segurança", disse ele. Ela não reclamou, "o que poderia fazer? Chamar a polícia?"

Caminhou os três quilômetros restantes até em casa, bateu chamando alguém para abrir a porta. O pai atendeu, ao abrir e ver que era a filha: "assassina, vagabunda, safada"; como ele mesmo disse, tentou fechar e impedi-la de entrar. Ela colocou o pé entre a porta e a entrada, impedindo-o de trancá-la. Para a sua "sorte", no dia em que foi encontrar seu amante, usou um sapatinho fechado e, milagrosamente, não foi roubado no hospital ou no prédio prisional; e esse "bendito "sapatinho", protegeu-a um pouco, aliviando a dor. Empurrou a porta com força tirando-o da frente e abrindo a passagem.

— Sai daí, seu velho aleijado, não tenho mais medo de você

— Tu não pode entrar, sua vagabunda, eu te expulso daqui.

— Vamos, bora, vem me expulsar, tô esperando. — disse ela o encarando.

Percebendo que não podia expulsá-la, pois agora estava inválido, sem condições de tirá-la à força, um inútil; sentiu um misto de raiva, tristeza e frustração.

— Sai ou eu chamo a polícia.

— Chama — disse ela em meio às risadas. — pode chamar, eu fico aqui esperando, quero ver o que vai acontecer com você quando os donos da área saberem que tu chamaste a polícia.

Ele ficou calado, imóvel, derrotado; realmente não poderia chamar a polícia, caso fizesse, poderia até expulsar a filha, porém, no outro dia, acordaria com a boca cheia de formiga.

— Foi o que pensei, vou tomar um banho e vou pro meu quarto dormir, não te quero enchendo o meu saco, seu velho aleijado.

Depois do banho, deitada na cama, começou a pensar no que fazer para mudar de vida. Não poderia mais tentar engravidar de algum de seus contatos feitos no hospital, todos conviviam entre si, provavelmente seu nome já estava sujo no meio deles, saberiam do que ela tentou fazer com o médico e, também, com o gerente; poderiam até querer transar com ela, ainda era muito bonita, mas dificilmente cairiam no erro de engravidá-la.

Poderia ficar com Clayton, não era rico, ainda continuaria naquela realidade de merda, morando naquele buraco perigoso, no entanto, "se estou na merda é melhor ser a dona da merda, que a merda do dono", pensou. Não seria difícil, ele vivia com chamegos para o seu lado, desde a época da escola, quando estudavam juntos. No momento ele era braço direito do "Queixada", o novo líder da área. "Basta um olhar sensual e penetrante, uma roupa sedutora e não vulgar, uma voz suave e agradável que ele vai cair na minha".

Assim o fez, com sua sagacidade ímpar, não foi direto ao ponto, fez-se de difícil, valorizou-se, e, como de costume, seduziu-o facilmente. Agora era mulher do Clayton, homem poderoso e respeitado na área; por "osmose", era respeitada também, não por ser Clara, mas por ser mulher do Clayton, como sumariamente acontece na sociedade machista brasileira, a grande maioria das mulheres são respeitadas pelos homens que a possuem, então o respeito não é para elas, é para os homens, "como a maioria das coisas já são".

Pouco tempo depois ficou grávida, brigou novamente com os pais, ofenderam-se de forma violenta e cruel, ela deixou sua família para morar com Clayton. Não era o que ela desejava, queria sair daquele buraco, no entanto era muito melhor do que outrora, pelo menos poderia mandar alguma coisa, e as pessoas faziam por medo.

Agora tinha mimos, era bajulada, sabia que era traída frequentemente, mas fingia não saber, não queria irritá-lo; a menos que fosse na sua frente, aí teria de dar uma surra na vagabunda para mostrar que é que mandava, se não, perderia respeito. Clayton adorava ver esses "barracos" causados por Clara, isso enchia seu ego sujo.

Quando estava com a barriga bem evidente, já sabendo que eram gêmeos — descobriu no pré-natal que fez na UBS da região—, o pior aconteceu. Como sempre, de ciclos em ciclos, tal qual a vida na terra, o ciclo do "Queixada se findou". Outro policial foi morto, durante uma patrulha pela área. Assim que soube, Clayton não pensou duas vezes, fugiu com Clara para o outro lado da cidade; abrigaram-se numa invasão recém fundada, num local sem infraestrutura nenhuma, próximo a uma grande mata nativa, a qual serviria de local de fuga para Clayton se fosse perseguido por alguém, até conseguiu um emprego formal para servir de disfarce.

Clara estava desamparada, sozinha, num barraco no fim do mundo, sem nada, sem ninguém, com fome. As agressões e o medo continuaram, verdade seja dita, aumentaram muito mais do que quando morava com os pais. Enquanto estava sozinha naquele buraco, pensava e repensava na vida, percebeu que tentou fugir o quanto pôde daquele inferno de vida, entretanto afundou-se cada vez mais. Sentiu que andava em círculos, conquistava as coisas em alicerces podres e frágeis e, na primeira tempestade, caía, destruía-se em um monte de entulho.

Lembrou de quando era criança e, na escola bíblica, ouviu sobre a parábola das casas construídas sobre a rocha, e da casa construída sobre a areia; assim que veio a tempestade, com ventos fortes, a casa construída sobre a areia caiu, em contrapartida, a casa edificada sobre a rocha, sobre um fundamento firme, essa continuou em pé. Esse foi seu erro, construir sua vida sobre mentiras, golpes, enganações, ofensas e traições, por isso sua vida continuava a desabar; talvez devesse ter ouvido a irmã, quando esta lhe disse que deveria estudar, e por isso, não depender de ninguém, a não ser ela mesma.

Dias depois, as contrações surgiram, foi correndo para a UBS, encaminharam-na rapidamente para um hospital público. Após muita dor e esforço, seus filhos nasceram, o orgulho de sua vida, a única coisa boa que ela realmente fez. Ao segurá-los no colo, sentia uma felicidade nunca antes sentida. Dessa vez as pessoas a parabenizavam pelo trabalho feito, foi a primeira vez que sentiu elogios sinceros, não algo com segundas intenções.

Refletiu sobre toda sua vida, entendeu todo mal que fez e passou, não queria que seus filhos passassem pela mesma coisa. Tentou fazer de seu jeito, porém só afundou-se cada vez mais na lama e sujeira. Dessa vez tentaria seguir o conselho de sua irmã, os colocaria para estudar, tentaria seguir o caminho da educação, os protegeria o máximo possível daquela realidade violenta. Tentaria fazer as coisas certas dessa vez, seria uma boa mãe.

Os filhos recém-nascidos, cafuzos, ainda com os olhos fechados, mamavam famintos tirando da mãe tudo o que lhes fariam fortes e saudáveis. Clara sentia sua vida, sua força, seus nutrientes saírem de si, passarem pelos seios e entrarem pela boca dos filhos. Não achava isso ruim, de jeito nenhum, nunca havia sentido coisa igual, estava tomada de um sentimento nobre e engrandecedor.

Num momento, os filhos expressaram um sorriso lindo nas faces, com suas bocas vermelhas e coradas, sem dentes, as bochechas grandes levemente rosadas mostravam uma imagem capaz de quebrar o mais duro dos corações. Lágrimas começaram a escorrer pela face dela, contudo, havia algo diferente das outras vezes que chorou, sentiu-se estranha, confusa, não conseguia entender o que era esse diferente. Uma funcionária do hospital vendo seu pranto, perguntou:

— O que foi, mãe? Algum problema?

— Não, nenhum, obrigada por perguntar.

— Tem certeza?

— Não, não, dessa vez não é nada, não se preocupe.

— Ninguém chora por nada, mãe, por que então você tá chorando? Pode ser que eu possa ajudar.

— Não sei porque eu tô chorando, é que eu tô muito feliz vendo meus filhos.

— Deve ser isso, eu chorei muito no nascimento dos meus filhos, de todos os três. Tá bom, qualquer coisa é só me chamar.

As outras mães que estavam na enfermaria começaram a dizer que, no parto, também choraram de felicidade, algumas ainda choravam de felicidade enquanto amamentavam seus filhos; todas diziam que era uma felicidade tão grande que não sabiam como expressar a não ser chorando, algumas até tentavam, mas, por ser tão grande o amor que sentiam por seus filhos, não conseguiam se conter.

Clara se admirou por isso, já tinha ouvido outras vezes que pessoas choravam de felicidade; entretanto, ela nunca tinha sentido isso, achava que era um mito, uma desculpa esfarrapada dessas pessoas choronas, que não conseguem se controlar e choram por tudo; achava que não era capaz disso, "chorar de alegria", ria só de pensar quanto isso era besteira.

Agora estava ali, com os filhos no colo, chorando sem saber o motivo, entendeu que suas lágrimas eram de alegrias, não só disso, também era de orgulho, amor, realização, várias sensações ao mesmo tempo. "Eu tô chorando de alegria", realizou consigo mesma. Um sorriso grande, aberto, bonito e contagiante apareceu em seu rosto.

— Prometo a vocês, meus filhos, — disse ela segurando-os no colo, olhando-os amavelmente enquanto mamavam. — serei a melhor mãe do mundo, darei a minha vida por isso, nem que eu morra, tentarei ser a melhor pra vocês.

Capítulo 15.

1

Helena repassava mentalmente sua manhã, estava temerosa, não queria parecer uma puxa-saco, ou uma desesperada para querer a guarda das crianças; caso Iraci percebesse, tudo poderia cair por terra, ou pior, poderia se usar dessa vontade exacerbada dela ser mãe e manipulá-la. Qualquer uma das duas opções eram horríveis. Teria de ser mais suave, teria de ser uma atriz melhor, "Ah! Se eu fosse a Meryl Streep", pensou cabisbaixa.

Lembrando de sua "atuação", sentiu uma grande vergonha pelo ocorrido; sentiu-se como uma avó dessas que: vendo o neto amado, mima-o de todas as maneiras, entupindo-o de comida, numa forma de ganhar seu amor e subserviência irrestrita! Devido a isso, fechou-se em si mesma, encolhendo-se, apertou os olhos com força e, com os punhos fechados, golpeou as têmporas, punindo-se pelo "Framboesa de Ouro" que, se estivesse atuando em algum filme, com certeza ganharia.

— Burra! Burra! Burra! Burra! — repetiu a si mesma em alto e bom tom, enquanto punia-se fisicamente.

Sentou no sofá da sala, apoiou ambos os braços sobre as coxas, e aqueles apoiaram o rosto. Olhou para a linda estante da sala, viu todos os lindos equipamentos modernos, os vasos bem-acabados com lindos arranjos; alguns livros repousados em alguns vãos, colocados estrategicamente para que as visitam notassem a intelectualidade dos anfitriões: livros de filosofias, direito, sociologia, grandes clássicos da literatura, tudo exposto como troféus, privilégios de poucos por serem extremamente caros e de difícil compreensão. Logo em seguida, olhou para as paredes em volta, admirou os quadros lindos, com belas paisagens ou conceitos abstratos que, aos interessados e "sensíveis", estimulam as múltiplas interpretações possíveis.

Olhou em volta, viu tudo o que a maioria queria conquistar: uma casa grande e luxuosa, conforto, conhecimento, sucesso profissional; lembranças das mais variadas experiências pessoais, locais visitados, culturas conhecidas. Sentia que tudo o desejado para si havia sido alcançado, faltava algo, alguma outra motivação— ainda faltava o PHD, mas isso não era urgente.

Voltou a olhar para a estante, entretanto, dessa vez, limitou-se aos retratos, viu suas fotos individuais, rindo de alegria; olhou as fotos de Roberta, também do mesmo jeito; viu fotos do casal, unidas, abraçadas, realizadas por uma relação sadia e feliz, porém sabia que não era isso que faltava. Havia um espaço vago naquela estante, faltava algo que transparecesse alegria e inocência, algo puro e imaculado: uma criança, rindo, não da forma que ela ou Roberta riam em suas fotos (algo forçado e fingido para aquele momento de registro), rindo, sobretudo, de uma alegria real e espontânea, de alguém que ainda não compreende o fel mundano, que não foi contaminada pela maldade. O que faltava era uma criança, inocente e, apenas, pura, em seu amor, afeto e, por que não, egoísmo.

Isso o que ela queria, isso o que desejava, isso o que faltava em sua vida. Por isso, tinha de ser melhor "atriz", tinha de ser calculista, exata em suas ações, pois seu grande desejo estava perto. Mesmo que a natureza a tenha impedido desse grande sonho, isso não a impediria de ser uma grande mãe, uma mulher de "verdade"— quando lembrou dessa palavra, automaticamente o rosto de seu antigo marido materializou-se em sua mente. Lembrar que ainda não era uma "mulher de verdade", causava-lhe grande dor.

— Isso tá perto de acabar. — disse a si.

Já imaginava-se cuidado da Maria, vestindo-a de maneira linda e fofa, com um vestidinho de babado rosa bebê, contrastando maravilhosamente bem com o tom de pele escuro dela, e na cabeça, enfeitaria com um lindo broche de flor, ou um lacinho, também rosa, com bolinhas brancas. Ficaria perfeito naquele rosto lindo e gracioso, nas bochechas macias.

Com Rafael, o vestiria com um lindo conjuntinho moderno, calças jeans azul marinho bem feitas, uma camisa polo azul bebê de um tecido leve e macio, sapatinhos confortáveis de um estilo esporte fino. Deixando-o elegante, bonito e, como sempre, fofo.

Via-se carregando os dois por todos os lados, imaginava pessoas vindo em sua direção, parabenizando-a por ter filhos tão lindos, e, se algum idiota, viessem lhe dizer que os filhos não eram dela, pois não as gerou, sabia o que responder: "são meus sim, posso não tê-los gerado no meu ventre, mas amo, educo e os crio, como se tivessem sido gerados dentro de mim".

Helena, sentada na sala, com o olhar na direção da parede, não via nada, a não ser seus sonhos. Imaginava as lindas festas de aniversários feita para os dois, com dois temas diferentes, uma de heróis de quadrinhos para Rafael, e princesas da Disney para Maria. As comemorações de natal, os enfeites, as músicas, ela se fantasiando de papai Noel e, de surpresa, entrando no quarto deles a noite, enquanto dormiam, fazendo barulhos para os acordarem, surpreendendo-os de alegria, vendo em seus rostos infantis a alegria incomensurável, de uma inocência pura. Ver "papai-noel" presenteá-los por seus bons comportamentos... das suas formaturas, e o orgulho de vê-los formarem-se cidadãos respeitosos, importantes e inteligentes, contribuintes de uma sociedade melhor.

Lágrimas rolavam por seu rosto só de imaginar tamanha realização. Rapidamente, essa alegria transformou-se num medo obscuro; percebeu que tudo isso imaginado poderia ruir — como um castelo de areia —, caso não conseguisse convencer Iraci de deixá-las cuidar de seus netos.

— Não, isso não, logo agora que estive mais perto disso que nunca.

O frio do medo a fez tremer, encolheu-se em si, com as mãos massageou os ombros tentando esquentar-se.

— Não posso errar, tenho de ser cirúrgica. — disse seguido de um silêncio agonizante. "Eu vou conseguir, eu vou conseguir", falou alto, em tom afirmativo, tentando convencer-se, não poderia pensar no fracasso, o sucesso era a única opção, ou não sabia se conseguiria continuar a viver daquela forma.

Não queria transparecer nada à Roberta, mas fazia tempo que não sentia nada. Não com Roberta, a amava muito, sentia-se uma pessoa muito feliz com ela, uma felicidade nunca sentida outrora. Todavia, a vida parecia estar mais cinza, como se as cores não fossem mais vivas como antes, o doce não era mais doce, nem o amargo era mais amargo, ambos estavam se tornando um sabor insípido.

Não havia motivação, todos seus antigos prazeres estavam perdendo o interesse, as músicas não pareciam mais as mesmas, estava enjoada de tanto escutá-las, e as novas? Nenhuma ouvida até então a agradava. Dançar, uma de suas maiores paixões, agora, parecia algo indigerível, insuportável, parecendo as aulas de direito tributário, dadas por aquele professor inexpressivo que fala em tons monocórdicos. Até cozinhar, algo que sempre gostou desde a sua infância, não dava-lhe o mesmo "tesão", cozinhava apenas para Roberta, ou outra visita qualquer, no entanto quando tinha de alimentar-se, preferia um macarrão instantâneo de 3 minutos, não adiantava fazer o prato mais rebuscado, no fim, o gosto era o mesmo. "Pelo menos o macarrão instantâneo é mais rápido, e dá menos trabalho".

Pensou em matar-se diversas vezes, de várias maneiras. Quando estava quebrando os pratos, esvaziando toda sua raiva e frustação, sentiu-se tentada a pegar um dos cacos e cortar os próprios pulsos. Chegou a tentar certa vez, porém ao sentir a dor do vidro rasgando a carne de seu punho, desistiu, não teve coragem o suficiente para terminar o serviço.

Roberta chegou a perceber o corte, e perguntou o motivo daquela lesão. Ela deu uma desculpa besta, dizendo que havia se cortado quando lavava uma jarra de vidro a qual, num descuido dela, quebrou-se cortando-a no punho, coincidentemente no mesmo lugar que todos os suicidas cortam quando querem acabar com a vida. A esposa, perceptivelmente não acreditou em sua história, mas conhecendo-a não insistiu, apenas pediu para fazerem terapia juntas; fizeram por um bom tempo, porém, para Helena, foi um dinheiro jogado fora, os pratos a ajudaram muito mais.

Uma coisa foi importante nessa terapia, ela entendeu que sua vida estava sem motivação, precisava de um sentido para permanecer respirando. Realizou que esse motivo era ser mãe, não no sentido de parir um outro ser, todavia de criar, conduzir, educar, contribuir para a formação de um indivíduo pensante.

Descobrir isso não foi tão resoluto como ela, Roberta e o terapeuta achavam que seria, na verdade, foi motivo de novos conflitos e discussões, principalmente por Roberta não querer filhos. No entanto, essa insatisfação, raiva, conflito no relacionamento foram bons, pois voltou a sentir algo, mesmo que fosse raiva e discórdia. Sentir algo é melhor que sentir nada, o vazio, a sensaboria é muito pior que tudo.

Finalmente, ambas concordaram em ter filhos, uma família "completa", compartilhar na formação de outro humano, se não chegasse logo a esse denominador comum, seu casamento acabaria ruindo; não queria isso, amava Roberta demais, não suportaria viver sem ela, também não suportaria viver com ela daquele jeito, talvez, só assim, com o término do casamento, teria coragem suficiente de concluir aquilo que não conseguiu.

O celular começou a tocar, tirando-a daquele transe, acordando-a para o mundo "real". Rapidamente tirou-o do bolso, estranhou no visor estar identificando o nome de Iraci. "Por que ela está me ligando? O que será que aconteceu?", pensou olhando para a tela do celular.

— Alô, Iroca, tudo bem? O que aconteceu?

— *Alô Lena, ai meu Deus, eu preciso muito da sua ajuda.* — dizia ela desesperada

— O Quê? O que foi que aconteceu? Fala logo.

— *A Maria, ela precisa de ajuda, ela se machucou muito.*

— Por quê? Fala logo, seja direta, não me deixa apreensiva. — disse imperativamente, ouvir que sua "possível" futura filha, poderia estar gravemente machucada, a deixou extremamente assustada.

— *Acho que ela caiu da cama, machucou o bracinho e a perninha.*

— Como?

— *Não sei, eu cheguei do trabalho ela estava no chão jogada.*

— E a babá que você contratou? Ela não fez nada?

— *Ela não viu* — disse Iraci lembrando-se da mentira contada já esquecida. "Tenho que me lembrar das minhas mentiras, ou vou acabar me entregando em algum vacilo", pensou.

— E o que tu fizeste com essa vagabunda? — disse Helena com raiva.

— *Mandei embora, sem pagá-la, é claro.*

— Tá, tudo bem, não importa mais. E como tá a menina?

— *Muito chorosa.*

— E o bracinho e a perninha?

— *Ela não consegue mexer direito, sente muita dor, e tão inchadinhos.*

— Eles tão parecidos com os outros membros dela, ou estão meio tortinhos?

— *Tão um pouco tortinhos.*

Ouvir isso confirmou o pior para Lenas, provavelmente a menina tinha quebrado os membros.

— Só isso?

— *Não, ela também bateu a cabeça, tá um pouco inchado no lado.*

Ouvir isso a assustou ainda mais, poderia ser muito pior, o risco de um traumatismo craniano era real, principalmente naquela idade, uma queda, da altura da cama, poderia ser fatal.

— E como tá a menina?

— *Já disse, muito chorosa.*

— Não, como estão os olhos dela?

— *Meio fechadinhos, parece que tá com sono, mesmo chorando muito*

— E as pupilas dela? Como tão?

— *O que é isso?* — perguntou Iraci sincera.

— A bolinha preta do meio dos olhos, colo elas tão? Grandes? Normais ou uma maior que a outra? — disse Helena quase em desespero.

— *Pera aí...*

O celular ficou mudo, a espera foi desesperadora, parecia que o tempo havia parado, uma eternidade havia passado entre o tempo das falas— *Uma tá maior que a outra*

Helena ouvir isso como se tivessem passado 400 anos de tortura e agonia, e a resposta não poderia ser pior, a menina estava com sinais de Traumatismo Crânio Encefálico (TCE). Anos atrás, ela havia feito um treinamento de primeiros socorros, quando fazia parte de uma grande empresa de contabilidade, antes de trabalhar por conta própria. Havia sido uma das selecionadas para fazer parte da comissão de segurança do trabalho, recebeu treinamentos dos bombeiros, como identificar e imobilizar certos traumas, além de proceder da forma correta.

— Ela vomitou também?

— *Não sei.*

— Verifica onde você a encontrou, vê se achas alguma mancha.

Outros 200 anos passaram-se (na cabeça dela), até, novamente, uma péssima notícia ser dada: havia uma mancha próximo de onde a menina havia caído, antes não notada. Isso agravou muito a situação, estava muito grave o quadro da menina, precisava rápido de atendimento, ou, caso contrário, poderia morrer.

— Iraci, por favor, liga com urgência pro 192, ela tá muito mal, precisa de atendimento rápido.

— *Eu já liguei, Lena, mas como choveu muito, alagou em volta de casa, não tem como a ambulância chegar aqui.* — respondeu mentindo, ela não havia ligado para o Serviço de Atendimento Móvel de Urgência (SAMU), ligou primeiro para ela.

Helena ficou desesperada. Não poderia ficar parada ali, vendo tudo desmoronar, tinha de fazer algo.

— Iraci, rápido, liga seu GPS e me manda a localização de sua casa, que eu vou pegar vocês, e fica do lado do celular, que eu vou ligar pra você me guiar quando eu estiver aí perto.

— *Tá bom.* — disse Iraci enquanto mandava a localização de sua residência

Rapidamente subiu correndo ao quarto, pegou sua carteira e algumas centenas de reais no cofre, guardou-os na bolsa, correu até a garagem, entrou em sua SUV 4x4. Antes de sair, mandou uma mensagem avisando a Roberta sobre a situação.

11

Passaram-se mais de 20 minutos desde que saiu de casa, dirigia agressiva e ferozmente. O GPS a mandou entrar numa rua, saindo da avenida principal; era estreita, o asfalto estava todo esburacado, cheio de pedras, lixo e lama; botava à prova a suspensão e o amortecedor de seu utilitário esportivo. Depois de alguns minutos, o asfalto acabou, transformando-se numa estrada de terra, lama, lisa e perigosa. Seu destino aproximava-se, o dispositivo anunciava 3 minutos até sua chegada. Uma geladeira atravessada impedia de passar, não tinha jeito, teria de afastar o eletrodoméstico com o carro, torceu para não causar muito estrago no para-choque.

O clima estava frio para os padrões belenenses, extremamente úmido, com nuvens cobrindo todo o céu e impedindo o sol. O aparelho sugeriu a última curva e antes de fazê-la, Helena viu a rua completamente alagada, não o suficiente para impedir qualquer carro, todavia as paredes das casas, denunciavam o tamanho da elevação do nível da água, além das muitas famílias tentando tirar toda a lama que adentrou suas residências.

Finalmente chegou ao local indicado, ela olhou em volta e sentiu medo. As casas mal-acabadas pareciam monólitos mal lapidados, com telhados empenados, paredes com tijolos expostos, esgotos a céu aberto, sem saneamento básico existente. Os moradores vendo aquele carro grande e bonito, maior até que as pick-ups da polícia, estranharam o acontecimento, não era comum aquele tipo de veículo por ali. Além de admirá-lo, queriam descobrir quem era aquela mulher misteriosa, alguns dos que tinham envolvimento com práticas ilegais, ao verem aquele automóvel, fugiram ou se esconderam, pensando ser uma "armação" da polícia, milícia ou do crime organizado querendo tomar conta da área.

Ela, percebendo toda aquela atenção e olhares voltados a si, sentiu-se acuada, mas saber que, sob o banco, tinha uma arma carregada, minimizou levemente seu nervosismo. Porém, sua maior segurança estava em saber que o carro era blindado, por ser mulher de juíza, sempre existia um risco de alguém, não contente com alguma sentença de Roberta, querer vingar-se dela, atentando contra ela ou a esposa. Por isso, fez treinamento de autodefesa além de curso de tiro. Sabia atirar (e sabia muito bem), mas Helena nunca gostou disso, fez o curso apenas por insistência da sua mulher.

Ligou para Iraci querendo saber a real localização, devido a margem de erro dos GPS, rapidamente a chamada foi aceita; Helena confirmou sua chegada, e pediu que ela viesse com as crianças ao carro. Momentos depois Iraci apareceu com ambas crianças nas mãos, 15 metros à frente, ela depois de vê-la, posicionou o carro mais próximo possível delas. Assim que parou, a avó, segurando as crianças no colo, correu em direção do veículo, e entrou o mais rápido possível.

— Ai! Lena, muito obrigada.

— Deixa eu ver ela, rápido. — disse tirando Maria do colo da avó.

Helena pegou a menina chorosa no colo, verificou os membros, estavam levemente desalinhados e assimétricos, inchados e, mesmo ela sendo negra, era perceptível o hematoma causado pelo trauma. Rapidamente analisou as pupilas, a esquerda estava levemente mais dilatada que a direita; o edema na têmpora estava evidente; as pálpebras levemente fechadas davam na o aspecto de sonolência. Ela percebeu que a menina precisava de atendimento o mais rápido possível.

— Iroca ela tá muito mal.

— Ai meu Deus não! Rápido lena, vamos pra um hospital, por favor. — disse segurando a testa com a mão livre; seu desespero claramente era real.

— Ainda não, não podemos levá-la assim, acho que ela tá com o bracinho e a perninha quebrada, temos que imobilizá-los, ou poderemos piorar o trauma.

— E como fazemos isso, eu não sei nada.

— Tem papelão na sua casa?

— Tem, por quê?

— Perfeito, vamos pra sua casa rápido, eu vou imobilizar a menina e corremos para o hospital.

— Ok.

Helena cobriu a menina para não molhar-se com o chuvisco, saiu do carro devagar para não causar-lhe dor. Iraci saiu do carro segurando Rafael, rapidamente correu em direção da casa para abrir a porta, após isso, adentrou a residência, Lena e Maria entraram logo atrás.

Assim que entrou na casa, ela pôde testemunhar toda a miséria vivida por aquelas pessoas (totalmente diferente de sua realidade). Os móveis velhos e manchados, dos anos de suor absorvido pelos muitos corpos que ali repousaram. As paredes mofadas evidenciavam a insalubridade da morada de sua empregada. O odor forte e o ar pesado, quase sufocante, causados pela falta de iluminação e ventilação adequada potencializam ainda mais o risco de doenças. Ver todos esses indícios de uma vida sem dignidade, deram-na mais um motivo de querer cuidar daquelas crianças. Pelo menos, elas poderiam fornecer uma vida digna, com educação satisfatória e uma atenção à saúde adequada, a qual poderia contribuir, e facilitar a formação de cidadãos produtivos.

Não necessariamente viver sob aquelas condições os condicionam exclusivamente à uma vida criminosa e marginalizada, assim como viver sob o conforto e segurança, fornecidas por elas, são certeza de criar cidadãos corretos, pois inúmeros eram os exemplos de ricos e privilegiados os quais tornam se criminosos, mesmo vindos das classes mais abastadas. Entretanto, tem uma diferença. Em geral, esses criminosos ricos cometem crimes do colarinho branco, roubam milhões causando um dano muito maior à sociedade, e provocam inúmeras mortes indiretas. Quando presos, têm o benefício de serem "encarcerados" em seus palácios.

Os criminosos pobres, em suma maioria, roubam muito menos, matam muito menos - comparados aos crimes dos ricos -, no entanto, suas penas são muito mais duras, os condenam às masmorras, chiqueiros, poleiros de violência e doença. Isso quando são julgados, dado que a grande maioria nem tem julgamento, a pena capital é aplicada sumariamente, seja pelo estado, milícias, ou seus pares.

Pensar nisso a consolou, mas vez por outra uma culpa recaia sobre ela; pensava estar cometendo uma grande injustiça, tirar essas crianças inocentes de seus lares, de seus familiares consanguíneos. "Mas por que eles devem ficar com sua família? Só por que eles têm o mesmo sangue? Por isso devem ser condenados a uma vida miserável? Eu posso fornecer algo que nunca teriam com seus próprios parentes. Eu não estou prejudicando ninguém, estou ajudando; eles me agradecerão quando souberem, se souberem, será?". Esses pensamentos sempre a perturbava, porém, ao ver aquela realidade triste e deprimente de cuja as vidas eram reféns, corroborou com sua "justificativa", convenceu-se estar fazendo o melhor, não para ela, mas para as crianças.

— Preciso de papelão, tesoura, algodão e tecido, algum lençol ou cortina que possa ser rasgada.

— Tudo bem, vou pegar.

Ao dirigirem-se à cozinha para pegar os materiais necessários, Iraci percebeu estar sendo seguida por Helena; rapidamente a impediu, disse para ela esperar na sala, não queria a patroa testemunhando o estado deprimente de Antonio, caso o fizesse, não suportaria a vergonha, além de poder perder sua piedade, caso ela pensasse que todas suas gratificações fossem usadas para sustentar o vício do marido.

— Fica aqui Lena, deixa que eu procuro, cuida dos meninos enquanto providencio tudo.

Helena concordou, colocou Rafael, o qual estava calmo, sobre o sofá; providenciou que ele não pudesse cair acidentalmente. Enquanto esperava, analisava aquela casa, seus defeitos, as rachaduras estruturais, o telhado velho e apodrecido que, não muito distante, acabaria desabando; o cheiro de mofo dos móveis úmidos.

Momentos depois Iraci apareceu com os materiais e entregou à patroa.

— Não tem algodão o suficiente. — disse Helena.

— Mas só tem isso.

— Não tem algum lugar que possa comprar rápido?

— Tem um boteco, poucas casas daqui.

— Ótimo, vai lá rápido.

— Tô sem dinheiro. — Mentiu Iraci, ainda tinha os 30 reais economizados por não contratar uma babá; mas, já que a patroa estava ali, tão empenhada em salvar a neta. "Por que gastar meu dinheiro? Ela tem muito mais que eu", pensou.

Helena rapidamente abriu sua bolsa e tirou uma nota de 50 reais do seu maço de dinheiro. Iraci, vendo isso, admirou-se com tanto dinheiro. A patroa entregou a nota, mandou-a correr e comprar rapidamente; ela ficou tentada a pedir mais dinheiro, dando a desculpa da quantia não ser o suficiente, porém decidiu não fazer, não queria abusar da situação. "Desde quando ela vai acreditar que uns pacotes de algodão dão mais de 50 reais? É melhor correr, e comprar rápido, vai que eu fico com o troco, vou dar uma de desentendida, se ela pedir de volta eu devolvo, finjo esquecimento causado pelo nervosismo da situação".

Iraci saiu pela porta correndo. Helena começou a rasgar em tiras o lençol fazendo ataduras. Minutos depois Iraci adentrou com o algodão, estava levemente molhada de suor e chuva. Entregou os pacotes de algodão e ficou calada.

Rapidamente as calhas de papelão foram envoltas em algodão, os membros foram repousados no espaço protegendo-os e imobilizando-os; o algodão protegia minimamente a pele, evitando que o contato prolongado com a superfície dura causasse alguma lesão por pressão; depois enrolou tudo com as tiras do lençol protegendo os membros e firmando as calhas.

Um barulho de cadeiras e mesa arrastando veio da cozinha, chamando a atenção das duas.

— O que foi isso? Seu marido está aí?

— Não, não, deve ter sido o cachorro. Podemos ir, Lena? Tô preocupada com minha neta, não quero perder nenhum segundo a mais. — disse mudando de assunto.

— Quase, estou acabando — disse Helena fazendo uma tipoia para apoiar o braço de Maria. — Você já tá com todos os documentos dela?

— Já, tá tudo aqui. — disse segurando uma bolsa de alça marrom, velha, de couro sintético.

— O que você tá levando?

— Certidão de nascimento e a carteira de vacinação dela.

— E o atestado de óbito da mãe?

— Não.

— É bom levar.

— Você acha?

— Acho, de repente eles podem precisar de algum documento que comprove que você é a tutora dela, já que a mãe faleceu.

— Sério?

— Sério, melhor levar e não precisar, do que não levar e precisar.

— Tens razão, deixa eu pegar rapidinho.

Iraci saiu correndo, entrou na segunda porta do corredor, antes da cozinha; demorou poucos minutos, dava para ouvir o barulho de madeira sendo arrastada, provavelmente de gavetas. Assim que encontrou, Helena segurou a menina com cuidado no colo, cobriu-a para não molhar-se com a fina chuva e saíram em direção ao carro.

Iraci abriu a porta frontal do passageiro.

— Não, é melhor você ir na parte de trás junto com as crianças, têm mais espaço.

Ela atendeu, fechou e entrou pela porta traseira do passageiro, sentando-se no banco. Deitou Rafael com cuidado e rapidamente virou-se para segurar Maria. A menina foi entregue cuidadosamente, devido a imobilização que amenizou as dores nos membros e permitiu que ela ficasse mais calma. Assim que a menina estava segura, Helena correu para a direção.

Vizinhos curiosos olhavam pelas janelas, outros ficavam parados em frente às suas casas tentando entender tudo aquilo. Como um carro caríssimo desse, e uma mulher chique dessas, parecia ser a empregada, enquanto, Iraci, velha, pobre e sofrida e seus netos estavam sendo tratados como verdadeiros nobres?

O carro saiu com cuidado e devagar. A rua de barro, cheia de buracos, jogava o carro para cima e para baixo, parecendo uma mini montanha-russa. Apesar do excelente sistema de amortecimento, os passageiros sentiam toda a força e desequilíbrio dessas elevações. Por causa disso, Maria, mesmo imobilizada, voltou a chorar por sentir dor; Rafael, deitado no banco, sem segurança alguma, balançava e sacudia com um risco enorme de cair; Iraci, solta, sem prender-se em nada tentava segurar os netos, um com cada mão.

Helena sabia que, quanto mais rápido, maior era o perigo deles se acidentarem, principalmente os passageiros; todavia sempre que ouvia o choro da menina, o perigo corrido por ela vinha a sua mente. Estava num paradoxo: indo mais lento, tinham mais segurança, entretanto maior era o risco de morte da menina. Não sabia o que fazer, tentava ir mais devagar, porém, inconsciente, acelerava o carro tentando chegar ao cuidado mais rápido possível. Pensava a todo momento no grande risco de perder a menina, isso era a última coisa que queria, quase já a considerava sua filha, faltava apenas convencer a avó disso.

O choro alto das crianças unido às janelas fechadas por causa da chuva, fazia um barulho ensurdecedor e torturante. Lena começou a ter uma forte dor de cabeça; Iraci desesperada, tentava cuidar e acalmar as crianças sem sucesso. O carro passou por um buraco escondido pela água, o impulso daquele desnível lançou Iraci, fazendo-a soltar um grito de dor; Rafael também foi lançado e quase caiu do banco, ficando com um terço do corpo fora do banco; Maria quase caiu dos braços de Iraci. Num reflexo rápido, mesmo com dor, conseguiu segurar a menina, e, ao mesmo tempo, agarrou o menino pela perna, evitando que caísse do banco.

— Desculpa, desculpa, não vi, perdão. Iroca, coloca o cinto, assim você fica mais segura.

Assim Iraci o fez.

— Calma, Helena, não podemos fazer nada se morrermos antes.

— Tudo bem, desculpe.

A velocidade do carro diminuiu, pelo menos até chegar numa via asfaltada, minutos depois conseguiram chegar à avenida principal, porém a melhora não foi tão significativa, visto que estava péssima por falta de manutenção do estado.

A UPA local aproximava-se, Iraci sentiu um leve temor, não queria levar a neta para se atendida naquele local, sabia que ali não tinha o aparato necessário para cuidar dela "Mal tem médicos, imagina recursos", pensava. O carro passou direto, ao perceber que não iriam à UPA, ela sentiu um conforto relaxante, "pelo menos um para aliviar todo esse estresse".

Decidiu mostrar-se surpresa, não queria a patroa desconfiada de seu plano.

— Lena, passamos da UPA. — disse fingindo.

— Eu sei, não vamos aí, vamos ao hospital Cais Semanas, nesse buraco não deve ter nada. — disse referindo-se à UPA, "assim como em toda a saúde pública da cidade", pensou Helena.

— Mas não tem como eu pagar por isso. — disse tentando mostrar-se desentendida.

— Eu sei. Não se preocupe, deixa que eu cuido disso.

Um sorriso de satisfação e orgulho surgiu no rosto de Iraci; semelhante ao sorriso dos estelionatários e sonegadores, e, por alcançarem seus objetivos, mesmo prejudicando outros, sentem uma satisfação egoísta de considerarem-se mais espertos que os "otários". Rapidamente tratou de tirar o sorriso do rosto, esse sorriso característico do gozo de maldade é facilmente percebido por qualquer um já enganado; não poderia deixar tudo a perder por um deslize seu, concentrou-se para não cometer mais erros, e mostrar um rosto grato e humilde.

Mais de 30 minutos depois entraram no hospital Cais Semanas, o qual mesmo sendo particular e de um preço bastante alto, estava lotado, não muito diferente das UPA's, e do SUS como um todo. Apenas se diferenciava na estrutura e na certeza de serem atendidos. Na saúde pública não. Apesar do grande número de pacientes procurando atendimento particular, Maria teve prioridade: pela idade e pelos sinais e sintomas extremamente graves. Helena tentou deixar tudo registrado em seu nome, no entanto, por não ser representante legal da menina, tudo teve de estar sob responsabilidade de Iraci.

O médico avaliou-a com cuidado, era novo, provavelmente recem-formado, ainda sem os vícios de uma vida cansada e tediosa da mesma rotina repetida por anos — da grande maioria, não todos. Verificou os membros e pediu um raio-X para confirmar a fratura; após avaliar as pupilas e o edema na têmpora direita, diagnosticou o traumatismo crânioencefálico (TCE), prescreveu uma tomografia de crânio para saber o tamanho da lesão, e prontamente solicitou a avaliação de especialistas.

A menina foi conduzida velozmente para os exames acompanhada das duas. Ao retornar, um neurologista avaliou a tomografia, ratificando o diagnóstico de TCE, porém sem necessidade de cirurgia, decidiu mantê-la sob observação, devendo realizar exames diários, caso o edema cerebral aumentasse, necessitaria de cirurgia neurológica; o ortopedista analisou os raios-X, confirmou as fraturas, eram necessárias cirurgias de correção, caso contrário, ela apresentaria sequelas pelo resto da vida.

Capítulo 16.

1

Após Maria ser medicada, e para o conforto de todos, ela conseguiu dormir; além de exausta, finalmente estava sem dor. Não puderam relaxar por muito tempo, uma assistente social, acompanhada do primeiro médico atendente, vieram ao encontro delas.

Boa tarde, meu nome é Cristina, quero falar com a responsável de Maria.

Iraci percebendo pelo tom de voz e a expressão facial fria, com o cenho levemente franzido, quase imperceptível - porém, para ela, que teve a vida inteira de avaliar microexpressões do marido, filhos e patrões, para assim evitar maiores problemas - soube que não seria algo bom. Tentou se esconder, mas Helena apontou para ela indicando, não teve outro jeito, teria de assumir.

— Sou eu. — disse levantando a mão minimamente, com um tom de voz baixo, quase incompreensível.

— Estamos aqui pois queremos saber o motivo da menina estar nesse estado. Ela apresenta sinais claros de maus tratos.

— Além dos traumas, ela apresentava lesões por toda a parte genital, períneo, nádegas e ânus. — disse o médico.

— O quê? Ela foi violentada? — perguntou Helena em choque.

— Não, as lesões não são sugestivas de violência sexual, são lesões causadas por falta de higiene, as chamadas assaduras, mostrando que essa menina ficou muito tempo evacuada, urinada, ou os dois, sem o devido cuidado. — disse o médico.

Ao saber que a neta não foi violentada, um peso enorme de culpa foi retirado de suas costas, continuava muito pesado, porém com uma tonelada a menos.

— Sim, a senhora poderia me explicar? — perguntou a assistente direcionando-se à Iraci.

— Eu não sei...

— Conta pra eles o que você me contou Iraci, não tenha medo, fala sobre a babá.

— E...e...eu cheguei do trabalho hoje à tarde, encontrei ela no chão. Acho que caiu da cama, porque estava do lado dela. O Rafael estava em cima e quase caiu também. — disse apontando para o menino nos braços de Helena.

— Então devemos denunciar essa babá. — disse a assistente social.

— Eu concordo. — concordou Helena.

Iraci sentiu o medo surgir em seu abdome, um vazio gélido surgiu em suas entranhas, subiu pela coluna, posteriormente espalhando-se por todo o corpo, as pernas começaram a tremer, ela esforçou-se para não transparecer seu terror. Pensou que estava perdida, descobririam que a "tal babá" nunca existiu, saberiam que ela, mesmo ciente que seu marido estava com sérias limitações físicas, além de uma sanidade mental questionável, devido ao histórico pessoal e familiar de doenças mentais, decidiu não contratar uma babá real, ou deixar as crianças sob a supervisão de um responsável capaz. Seria, provavelmente, acusada de cumplicidade, ou conivência, ou até abandono de incapaz; mesmo que não fosse condenada, todos saberiam de sua participação nisso, seria condenada por todos, e pior, poderia perder o apoio das patroas.

Tinha de pensar rápido, alguém real deveria ser culpado por tudo aquilo; não tinha jeito, teria de jogar tudo nas costas de Antonio. Ele seria seu bode expiatório, tal qual escrito na bíblia, quando o povo judeu, simbolicamente, colocava todos seus pecados sobre o bode, depois o deixavam sozinho, no relento para morrer, tal qual faria com seu marido, colocaria a culpa de tudo sobre ele, "o que não deixa de ser verdade", pensou. Depois o deixaria sozinho para perecer com toda a culpa, para assim ser absolvida.

— Não sei se a culpa é da babá. — disse com medo.

— Como assim? — questionou Helena irritada.

— É que, quando cheguei em casa, não achei a moça, além do dinheiro de pagar a Luz ter sumido também. Pensei que ela poderia ter roubado e fugido, mas ela é muito direita na igreja, fiquei em dúvida se realmente isso tinha acontecido. Quando eu fui pra cozinha, vi meu marido, desmaiado no chão, fedendo a cachaça, ao lado de duas garrafas vazias. Acho que ele expulsou a menina, pegou o dinheiro que era para pagá-la juntou com o da conta de luz, e gastou tudo em bebida. — disse ela escondendo o rosto com ambas as mãos, e começando a chorar.

— Por que você mentiu pra mim? — perguntou Helena.

— Porque eu tava com vergonha que você visse ele jogado na cozinha, em meio ao vômito e bebida. — disse em meio aos prantos.

— Aquele barulho que ouvimos na sua casa era ele?

— Sim — disse também confirmando e ratificando com um balanço vertical da cabeça.

— Tudo bem, tudo bem, você não tem culpa disso. — disse Helena aproximando-se dela, e segurando em seu ombro.

Outro sorriso de satisfação apareceu em seu rosto, porém não preocupou-se em alguém vê-lo, pois o rosto estava escondido por suas mãos. Voltou a chorar, para comover mais a todos, principalmente Helena, olhou com os olhos mareados, fixando diretamente nos olhos da patroa, e disse:

— Obrigado Lena, você é um anjo.

— Ok, mas isso não anula o fato das crianças estarem sob perigo ao ser deixada com esse homem. — disse a assistente.

— Verdade. — respondeu Helena. — Iraci, não se preocupe mais com isso, pode levar as crianças para o trabalho, eu cuido dela quando você estiver lá.

— Obrigada! Obrigada! Obrigada! Mas como vou poder levar duas crianças no ônibus? E nos dias que for trabalhar em outras casas?

— Eu vou te contratar com exclusividade agora, e pode usar transporte de aplicativo até elas crescerem.

A felicidade de ouvir aquilo foi tanta que, com muito esforço, quase não conseguiu conter o sorriso de alegria. A satisfação de ter tomado a decisão correta, de ligar para a patroa em vez do SAMU, a dominou. Sabia que poderia usar, em benefício próprio, todo aquele cuidado dado por Helena durante a manhã; era um movimento arriscado, tinha consciência disso, mas, acertadamente, decidiu correr o risco e conseguiu muito mais que planejado.

— Que bom saber disso, mas esse seu marido deve responder pelo que fez. — disse a assistente.

— Ele é doido, doutora, ele toma remédio controlado, eu vou levar ele novamente no CAPS, a dosagem dele não deve mais tá sendo o suficiente, assim que a médica ver ele, ele vai melhorar, sempre melhora depois da consulta e dos remédios.

— Tudo bem, mas se alguma dessas duas crianças aparecerem aqui novamente, eu vou denunciá-los ao Conselho Tutelar.

— Tudo bem, concordamos com a senhora, se isso voltar a acontecer. Porém não será necessário, eu prometo. — respondeu Helena.

— Eu também. — acompanhou Iraci. — Doutor, o senhor poderia ver meu neto? Acho que ele também deve estar assado, quando cheguei ele estava todo cagado; quando limpei ele, notei que estava com o "pintinho" e o "saquinho" todo vermelhinho.

— E por que tu não falaste isso antes? — perguntou Helena.

— Desculpa, — disse voltando a expressar seu olhar digno de pena. — não lembrei disso, estava muito preocupada com a menina.

— Realmente, você tem razão.

— Claro que posso examinar, só tem que abrir uma ficha prá ele e vir direto comigo. — respondeu o médico.

Os profissionais retiraram-se, deixando-os sozinhos na enfermaria com Maria dormindo sobre o berço. Helena foi fazer a ficha de Rafael, deixando-as sozinhas. Iraci, vendo-se sozinha com a neta, não pôde mais conter-se, soltou um grande riso de alegria; "finalmente não vou mais precisar pegar aquela 'lata de sardinha', vou andar de carro, no conforto", pensou. Chegou quase a agradecer a Deus pelas "bênçãos", mas lembrou-se que, para conseguir tudo isso, foi preciso a neta quase vir a falecer; não agradeceu, achou que seria uma blasfêmia a Deus, entretanto não podia deixar de estar feliz com tudo até então.

Capítulo 17.

1

Estavam na sala de observação, fazia um silêncio, dessa vez confortante no local. Maria continuava dormindo, a medicação cumpriu seu papel; estava com novas imobilizações feitas pelo ortopedista, muito mais adequadas e, evidentemente, com materiais muito melhores que papelão e lenços rasgados. Iraci também dormia sobre a poltrona de acompanhante; Helena segurava Rafael que, ninando-o, também dormia — finalmente.

Segurá-lo no colo parecia mágico, sentia-se uma mãe, "e serei", pensava. Não importava se tinham cores diferentes, seja da pele, cabelo ou olhos; não importava se os cabelos dele, assim como o de Maria, eram encaracolados e os dela lisos. Não ligava para os atributos e características físicas, ou como a sociedade os tratariam por serem um casal lésbico com filhos de outra raça. Ligava apenas para o amor sentido dela para com eles, e deles com elas, apenas isso era sua preocupação. Faria tudo para o bem deles, inclusive o que não os agradasse, tudo pensando para a melhor formação deles. Os tiraria daquela realidade triste e miserável na qual foram condenados — antes mesmo do nascer—; forneceria todos os meios necessários para terem uma vida satisfatória, realizada e confortável.

O calor daquele lindo menino em seus braços, dava-lhe um prazer imensurável, sentir aquela pele macia, sedosa e suave não tinha preço; controlava-se para não mordê-lo por ser tão fofo. Não parava de olhar para aquele rosto lindo e inocente, as bochechas cheinhas, a boca vermelha, ainda sem dentes, com aquela língua rosada. Uma lágrima de felicidade rolou por seu rosto, os braços estavam cansando de segurá-lo, mas não queria parar. Decidiu sentar na outra poltrona vazia, enquanto outro paciente ou acompanhante não a ocupava.

Sentiu-se mais confortável, o peso dele agora, repousado sobre seu peito, aliviava o esforço dos braços. Sem conseguir conter-se, beijava-o a todo momento na fronte. Iraci, sentada de frente para eles, observava atenciosa tudo aquilo, finalmente estava tendo uma noção melhor do porquê de todo aquele cuidado da patroa para com eles; entendeu qual era seu trunfo, o meio de melhorar a sua vida, e a delas também — é claro.

Helena começou a cantar uma música enquanto o acariciava. Se não estivessem no hospital com Maria num estado grave de saúde, precisando de cirurgia ortopédica, e ainda em observação pela neurologia, acharia que estaria no nirvana.

O encanto foi quebrado quando um homem entrou na sala chamando por Iraci, não era um profissional da saúde, porém continuava sendo funcionário do hospital, no entanto suas roupas indicavam ser responsável pela burocracia administrativa. As calças de tecido de risca de giz acompanhado de um sapato social preto, já desgastado de tanto uso; a camisa verde musgo com o logo do hospital não deixavam qualquer dúvida, esse era o mensageiro responsável de trazer as más notícias, em outras palavras, o custo de todo o tratamento.

Helena levantou-se, dizendo ser a responsável financeira, andou até Iraci colocando o menino em seu colo, após isso, foi em direção ao funcionário. Ao ver o detalhamento da conta, teve vontade de gritar, porém continuou mantendo a classe; tentou manter um rosto impassível, mas um bom observador perceberia sua surpresa, como Iraci o fez.

Os exames, as medicações, as avaliações de especialidade, e o aluguel do local onde estavam passou facilmente da casa da dezena de milhar. E por Iraci não ter plano de saúde, tudo devia ser pago como atendimento particular, o que encarecia muito mais o serviço. Todavia esse preço alto não foi o maior motivo de sua surpresa, apesar de ser um custo bem alto. Sem contar ainda os dias que estariam por vir, fazendo tomografias e medicações diárias, além do risco de uma cirurgia neurológica, em caso de piora do edema cerebral — a qual tinha um custo muito mais alto que uma cirurgia ortopédica. A conta cobrada no valor final, poderia ser multiplicada "N" vezes.

Entretanto, o depósito prévio de 50% do custo total da cirurgia ortopédica (conhecido como cheque calção), era ofensivo de tão elevado valor, mesmo para seus padrões econômicos altos. Não tinha condições de pagar aquilo sozinha; tinha dinheiro guardado o suficiente para pagar aquilo, porém precisava tirar da sua conta conjunta com Roberta, e para isso, ambas deveriam concordar.

— Muito obrigado, posso ficar com esse papel? Preciso entrar em contato com minha esposa.

O homem espantou-se, demorou alguns segundos para processar que aquela linda mulher havia dito esposa.

— Desculpa, não entendi. — ele respondeu.

— O papel, posso ficar com ele? Preciso ligar à minha esposa para fazer o pagamento.

Finalmente entendeu, realmente a linda mulher era "sapatona".

— Claro, pode ficar. — disse entregando o papel. — Assim que conseguir resolver isso, pode me chamar. — disse saindo da enfermaria. "Caramba! Como uma mulher dessa, tão bonita, se estragando sendo sapatão, ela não deve ter pego um homem de verdade, por isso virou isso. Triste", pensou o agente administrativo enquanto voltava a sua sala para avisar todos os homens da "má" notícia.

— O que foi, Lena? — perguntou Iraci vendo a expressão de preocupação da patroa.

Helena andou em direção da empregada, trocou o papel pelo menino, sentiu vontade de dizer: "tá aqui, o preço pelos teus netos, eu pago e fico com eles". Contudo não o fez, sabia que se fizesse isso poderia pôr tudo a perder; mesmo pagando aquela conta estratosférica, e salvando a vida da Maria, isso não a daria direito sobre as crianças. Mas todo esse esforço não seria em vão, usaria isso para convencer a avó mais tarde. Na verdade, já tinha um plano em mente de colocar a menina sob sua guarda, primeiro seria ela, depois tentaria Rafael.

— Meu Deus! — disse Iraci realmente espantada olhando para aquela conta estratosférica.

— Não se preocupe, Roberta e eu cuidamos disso.

Repousou o menino sobre seu peito, como da vez anterior. Pegou o seu celular e começou a digitar uma mensagem para Roberta.

Capítulo 18.

1

Roberta sentada sobre seu trono olhava inquieta para o advogado falando em tom monocórdico; aquele barulho constante, de altura mediana, cheio de pomposidade e arrogância, parecia um feitiço proclamado por algum bruxo ou pajé. Ela batalhava contra seu próprio ser, tentando permanecer acordada; vez por outra lembrava d'um episódio de "Tom & Jerry" onde, Tom, acabando de chegar de uma noite de farra, era obrigado pela empregada a ficar acordado e caçar os ratos, no caso Jerry. Empregada gorda, negra, com peitos enormes, roupa remendada, uma caricatura muito comum do século XVIII, XIX, e início do XX, bem vexatória aos negros; não podendo esquecer que rosto dela não aparecia no desenho, muito semelhante com todos os empregados e faxineiros: seus rostos não são percebidos, perdem sua identidade, sua individualidade, sua dignidade. São apenas identificados, subalternos, como serventes, diferenciando-se pela cor dos uniformes os quais vestem. Para se manter acordado, o gato gruda fitas adesivas nas pálpebras, prendendo-as na testa, tudo para tentar vencer o sono. Essa era a vontade dela naquele momento, prender suas pálpebras com fitas adesivas.

Ela como juíza não poderia, em hipótese alguma, "pescar": uma gíria muito comum na metrópole paraense para aqueles que, ao dormirem, desequilibram-se, abaixando a cabeça com rapidez e, ao se assustarem-se, despertam sobressaltados; parecendo que morderam um anzol, e o pescador percebendo, puxa a isca com força e solta, técnica muito comum por pescadores. Bocejar também estava fora de cogitação, ela como magistrada superior, responsável pelo o futuro daquele réu, ao mostrar-se sonolenta, sem interesse no caso, desrespeitaria todo o processo e o tribunal, além de ser uma ofensa ao judiciário.

Os olhos dela ardiam de tanto sono, forçando-a a piscar: para produzir lágrimas, lubrificar os olhos e diminuir o ardor. As piscadelas ficavam mais frequentes, com intervalos de tempo entre elas, cada vez mais curtos. A cada fechar de olhos, demoravam cada vez mais... começou com milésimos de segundo, depois foram centésimos de segundo, chegando a décimos, até que completaram um segundo inteiro. A dificuldade de abrir os olhos ficando cada vez mais difícil.

A maldita relatividade de Einstein novamente mostrava-se, para ela, uma verdade inquestionável, o que a enfurecia: pois sempre acreditou que o tempo era o único juiz imparcial, julgava todos em igualdade, não importando nível social, raça, gênero ou opção sexual. Todavia, quando sentava-se naquele trono, dentro do tribunal, os segundos pareciam horas, e, ao fechar dos olhos, um segundo poderia ser o suficiente para destruir sua reputação, construída depois de tanto tempo, esforço e trabalho. Tinha vontade de xingar o tempo e Einstein, pela perda da imparcialidade do tempo, e pior, fazê-lo voltar-se contra ela.

Para a tristeza dela, não eram só as piscadelas e os olhos ardendo que a preocupava, segurar o bocejo era um esforço enorme. Os pulmões enchendo, quase além de sua capacidade; a mandíbula tentando abrir ao máximo para aumentar a passagem de ar e encher ainda mais os pulmões; os músculos mandibulares relaxando de forma a quase deixá-la igual uma sucuri preste a engolir sua presa; o esforço descomunal de deixar a boca fechada enquanto o inconsciente, força-se ao contrário; o ar saindo dos pulmões, com toda a força, vazando entre as narinas e a boca aberta, porém com os lábios fechados. Transformavam seu rosto numa caricatura que só ela, e apenas ela, achava que ninguém perceberia seu sono. “Se percebem meu sono, pelo menos, também percebem meu esforço de não querer mostrá-lo”.

O esforço de manter-se acordada era tanto que sua atenção — a qual deveria estar focada no julgamento para dar uma sentença adequada e condizente com o caso, seja para absolvição ou condenação — não conseguia concentrar-se em mais nada, a não ser ficar acordada. O Advogado terminou o discurso em defesa do réu. Roberta não conseguiu absorver nada do que foi explanado, assim como não lembrava nada do que havia sido abordado pelo promotor. “Não preciso mesmo, já li todo o processo”, pensava.

Conhecia o acusado, já o havia condenado por posse de drogas: alguns anos atrás sob sua posse, numa batida policial, haviam encontrado 94 gramas de maconha. Foi autuado pelo crime de posse de drogas, para infelicidade dele, havia completado a maioridade penal faziam 4 meses. Por ter um longo histórico de detenção na Fundação Casa, pelos mesmos crimes, no entanto, ao completar a maioridade, voltou a ser réu primário, forçando Roberta a dar uma pena branda: 6 anos de reclusão, com direito a pagamento de fiança para responder ao processo em liberdade, entretanto estipulou um valor impossível que ele pagasse, 10 mil reais; sem conseguir, teve de cumprir 1/6 da pena em reclusão, um ano depois estava em regime semiaberto. Dessa vez, com 19 anos, tudo tinha piorado para ele: não era mais réu primário, e a quantidade de maconha, 87 gramas, era o suficiente para enquadrá-lo, não em posse, mas tráfico.

— Pois bem. O réu Roberval Costa da Silva pode levantar para ouvir a sentença.

Ele levantou conforme ordem da juíza.

— Considero o réu culpado pelo crime de tráfico de drogas — disse firme.

A mãe de Roberval começou a chorar em desespero.

— Não faz isso, ele não tem culpa! Solta meu menino, solta meu filho, por favor! Ele foi forçado a carregar isso, diz pra eles que te forçou a fazer isso, diz, meu filho, diz. — gritava ela em meio aos prantos, enquanto duas das suas filhas tentavam contê-la.

— Não posso, mãe, se eu fizer isso vão me matar, também vão matar a senhora e todo mundo que mora lá em casa. — gritava ele, também chorando, algemado, olhando para mãe e as irmãs, em meio as lágrimas que embaçavam a vista.

— Silêncio! Silêncio! Ou vou ter que mandar tirá-la daqui à força senhora. — disse Roberta imperativa, forçando a mulher a conter o choro.

"Sempre é isso, todos dizem: 'nunca são culpados'", pensou.

— Continuando, sentencio 15 anos de reclusão por tráfico de drogas; mais 2/3 por reincidência; totalizando 25 anos de reclusão, mais o restante da pena em regime fechado por posse de entorpecentes; sem direito a fiança, com progressão para o regime semiaberto após cumprimento de 3/5 da pena em regime fechado. Devendo ser transferido o mais rápido possível para o presídio, ficando sob a responsabilidade do Estado. — disse firme, impassível, batendo com o martelo duas vezes, consumando o veredito.

Roberval desabou sobre a cadeira, desolado, fazendo as contas, com dificuldade, pois suas aulas de matemática no colégio público eram uma porcaria, quase não tinha, devido às inúmeras greves as quais reduziam o ano letivo para menos que um semestre de aulas, sem contar o professor que, por desmotivação e falta de reconhecimento social, mal se empenhava em certificar-se do aprendizado adequado dos alunos, pouco importava ensiná-los realmente a matemática. No início do magistério até tentou, esforçou-se com afinco para mudar a realidade daquelas crianças, contudo, com o passar dos anos, esse fogo da paixão do ensinar foi apagado pelo frio da desmotivação, falta de conhecimento, desrespeito dos alunos e superiores. Roberval deu-se conta que estaria livre, realmente, depois dos 50 anos, isso se não fosse morto antes na cadeia, numa dessas revoltas, nas quais, inúmeros detentos são assassinados num método de reduzir a superlotação dos presídios. Esses infelizes são escolhidos pelos reais donos dos presídios: os líderes do "crime organizado", os quais indicam quem deve morrer, apenas por afinidade. Por isso, sua primeira ação ao chegar na cadeia seria se associar à organização criminosa vigente, fazendo um pacto de sangue com o diabo, porque o único meio de sair, depois de assinado o contrato é com a morte; e depois que morrer, é certeza de ir ao inferno.

A mãe, ao saber da pena total de seu filho, desmaiou sentada. Saber que mais um de seus filhos iria para a cadeia foi demais para ela. As filhas jovens, menores de idade penal, tentavam sustentá-la; os agentes de segurança, policiais e servidores públicos, apenas olhavam enojados para aquilo, pensavam que tudo não passava de uma atuação, um "piti", um fingimento, "e das mais vagabundas por cima", pensava um dos seguranças. O outro estava mais atento em olhar para a bunda empinada de uma das filhas de 15 anos da desfalecida, olhava para as pernas jovens firmes sob a calça jeans apertada; a outra irmã, de 16 anos, estava de frente para ele, curvada segurando a mãe, expondo involuntariamente, por causa do decote, parte dos seios empinados e duros. "Essas daí já devem aguentar", pensava ele.

— Mamãe! Mamãe! Alguém ajude minha mãe. — gritava uma das meninas enquanto olhava para todos os presentes procurando socorro.

O réu estava sendo conduzido para fora do tribunal, em direção ao veículo responsável pelo transporte. Todos os presentes começavam a se dispersar do recinto, inclusive Roberta. A mãe do condenado começava a tornar a si, as filhas conseguiram acalmá-la; uma delas disse para não ficar tão preocupada: Jairo, o irmão mais velho, cuidaria dele, ambos estariam presos no mesmo presídio. Pouco tempo depois, um dos seguranças as expulsaram do tribunal, não poderiam permanecer ali, visto que o expediente havia terminado.

Roberta estava exausta de tédio, sua enxaqueca costumeira começava a açoitá-la, "preciso do meu remédio". Começou a andar acelerada pelos corredores procurando chegar, o mais breve possível, em seu gabinete. Sem perceber, um homem colocou-se ao seu lado, acompanhando-a pelo mesmo local que seguia; olhou para ver quem era, identificou o advogado de defesa do réu recém condenado.

— O que foi doutor? O julgamento acabou se não percebeu? — disse irônica.

— Percebi, vossa excelência, só queria perguntar, por baixo dos panos, se não achou a pena muito pesada?

— Pesada? — disse surpresa— O senhor sabe muito bem que apenas estipulei a pena prevista no código penal, se não sabe, deveria saber, afinal, o senhor é advogado criminal ou não? — perguntou sarcástica.

— Sei muito bem, vossa excelência. — disse parando ao lado dela, em frente ao elevador. — Mas acha justo ele ser condenado por mais de 20 anos por posse de 100 gramas de maconha?

— Eu não tenho porque me explicar, principalmente pra você. — disse sem olhar para ele, ignorando-o.

— Vou recorrer.

— Pode recorrer, é um direito constitucional de seu cliente.

— Espero que assim corrijam essa falha.

Roberta encarou-o firme, depois dessa crítica ao seu trabalho.

— Doutor, vou dar-te um conselho, não perca seu tempo, sabes muito bem que minha sentença foi correta, totalmente dentro dos trâmites legais do código criminal; sabes muito bem que nenhuma instância revogará minha decisão. — parou de falar, pois a porta do elevador abriu, segurou a porta impedindo-a de fechar. — fazendo isso, você estará apenas dando falsas esperanças para eles, que já sofrem tanto pelos crimes do filho; além do que, isso será uma grande economia para eles, que tem tão pouco, gastarão em vão pagando com seus honorários que, tenho certeza, não trabalha de graça.

— Obrigado, vossa excelência, pelo conselho, mas vou recorrer assim mesmo.

— Ótimo, faça isso, a constituição te garante, mas seus honorários serão de graça? — perguntou cínica.

O advogado ficou calado.

— Imaginei, mas não te condeno, afinal, você tem que pagar suas contas, mesmo que para isso outras pessoas não paguem as delas. — disse ela segurando a têmpora esquerda e soltando uma leve risada irônica.

— O que foi, vossa excelência? Precisa do seu remédio para enxaqueca? Aquele homeopático? — perguntou irônico, dando a entender, indiretamente, da *cannabis* usada pela a magistrada.

— Preciso, muito. E você? Ainda tomando muito energético natural? — respondeu ela mais irônica ainda.

— Só à noite.

— Tudo bem, doutor, preciso ir. Cuidado com esse nariz, tá ficando um pouco torto, conheço um cirurgião plástico maravilhoso, depois te passo o contato. — disse entrando.

A porta do elevador fechou, Roberta estando sozinha, pois o elevador, assim como alguns banheiros restaurantes dentro do tribunal, e salas de lazer eram exclusivamente destinadas aos magistrados, com exceção dos servos, faxineiros e garçons, que poderiam acessar esses locais apenas para servi-los e nada mais. Quase como um apartheid moderno, ou uma segregação legal, separando a casta superior brâmanes dos inferiores, intocáveis e impuros dalit, mas no Brasil, todos são iguais perante a lei.

Fechou os olhos tentando diminuir a fotofobia e os pontos luminosos de coloração estranha, os quais atrapalhavam sua visão sempre que a crise aparecia. Massageou a têmpora tentando amenizar a dor, pensava na insolência desse advogado arrogante e prepotente, confrontá-la sobre o mérito de sua sentença, além de, indiretamente, tentar expor seu, podemos dizer, segredo jurídico quanto à legalidade de suas medicações para "enxaqueca e glaucoma".

Não se preocupou com o perigo desse seu "segredo" ser revelado, pois, além de saber do vício desse advogado em específico, inúmeros outros "cidadãos de bem" partilhavam do mesmo fornecedor. Juízes, empresários, médicos, advogados, engenheiros, políticos tinham seus segredos que, por serem da casta mais elevada e poderosa, tanto por influência quanto por finança, não tinham seus crimes impedidos, a não ser que caíssem no conhecimento popular, caso acontecesse, teriam de ser punidos, minimamente, de forma bem branda, depois de anos de protelação — isso quando seus crimes não prescreviam —, para dar o exemplo adequado de "bom viver" e "civilidade" ao povo. No entanto, ela era totalmente diferente do réu, do qual nem lembrava mais o nome: a ação dele financiava o crime organizado e toda a violência causada por eles no país; todas as armas que cometiam assassinatos; bancos assaltados; prostituição e o afastamento do Estado de locais dominados por eles, principalmente em periferias onde era mais necessária a presença do Estado, e por este não poder estar presente, os moradores dessas regiões, acabavam sendo seduzidos pelo crime, e, portanto, devendo serem punidas quando presas.

Sua "medicação", era fornecida por alguns policiais que, depois de fazerem grandes apreensões de todo os tipos de drogas do "crime organizado", realocavam para ela e todos os cidadãos de bem. O dinheiro usado nessa transação não financiava as armas e equipamentos do crime, iam para alguns profissionais que supriam a necessidade fisiológica de alguns; no caso dela, uma medicação comprovadamente eficaz contra a enxaqueca, provada por vários estudos no mundo todo e, por ignorância de muitos, principalmente religiosos como ela pensava, não permitiam a liberação, para assim, ela poder comprar legalmente.

A porta do elevador se abriu, com o sinal de aviso ela abriu os olhos. Estava quase cega do lado esquerdo, inúmeros pontos multicoloridos piscavam na sua vista impedindo-a de enxergar. Saiu do elevador antes da porta se fechar. Tonta, uma vertigem forte atacou-a, seus passos começaram a ficar sem firmeza, apoiou a mão na parede para se equilibrar, sentiu uma ânsia de vômito, controlou-se para não realizá-la.

Entrou pelo gabinete cambaleando. Pereira e Silva vendo o jeito dela portar-se ao caminhar pelo tempo de serviço ao lado dela, sabiam como deveriam se portar ao vê-la em suas crises de enxaquecas: ficaram calados, imóveis, mudos, sem fazer o mínimo barulho, para assim, não sofrerem toda a ira por estar sendo afligida daquele mal que a acompanha desde a infância.

— Eu já li o relatório de vocês, por favor, calem a boca e não perguntem nada. — disse Roberta já prevendo a curiosidade deles de quererem saber qual dos dois ainda permanecia empregado. — Ainda não decidi quem vai para a rua.

Entrou em sua antessala, a secretária vendo o estado da excelentíssima juíza apenas disse:

— Direi a todos que a senhora não pode receber ninguém, nem ligação, mesmo que seja do governador.

Roberta apenas respondeu com um gesto positivo. Entrou pela sala aos tropeços, a porta foi fechada com força, fazendo a parede tremer levemente e o barulho ecoar por todo gabinete, corredor, andar inferior e outros compartimentos; o que foi pior para ela: pois, com o barulho, a cabeça faltou explodir de tanta dor. Dirigiu-se rapidamente à mesa, abriu as gavetas de forma agressiva e descuidada, procurou, sem sucesso, o opioide analgésico. Frustrada, jogou no chão o conteúdo de todas as gavetas, mergulhou sobre os papéis e objetos, tal qual na piscina de seu condomínio. Achou algumas caixas de medicações, mas não conseguia ler devido a visão comprometida pela enxaqueca. Escolheu a medicação pelo formato da caixa — pelos anos abusando dessa medicação, tinha uma leve lembrança do formato exato —. Não tinha certeza se era a medicação correta, não se importava com isso, tomaria dois comprimidos, já fizera isso outras vezes, os efeitos colaterais não a assustaram tanto, apenas ficou extremamente sonolenta, sem conseguir mexer os membros com exatidão, nada que a preocupasse.

Cambaleou em direção ao frigobar, tirou dois comprimidos da cartela, lançou-os em direção à boca, pegou uma garrafa de água e engoliu afoitamente, afogando-se; a água escorreu pela boca, pescoço e, por fim, manchou a toga. Ela foi em direção às janelas, fechou-as completamente; direcionou-se aos interruptores desligando-os; a sala ficou num breu tenebroso. Caminhou até ao sofá, jogando-se de bruços sobre este. Pressionava as têmporas com força, quase como querendo estourar a própria cabeça, numa tentativa desesperada de fazer a dor parar.

Lentamente, o efeito da medicação foi fazendo efeito, a dor foi diminuindo, diminuindo, até que, por fim, dormiu.

11

Acordou desorientada no tempo e espaço, não sabia onde estava, se estava no tribunal, ou voltado para casa sem saber, no automático, como já havia acontecido outras vezes. Olhou em volta e continuou em dúvida: estava escuro demais para ter certeza. Sentiu um pano a cobrir, tocou e sentiu o tecido leve, macio e suave da seda; continuou em dúvida, dado que, outras vezes, havia acordado de toga em casa. Ao movimentar-se tocou no encosto do sofá, entendendo, finalmente, onde estava: apenas no sofá do tribunal fazia aquela escuridão, a sala de sua casa tinha tantas janelas que era impossível igualar-se no quesito retenção de luz exterior.

Sentou-se, seus membros ainda estavam levemente dormentes, pesados e insensíveis. A cefaleia, outrora insuportável, estava leve e fina, apenas um incômodo inconveniente.

— Tá na hora de terminar o tratamento.

Foi até os interruptores e ligou, clareando a sala, viu assim toda a bagunça feita por ela. As janelas fechadas não a deixavam saber se ainda era tarde, noite, ou dia, visto que, vez por outra, havia desmaiado em sua sala até o dia posterior. Não sabia se estava sozinha, seus assessores não ousariam bater ou tentar abrir a sala sem sua permissão; caso ela viesse a morrer, provavelmente só o fariam quando seu corpo começasse a feder e incomodar. Por isso, como sempre, iriam embora sem avisá-la.

Olhou para o relógio na parede, passavam alguns minutos das 21 horas.

— Com certeza todos já foram, se não foram, deveriam.

Colocou as gavetas no lugar, juntou atabalhoadamente os objetos do chão e lançou-os nas gavetas sem critério. Não se importava com a organização, só não queria deixar tudo jogado: "A faxineira pode achar alguma coisa que não deve quando vier limpar amanhã". Pegou seu molho de chaves preso à calça por uma corrente bem-acabada, bonita e fina de uma empresa russa de joias; dentre elas, tinha uma pequena e simples quanto ao design, porém com um segredo complexo, feito por encomenda. Abriu a gaveta e retirou o material para seu "tratamento de enxaqueca". Pegou uma folha grande de seda bem fina; no "pacote de armazenamento do remédio" tinha a erva, não tanto quanto pensou que tivesse. "Ulha! Tá acabando, acho melhor comprar meio quilo dessa vez", pensou enquanto enrolava seu baseado.

Antes de ir ao banheiro, tirou a toga e pendurou-a de forma a não a amarrotar. Ela tinha um grande apreço por aquela toga: não poderia ficar amarrotada, suja e desleixada — "tinha de ficar reta, limpa e bem cuidada; como a justiça, e o juiz, devem ser"— pensava. Entrou no banheiro e trancou a porta — "o prevenido morreu de velho"—, acendeu o cigarro e tragou seu remédio. A fumaça entrou quente pela boca, passou suave pela garganta e, por fim, acumulou-se tórrida no pulmão. Momentos depois expeliu a fumaça parecendo que todo o mal fora retirada de seu corpo.

Olhava para aquela fumaça diluindo-se no ar e não pensava em nada, apenas curtia o gozo do momento. Os tragos foram se repetindo até que o calor da bituca queimasse a ponta de seus dedos, despertando-a do transe.

Lembrou-se que o estoque estava acabando — "melhor comprar meio quilo dessa vez, 300 gramas foram rápido"—. Pegou seu celular e acessou um aplicativo de mensagens criptografadas, selecionou o perfil "Jah" e mandou a mensagem: "preciso de um de seus mensageiros com meio quilo para comunhão, amanhã se possível, estou sem".

O "Jah" era um delegado federal responsável pelo combate ao tráfico de drogas da região, uma das ferramentas estatal responsável por livrar a sociedade de drogas ilícitas e prender criminosos perigosos. Entretanto, fora de expediente, pegava um pouco de droga das toneladas apreendidas e fornecia à elite econômico e social paraense, somente para amigos e chegados, sem remorso ou culpa, pois sabia que eram cidadãos de bem e trabalhadores que usariam os entorpecentes com moderação e consciência.

Após resolver seu problema com "Jah" percebeu que havia inúmeras mensagens e notificações de chamadas perdidas em sua tela; a maior parte, se não todas, eram de Helena. Roberta sentiu um leve temor, não era normal tudo aquilo, algo havia acontecido, e pelo número de tentativas, deduziu ser grave.

Rapidamente ligou para a esposa; segundos depois ela atendeu.

— Oi, meu amor, tudo bem? O que aconteceu? — perguntou preocupada.

— *Oi, amor, estou bem. Porque você não me respondeu logo? Estou tentando falar com você desde às seis da tarde?*

— Não pude responder, amor, agora que acabou o julgamento, mas te liguei assim que vi as mensagens— "Pelo menos não estou mentindo totalmente", pensou. — Mas sim! Me diz logo o que aconteceu.

— *Eu tô aqui no hospital Cais Semanas.*

— O quê?! — assustou-se Roberta. — Você está bem? O que aconteceu? Machucou alguma coisa?

— *Estou, estou, não aconteceu nada comigo. É a Maria, neta da Iroca, ela tá muito mal, grave, precisa muito de ajuda, senão ela pode morrer. Trouxe ela para cá pra ser atendida, mas preciso de você pra liberar o atendimento.*

Ouvir que Helena estava bem e nada de ruim havia acontecido com ela, acalmou os ânimos de Roberta. Contudo, rapidamente uma curiosidade formou-se em sua mente.

— Só não estou entendendo o porquê de você precisar de mim para liberar o procedimento — perguntou já sabendo a provável resposta.

— *É porque, eu coloquei nós duas como credoras.*

— Por quê?

— *Por que nós duas somos um casal, ou esqueceu?* — disse ríspida.

— Ok, ok. Mas não se irrite.

— *Então não me deixe irritada. Rô, por favor, venha depressa, a menina está muito grave, e ela depende apenas de você pra ficar bem.*

— Tá bem amor, chego aí o mais rápido que puder. — respondeu percebendo a chantagem emocional.

— *Obrigada, te amo.*

— Eu também te amo.

Helena encerrou a ligação.

Roberta olhou para o celular séria, sabia o motivo dela necessitar de sua autorização conjunta para o procedimento na menina, principalmente tratando-se daquele hospital extremamente caro. Perguntou apenas por uma necessidade vil de querer ouvir a verdade em tom de súplica. Não sabia explicar o porquê dessa reação, devia ser pelos anos de magistratura, os quais, pelos anos de serviço, a faziam agir sem pensar, instintivamente. O poder de ter o destino de muitos ao seu juízo, ver a súplica deles por sua misericórdia, davam um prazer muito maior que qualquer baseado ou droga já experimentada. Odiava toda aquela mornidão e "tédio" do tribunal, porém, mesmo sendo maçante bater o martelo conforme sua vontade fazia tudo valer a pena. Estava tão viciada que adorava fazer as pessoas suplicarem sua vontade: no supermercado, cinema, restaurante, qualquer lugar. Helena percebia e odiava quando Roberta fazia isso, principalmente com ela: "Não quero uma juíza, quero uma parceira, uma sócia, em igualdade; uma relação horizontal, não vertical, você manda e eu obedeço; se for assim, eu tô fora", dizia Helena; E foi com essa atitude que ela a conquistou. Por isso, esforçava-se a tentar perder esse hábito e a dependência do poder.

"Isso é muito difícil, faço sem pensar, como agora. Parar com isso é pior que parar de fumar; tanto que já parei de fumar", olhou para a ponta dos dedos levemente queimadas e um pouco amareladas. "Isso não é cigarro, é remédio, pra minha enxaqueca", pensou tentando se convencer.

Caminhou até o box do banheiro, escovou os dentes para minimizar o odor da *cannabis*. Seus movimentos ainda estavam lentos e imprecisos, não poderia ir dirigindo, principalmente rápido, seria um risco enorme. Ao terminar, colocou colírio nos olhos para disfarçar a vermelhidão, foi até a mesa, procurou pelas gavetas até encontrar o perfume, passou tentando disfarçar o odor característico da droga, pegou o telefone e ligou para a administração do tribunal.

— Alô, aqui é a excelentíssima doutora Ludiwig, quero que preparem uma viatura, rápido, já estou descendo, quero que me levem com urgência no hospital Cais Semanas.

Desligou sem ouvir a resposta. Pegou sua bolsa que estava sobre a mesa, procurou em seu interior uma pastilha mentolada, colocou uma na boca. Certificou-se que a gaveta estava trancada, caminhou em direção à porta e saiu.

III

O barulho da sirene gritava alto pela noite úmida, as luzes azul e vermelha alumiavam as ruas e vielas da cidade escura. A superfície molhada pela chuva fina deixava tudo mais sombrio e soturno. As estavam ruas engarrafadas, cheias de carros lentos e motoristas estressados guerreando pelos mínimos espaços. O trânsito caótico pode ser um problema para o cidadão, porém Roberta não é um cidadão qualquer, é uma juíza dentro de uma viatura policial com sirene e giroflex ligados, todos deveriam sair de sua frente e não atrapalhá-la em seu percurso ou sentiriam a mão pesada do Estado os lembrando que nunca devem atrapalhar um juiz. Todo esse poder fê-la chegar em seu destino o quanto antes.

Assim que chegou, Roberta dispensou os policiais para fazerem seus atributos: assegurar que a vontade de poucos seja cumprida por meio do Estado. Ela entrou pela recepção movimentada e cheia de enfermos à espera. "Égua, isso aqui tá cheio, tá mais parecendo o SUS.", pensou. Foi até a recepção informar-se onde estavam os pares dela. A recepcionista, muito atarefada, não pôde respondê-la de imediato, havia várias pessoas na frente. Ela sentiu-se ultrajada: "Como 'essazinha' ousa me deixar esperando, ela não sabe quem eu sou? ". Lembrou não estar mais em seu expediente, nem com sua toga, estava à paisana, disfarçada de humana comum. Controlou-se, achou por bem não dar a famosa "carteirada", tão comum àqueles que detém algum tipo de poder, seja ele Estatal ou financeiro. Afinal, tinha prometido a Helena e a si mesma reabilitar-se de seu vício em poder. "Será isso possível?", pensou sem saber a resposta. "Espero que não demore muito até ela me responder, senão vou acabar tendo que dizer quem eu sou", pensou olhando direto para a recepcionista, encostada numa parede lateral, próximo do balcão.

Minutos depois, quase no limiar do autocontrole dela, a atendente a chamou acenando. Roberta aproximou-se andando lentamente, numa tentativa infantil de fazer a recepcionista provar um pouco de seu remédio.

— Desculpe a demora, senhora, está muito movimentado. Mas sim! Em que posso ajudá-la?

— Eu quero saber onde se encontra minha mulher?

— Sua mulher? — perguntou surpresa.

— É, minha mulher, algum problema? — perguntou Roberta imperativa.

— Não, senhora, problema nenhum. É que eu preciso saber o nome dela para poder procurar no sistema. — respondeu disfarçando habilmente sua surpresa e preconceito.

— Ou! Verdade, desculpa, não disse o nome dela.

— Tudo bem. — disse, relaxando ao perceber que a cliente havia aceitado sua justificativa. Uma reclamação dessa natureza e, principalmente, dependendo do poder aquisitivo do cliente, poderia ser demissão.

— Helena Ludiwig.

— Um momento. — disse a atendente procurando — Não tem ninguém internado com esse nome, senhora.

Roberta desculpou-se, deu o nome completo da menina, rapidamente a recepcionista informou-lhe o andar e o número do quarto. Agradeceu e dirigiu-se à enfermaria.

Assim que ela afastou-se, a recepcionista virou-a a sua colega de serviço:

— Menina tu nem sabe, aquela mulher chique que estava aqui, é sapatão. — disse arregalando os olhos, movendo levemente a cabeça horizontalmente em negação, e colocando a mão escondendo a boca.

— Mentira? — disse a colega com um tom coloquial de deboche, com uma expressão caricata de surpresa.

— Tô te falando! Credo, o mundo tá cheio disso, Deus que me livre.

— Verdade, amiga, Deus que me livre também desse povo.

Roberta saiu do elevador direto no andar da pediatria. Por ser mais de 21 horas, a maioria das crianças estava dormindo; apenas algumas andavam pelo corredor acompanhadas de seus responsáveis, tentando distraí-las do tédio de ficarem presas àquele prédio. Era uma enfermaria bonita e bem-acabada, pintada em tom azul bicolor: a parte inferior num azul mais escuro, cheia de peixes, sereias e animais marinhos; a parte superior de um azul celeste, cheia de nuvem e uma porção de pássaros coloridos.

Chegou na enfermaria, pensou bater na porta, mas hesitou, por estar tarde poderia acordar as crianças. Decidiu abrir a porta devagar, evitando fazer barulho, foi tão eficiente que ninguém percebeu. Encontrou todos dormindo: Iraci numa cadeira de acompanhante, Helena noutra com Rafael sobre o peito, e Maria deitada de bruços no berço, com o braço e a perna direita imobilizados.

Aproximou-se silenciosa de Helena, beijou-lhe no pescoço, próximo ao ombro, como sempre fazia tentando acordá-la ao chegar tarde do tribunal e encontrá-la dormindo no sofá da sala, ou do quarto. Iraci, sentada de frente para elas, havia sido a única a acordar com a entrada de Roberta, mas ao vê-la, decidiu fingir continuar dormindo, observando tudo sem elas darem conta disso: "Posso acabar descobrindo alguma coisa", pensou. Ver aquela demonstração de afeto entre elas, que ela não aceitava, a fez, inconsciente, rosnar de reprovação. O barulho chamou a atenção de Roberta que olhou na direção do som; Iraci rapidamente fechou o olho e mexeu-se na cadeira fingindo dormir. Sem desconfiar, ela voltou a beijar o pescoço da esposa. Iraci vendo isso, novamente, entre as pálpebras semifechadas, dessa vez conteve-se.

Helena percebendo que era sua mulher, acordando-a de um jeito único e exclusivo delas, expressou um sorriso antes de abrir o olho; formou um bico com os lábios, esperando neles, o beijo do qual sempre acompanhava os do pescoço e, como de costume, Roberta o deu. Por fim, ela abriu os olhos vendo a amada, não pôde abraçá-la como sempre fazia ao ser acordada, pois Rafael deitado sobre ela a impedia.

— Boa noite, meu amor. — disse Roberta.

— Agora sim, boa noite. — respondeu sorrindo.

— Me explica o que foi que aconteceu? — perguntou sem poder protelar mais.

— Foi a Maria que caiu da cama e quebrou a perninha e o bracinho.

— Mas por que trazê-la pra cá?

— É que ela também bateu a cabeça, teve traumatismo craniano, ainda não tá fora de risco, tem que continuar fazendo tomografia e acompanhamento, caso o edema não regrida, vai ter que fazer cirurgia.

— Tá, ok, mas por que pra cá?

— Eu não podia levá-la pra UPA, ela podia morrer.

— Eu sei, mas logo pra cá? Tenho a certeza que ela não tem plano de saúde, — falou apontando para Maria no berço — disso eu sei, pois sou eu que pago o salário dela; e tenho certeza que as outras casas onde ela trabalha, também não o fazem.

— Tá, e o que tu querias que eu fizesse? Deixasse ela morrer? — disse, elevando o tom da fala.

O barulho fez Rafael mexer-se sobre ela, quase acordando-o. Helena o ninou, acariciando-o com cuidado e afeto. Roberta vendo aquilo, sentiu uma forte emoção, ver sua esposa cuidar de uma criança que poderia ser o filho delas a comoveu bastante. Entendia completamente toda a ação dela em tentar salvar a menina, não precisava de nenhuma justificativa, perguntava somente para suprir sua necessidade impulsiva de ter o poder e decisão final, mesmo que seja apenas para ratificação.

— Não, não. Você fez o certo meu amor. Olha, não podemos conversar aqui, vamos deixar a Iroca cuidando deles enquanto saímos para conversar. — falou tentando minimizar o tom da conversa que, na fala de Helena, já havia subido.

— Ok. — respondeu mais amena.

Roberta foi até Iraci acordá-la, tocou-a no ombro, sacudindo levemente. Ela fingiu acordar surpresa, até abriu e fechou a boca fazendo leves estalos, como se tentasse amolecer a saliva ressequida pela boca aberta durante o sono. Esfregou o olho direito com o dorso da mão e arregalou os olhos ao ver a patroa recém-chegada.

— Rô! Nossa, que horas você chegou?

— Agora pouco.

— Sério? Senta aqui, você deve estar cansada. — disse, fingindo levantar-se em solidariedade.

— Não, não. Pode ficar sentada, não precisa. — respondeu, impedindo-a de sair da poltrona.

— É, Iroca, pode ficar sentada. Cuida um pouco do Rafael aqui, nós vamos resolver a situação da cirurgia da Maria. — disse Helena.

— Ah! Se for assim, tá bom então. Me dá aqui esse gostoso. — disse a avó estendendo os braços para segurar o menino.

Enquanto a esposa conversava com Iraci, Roberta olhou o orçamento dos custos prováveis do tratamento feito pelo hospital. O choque do valor exorbitante a fez, momentaneamente, congelar, sabia que o preço seria enorme, contudo não imaginava tanto. Rápido sua mente remeteu-se ao valor poupado por elas na conta conjunta e teve a infeliz certeza, não tinham dinheiro suficiente. Lembrou-se que, meses atrás, retirou dinheiro da poupança delas, sem o consentimento da esposa, para quitar toda a dívida dela com "Jah". Por causa dos anos de aquisição de remédio pra enxaqueca no "crediário", além de uma taxa de juros criminosa — segundo ela—, acumularam-se numa dívida milionária; pensou em não pagar, mas "Jah" sabia de tudo e estava cheio de provas que a incriminavam. Para resolver isso, não tinha outro jeito, teve que usar quase todo o dinheiro da conta conjunta delas, poupado por anos, para quitar a dívida, o que as deixou quase falidas. Helena só não ficou sabendo desse saque, pois, novamente, Roberta usou de seu "poder de magistrado divino" para "convencer" o gerente a deixar tudo "por baixo dos panos".

Pensou em parcelar a conta do hospital no cartão, porém não tinha como, seu cartão estava com o limite quase estourado, as parcelas estavam no limite do que ela podia pagar; a única coisa a qual deixava-a um pouco mais segura era saber que tinha um salário fixo de mais de 30 mil reais por mês, e o melhor de tudo, vitalício.

Helena entregou o menino, Iraci o agarrou sem acordá-lo; antes de saírem, elas beijaram-no no topo da cabeça. Iraci olhou-as sair, pensou muito em segui-las, queria saber qual seria o assunto dessa conversa: "Por que não querem conversar na nossa frente? O neto é meu, tenho o direito de saber", depois lembrou do valor cobrado pelo tratamento da neta. "E ainda vai aumentar mais com a cirurgia de osso, e do acompanhamento dela com o médico de cabeça... É, melhor deixá-las conversar sozinhas. Não quero nem saber, desde que paguem por tudo", pensou.

As duas andaram pelo corredor até a área comum entre as enfermarias, onde ficava o elevador. Helena parou pensando ser um bom local para elas conversarem; Roberta chamou o elevador para descer.

— O que foi, amor? Aqui não tá bom pra conversarmos?

— Não, alguém pode acabar ouvindo "sem querer". — respondeu ela, fazendo aspas com os dedos.

— E onde vamos conversar?

— No seu carro. Veio de carro, né?

— Vim. Por que no meu carro?

— Porque eu não vim no meu.

— E porque não vieste no teu?

— Porque estava com enxaqueca.

— Hum... — respondeu, sabendo que enxaqueca era o codinome para "motivo justificável para usar maconha". Helena sabia do vício da esposa, percebia no cheiro impregnado nas roupas, no hálito, nos cabelos, tudo tentando ser disfarçado sem sucesso, porém nunca tocou no assunto, não tinha porquê. "Esse segredinho dela nunca nos prejudicou, não tem problema ela ter algum escapismo inofensivo, todos temos. Se algum dia eu perceber que isso está saindo do controle, eu falo com ela".

— E agora? Você está bem? — perguntou, aproximando-se de Roberta. Com as mãos, tirou os cabelos do rosto, depois segurou a nuca dela com ambas as mãos e olhou fundo nos olhos.

— Estou.

— Que bom. — respondeu beijando-a em seguida.

Minutos depois chegaram no estacionamento, andaram até o carro SUV delas e entraram.— Pronto, melhor! Agora nós não precisamos nos preocupar com alguém podendo escutar ou não nossa conversa.

— Tá ok. Agora, quero que você me deixe a par de tudo.

— Foi a menina que caiu da c...

— Não tô falando disso. — falou Roberta interrompendo a esposa— Tô falando de tudo, como tu pretendes convencer a Iroca e ficar com a guarda das crianças?

— Bom, primeiro vou conversar com ela, e fazer ela mesma enxergar que o melhor para as duas crianças é ficar sob nossa tutela.

— E se ela não entender isso? Por que isso pode acontecer, já pensou nisso?

— Já, claro que já pensei niss,o mas...

— Mas não, essa chance é muito grande de acontecer.

— Eu sei, eu sei... você não poderia acionar seus contatos no ministério público e tirar a guarda deles? Depois mexer uns pauzinhos pra ficarmos com as crianças?

— Poderia, mas isso é muito arriscado, nós já temos uma ligação com as crianças, somos até responsáveis pelo tratamento da menina. Depois, vou ficar devendo favor pra muita gente, e, se eu tomar uma decisão que não agrade algum desses, poderão usar isso contra mim e, com certeza, seremos presas.

— Hoje eu pensei num plano e vou precisar da tua ajuda, vais me ajudar?

— E qual é? Para te ajudar, preciso primeiro saber qual é.

— Não pode ficar com criança de colo aqui no hospital, para evitar infecção ou algo assim, ordens da direção. Permitiram apenas hoje, mas ele tem que sair o mais breve possível, de amanhã não pode passar. Então, vou falar pra Iraci ficar com o menino, enquanto eu fico aqui cuidando da Maria.

— Tá, e como podemos ficar com a guarda? Não consegui enxergar nada ainda. — questionou Roberta cética.

— Calma! Não te afoba, deixa eu terminar de falar. — disse com um leve sarcasmo — É aí que eu preciso da tua ajuda. Você vai levá-los pra casa, eu vou convencê-la de ir, já que o menino não pode ficar. Quando estiver em casa, vais fazer um documento que passe a guarda da menina para nós, e assim que terminares, me liga avisando. Assim que eu souber, vou ligar pra Iraci dizendo que a menina vai precisar de uma cirurgia urgente e ela precisará assinar esse documento nos dando autorização para responder pela menina: já que nós vamos custear o tratamento, precisaremos disso para liberar qualquer procedimento que Maria precisar. Depois dela assinar, leve-a num cartório para reconhecer o documento e a assinatura dela.

Roberta ficou calada.

— Se você puder, é claro. — disse tentando minimizar o tom imperativo de sua fala, tentando transformá-la de uma ordem para um favor.

— Hum! O que você acha de a transferirmos para o hospital público de traumatologia? Ele é muito bom, só não tem capacidade para atender toda a demanda do Estado que vai pra lá. Mas eu conheço os diretores, é só pedir um favor e vão tratá-la como uma rainha, melhor que qualquer outro paciente de lá, vai ter um atendimento VIP. — disse ela tentando convencê-la, queria minimizar o valor da dívida, que já era estratosférico.

— Não! — falou imperativa— Eu sei que o valor é alto, mas quero usar isso como uma forma de barganha, tentar mostrar que ela tem uma dívida enorme conosco.

Roberta ficou calada, refletindo sobre todos os pontos, verificando possíveis brechas, rastros e chances de sucesso, com o mínimo risco possível. Entendeu que essa possibilidade tinha muitos pontos fracos, várias chances de dar errado, principalmente se Iraci ler o documento, teria de distraí-la. "Se bem que ela nem deve saber ler, e se souber, deve ter o mínimo de compreensão da língua, quase um analfabetismo funcional, isso se ela não o for. É, isso pode dar certo, vou escrever esse documento no maior juridiquês, pomposo e rebuscado que, pra alguém entender, vai ter de ler com um dicionário jurídico do lado, isso se forem da área do direito, um cidadão comum, não vai entender nunca, principalmente se tiver aprendido nessa educação pública brasileira", pensou olhando perdida para o painel do carro.

— Amor? O que achas? Tudo bem? — disse Helena balançando a mão na frente dos olhos perdidos da esposa tentando chamar sua atenção.

— Tô. Estava pensando nesse plano.

— E o que achas?

— Acho que pode dar certo.

— Sério?

— Sério, é muito melhor do que tentar usar o poder público pra isso, basta fazermos tudo certinho e a menina será nossa.

— Ah! Que bom ouvir isso. — Disse ela sorrindo, segurando o rosto com ambas as mãos, fechando os olhos com força. — Eu pedi pra ela trazer todos os documentos da Maria, inclusive o atestado de óbito da mãe, não sabia se seria preciso, adianta de alguma coisa?

— Adianta sim, vai nos dar mais respaldo e credibilidade ter o atestado de óbito da mãe.

— Ai, amor, já posso até nos imaginar andando todos juntos, levando eles pra passear, vestindo eles da forma mais linda e fofa possível.

— Calma, eu disse pode, não disse vai. — disse tentando conter a esposa, não queria alimentar uma esperança grande nela, fazendo-a sonhar com o doce do sucesso e, no final, acabar com o amargo da decepção. — E o Rafael? Como fazemos para ficar com a guarda dele? — questionou Roberta.

— Eu ainda não pensei nisso, mas podemos decidir isso mais pra frente, uma coisa de cada vez. O importante, agora, é aproveitarmos e ficaremos com a menina primeiro, já é a metade do que almejamos. O menino vem depois. — respondeu tentando conter o sorriso que já estava estampado no rosto.

— É verdade, uma coisa de cada vez.

— Ai, amor! Eu te amo tanto sabia? Você é a melhor coisa que me aconteceu, e, quando tivermos nossos filhos, vai ser melhor ainda.

— É, vai ser. — deu um singelo sorriso.

Roberta foi beijada apaixonadamente por Helena, todo o medo e insegurança dela foi lentamente transmutado em confiança e certeza. A sensação quente e agradável do amor espalhando-se dentro do peito, a endorfina liberada, disparando prazer e alegria. Concomitante, um abraço apertado e aconchegante foi dado. O cheiro único da esposa, a maciez da pele dela faziam-na entender que Helena e o relacionamento delas eram muito importantes na sua vida. Lágrimas começaram a cair. Roberta já tinha percebido para onde o relacionamento delas estava indo; se continuasse no mesmo rumo, inevitavelmente, iriam se separar. Estavam tentando roubar aquelas crianças, não havia outra terminologia possível para o que estavam fazendo. Estavam sim roubando-as de seus parentes de direito, todavia, tudo estava sendo feito por uma causa "justa", na visão dela, a continuidade do casamento. "E o futuro das crianças, claro, não posso esquecer que tudo isso é mais pro bem delas que pro nosso", pensou, tentando se convencer.

— Vamos, tá ficando tarde!

— É, eu ainda tenho que fazer esse documento.

Ambas saíram do carro, andavam em direção ao elevador dando as mãos. Helena balançava o braço alegremente, parecendo uma criança que está indo em direção shopping comprar seu presente desejado. Soltava sorrisos espontâneos, algumas vezes segurava a boca com a mão livre tentando contê-los. Pulinhos de alegria e euforia eram dados tentando dar vazão a todas as explosões de alegria dentro dela.

Roberta olhava-a com amor, os olhos brilhavam de alegria. O sorriso leve, apenas com um tênue esticar dos lábios fazendo os cantos da boca subirem suavemente, mostrando as covinhas charmosas nas bochechas dela, as quais Helena sempre adorou. Se Helena parecia uma criança indo ao shopping comprar seu presente desejado, Roberta podia ser comparada aos pais que conduzem o filho para a compra do presente, pois assim como os pais, a alegria de Roberta estava em testemunhar a enorme felicidade da amada, e diga-se, não existe maneira de medir qual dos dois tipos de felicidade é mais gratificante, a verdade que as duas formas são maravilhosas.

Um flash passou por sua mente, lembrando-a da enorme dívida do tratamento da menina. O sorriso simples, os lábios côncavos, com as pontas levemente elevadas, transformaram-se numa linha reta; o brilho dos olhos sumiram, deixando um olhar vago e perdido: "O que eu vou fazer? Como vou sair dessa? Se a Helena descobrir vai me matar, ou pior, terminar comigo! Principalmente se souber que foi para quitar dívida de traficante. Ah, meu Deus, me dá uma luz.", clamou mentalmente, por um instante esqueceu que era agnóstica. Uma solução passou pela cabeça; arriscada, porém possível. Balançou a cabeça convencendo-se que aquilo deveria ser feito para esconder todo aquele problema e assim salvar seu casamento.

— Que foi, amor? Tudo bem? Tá pensando em quê? — disse, enquanto entravam no elevador. Programou o andar da pediatria e olhou para Roberta esperando a resposta.

— Em nós, nossos filhos e nosso casamento.

Helena alegrou-se ouvindo aquilo, abraçou-a lateralmente, escorando a têmpora no ombro da esposa. Roberta, olhando para frente, sem focar em nada, repetiu: "em nosso casamento", bem baixo, apenas para ela mesma.

Voltaram para a enfermaria. Encontraram Iraci em pé, próximo à janela, olhando a cidade escura com os pontos de luz cortando a escuridão; segurava Rafael no colo que dormia quieto. Ela se virou assim que ouviu o barulho da porta e viu o reflexo das patroas no vidro.

— E aí? O que foi resolvido? — perguntou a avó.

— Que Maria vai ficar em observação, esperando o inchaço diminuir para poder fazer a cirurgia ortopédica.

— Orto o quê?

— Ortopédica. O médico de osso que vem corrigir as fraturas dela. — explicou Roberta.

— Ah!

— Iraci. — disse Helena séria. — O Rafael não pode ficar aqui, por ele ser muito novo é muito grande o risco de ele pegar uma infecção.

— E faremos o quê?

— Bom, eu posso ficar aqui acompanhando a menina enquanto você vai pra casa cuidar do menino, e amanhã você pode ir pra sua casa.

— Mas tá muito tarde pra ir pra casa, é muito perigoso esse horário. — disse Iraci suplicante, tentando, com isso, fazê-las a convidarem para dormir na casa delas. — "Naquele quarto de hóspede lindo, maior que a minha sala, com ar condicionado gelado e enrolada naquele edredom quente e fofinho.", pensou.

— Não se preocupe, pode dormir na nossa casa. — respondeu Roberta.

Iraci conteve-se para não sorrir e denunciar como estava contente em ouvir aquilo.

— Tem certeza? Eu posso ficar aqui. vocês já estão fazendo demais por nós, nem sei como retribuir, e a senhora ainda ter que ficar aqui, perdendo sono. — disse torcendo para que as patroas não aceitassem a proposta, pois queria muito dormir no frio coberta por um bom edredom. "Mas eu tenho que fazer essa capa aqui, não quero que elas pensem que estou me aproveitando e nunca mais me ajudem".

— Não, Iroca, vá pra nossa casa, fique cuidando do menino enquanto eu reparo a menina.

— Vocês têm certeza?

— Temos. — respondeu Roberta.

— Tá bom, deixa eu arrumar aqui minhas coisas pra irmos.

Iraci arrumou suas coisas e deu um beijo de despedida em Maria. Roberta fez o mesmo, depois foi se despedir de Helena; beijaram-se e abraçaram-se romanticamente, Iraci vendo isso, não gostou, saiu da enfermaria tirando Rafael de lá. — "Que pouca vergonha, fazendo isso na frente de criança, vai que o menino vê isso e acaba virando viado. Eu, hein! Deus que me livre.", pensou no corredor segurando o neto.

— Não esqueça de fazer o documento. — disse Helena frisando a importância disso para o plano.

— Não se preocupe, é a primeira coisa que eu vou fazer assim que chegar. — respondeu confortando-a, assegurando-lhe que faria.

Beijaram-se novamente. Roberta, Iraci e o menino saíram do hospital. Por passar das 22 horas, o trânsito estava bem calmo; o único perigo era que, por estar tarde, a maioria dos motoristas não respeitavam mais os semáforos, apenas onde havia radar eletrônico. O pensamento da dívida e como faria para pagá-la sem que Helena descobrisse não saia da cabeça dela. Não gostava do que estava planejando fazer, contudo esse era o melhor a ser feito com o mínimo de efeito colateral. "Melhor que acabar com meu casamento".

Chegaram no condomínio 18 minutos depois, isso porque pararam numa farmácia 24 horas; ela achou por bem comprar fraldas para o menino, visto que ele estava sem. Entraram pela casa, Roberta mostrou a suíte de visitas onde Iraci e o neto dormiriam naquela noite — não precisou mostrar onde estavam os lençóis e toalhas pois ela, Iraci, sabia onde estava tudo, afinal, era ela quem arrumava tudo. Subiu para o quarto, tomou um bom banho relaxante, o qual não foi tanto assim: a grande preocupação não permitiu um relaxamento total, além do fato de não dormir com sua esposa naquela noite. Foi para a cama, pegou seu laptop e pôs-se a digitar.

Capítulo 19.

1

Antonio abriu os olhos devagar, a luz da manhã que entrava pela porta da cozinha aberta, causando-lhe uma forte dor de cabeça, parecendo que alguém a estava batendo-a com uma marreta. Um fedor horrível o forçou abrir os olhos. Não sabia onde estava, porém foi reconhecendo o local lentamente; o azulejo, a mesa, os armários, o fogão, fizeram-no saber que estava em casa. Percebeu que estava deitado de bruços no chão, sobre toda aquela nojenta e repulsiva mistura de fezes, vômito e sangue, os quais deixaram a cozinha insuportável, obrigando-o a escolher uma das duas opções: ou limpava a cozinha, deixando-a novamente suportável ou sairia dali o mais breve possível. Ele não titubeou, saiu da cozinha. "Espero que esse fedor não chegue na sala.", pensou preocupado.

Ao tentar se levantar, colocou as mãos no chão como apoio e um caco de vidro cortou a palma de sua mão; de imediato puxou-a num instinto de autopreservação. Levantou-se rápido com o susto, olhando por toda a cozinha. Rapidamente teve uma vaga noção do que havia acontecido, já vivera situações parecidas depois de tanto beber quando mais novo, porém fazia muito tempo que não dava "perda total". Reconheceu o vômito, a diarreia, apenas não reconheceu o que seria a mancha escura e endurecida misturada aos outros dois fluidos comuns a um porre como aquele que ele tomou. Viu também diversos cacos de vidro espalhados pelo chão da cozinha. "Devo ter quebrado alguma coisa.", pensou incerto.

Apoiou-se nos armários e na mesa para poder ter sustentação e locomover-se em pé. A vista estava turva, a ressaca ainda incomodava bastante, imagens aleatórias vieram à mente. Iraci gritando com ele, chutando-o, perguntando de Maria; a imagem de um escorpião gigante ferrando-o na parte posterior da coxa; a família completa, todos os filhos reunidos ceando numa mesa cheia das mais belas refeições; jogando futebol com seu time de várzea ganhando o campeonato de veteranos; estar perdido numa ilha deserta cercado de mulheres lindas; um açougueiro ensanguentado, gordo, grande, com cabeça de porco e presas grandes, pontiagudas, vindos da mandíbula, saindo pela boca e subindo em direção ao nariz, o qual arrancava sua perna a golpes de cutelo e, a cada golpe, gritava e roncava como porcos desesperados ao perceberem que estão sendo levados aos abatedouro. Não sabia identificar o que era real do onírico dentre tantas lembranças das quais teve bêbado.

Uma dor estranha vinha de sua perna, olhou preocupado a mancha escura e endurecida que não soube identificar o que era, vinha subindo pelo calcanhar, panturrilha até a parte posterior da coxa, num local onde ele não conseguia enxergar. O short estava grudado na pele , levemente endurecido e seco. Um ardor incômodo vinha do ânus e do espaço entre as nádegas.

— Ainda bem que eu dei "PT" aqui em casa, se fosse na rua ia ficar com medo de alguém ter me comido. — disse passando a mão nas nádegas com cuidado.

Chegou até ao corredor que ligava a cozinha à sala, passando por todos os compartimentos — os dois quartos e o banheiro entre os compartimentos comuns principais. Tudo estava escuro, fechado, o fedor de mofo estava forte a ponto de poder ser identificado em meio ao odor cítrico e nauseante das suas excretas misturadas.

— Iraci? Tem alguém aí? — gritou.

Um silêncio mórbido se fez.

— Iraci? Tem alguém? — gritou novamente.

— Os únicos aqui são você e eu.

Antonio olhou assustado para o centro da cozinha. A sombra estava sentada em uma das cadeiras, de pernas cruzadas, com o cotovelo apoiado na mesa sustentando a cabeça, olhando-o cínico com aqueles olhos rubros penetrantes.

— Você aqui! De novo? Porque não me deixas em paz. — gritou revoltado.

— Porque você não pode fugir de você mesmo.

— E o que eu preciso fazer pra você sumir de vez?

— De vez?

— É, de vez.

— Você sabe muito bem qual é a resposta, não preciso responder isso. — disse a sombra rindo.

Antonio ficou parado, olhando-a apavorado. Passou a mão pelo pescoço, como se quisesse afrouxar um colarinho ou uma gravata apertada, ou tentando ajudar a engolir alguma coisa seca cujo o entalo na garganta o incomodava. Olhou para o chão, novamente vendo toda aquela sujeira feita por ele. Sob o fogão, apenas com uma pequena ponta aparecendo, identificou seu celular; foi até o local, abaixou apoiando-se perigosamente no aparelho doméstico, o qual balançou instável sobre ele, e pegou o aparelho. Pensou em colocar no bolso, mas seu short estava imundo, achou melhor levar na mão.

Foi pulando até seu quarto. A dor na perna persistiu, sentia como se algo estranho estivesse dentro de sua carne. Pegou uma toalha, tirou o short imundo e jogou-o fora pela janela do quarto, no espaço entre a casa deles e a casa do vizinho. Foi até ao banheiro, ligou o chuveiro — para sua sorte, havia água no encanamento da distribuidora pública. Pôs-se a lavar tirando toda aquela imundície de seu corpo. Lavou-se entre as nádegas, sentiu uma dor desconfortável, estava cheio de assaduras por todo o tempo que esteve evacuado e urinado sem limpar-se.

— Nossa, ainda bem que foi em casa, senão, com certeza, agora estava chorando pensando que alguém tinha comido meu cu. Por isso que falam: "cu de bêbado não tem dono".

Sentou-se na cadeira de plástico, a qual ficava ali para auxiliá-lo na higiene. Começou a esfregar sua perna, aquela mancha negra saia com dificuldade, estava fortemente grudada a sua pele. "Mas que porra é essa?", pensava ao esfregar, com força, a perna única. As crostas foram saindo com dificuldade, ao tirá-las começou a ver as lesões feitas pelos cacos de vidros espalhados pelo chão. Sangue voltou a sair pelos cortes diluindo-se na água corrente, ao passar a mão pela parte posterior da coxa, sentiu dor e uma elevação estranha; tirou a crosta que escondia o corte profundo, porém não considerado perigoso à uma pessoa saudável; todavia, sobretudo para ele, um diabético descompensado, aquele corte era algo a se temer.

Aquela elevação o estava preocupando, sentia como se algo estivesse cortando sua carne toda vez que se movimentava. Respirou fundo tentando se convencer, criando coragem para realizar o que estava pensando. Passou a mão novamente sobre a lesão sentindo-a. Por fim, criou coragem o suficiente e colocou o indicador dentro do corte de aproximadamente três centímetros de largura. A dor passou rasgando por sua perna, subiu por todo corpo como um choque fazendo-o tremer todo, sentiu algo duro dentro de sua carne, mas a dor o fez desistir.

Tentando aliviar a dor, começou a apertar com força a perna esquerda com ambas as mãos. Descansou o cotovelo esquerdo no coto da perna cortada e a mão direita apoiou na parede com o rosto apontado em direção ao chão; fechou os olhos com força esforçando-se para não chorar. Assim que abriu os olhos viu umas gotas vermelhas pingando no chão alagado do banheiro, misturando-se entre a água, sabão e sujeira, tentando sair pelo ralo entupido por novelos de cabelo e outros fiapos de sujeira.

Respirou fundo novamente; contou mentalmente até três; enfiou novamente o indicador na lesão, dessa vez mais forte e mais fundo. A dor foi forte o suficiente para fazê-lo gemer. "Ai, caralho!", disse baixo, entre os dentes. Novamente retirou o dedo do corte sem tirar o corpo estranho; novamente sentiu algo duro com uma parte pontiaguda. "Deve ser algum caco de vidro.", pensou vendo o sangue pingar. Mesmo com a água caindo constante, Antonio suava sob o chuveiro devido a tensão e a dor.

Apoiou-se no encosto da cadeira, apontou o rosto para cima, deixando a água cair em seu rosto. Olhou para frente com os olhos arregalados, um olhar firme e vidrado, balançou a cabeça verticalmente encorajando-se. "É agora, bora, tem que tirar essa merda daí, deixa de ser frouxo"., pensou convencendo-se e deu um tapa no próprio rosto. Mais uma vez, levou a mão esquerda até a lesão. Com os dedos polegar e médio, abriu o corte e colocou o dedo indicador dentro da ferida. A dor novamente correu por todo seu corpo; apertou os dentes com força, quase a ponto de quebrá-los; prendia a respiração tentando suportar mais a dor, soltava-a com força, soando como gemidos. Apoiou-se com o antebraço direito na parede, dando-lhe um apoio melhor. Com a ponta do dedo, sentiu o material duro e cortante do vidro, tentou puxá-lo, mas uma ponta prendeu-se no músculo: a dor foi forte, quase o fez tirar o dedo de dentro da lesão; fechou os olhos com força, travou os dentes e soltou um grande uivo de dor, entretanto não desistiu. O suor corria por seu corpo tanto quanto a água do chuveiro; gotas de sangue pingavam na água acumulada no dando-lhe um tom vermelho-rosado. Continuou a cavoucar até que, por fim, retirou o pedaço de vidro de dentro da perna; ao perceber o sucesso, deu um grande urro de sucesso.

— Pega! Seu pedaço de demônio! — disse olhando para o vidro sujo de sangue seguro entre o polegar e o indicador. — Égua da merda pra doer. — gritou aliviado.

Ficou segurando o material como um troféu. Terminou de se assear; desligou o chuveiro e puxou para o lado a cortina de plástico que, sustentada em argolas as quais corriam sobre cabo de vassoura preso de uma parede a outra, separavam a área de banho do resto do banheiro. Ao fazê-lo, assustou-se com a sombra sentada sobre o vaso sanitário.

— Caramba! Isso estava doendo em mim, não era melhor ter do na UPA? — perguntou.

— Ah! Me deixa em paz, me deixa em paz!

— Tu ias sofrer muito menos e ia ser muito mais rápido; tu és velho e aleijado, tem prioridade.

— Cala a boca!

Pegou o caco de vidro e jogou-o no cesto de papel higiênico, saiu do banheiro e foi em direção ao quarto. Ao chegar e pegar uma roupa no guarda-roupas, viu pegadas suas de sangue pelo quarto.

— Hi! — disse a sombra. — Acho que menstruasse! — disse a sombra rindo.

— Cala a boca, cala a boca!

Passou a mão pela perna e sentiu algo quente, molhado e viscoso; olhou para a mão, a qual estava toda ensanguentada. Procurou no guarda-roupas uma toalhinha, ao encontrar, colocou-a sobre a lesão e amarrou forte com a toalha que estava se enxugando, estancando o sangramento.

— Acho melhor ires na UPA.

— Cala a boca, não precisa, isso é nada. — disse vestindo o short com cuidado.

Finalmente lembrou dos netos, foi até ao quarto onde eles estavam, com dificuldade. Olhou sobre a cama e não os encontrou. "Será que aquele sonho com Iraci não foi sonho? Será que ela veio aqui mesmo? Mas onde ela tá? E onde ela levou os meninos?", questionou-se.

11

Decidiu ligar para a esposa. A ligação foi rejeitada várias vezes. Pensou então em mandar uma mensagem; inicialmente escreveu um texto agressivo, perguntando onde ela estava, no entanto, lembrando que ficou extremamente bêbado, gastou o dinheiro para pagar a conta de energia e ter feito um caos na cozinha, achou melhor ser ameno. "Meu amor, onde estás? Estou muito preocupado, onde você e os meninos estão? Por favor me responda, não me deixe sofrendo com essa angústia. Você e os meninos são o que mais eu tenho de valioso".

Esperou olhando para o celular, vendo no aplicativo de mensagens o sinal de que a mensagem havia sido entregue. Viu que sua esposa estava on-line; os sinais da entrega de mensagem trocaram de cor, indicando que a mensagem havia sido visualizada. Esperou a resposta, porém ela não veio, passaram-se três minutos e nada de resposta. Pulou até a sala, abriu a janela para entrar um pouco de luz, circular o ar e diminuir o fedor de mofo.

Olhou novamente no celular e nada de resposta. Uma raiva começou a subir pelo seu ser, teve vontade de escrever várias ofensas, dizendo que ela era sua mulher, portanto sempre deveria responder ao marido quando ele questionasse. Todavia, desde sua amputação, ela não mais o respeitava como antes; toda sua autoridade masculina, dada por Deus, escrita na bíblia dizendo que o homem é a cabeça da família, onde diz também que a mulher deve ser submissa ao homem, fazendo todo seu querer para o bem dele e da família, tudo isso caiu por terra, foi enterrado junto com sua perna direita.

"Desgraçada, se eu tivesse bom, ia trazer ela pelos cabelos de onde ela estivesse.", pensou irado. Entretanto, sabia que não poderia mais fazer isso no estado físico em que se encontrava, seria mais fácil ela o arrastar pelos cabelos. Não tinha outro jeito, teria de ser político, tentar ganhá-la pela pena e pela culpa de "me deixar preocupado, fazendo um homem aleijado e doente sofrer".

Mandou outra mensagem: "Por favor, não me deixe assim preocupado, estou morrendo de angústia de não saber onde vocês tão, principalmente meus netos. Eu os amo tanto, não me deixe sofrer assim, sabes muito bem que eu estou muito doente, não posso ficar tão preocupado assim, algo de ruim pode acontecer comigo por ficar tão preocupado". Mandou a mensagem e ficou vigiando o aplicativo.

A mensagem foi visualizada.

— Bora, sua vagabunda, responde logo! — disse para si mesmo.

O aplicativo anunciou que Iraci estava digitando, uma sensação de satisfação aliviou sua raiva. Pensar que a mulher estava obedecendo deixava-o feliz. Minutos depois o celular vibrou, ao verificar, constatou que sua mulher havia respondido.

Clicou na mensagem para visualizar e assim poder ler. "Tu és um sem-vergonha mesmo, dizer que estás preocupado comigo e com os nossos netos. Tu roubaste o dinheiro para pagar a conta de luz e torrou tudo para encher a cara de cachaça, se te preocupasse mesmo com a gente, não farias isso. E como vamos pagar essa conta? Já pensou no assunto? Tenho certeza que não".

Ler aquelas palavras o deixaram furioso. "Como essa mulher ousa me responder desse jeito? Ela esqueceu que eu sou o homem? Ah! Se eu tô bom, ela não se atreveria a dizer isso. Essa filha da puta.", pensou bufando. Refletiu um pouco mais, sabia que se escrevesse o que estivesse pensando, ela não o responderia mais; precisaria novamente fingir, tentar manipulá-la, fazê-la dizer o que queria saber.

Respirou fundo e pôs-se a digitar: "Meu amor, me perdoe, sei que errei, sou um homem falho, pecador; mas por favor, não me deixe com essa aflição de não saber onde, e como, estão vocês, meus maiores tesouros! Não deixe isso me corroer como estou sendo corroído, sei que você não é assim.", releu a mensagem mais uma vez antes de enviá-la; considerou-a boa e a enviou.

A mensagem foi visualizada como a outra, dessa vez a resposta veio mais breve que a última: "Estou com o Rafael na casa das minhas patroas; Maria está no hospital, internada, muito mal".

Leu a mensagem e surpreendeu-se, o que será que poderia ter acontecido para Maria estar internada? Indagou-se. Novamente a resposta de Iraci não foi totalmente elucidativa, ainda haviam inúmeras perguntas a serem respondidas, como: o que aconteceu com a menina? Porque estão aí? Se estão na casa da patroa e a menina está internada, quem está com ela? Qual hospital? Várias outras perguntas que, por mensagem, demorariam muito a serem sanadas. "Principalmente com Iraci digitando, essa burra não responde tudo de uma vez.", pensou.

Mais uma vez controlou-se, dessa vez decidiu pedir para ela atender a ligação. Enviou a mensagem, mas o tempo para responder estava demorando muito mais que nas outras mensagens. Começou a perder a paciência. "Vagabunda, tá brincando com a minha cara, cansei que me humilhar pra ela dizer onde tá com as crianças, quer saber, foda-se, não vou mais perguntar é nada", pensava bufando, apertando o celular com força. Por muito pouco não o lançou na parede, não o fez porque sabia que, quebrando, não teria como comprar outro. De repente o celular começou a tocar, surpreso ele olhou, era Iraci. Sentiu vontade de atender e xingá-la de tudo que fosse mais podre e vil, entretanto, novamente, controlou-se. Pegou o celular e atendeu o mais calmo que tentou fingir:

— Oi, amor, onde você está, tô tão preocupado.

— *Deixas de mentir seu sem-vergonha, você não tá é nada, se sua preocupação fosse mínima, não fazia isso com a gente.*

— Eu sei, eu sei que errei, me desculpe. — disse se controlando, irado com o tom de fala de Iraci. — Eu não vou fazer mais. Agora me diz o que tá acontecendo?

— *O que tá acontecendo?! O que tá acontecendo?!* — Iraci gritava contida, para não ser escutada pela patroa. — *Simplesmente, Maria está internada com o braço e a perna quebrados, além de ter batido a cabeça e precisar fazer exame todo dia.*

— Meu Deus! — disse ele realmente surpreso. — Mas como isso aconteceu?

— *Se tu não sabes, eu vou saber?* — respondeu ela com sarcasmo.

— Como assim, amor?

— *Simplesmente eu cheguei ontem do trabalho, e achei eles todos cagados e mijados, a menina caiu da cama e bateu-se todinha.*

— Nossa! Mas como? Eu não vi nadinha disso.

— *Claro que tu não viste, estavas na cozinha, desmaiado, todo cagado, até o cu de cachaça.*

— Olha como tu falas comigo. — disse ele nervoso.

— *Ainda tens a audácia de querer me corrigir? Se não fosse por mim, ela poderia estar morta, e você seria preso. Seu, seu...* — Iraci teve vontade de chamá-lo de merda, porém, mesmo muito irritada, não conseguia contrariá-lo, passou a vida toda sendo programada a se submissa ao homem que, mesmo neste momento, não pode ofendê-lo. — *sem-vergonha.* — disse por fim. Antonio percebeu toda a raiva dela, percebeu também que ela não pôde ofendê-lo mais que "sem-vergonha". Saber que ainda tinha esse controle sobre a mulher trouxe um leve prazer.

A garganta dele começou a ficar seca, amarga, quase o sufocando. Sabia que sede era aquela, sabia que ela não passaria com um simples copo de água, tinha que ser com uma água especial, com uma "água que passarinho não bebe" como a frase popular se refere. Tentou controlar, esforçou-se a engolir saliva para aliviar o incômodo, entretanto a boca estava seca.

— E como a menina tá? — disse com a voz falhando.

— *Já disse, ela tá internada.*

— Onde, porra? — falou agressivo.

— *Pra quê? Pra você querer ir visitá-la? Não, obrigado.*

— Eu mereço saber, sou o avô dela. — disse aos berros. Um questionamento passou-lhe pela cabeça. — Espera aí, se tu estás na casa da tua chefe, quem tá com ela?

— *Minha outra chefe, ela quis ficar cuidando dela, eu não pude ficar lá porque o hospital não permite criança de colo como acompanhante. Tive que sair por causa do Rafael.*

— E você deixa nossa neta ser cuidada por uma sapatona? Tu endoidou é? Se nossa neta virar sapatão, a culpa vai ser tua, tu vais arder no inferno por isso.

Um silêncio fez-se do outro lado da linha. Iraci pensou nisso, com a possibilidade disso acontecer a amedrontou, "a neta virar sapatão por ter ficado muito tempo com a patroa viada". Mas o que ela poderia fazer? Como cuidaria da neta, não tinha a mínima condição de arcar com aquele custo do tratamento, se não fosse pela patroa, provavelmente a neta morreria. Não tinha escolha, teria de deixar as patroas cuidando de seus netos, pelo menos por enquanto. Ela não esqueceu também que, por meio delas, poderia ganhar muitos luxos manipulando as chefes, percebeu como elas eram muito apegadas aos netos, usaria isso ao seu favor para ganhar uns mimos a mais, bastava apenas torcer para os netos não pegarem a viadagem delas.

— Que foi? Ficou muda? Responde.

— *Querias o quê? Que eu a deixasse morrer? Levá-la pra UPA pra morrer na fila ou, por milagre divino, se não morresse, ficar aleijada pro resto da vida? Ela precisava de atendimento urgente.*

— Melhor morta ou aleijada que sapatão.

— *Agora já foi!*

— E por que não vieste pra casa?

— *Estava muito tarde quando saímos do hospital, era mais seguro dormir aqui, nenhum carro de aplicativo iria aceitar a corrida pra onde nós moramos.*

— E quando tu vens pra cá?

— *Mais tarde.*

Sem conseguir mais conter, pois a garganta estava extremamente seca, sufocando-o, dificultando a respiração. Uma tosse seca atacou, ele obstruiu o microfone do celular para impedir a esposa de ouvir; após um minuto de tosse seca, tal qual um fumante inveterado. A voz de Iraci saia baixa do aparelho, perguntando se ele ainda estava na linha, Antonio com o rosto inchado e os olhos vermelhos teve de perguntar.

— Iraci onde tem dinheiro? Preciso comprar um negócio.

— *Comprar negócio.* — repetiu com sarcasmo. — *Vais é comprar cachaça.*

— Não te interessas o que eu vou ou não vou comprar. Tem ou não tem? — disse com raiva.

— *Não tem, tu já gastaste tudo, não tem nem pra pagar a conta de energia do mês. Esqueceu?* — disse com ironia.

— Não me engana, mulher, me diz logo onde tá a porra do dinheiro, pensa que eu não sei que essas sapatonas te dão dinheiro.

— *Já disse que não tenho.*

— Tem sim, sua vagabunda, onde tá o ... — Iraci desligou assim que ouviu o primeiro xingamento. — Vagabunda, desligou na minha cara, essa puta. — disse Antonio possesso.

Sua garganta estava áspera de tão seca, quando engolia sentia que uma lixa era arrastada por ela. Suas mãos começaram a tremer de forma arrítmica. A ansiedade o estava consumindo, o coração batia acelerado, a respiração estava difícil, a dor na perna fantasma começou a aumentar a ponto dele gemer, esfregou o coto rápido tentando diminuir a dor sem sucesso. "Essa dor não existe, não existe.", repetia para si mesmo tentando acreditar. "Por favor, Deus, faz isso parar, faz isso parar.", clamou chorando olhando para o tento. Sentiu uma forte dor aguda, parecia que uma furadeira enorme estava sendo enfiada no seu calcanhar fantasma, soltou um grito de dor. Deitou no sofá chorando, tentando agarrar a perna direita que não existia mais.

Tentou ir até a estante pegar seus remédios, mas estava fraco e caiu no chão.

— Por que ainda tentas tomar isso? Sabes muito bem que não fazem efeito algum. — disse a sombra.

— Sai daqui, você não existe, é que nem essa dor, é tudo da minha cabeça.

— Claro que eu existo, se você existe, eu existo. Sou sua culpa e remorso. Por isso sempre estou onde você está, você nunca conseguiu se livrar delas, portanto, não vais conseguir se livrar de mim.

Antonio tentava se arrastar em direção à estante, entretanto não tinha força o suficiente. Outra fisgada dolorosa deu-se na perna imaginária, como se o pé inexistente estivesse sendo transpassado por inúmeras agulhas. Ele começou a chorar, as lágrimas caíam molhando o chão, a saliva escorria da boca acumulando no piso, uma fina linha fazia a conexão entre a poça de saliva e a boca dele.

— Pra que se esforçar desse jeito em vão, vai logo aonde resolve-se isso. — disse a sombra serena.

— Mas como? Não tenho dinheiro, e não vão me vender fiado.

— Não precisas de dinheiro, precisa de algo de valor.

Antonio entendeu a mensagem. A sombra ajudou a se levantar, sentou-o novamente no sofá.

- Estás certo, mas o quê?

A sombra, parada na frente dele, olhou para o lado na direção da televisão.

— O quê? Não posso trocar a televisão por cachaça.

— E por que não?

— Porque a Iraci vai me matar.

— Pensei que tu fosses o homem.

— Claro que eu sou o homem. — respondeu Antonio firme e revoltado com a dúvida da sombra.

— E quem é que manda?

— Eu. — falou firme.

— E o que queres?

— Cachaça.

— E vais conseguir como?

— Trocando a televisão. — disse assertivo.

— Muito bem, agora é só ser homem de verdade e fazeres o que dizes. — disse a sombra.

III

Antonio levantou-se procurando sua muleta, dessa vez a encontrou no lugar costumeiro onde guardava. Foi até a estante e desconectou a TV dos cabos. Era um aparelho leve, tela plana de 21 polegadas, guardou o controle num dos bolsos do short, colocou a TV sob a axila, entre o braço esquerdo e o tórax. Dirigiu-se à porta e saiu pela casa.

Era uma manhã costumeira no inverno amazônico, dia nublado, clima ameno, umidade quase em 100%, se fosse possível passaria dos 180%. Fios finos de chuva caiam esporádicos, quase imperceptíveis, apenas percebidos pela sensação fria e leve sobre a pele, e as suaves ondulações causadas nas poças de lama formadas pela chuva do dia anterior. A terra estava encharcada, macia e instável. Antonio colocou a muleta no chão para apoio, a base afundou por uns sete centímetros, desequilibrando-o e quase lançando ao chão. Ao firmar o único pé para desatolar a muleta, esse afundou minimamente, cobrindo a sandália de lama, dando-lhe aquela sensação nojenta e agoniante.

— Mas que porra! — disse irritado entre os dentes.

Labutou com dificuldade até chegar à rua para não deixar seu material de escambo cair. Seu maior medo foi atravessar a ponte de madeira sobre o esgoto a céu aberto; o risco da muleta ficar presa entre os vãos da ponte era considerável. "Tô parecendo um jegue atravessando o mata-burro.", pensou. Apesar da rua ser de terra batida, o solo era muito mais compacto que seu singelo terreno, dando-lhe assim maior segurança.

Para sua felicidade, "Cabeça-de-Prego e seus malandros" não estavam em seu lugar costumeiro, faltavam poucos minutos para as oito horas da manhã e esses desocupados só se reuniam depois do meio-dia. "Provavelmente ainda devem estar dormindo em suas camas imundas e mofadas, drogados até o cu. Um bando de cavalão desses, podendo estarem trabalhando, não, ficam o dia todo sem fazer nada, só sentados coçando o saco, se drogando.", pensava irritado. "Pelo menos não tão enchendo meu saco agora."

Finalmente chegou ao boteco do "Buchada". Seu braço esquerdo, o que segurava a TV, já estava fraco. "Mais um pouco eu iria derrubar.", pensou aliviado colocando-a sobre a bancada divisória entre o vendedor e os clientes. A grade, colocada para proteger Buchada e sua família dos constantes assaltos, quase não permitia o aparelho ser posto ali. O lençol que estava enrolado em sua perna para impedir o sangramento, pelo andar, afrouxou-se expondo o ferimento. O sangue coagulado que antes fazia uma crosta impedindo a hemorragia, saiu; permitindo assim, vazar fios de sangue da lesão.

— Égua! Saci! O que tá fazendo aqui tão cedo? E com essa televisão? Tá ficando doido? Tá me achando com cara de técnico de TV? O que tu andas fumando nesse teu cachimbo? E falando nisso, cadê ele? — disse Buchada rindo.

Antonio forçou o riso, tinha vontade de mandá-lo tomar num local onde o sol não bate, contudo, mais uma vez, teria que aceitar a ofensa para poder conseguir o que queria.

— Eu sei. — disse rindo, tentando fingir aceitar a brincadeira sem ofender-se— Trouxe ela aqui para trocar numas garrafas de cachaça.

— O quê, rapá? Tá doido? Tem certeza?

— Tenho. Tá boazinha, de LCD. O controle tá aqui. — pegou-o do bolso e colocou sobre a bancada. — Quero cinco garrafas, não, oito. — corrigiu-se.

Buchada olhou aquilo, pensou um pouco e disse:

— Não quero não, já tenho muitas. — disse com desdém.

— Não fala isso buchada, tá aqui boazinha, uma mamata dessa.

— Não, não, já disse que não preciso.

Ver a possibilidade dele não aceitar o acordo, por consequência, deixando-o sem seu remédio — a única coisa que tirava sua dor e aliviava seu remorso — o deixou em leve desespero.

— Não faz isso, Buchada, tá fazendo besteira. Vai sair baratinho pra ti, cinco garrafas então. — disse com desespero evidente no tom da fala.

— Por cinco não, só posso fazer por três.

— Tá doido? Três garrafas também não, isso é sacanagem.

— Então não tem acordo. Tira essa merda daí de cima que tá atrapalhando. — disse virando as costas.

Antonio ao ver o vendedor virar e andar vagarosamente, distanciando-se dele, ficou entre o desespero e a ofensa. — "Esse filho da puta também quer me sacanear, três garrafas também não têm como, tá pensando que sou o quê? " — pensou. Uma forte dor atacou-lhe na perna fantasma, foi tão forte que quase levou-o ao chão; por sorte, estava segurando-se na grade, o que impediu sua queda.

— Tá bom, tá bom, eu aceito. Três garrafas. — disse com desespero.

Buchada ao ouvir essa afirmativa, estampou um sorriso no rosto. "Mordeu a isca.", pensou. Virou-se e andou em direção de Antonio lentamente, olhando firme nos olhos clementes do cliente desesperado, protelando o máximo possível a resposta, torturando-o com a incerteza, dando assim, ao Buchada, um prazer sujo e vil de ver alguém em condições inferiores a sua. Abriu a porta do boteco que dava acesso à cobertura.

— Traz aqui a televisão que eu quero dar uma olhada.

Antonio acatou prontamente, pegou a televisão, levou-a ao vendedor aos pulinhos e entregou nas mãos dele. Ele pegou a TV e fechou a porta no rosto do cliente, deixando-o de fora. Ligou na tomada, viu que estava funcionando, parou em frente ao aparelho encarando-o, segurando o queixo, vez por outra coçando a barba por fazer. Antonio via aquilo aflito, cada segundo de espera era uma tortura, a perna fantasma doía quanto maior era a espera e a aflição. Finalmente Buchada foi em sua direção respondendo:

— Ok, aceito três garrafas de cachaça por essa TV.

Antonio relaxou de tal forma ouvindo essa resposta que quase urinou. Fechou os olhos e soltou um silvo de alívio, quase um gemido de prazer. Sentiu-se como quem, depois de prender a urina por horas a ponto de a bexiga quase estourar, e, ao urinar, sentia o gozo do alívio. Um sorriso foi estampado em seu rosto mostrando quase todos os dentes. "Ufa! Ainda bem que ele aceitou."

— Obrigado, obrigado! — dizia Antonio como se, sendo um condenado à morte, tivesse sua pena retirada pelo juiz.

Antonio foi em direção a sua casa o mais rápido possível. As garrafas dentro da sacola tilintavam tocando uma música, aos ouvidos dele, maravilhosa, tal qual a primavera das "Quatro Estações" de Vivaldi ou a Sinfonia número 9 de Beethoven. O peso das garrafas esticou o plástico da alça das sacolas, diminuindo a área delas e aumentando a pressão nos dedos dele causando dor, porém, quanto mais doíam, mais ele segurava com força, temendo que elas, caíssem e se quebrassem, derramando seu líquido precioso.

Atravessou a ponte perigosa e todo o terreno instável e cheio de lama, com a mesma dificuldade da ida; a muleta atolando fundo no terreno alagadiço, o pé, devido ao peso extra das bebidas, enterrava ainda mais fundo. Numa dessas vezes, o chinelo de dedo prendeu fortemente no lodo, ao fazer força para desatolá-la, acabou quebrando a alça; ao olhar para o chão e vendo seu calçado danificado, gritou inúmeras ofensas aos quatro ventos.

Entrou pela casa rápido. A sede aumentava cada vez mais — parece que, quando estamos necessitados de algo, e quanto mais nos aproximamos de supri-la, mais aumenta vontade, por consequência, maior é aflição e o desespero nos instantes precedentes da satisfação. Lembrou-se que a cozinha estava insuportável, além de estar perigosa pelos cacos de vidros perfurocortantes espalhados pelo piso. Pelo grande esforço feito na locomoção para comprar as bebidas, o ferimento da perna voltou a sangrar consideravelmente, todavia, estava tão sedento que nada sentia, a não ser a sede torturante. Sentou-se no sofá, colocou as garrafas ao lado, abriu a primeira e mordeu com força a ponta do gargalo tentando retirar o dosador, e assim, poder beber com mais facilidade direto no gargalo.

Finalmente conseguiu. Colocou os lábios no material duro e gelado do vidro, sentiu um frio ameno, o cheiro da bebida o fez arrepiar todo, a boca começou a salivar de desejo, aliviando a sede mesmo sem beber uma gota de álcool, tanto que, para não babar no sofá, teve de engoli-la. O primeiro gole foi dado, o líquido forte e quente entrou ardendo pela garganta, no entanto, parecia que o deserto cuja garganta sentia ter se tornado, havia se transformado num oásis, numa floresta tropical úmida e quente. Antonio colocou novamente a boca na garrafa engolindo mais álcool com rapidez. A dor insuportável da perna imaginária começou a diminuir, toda a raiva e remorso dele começaram a transmutar-se em alegria. A sombra do seu lado diminuía cada vez mais. Bebeu até não conseguir mais pensar em nada.

Capítulo 20.

1

Traci, ainda com sono, estava deitada sobre a cama macia e aconchegante. Olhava para o forro de gesso bem-acabado — claro, não branco, numa coloração creme, no tom ideal de refletir a luz e iluminar o quarto sem agredir a vista. O ar condicionado dava um clima agradável e frio de montanha, uma sensação térmica nunca sentida antes, a não ser quando entrou no necrotério para identificar a filha, ou quando arrumava o quarto das patroas e, quando elas não estavam, aproveitava para tirar um cochilo, porém, esse cochilo, nunca era uma cesta rejuvenescedora, pois nunca relaxava completamente com medo que elas descobrissem.

Para não passar frio durante a noite se cobriu com um edredom macio e quentinho, deixando a sensação exata do bom sono, nem frio e nem quente, perfeito. Não precisou, para dormir, envolver-se num mosquiteiro incômodo que, pelo esforço de armá-lo, espanta qualquer sono. "Ai! Como é bom dormir sem se preocupar com carapanã enchendo o saco, zunindo na orelha, entrando pelo nariz e, quando ferra, parece que tá enfiando uma faca. Deve ser uma maravilha dormir toda noite num lugar desses?!.", pensava ela esfregando o olho com o dorso da mão tentando tirar as remelas e o peso do sono nos olhos.

Mesmo deitada naquele "paraíso" que deu-lhe uma das melhores noites de sua vida, dormiu tarde, por passar a noite toda zapeando a TV a cabo. Eram tantos canais que ela não conseguiu ver nada por inteiro, apenas pedaços de inúmeros programas; viu como era a divisão hierárquica de um bando de leoas, sem macho, e como elas conseguiam alimentar-se, porém não as viu caçando a presa, pois mudou para um canal de culinária; não aprendeu receita nenhuma, viu apenas os ingredientes, mas na hora do preparo, mudou para um filme de suspense policial; contudo não descobriu quem era o assassino, dado que, antes do fim, mudou para um canal de reforma de casas; e não viu a conclusão da reforma por acabar dormindo. "Credo é tanta coisa para ver que acabei não vendo nada.", pensou olhando para a TV ligada e sem volume, visto que teve de tirar o som para poder falar com Antonio.

Olhou para Rafael que estava deitado ao seu lado, dormindo sereno. Ela o havia coberto com um edredom próprio, pois ela queria um só pra ela, não queria dividir com ninguém. Deitou-o de bruços para não se afogar com um possível refluxo durante a noite. Iraci, temendo que ele pudesse cair da cama, fez uma espécie de parapeito com lençóis e travesseiros, e entre eles, colocou mais almofadas para impedi-la de, dormindo, rolar sobre ele e matar o neto asfixiado, como na história bíblica onde o Rei Salomão teve de mostrar sua sabedoria divina e decidir quem era a verdadeira mãe da criança disputada. "Pensa se eu rolo por cima dele e acabo matando o menino!", pensava olhando para Rafael. "Que nem a Jurandira fez lá perto de casa matando a filha. Deus me que livre".

Tinha de levantar, sabia que as patroas acordavam cedo. "Será que ela vai querer que eu faça o café dela? Afinal, ainda sou empregada delas, não sou parte da família ou amiga. De qualquer forma, vou dar uma de besta, não tocar no assunto, se ela mandar eu faço, se não mandar, continuo sem fazer nada." Pensava tentando sair da cama, mas o frio não ajudava. Ela queria ficar enrolada no edredom, naquele frio, formando quase um casulo, apenas com o rosto de fora, o resto da vida.

Tentou dormir novamente, entretanto não conseguia, mesmo com sono e morrendo de preguiça, as ligações de Antonio acordaram-na dando um grande susto e raiva, que espantaram o sono, mas não o cansaço. "Desgraçado irresponsável, nem sequer sabia o que tinha acontecido com Maria, estava até o cu de cachaça, gastou todo o dinheiro que era para pagar a conta de energia e agora vamos ficar no escuro. Ainda vem querer gritar comigo, como se tivesse moral pra isso.", pensava segurando o rosto com ambas as mãos e olhando ao céu. "O que eu fiz para merecer isso, Senhor? Sei que tu dás as piores batalhas para os seus melhores guerreiros, mas vamos com calma, acho que o Senhor se enganou um pouco comigo, não sou tão boa assim. "

Rafael começou a chorar. Iraci sentiu um odor ocre, dando-lhe a ideia exata do motivo do choro. Devido a esse estímulo, teve que levantar. "Bora! — pensou carregando o neto — se sujares o lençol, eu que vou ter que lavar, então não me dá esse trabalho". Olhou nas cobertas verificando se houve algum extravasamento e, para sua felicidade, não. "Ufa, menos um trabalho.", pensou aliviada. Antes de ir ao banheiro para limpá-lo, desligou o ar condicionado. "Tá bom já de friozinho gostoso".

Entrou no banheiro.

Apesar de ter lavado o banheiro por anos e ter ido algumas vezes durante à noite, apenas naquela manhã Iraci se deu conta do conforto e comodidade de ter um banheiro ligado ao quarto. "Particular, só meu." — pensava ao olhar o compartimento admirando — "Sem necessidade de ficar esperando a boa vontade do felizardo que chegou primeiro. Sem precisar ficar socando a porta, machucando a mão, apressando quem quer que esteja dentro. E o melhor de tudo, não precisar prender-se até a boa vontade de alguém liberar a 'casa de força', sentindo as cólicas horríveis por segurar o cocô. "

Não era qualquer banheiro, mesmo sendo do quarto de hóspede, era muito bem-acabado, minimalista e iluminado, muito agradável de se estar. Totalmente diferente do único da casa dela, com paredes sem pintura, só o reboco, no cimento cru mesmo. O chão sem lajota, apenas no concreto, deixava tudo nojento e escuro, mal podia enxergar-se no espelho, por conta da escuridão e da lâmpada de mercúrio de baixa potência. Nesse banheiro, o vaso sanitário vinha com a descarga acoplada, combinando com todo o design; o da casa dela, era uma descarga de cordinha, a qual vazava, molhando o chão sempre que era acionada, deixando o chão úmido e nojento.

"Isso porque tô aqui, no de hóspedes, no banheiro das sapatas, aquilo sim que é banheiro, maior que minha sala. Para quê tudo isso? Faltou me perder limpando aquilo. Sem falar daquela banheira, maior que a caixa d'água de casa.", dizia ela para Rafael enquanto o limpava. "E além de ser muito melhor, faz massagem, bolhas perfumadas. A única bolha que nossa caixa d'água pode fazer é se eu entrar nela e peidar debaixo d'água, aí sim vai fazer bolha, só que não vai ser muito cheirosa, principalmente com o tanto de ovo que comemos em casa.", disse rindo terminando de asseá-lo.

Olhou em volta e percebeu não ter trazido uma fralda descartável, voltou ao quarto, deitou Rafael sobre a cama e tirou uma do pacote comprado por Roberta. "Ainda bem que essa mulher pensa em tudo, se não fosse ela, o menino ia ficar peladinho.", pensou ao vesti-lo. Colocou-o no meio da cama, rodeado de uma cerca de almofadas e trouxas. Viu que mesmo assim ele poderia cair, estendeu o edredom no chão e o deitou sobre. "É, do chão ele não passa". Trancou a porta do quarto.

Foi ao banheiro, tirou a roupa, deixou aberta a porta para ouvir qualquer choro do neto. Sentou nua no vaso, colocou o celular dentro da pia. Olhou tudo aquilo que ela nunca teria, a não ser que ganhasse na Mega Sena. "Mas como vamos ganhar se nunca jogamos? Desde quando temos 3,50 reais para ficar jogando assim? R$3,50 dão sete ovos. Pelo menos por enquanto, daqui a pouco vai ficar mais caro... É, se a Mega Sena é o único meio pra eu conseguir isso, então vai ser no dia de São Nunca.", pensou cabisbaixa olhando em volta.

Constatar isso trouxe uma tristeza enorme, sentiu uma vontade de chorar, no entanto, não conseguia. Sentia como se, por toda a vida de sofrimento, havia chorado tanto que acabou secando o estoque. Passou por tanta atribulação que, para ela, não eram mais "situações desgraçadas", eram só situações.

— Pelo menos não tô sozinha nessa merda, tem muita gente igual ou pior. — falou para si mesma.

Lembrou de uma família de mãe solteira e 5 filhos pequenos, os quais ganhavam a vida catando lixo e pedindo esmola nos sinais no final da rua onde Iraci vivia; moravam numa casa pequena de madeiras apodrecidas, com telhas de amianto, sem saneamento básico, fazendo suas necessidades numa latrina cercada por "paredes" de plástico de lona preto, sustentados por umas estacas velhas, a cinco passos do poço deles.

— É, ainda tem gente pior. — Iraci constatando isso, não soube identificar se ficou mais triste ou conformada por ter pessoas mais fundas na lama da pirâmide social.

Memórias de seus filhos, quando crianças, atingiram-na como um soco. Relembrou de sua vida como se estivesse vendo um filme com cores vibrantes, uma trilha sonora divertida, mesmo no meio de situações desastrosas como numa aventura cômica. Lembrou de quando conheceu Antonio, totalmente diferente de como estava no momento, e do nascimento dos filhos e da felicidade que sentiu ao tê-los. De imediato, as cores vibrantes e a trilha sonora divertida, transformaram-se em algo escuro, sóbrio, melancólico. Veio-lhe à mente a morte do filho de colo, sem atendimento médico adequado; da briga familiar, por causa da abusividade do marido, cuja a filha mais velha acabou tendo de fugir para manter-se viva; do filho assassinado por envolver-se com o crime; e a filha assassinada: vítima de violência doméstica. Nesse momento, os netos vieram-lhe à mente — "Quando será a vez dele? Ou a minha"? — pensou depressiva.

Novamente se questionava "o que era melhor para eles? O que eu devo fazer de diferente para eles não terem o mesmo fim?". Não sabia responder; a única coisa que sabia era que não poderia fazer muito de diferente. Eles cresceriam na mesma casa, no mesmo bairro, estudariam na mesma escola pública, pois era a mais próxima da casa deles e não precisariam gastar dinheiro com transporte. A única coisa que poderia diferir era em relação a influência masculina, dado que Antonio, no ritmo que estava vivendo, não duraria muito.

— Assim espero, não aguento mais. — disse para si com um leve desejo e vergonha.

— "E se ele morrer?", pensou aflita. Apesar do grande alívio que a morte dele traria, não seriam só benefícios, um grande problema se iniciaria com seu enterro, não receberiam mais a aposentadoria dele por invalidez. Como sobreviveriam sem metade da renda? Ainda que pouca, para eles era muito dinheiro. Provavelmente — provavelmente não, corrigindo —, com certeza Iraci teria de trabalhar dobrado e, com a carga extra de serviço, quem cuidaria dos netos? Ainda mais sem dinheiro para pagar uma babá. ou uma creche. E sem creche pública, sem parentes próximos, analisando todos esses fatores e mais a influência da vizinhança, como os inúmeros moleques que não estudavam e viviam na rua cheirando cola, mesmo tão novos já tentando encontrar meios de escapar dessa realidade a qual vivem; os filhos de traficantes cujo o crescer é testemunhando o tráfico, o crime, o roubo como meio lícito para eles de subsistência; de um Estado ausente, sem fornecer uma condição mínima de educação, segurança, saúde, e quando, o Estado aparece é por meio da polícia prendendo e matando os pais, os tios, os primos, os amigos que fizeram do crime seu meio de sustento. E essas crianças, assim como seus pais, e os pais deles, veem o Estado como inimigo, em vez do amigo que, por lei, deveria ser —visto que também pagam altos impostos —, viram marginais dando continuidade ao ciclo que, desse jeito, nunca terá fim.

Iraci, ao entender isso, ficou mais cabisbaixa ainda. Entender que, muito provavelmente, teria muito mais dificuldade de criar os netos e, quase acertadamente, falharia. De imediato, surgiu-lhe a imagem de Helena e da conversa tida com ela, começou a enxergá-las como uma possível solução para tentar acabar com aquele ciclo que os netos estavam fadados. "O problema delas é serem sapatonas e, a ajuda delas na criação deles pode acabar fazendo meus netos gays também. Isso não pode acontecer, caso ocorra vai ser minha culpa, porque eu permiti isso, e eu vou pro inferno por eles virarem viados.", — pensou nervosa. "E se eu não pedir a ajuda delas e eles acabarem indo pro tráfico, crime, prostituição ou vício em drogas... Vai ser minha culpa também? Eu vou ser responsável pela queda deles e, por isso, também vou pro inferno? O que eu faço? Eu não sei, não sei mesmo. "Uma ansiedade começou a tomar conta dela, uma dor aguda no lado esquerdo do peito surgiu afligindo-a. Uma taquicardia descontrolada fazia seu corpo tremer com cada pulsar arrítmico. Sentiu um frio doloroso nos ossos, o corpo começou a suar copiosamente, a respiração ficou pesada e agoniante. Pensou que estaria prestes a morrer, não sabia como agir: gritar por ajuda ou esperar o último suspiro? "Pelo menos, se eu morrer agora, não vou ser responsável pelo o que meus netos serão, e, quem sabe, eu possa ter uma chance de ir ao céu. Pois se eu morrer agora, e eles se perderem, não vai ser culpa minha". Após alguns minutos aterrorizantes, os sintomas diminuíram até sumir.

Iraci não sabia se estava feliz por continuar viva, ou triste por continuar com a responsabilidade sobre os netos. A vida dos filhos e tudo de ruim que aconteceu com eles, não achou ser sua culpa, porque fez tudo que achou melhor, pensando ser o adequado e, todas as intempéries aconteceram sem ela saber, todas suas atitudes de mãe foram inocentes. Todavia, com os netos, Iraci já sabia de tudo o que fez, e tudo que não fez e os resultados deram errado, agora tinha consciência de seus atos, não era mais inocente. "Pois errar consciente é pecado, e o salário do pecado é a morte", pensava aflita.

— Acho melhor tentar cuidar deles com ajuda das patroas. — falou baixo, como respondendo para suas próprias indagações.

"É só eu ficar em cima deles, não deixar eles virarem viado que nem elas, acho que assim eu tenho mais chance. E quando eu faço isso? Antonio não vai querer, não vai querer os netos no meio de sapatonas. E o que eu faço? Espero ele morrer? Do jeito que esse velho é duro... pode durar ainda uns bons anos, só para dificultar a nossa vida, coisa que ele faz sem se esforçar. E elas, vão querer cuidar das crianças comigo? Sei que não se recusarão a cuidar delas, pelo jeito que estão ajudando, e pelo cuidado que estão tendo, não vão pensar duas vezes em querer ficar com elas. Ainda mais Helena, vive falando em querer ter filhos, elas só não tiveram porque esfregar aranha com aranha não dá em nada. E o que vai ser de mim? Vão me tratar como? Como parte da família ou, como sempre, uma empregada? Vão permitir que eu tenha voz na criação deles? Ou vou ser sempre um incômodo, um mal necessário para elas fingirem ter uma família? Vão me expulsar? Quando as crianças crescerem vão me respeitar, ou vão me abandonar como uma roupa velha? Já que a única relação delas vai ser o sangue, enquanto todo o dinheiro, que é muito mais importante que o sangue, vai ser das sapatonas. Eu vou morrer como? Sozinha, jogada às traças, numa cama velha e numa casa imunda, ou eles vão cuidar de mim quando eu não puder mais me cuidar"? Sei que elas me trataram melhor que qualquer casa onde trabalhei, mas sempre como uma empregada. Uma empregada bem tratada, mas uma empregada. Só que não quero ser uma empregada para os meus netos, quero ser a avó deles, e se elas os quiserem, vão ter que me querer também, eu faço parte do pacote. Qualquer coisa menor que isso e eu pulo fora com meus netos. Não quero que elas me roubem eles, não quero morrer sozinha, isso não, tudo menos isso.", refletia realmente confusa sobre o que fazer.

Batidas na porta tirou-a do transe.

— Tudo bem, Iroca? — falava Roberta.

— Oi, dona Roberta, tô bem sim.

— É que eu liguei para você e tu não atendeste.

Desculpa, não ouvi ele tocando. Tô no banheiro arriando o barro.

Roberta ouvindo isso gargalhou alto por causa da expressão usada.

— Tá bom, Iroca, desculpa incomodar.

— Tudo bem, eu vou tomar um banho e já tô saindo.

— Por favor. — respondeu Roberta rindo. — Tome banho. Precisamos ir no cartório resolver "o problema da autorização.

— Ok.

Iraci pegou o celular o qual estava dentro da pia, olhou e constatou três chamadas não atendidas de Roberta. Estava tão compenetrada naquele raciocínio que nem percebeu o toque do celular, apenas as batidas no quarto a tiraram de sua reflexão — parece quando ela dormia à noite, o ronco estrondoso do marido não a acordava, por considerá-lo inofensivo, no entanto, qualquer barulho mínimo na porta ou janelas a despertavam imediatamente, como um instinto pessoal de autoproteção. Levantou-se, puxou a descarga e foi ao chuveiro.

No banho voltou a pensar no assunto. "Se eu perceber que as patroas vão me tratar como alguém, não tipo empregada ou subalterna, mas alguém parte da família, me aceitarem no meio delas, com voz ativa na formação deles e sendo respeitada, eu vou aceitar a ajuda delas, mesmo elas sendo sapatonas, acho que isso vai ser o melhor pros meus netos. Tenho só que ficar de olho para não deixar eles virarem viados.", pensou decidindo-se.

11

Terminou o asseio, vestiu-se, colocou Rafael no colo e foi em direção à cozinha. Encontrou Roberta sentada na ilha esperando, tomando um café expresso feito na máquina delas.

— Desculpas, Rô, eu não ouvi mesmo.

— Tu não dormiste no vaso não? Ficou até tarde vendo TV.

Iraci percebeu a indireta pelo tom de voz da patroa.

— É que não consegui dormir, estava preocupada, liguei a TV para tentar me distrair um pouco, não consigo parar de pensar na Maria. — mentiu justificando-se habilmente,

— Entendo. — disse Roberta aceitando a resposta. — E esse gatão? Como tá? — Roberta saiu da ilha-de-cozinha, andou em direção de Iraci e tirou Rafael do colo da avó.

— Ele tá bem, dormiu como uma pedra.

— Imagino, deve ter ficado extremamente cansado. — disse Roberta dirigindo-se à mesa de refeição da cozinha, antes pegou sua caneca de café. — Iraci, pode fazer uma tapioca com queijo e presunto? Estou faminta, e daqui a pouco tenho de ir ao tribunal.

— Tá. — respondeu Iraci. Sentiu uma leve decepção: "já tá me tratando como uma empregada". Depois refletiu um pouco mais; de fato, ela era a empregada delas, nada havia sido falado sobre elas quererem ou não participar no criar das crianças. "Não posso me precipitar em nada, tenho que fazer tudo com calma e muito bem calculado. Se eu fizer alguma besteira, posso acabar perdendo até a ajuda dela, e se isso acontecer vai ser ruim tanto para mim quanto para meus netos. Vou ter que engolir alguns sapos.", refletiu enquanto preparava o prato.

Iraci olhava para Roberta brincando com Rafael no colo, uma ideia passou pela cabeça: "Será que elas vão tentar tomar elas de mim? Não! Isso é besteira da minha cabeça, elas não seriam capazes disso. Eu tenho que parar de pensar nessas besteiras. Assim que terminou de aprontar a refeição, serviu a patroa, que agradeceu, mordeu a tapioca, deu um gole no café e mexeu alguma coisa no celular.

— Tá deliciosa, Iroca!

— Obrigada!

— Tem aveia aí, pode fazer um mingau para esse gostoso aqui. — Roberta falou, ao brincar com a barriga de Rafael enquanto ele sorria contagiante.

Ao encaminhar-se ao armário para pegar o material para fazer o mingau do neto pensou: "Será que elas vão me querer apenas para fazer o trabalho difícil de criar uma criança? Ser uma cuidadora? Uma ama de leite? Que nem os amigos ricos delas que contratam sempre uma negra de confiança para se preocupar onde o moleque está, o que tá fazendo, como tá, então assim, eles, os ricos, podem aproveitar o passeio da melhor forma, sem precisar ficar gritando com uma criança teimosa correndo de um lado pro outro com o diabo no coro... Será que é isso que elas vão fazer comigo? Deixar-me responsável por eles, porém quando o 'príncipe herdeiro' fizer alguma malcriação, não poderei repreendê-los em nada, pois, para repreender um príncipe, só quem faz parte da realeza. Isso que eu vou ser? A mulher negra que fica seguindo a família real que nem uma sombra, ou uma cadela faminta seguindo o dono a espera de algum resto? Essas mulheres que cuidam mais, e melhor, do filho dos patrões que dos próprios, por passarem mais tempo trabalhando do que na própria casa. Calma, Iraci, não pensa besteira, isso não quer dizer nada ainda (será?), não posso colocar o burro na frente da carroça, preciso ter cuidado. Maria ainda não está fora de perigo, preciso ainda da benevolência delas, e, outra coisa, elas sempre foram diferentes dos outros patrões que eu tive, elas podem ser diferentes nisso também. Será?"

O celular de Iraci pôs-se a tocar, despertando-a dessa vez; ao verificar, viu que era Helena a estar ligando.

— É Helena. — olhou para Roberta.

— Então atenda. Não é para mim, pois se ela quisesse falar comigo ligaria para o meu celular.

Iraci ficou um pouco preocupada. "Ligação cedo assim só pode ser desgraça, principalmente para mim."

— Alô? Helena?

— *Oi Iraci, tá podendo falar?*

— Tô, o que desejas?

— É a Maria.

— O quê que tem minha neta? — falou aflita.

— *Ela não tá bem, o médico veio agora. Ela piorou um pouco, precisa de cirurgia urgente.* — Preocupou-se Helena.

— Ai meu Deus! — clamou Iraci. — Tenho que ir pra aí? — perguntou inquieta.

— *Tem, mas não precisa ser agora.*

— Por que não?

— *Porque, como irias demorar a chegar, eu autorizei a cirurgia. Tudo bem?*

— Tudo, claro, tudo pelo bem da minha neta.

— *Que bom, não liguei avisando porque o médico passou muito cedo e tinha de levar ela para cirurgia.* — mentiu Helena.

A cirurgia já estava marcada desde o dia anterior para bem cedo. Ela não disse à Iraci para usar-se disso, causar um leve desespero e, assim, manipulá-la. Não disse nem para Roberta, ela autorizou o procedimento antes mesmo de conversar com a esposa. Depois fingiu esperar a esposa para poder tomar uma decisão, sabia que se respondesse pelas duas sem precisar da opinião da mulher, isso traria conflito para a relação delas, e isso é tudo o que ela menos queria naquele momento.

— E ela tá bem?

— *Tá sim, não se preocupe, acabei de receber um boletim, ela está bem. A cirurgia era por alguma coisa na perninha dela, mas já tá fora de perigo, e a cirurgia foi um sucesso.*

— Ai que bom! — Dando um suspiro aliviado. — Muito obrigada, Lena, você é um amor.

— *Mas tem um porém.*

— E qual é? — perguntou apreensiva.

— *O hospital, para realizar o procedimento, precisa da autorização do responsável, só que eu não sou a responsável dela, preciso que você faça um documento autorizando eu responder pela menina, se não vai dar problema legal.*

— Tá, e como eu consigo esse documento?

— *Pode falar com a Roberta, ela sabe fazer isso, até porque ela é juíza.*

— Tá bom, tá bom, eu falo com ela assim que estiver pronto eu levo a você.

— *Tá ok, não esquece, se não tiver esse documento vai dar problema no hospital.*

— Não esqueço não. — respondeu Iraci assertiva.

Assim que a ligação terminou, Roberta esperou um momento antes de perguntar. Vendo que Iraci estava calada, mordendo os lábios, massageando as mãos, olhando para ela fixamente, por vezes enchendo o pulmão tentando dizer algo, mas, antes de conseguir, desistia, ou por vergonha, ou por timidez. Constatando a dificuldade da empregada, a patroa decidiu tomar a iniciativa.

— Tudo bem, Iroca? O que ela queria.

— É a Maria, ela piorou e teve de fazer a cirurgia com urgência.

— E tá tudo bem com ela? — disse Roberta tentando mostrar-se surpresa e preocupada.

— Tá, a Maria já tá fora de perigo.

— Ainda bem, fiquei preocupada.

— Mas tem uma coisa, preciso da sua ajuda. Podes me ajudar? Por favor! — disse, expressando pena.

— Seu eu puder, ajudo sim, o que é?

— Helena disse que preciso entregar um documento dizendo que eu permiti ela autorizar a cirurgia. Você pode fazer para mim? Se não for incômodo?

— Claro, Iroca, se for apenas isso, eu faço sim, com maior prazer.

Iraci riu de felicidade.

— Obrigado, Rô, obrigado, obrigado, obrigado, obrigado! Agradeço muito a ajuda, não sei o que eu faria sem vocês na minha vida. — disse Iraci eufórica.

— Não precisa agradecer, faço de coração.

— Então vou me arrumar rápido para ir pro hospital.

— Calma, Iraci, não precisa ter pressa, a menina já fez a cirurgia. Acalme-se. Faça o mingau do seu neto, quando estiver pronto e você for alimentá-lo, eu subo para redigir esse documento. Assim que eu terminar vamos precisar ir num cartório reconhecê-lo. Levo você lá.

— Depois disso, não vai precisar mais de nada para levar no hospital?

— Depois de reconhecer não. E quanto a levar no hospital, deixa que eu levo, tenho de devolver o carro dela mesmo, você pode ir para sua casa descansar.

— Não precisa se atarefar por mim, Rô. Sei que você tem muita coisa para resolver, precisa ir pro tribunal. Eu levo.

— Não se preocupe, Iraci, eu posso chegar a hora que eu quiser, eu faço isso. Preciso conversar com Helena antes de ir ao tribunal.

— Ok, se a senhora insiste.

— Só vou precisar do seu RG, CPF, da certidão de nascimento deles e da declaração de óbito da mãe. Estão com você?

— Tão sim, tenho tudo na bolsa.

Após responder, Iraci correu até o quarto de hóspedes, abriu a bolsa e pegou todos os documentos, fechou-a e voltou correndo à cozinha.

— Tá aqui, Rô. — disse entregando os documentos.

— Pode deixar aí em cima da mesa, já pego. — respondeu Roberta brincando com o menino, sem olhar para Iraci.

— Ainda bem que a Helena me avisou de trazer o atestado de óbito da minha filha, nem sabia que seria necessário, pensou se eu deixo em casa, olha o problema que ia ser. — disse aliviada.

— É Iroca, ia ser um problema. — disse Roberta num tom que Iraci não sabia identificar qual seria. Ironia, sarcasmo, afirmação, negação, alegria, tristeza, conformação? — Faça o mingau dele logo, quanto mais rápido fizeres, mais rápido termino o documento.

Iraci preparou o mingau de aveia bem grosso, com pedaços de banana e maçã, fez com tudo que a geladeira das patroas podia oferecer. — "Sabe-se lá quando ele vai poder comer assim de novo? Lá em casa que não vai ser.", colocou bastante no prato, sabia que o neto não comeria tudo aquilo, todavia o que sobrasse seria dela. Pegou Rafael no colo para alimentá-lo. Roberta vendo tudo aquilo falou:

— Égua Iroca, tudo isso? Se querias comer, era só colocar num prato para ti. — disse levantando-se da mesa.

— Não quero não, eu exagerei mesmo.

— Tá bom, sei. — disse em tom de sarcasmo. — Tô indo lá preparar a declaração. Pegou os documentos da mesa e foi ao quarto.

Iraci percebeu novamente a advertência da patroa. "Égua da mulher, credo! Parece que leu minha mente, mas é melhor usar só um prato, se não teria eu de lavar dois em vez de um.", pensou enquanto soprava a colher com mingau para não queimar o neto. — Não se preocupa. — disse ao neto enquanto lavava a louça. — Esse chão é mais limpo que a nossa cama.

Assim que terminou de lavar a louça suja e guardar, pegou Rafael no colo e sentou esperando a chefe. Minutos depois Roberta desceu com a declaração e os documentos dentro de uma pasta.

— Nossa, foi rápido.

— É, eu tinha esboço salvo no computador, só fiz trocar os dados do seu nome e números dos documentos. — disse justificando.

Entregou o documento para Iraci ler. Ela pegou o documento, passou os olhos e não entendeu nada, se não fosse por algumas poucas palavras que conhecia como declaração, autorizo e o nome das patroas, acharia que estava escrito em outra língua. Eram tantas palavras de difícil entendimento, que pareciam um trava-língua, que cansou-se mentalmente só de tentar entender as primeiras.

— Está de acordo? — perguntou Roberta com um sorriso nos lábios.

— Tá sim, tá ótimo. — respondeu Iraci fingindo entender tudo.

Roberta percebeu a confusão no rosto da empregada e riu mentalmente. "Ótimo! Coitada, não entendeu nada. Perfeito!".

— Bom, se está tudo ok, vamos ao cartório reconhecê-lo.

Iraci entregou o neto para a patroa, foi no quarto pegar suas coisas e arrumar o leito, correu para o carro.

— Que bolsa é essa aqui? — Perguntou Iraci vendo-a na parte de trás do carro.

— São umas roupas que eu vou levar à Helena. — respondeu.

Roberta os guiou ao cartório.

III

Chegaram no cartório, 30 minutos após deixarem o condomínio. Estava lotado, pessoas amontoadas, saindo pela porta e fazendo fila pela calçada afora, esperavam sua vez em baixo do sol escaldante. Carros espalhados por todos os lados não deixavam vaga para elas estacionarem, vendo isso, Roberta decidiu deixar o carro em fila dupla, ocupando uma das duas, já estreitas, vias da rua bastante movimentada. Apertou o alerta e virou para os dois passageiros.

— Vamos?

— Já? A senhora vai deixar o carro aqui?

— Vou, por quê?

— Não, nada, pensei que não podia.

— E não pode.

— E porque a senhora vai deixar aqui?

— Mas eu posso.

De fato, Roberta sabia que não podia, porém ela confiava nos adesivos da OAB Pará, brasão do Ministério Público Federal e de um bonequinho de toga, o que ela pensava ser o bastante para avisar qualquer agente de trânsito desavisado, ou guincho, que tentasse multá-la ou remover veículo. Pregados no canto inferior direito do para-brisas e no porta-malas do carro.

Uma grande fila de carro e ônibus formou-se atrás do carro dela, alguns buzinavam irritados, porém Roberta nem se dignou a olhá-los, manteve a "classe".

— Rô, tu vais deixar aí mesmo? — perguntou Iraci um tanto incomodada com todo o transtorno causado.

Roberta olhou-a com o cenho franzido e o olhar penetrante por causa da advertência. "Como ela ousa me advertir? Calma Roberta, controle-se, não é momento para dar um esporro, preciso dela."

— Tu queres que eu deixe onde? Tem algum lugar aqui? — disse controlando o tom de voz, apontando para a calçada já cheia de carros, sem espaço até para os pedestres, os quais precisavam andar pela via movimentada para se locomoverem, correndo risco de serem atropelados.

— Não, não tem. — respondeu cabisbaixa, percebendo a irritação da patroa, mesmo ela tentando disfarçar. Iraci, pelos anos de trabalho e servidão na casa de pessoas ricas e poderosas, percebeu que era melhor baixar a cabeça e humilhar-se tendo um emprego e salário no fim do mês, isso quando eles não atrasavam, ao invés de estar certa, orgulhosa e desempregada.

— Então pronto. Agora vamos logo com isso que meu tempo é muito precioso para ficar perdendo com besteira. — disse, botando um ponto final na conversa.

Passaram pelas pessoas, as quais espremiam-se no muro. Tentando proteger-se minimamente do sol, formavam uma fila na sombra do poste e muros ao redor. Elas entraram no estabelecimento completamente cheio, pessoas ocupando todas as cadeiras, de pé, escoradas em paredes e vigas e perambulando a esmo. Um barulho de vozes — das pessoas conversando com estranhos, tentando passar o tempo de espera — soava no ar, parecendo o zumbido de enxame de moscas. O clima estava ameno, os aparelhos de ar-condicionado conseguiam amenizar o forte calor da capital paraense, porém um cheiro forte de suor, misturado com mofo empesteava o local.

Iraci olhou para o local e percebeu que perderia o dia todo esperando sua vez. "Isso se formos atendidos hoje", pensou. Entretanto, naquele dia, ela não era uma plebeia qualquer, era uma plebeia acompanhada de uma nobre, ou uma entidade com "poderes divinos do magistrado". Roberta foi até um funcionário e apresentou-se como Juíza Federal, exigiu falar com o tabelião responsável.

O funcionário entrou às pressas. Segundos depois, da mesma porta que o funcionário entrou, apareceu um homem gordo, branco e rosado, com nariz grande e estrias saindo das asas nasais, careca com cabelo nas laterais, além de pequenos tufos na parte superior, tingidos falsamente de castanho, penteados de um jeito a tentar esconder a calvície — no caso, só ele achava estar escondendo algo. Sem pescoço, com uma papada fazendo-o parecer ter dois queixos, e indo pro terceiro; a camisa social esticada pela barriga, fazia a parte funda do umbigo parecer uma cama elástica. Ao falar com Roberta, ficou todo sorridente e prestativo, chegou a curvar-se levemente para frente, sem se atrever a olhar diretamente nos olhos dela. Assim que terminaram de falar, ele saiu rápido, o máximo que seu peso e o péssimo condicionamento físico permitiam, e ficou ao lado de uma atendente, esperando ela terminar o serviço. Ao vagar o guichê, o tabelião chamou Roberta para ser atendida na frente dos demais. Um senhor que estava na vez irritou-se, mas ao ver aquela mulher chique, loura, bem vestida, emanando poder, ficou calado, algo na cabeça dele o fez sentir-se inferior a ela.

Roberta ao sentar, chamou por Iraci. Quando ela aproximou-se, o tabelião chamou alto o faxineiro pedindo uma cadeira, esse entrou correndo por um corredor e, num piscar de olhos, apareceu com outra cadeira para avó segurar o neto com mais conforto. Ao ser tratada dessa forma, com todo esse "luxo", Iraci sentiu-se como nunca sentiu-se antes: uma "cidadã de bem".

Iraci assinou uma porção de documentos, várias vezes. A certidão de nascimento da menina foi copiada e autenticada. Roberta responsabilizou-se por todos os custos. Após terminarem, ela viu novamente o tabelião bajulando a juíza, curvando-se como um subalterno; depois viu uma funcionária bajulando o tabelião, curvando-se como uma subalterna; depois o faxineiro bajulando a funcionária, curvando-se como um subalterno. Percebeu que esse era *modus operandi* social, e quanto mais baixo na pirâmide social se é, para mais pessoas tem de curvar-se. Percebeu que nunca viu Roberta, juíza, curvar-se a ninguém, só os outros curvavam-se a ela; enquanto ela, Iraci, curvava-se para todos, até para Antonio; só os filhos curvavam-se à ela, isso até crescerem e aí ninguém mais curvava-se a ela. Entender isso a deixou infeliz, sentia-se um nada, um lixo o qual só tem valor na companhia da patroa, rica e poderosa; e que, quando ela a descartar, voltará a ser o que sempre foi: um lixo, sem mais.

Saíram do cartório. Roberta entregou-lhe a cópia da certidão de nascimento de Maria, disse que aquela cópia valia mais que o documento original, pelo selo timbrado do cartório no verso do documento. Confiando na patroa, Iraci acreditou. "Afinal de contas, ela é juíza, sabe muito mais dessas coisas que eu que sou uma faxineira só com o ensino fundamental."

— Toma, Iraci, para você, não vou poder te levar pra sua casa. Tenho que ir ao hospital entregar o carro e algumas roupas para Helena. — disse Roberta, entregando-lhe um maço de dinheiro pego do cofre pessoal delas.

Iraci pegou o maço de notas e surpreendeu-se com a quantidade, quinhentos reais, metade do salário do mês dela. Pensou em recusar inicialmente, tentando fingir uma certa dignidade a qual não tinha, mas recusou de recusar. "Eu não, vai que ela se toca que é muito mesmo e diminui a quantia, melhor eu aceitar. Já vendi minha dignidade por muito menos.", pensou enquanto escondia o dinheiro com medo de alguém ver.

— Obrigada, Rô, muito obrigada.

— Que isso, Iraci, isso não foi nada. — respondeu solidária — Bom, preciso ir, se cuide e cuide desse gostoso. — disse beijando Rafael e saindo.

Roberta andou alguns passos em direção ao SUV. Uma grande fila de carros congestionados formava-se atrás do carro dela. Entrou, primeiro olhou-se no espelho, viu que o batom estava começando a sair e procurou na bolsa o cosmético; passou, olhou novamente no espelho, achou que passou demais, procurou na bolsa um lenço, encontrou e tirou o excesso; finalmente ficou satisfeita com o resultado. Buzinas e xingamentos soavam alto dos plebeus nervosos empatados pela divindade. Desligou o alerta, ligou o carro e partiu.

Iraci pegou o celular para chamar um transporte particular pelo aplicativo. Pensou melhor, estava morrendo de vontade de comer outra delícia daquelas que Helena fez para ela dias atrás. Um shopping ficava no caminho da casa dela, olhou a hora e constatou que eram 10h20. "E se eu pegar um ônibus, até chegar lá vai passar das 11 horas, tudo já vai estar aberto. Vou procurar uma lanchonete daquelas e pedir um pêti não sei o quê. Afinal, eu também sou filha de Deus. — pensou indo em direção ao ponto de ônibus — E melhor, tô com meu neto de colo, vou sentada mesmo, pra quê pagar mais caro? Só espero que ele não vomite em mim. "

IV

Iraci andava satisfeita em direção a sua casa. O sol das 13 horas castigava forte. Os quinhentos reais haviam se transformado em pouco mais de 250, ela foi numa restaurante a quilo, colocou tudo do bom e do melhor; assustou-se com o preço cobrado, porém não demonstrou espanto. "Hoje eu posso." — pensou, contando as cédulas na frente da funcionária com um certo orgulho — "Hoje eu tenho, hoje eu sou gente". Deliciou-se com uma bela comida, depois pediu o petit gateau de sobremesa, só nisso a conta passou dos 100. Depois, passeando pelo shopping comprou uma camisa linda, afinal, ela era filha de Deus. Por fim, comprou uma fralda para cobrir Rafael e protegê-lo do sol quando caminhasse do ponto de ônibus à casa.

Ao tentar abrir a porta, ela percebeu que, novamente, a porta não estava trancada. Ao entrar, deparou-se primeiramente com a imagem de Antonio, novamente desacordado ao lado de uma garrafa de cachaça com apenas a sexta parte do líquido original. Não se preocupou vendo-o desacordado, as evidências denunciavam o motivo da inconsciência do marido. "Por favor Deus, leva ele", pensou involuntariamente, percebendo, repreendeu-se".

Por não ter se alimentado por mais de 24 horas, dessa vez, para a "sorte" dela, não havia vômito nem diarreia, até porque ele não tinha o quê expulsar. Estava deitado sobre o sofá sujo de sangue. o ferimento, pelo esforço dele, havia tornado a sangrar, e a toalha, cuja a função de conter o sangramento, falhou em sua função, essa estava na altura do tornozelo.

Iraci sentiu a raiva subir pela cabeça, o pensamento de aproveitar o momento indefeso dele e matá-lo, veio novamente à tona. Respirou fundo. "Não posso fazer isso, vou acabar sendo presa, e pior, vou pro inferno por causa disso.", pensou enquanto andava até o quarto dela. Colocou Rafael sobre a cama, fez uma proteção de travesseiros e cobertas para evitar que ele pudesse cair e colocou-o, todavia o menino começou a engatinhar. Ela, vendo isso, percebeu que seu "muro" de cobertas não o conteria. Concluiu que era melhor colocar o colchão no chão.

Voltou para a sala e ficou encarando o marido, segurando-se para não cometer uma atrocidade, até que, depois de um tempo, percebeu que a TV havia sumido. Finalmente ela entendeu como ele havia arranjado aquelas garrafas sem dinheiro.

Rosnou de raiva puxando os cabelos.

— Meu Deus! — clamou olhando para o céu. — O que foi que eu fiz para merecer isso? — disse quase chorando de tanta raiva.

Socou Antonio com raiva na cara, no olho para ser mais exato, sentiu a mão doer, ela gemeu de dor dando uns pulinhos.

— Maldito cabeça dura. — disse apertando a mão tentando conter a dor.

Não tinha tempo para sentir dor, tinha que recuperar a TV, e sabia muito bem onde estava. Olhou para as garrafas de cachaça e pensou em devolvê-las, entretanto decidiu que não, Antonio ao despertar e não ver as garrafas, com certeza trocaria a TV, novamente, por mais. Saiu de casa e caminhou rápido até o boteco próximo, estava fechado, provavelmente para o almoço, mas isso não a impediria.

— Buchada, abre esse negócio aqui, quero falar contigo. — gritou batendo forte na porta.

— Tá fechado, vem depois das três. — gritou lá de dentro.

— Nada disso, tem que ser agora.

— Iraci? É tu? Se for já sabes. só depois das três.

— Nada disso, vem aqui ou vou encher teu saco até as três, aí tu não vais poder dormir.

Momentos depois ela apareceu, sabia que ela estava falando a verdade, e era melhor se livrar logo daquilo para poder dormir.

— Que foi? Por que toda essa raiva?

— Cadê minha TV?

— Que TV?

— A TV que Antonio trocou por bebida.

— Ah! Sim... A minha TV. Já que eu troquei com ele. — disse rindo, cinico.

— Tá! Eu sei. Quanto são as três cachaças que ele fez negócio?

— 75 reais.

— Tá aqui. — disse ela colocando o dinheiro sobre o balcão.

— Pronto — disse ele colocando três garrafas de cachaça sobre o balcão; pegou o dinheiro e colocou no bolso.

— O que é isso?

— As três garrafas de cachaça que você comprou.

— Tá doido? Eu não quero mais isso, quero minha TV de volta.

— Quê TV?

— A TV que o Antonio trocou. — respondeu irada.

— Ah! Minha TV que você tá falando. — disse com sarcasmo. — Não tá à venda. — falou sério.

— Tá doido? Me dá logo a TV.

— Não dou nada, é minha. Ninguém mandou ele vir aqui trocar; então, por favor, queira se retirar, preciso dormir, sou um homem trabalhador que precisa de descanso. — disse enquanto começava a fechar o boteco.

— Não! Espera. — gritou— por favor, não faça isso Buchada, só temos essa TV, e não podemos comprar outra. Por favor. — disse humilhando-se— "Mais uma vez"— pensou.

— Tá bom, já que insiste. 250 pela minha TV, baratinho, tenho muitas sabe. — falava irônico.

— O quê? — gritou revoltada. — 250, tá doido, e pela minha TV.

— A TV não é sua, é minha. Se não quer, vai saindo que tenho muito o que fazer — disse novamente tentando fechar o comércio dele.

— Não, não, não, não. Tá bom, eu aceito, mas não tenho 250, só cem.

Ouvindo isso voltou a fingir fechar a porta.

— Tá bom! Tá bom! 150, por favor, é tudo que eu tenho, ainda tenho que pagar a conta de luz. Por favor buchada, quebra essa, somos irmãos de igreja. O que Deus vai pensar disso?

Buchada pensou coçando a barba por fazer.

— Tá bom, só porque eu sou um cara legal.

Iraci entregou o restante do dinheiro necessário. Buchada o guardou no bolso, entrou e, minutos depois, apareceu com a TV, porém com uma diferença, outro controle que funcionava no aparelho, entretanto bem mais velho.

— Esse não é o controle.

— Agora é, o outro é mais 100. Vai querer?

Iraci bufou, pegou a TV e o controle velho e foi para casa. Entrou e colocou-a no local de costume. "Pelo menos ainda tenho 100, vai dar para pagar a conta de luz", pensou aliviada. Depois olhou irada para Antonio que, naquele momento, estava de bruços. Olhou para a perna suja de sangue coagulado. Viu a lesão na parte posterior da coxa, não era muito grande. "Ih! Tem que cuidar, se não vai apodrecer e ter que acabar tirando, que nem a outra.", pensou preocupada.

Uma ideia vil e suja passou-lhe pela mente: "Isso pode acabar piorando, e se não cuidar, ele pode acabar morrendo: que nem o médico falou, daquela vez, que seria. E, se ele vier a perecer, não vai ser culpa minha, afinal ele é adulto e sabe se cuidar— eu que não vou me bater atrás de cirurgia pra ele (que nem da última vez), ele que se vire; ele não é jabuti. Mas será que vou pro inferno por isso? Não, claro que não, eu não vou matar ele, tenho só que esperar; se Deus quiser ele viva, a morte não vai poder tocar nele. Acho que isso, se acontecer, vai ser uma benção na minha vida, quem sabe? Vai que isso é Deus respondendo minhas preces? " Pensou Iraci com um sorriso estampado no rosto.

— Melhor eu pagar logo essa conta de luz, antes que ele acorde, roube o dinheiro e compre mais cachaça. — disse para si.

Foi até o quarto e checou se Rafael estava bem. Viu que o neto estava ótimo. Decidiu deixá-lo em vez de levá-lo até a lotérica. "Pode chover, aqui é melhor para ele. E nada de mal vai acontecer com ele, ele tá no chão, dali ele não passa. Além de ficar trancado, nada de mal vai acontecer com ele.", pensou tentando convencer-se que era o melhor ao menino. Pegou a conta de luz. Antes de sair, foi na cozinha para verificar se o marido havia limpado aquela bagunça— sabia que não, mas foi lá só para confirmar.

No corredor, antes de chegar na cozinha, o fedor já a fazia saber a resposta. Decidiu não ver aquela nojeira. Flashes piscavam em sua mente da cena grotesca da qual encontrou o esposo. Deu meia volta e foi pagar a conta de luz. "Depois eu limpo essa merda, literalmente.", pensou irritada.

Saiu pela porta e viu o que temia, no horizonte, ao fundo, uma nuvem negra se aproximava, denunciando a chuva que estava por vir.

O plano de fundo escuro fazia um efeito que parecia evidenciar muito mais as árvores iluminadas pelo sol da tarde, o qual ainda não havia sido coberto pela tempestade próxima. Lembrou rapidamente do dia que voltava do IML onde estava a filha caçula morta, por conseguinte pensou nos netos e no futuro deles. "O que fazer? ".

— Deixa eu correr para ver se volto antes desse toró.

E pôs-se a andar rápido.

Capítulo 21.

1

A noite foi difícil. A cadeira de acompanhante, apesar de ser bastante confortável, não era o leito ideal para uma "satisfatória boa noite de sono". A cabeça pendia sem sustentação, as pernas não tinham apoio, fazendo-a escorregar à posição menos ergonômica possível. Todavia, não foi apenas isso que a fez ter uma péssima noite, funcionários entravam esporadicamente para medicar a menina, despertando-a todas as vezes. O pior mesmo foi quando Maria acordou chorando por volta das 03h30, e assim continuou até levarem-na ao bloco cirúrgico por volta das 07h00. Helena chamou a enfermagem para fazer alguma coisa, porém todas as medicações analgésicas prescritas foram administradas e nada do choro findar. O enfermeiro responsável informou que poderia ser fome, ela pensou por um momento e entendeu que, de fato, desde sua chegada no hospital a menina ainda não havia sido alimentada. "E sabe Deus quanto tempo ela ficou sem comer antes".

Olhou-se no espelho do banheiro da enfermaria, estava com bolsas inchadas nas pálpebras inferiores e com uma bela olheira. "Pareço uma panda!", pensou vendo sua cara cansada no reflexo. Molhou o rosto tentando espantar o sono, saiu do banheiro e sentou-se na poltrona, rapidamente levantou-se e andou em círculos pelo quarto. Estava extremamente ansiosa, tanto que não deixou em paz a informante do bloco cirúrgico, até que, por fim, foi informada do fim da cirurgia ortopédica e que essa havia sido um sucesso. Ficou extremamente aliviada, parecia que um piano tinha sido removido de suas costas, ou de poder respirar após ficar mais que o suportável sob a água. Entretanto, sua felicidade não foi completa, não poderia ver a menina ainda, pois ela estava na sala de recuperação cirúrgica, em observação, esperando diminuir os efeitos da anestesia. Pediram que esperasse na enfermaria e, assim que possível, Maria retornaria ao leito.

Fazia mais de 40 minutos desde a informação e nada na menina chegar. Quando Helena estava decidida a ir ao posto de enfermagem pedir informação — mais uma vez—, um barulho de metal batendo na porta assustou-a. A maca carregando Maria surgiu entrando, o profissional colocou-a no leito e retirou-se rapidamente.

Ela caminhou até a lateral do leito. Observou a menina dormir tranquila. Uma técnica de enfermagem entrou, avisando que poderia alimentar a menina depois dela estar bem desperta. Deixou a dieta sobre uma cômoda adjunta ao leito e saiu.

Helena voltou-se para aquela pequena criatura indefesa. Não ver seus movimentos, deu-lhe um medo preocupante. Colocou a mão próximo à narina dela para verificar sua respiração, não contente, aproximou o rosto da narina e sentiu um leve vento na bochecha, sensação essa, que finalmente, confortou sua paranoia. "Ufa! Tá respirando sim.", pensou aliviada colocando a mão no peito. Depois passeou o olho por todo o corpinho da menina, vê-la toda imobilizada a deixou indignada. "Como alguém tem a coragem de fazer mal a uma criaturinha tão bela quanto você?", pensava acariciando seus cabelos encaracolados, olhando-a com olhos fraternos e um sorriso bobo dos apaixonados.

Novamente sonhou com o futuro e todas as felicidades que teria — ou queria ter. Um choro alto despertou seu sonho acordado, Maria havia despertado e agora estava chorando copiosamente. Ela não sabia quanto tempo esteve vivendo no mundo dos sonhos naquele momento. Helena pensou em ir ao posto de enfermagem chamar ajuda, no entanto viu a dieta sobre a cômoda. "Deve ser fome.", pensou. Pegou o recipiente com a dieta, um mingau sem cor ou cheiro que causava nojo só de olhar. "Credo, deve ser uma verdade científica inquestionável de que comida merda cura as pessoas, não é possível como todos os hospitais só dão comida assim. Tanto que comida de hospital é conceito de avaliação de comida ruim. Pelo amor de Deus!".

— Toma, minha filha. — disse oferecendo uma colher daquilo. — Come, vai fazer bem pra você. Mamãe promete quando você sair boa daqui, vai fazer uma comida deliciosa para você. — falou com a voz mais infantilizada possível.

Maria comeu tudo, estava faminta, passou mais de 24 horas sem ser alimentada e nessa situação não existe comida ruim, para ninguém.

Após ela comer toda a porção oferecida, quase de forma desesperada, Helena, com muito cuidado, colocou-a no ombro e passeou dando tapinhas nas costas dela para fazê-la arrotar. Alguns minutos depois, um som grave e suave soou. Helena, ao ouvir isso, deu um riso de alegria incontrolável, não sabia porquê disso, era apenas um arroto, não deveria fazer todo esse efeito nela.

— Muito bem, meu amor! Arrotou que nem uma menininha de verdade. Eh! — dizia ela segurando a menina próximo ao rosto, fazendo careta, esfregando nariz com nariz, falando de forma infantilizada, movendo-se excitada e rindo sem parar.

Enquanto Helena fechava os olhos de alegria, sentiu um líquido quente e viscoso atingir-lhe o olho, escorrer pelo rosto, entrar pela boca, fazendo-a sentir um gosto azedo e insosso, e cair na camisa. O cheiro ácido já dava-lhe a ideia do que era aquele líquido. Abriu os olhos e confirmou o vômito da filha. Colocou a menina sobre o leito e correu ao banheiro para lavar o rosto.

— Que nojo! — disse enquanto limpava-se.

Retirou a camisa e tentou limpar o vômito o máximo possível, era a única roupa que tinha no momento, esperava Roberta trazer-lhe outra muda de roupas. Quando achou estar limpa e enxuta o suficiente, vestiu-se e saiu do banheiro.

— Égua, mocinha, como tu me dá um banho desse? Tudo bem, mamãe te ama do mesmo jeito. A culpa foi minha, não devia ter te balançado daquele jeito, ainda mais depois de comer. Foi burrice minha. — disse limpando a roupa suja dela. — Mamãe vai te dar um banhinho.

Ver-se naquela situação a surpreendeu, nunca pensou que ficaria feliz em banhar-se com vômito de criança. Levou a menina ao banheiro, antes pegou um pacote de gazes deixado por uma das técnicas de enfermagem, entupiu a pia com papel e encheu o tanque com água para formar uma minibanheira. Pegou o maço de gazes molhado e passeava por todo o corpo da menina com um pouco de sabão, tudo com cuidado para não molhar o curativo. Helena sentiu-se rejubilada, parecia uma criança brincando com uma boneca nova, ou com um filhote de cachorro recém-ganho. Lágrimas de alegria rolavam por sua face.

Terminando, vestiu a menina apenas com a fralda descartável, queria sentir a maciez da pele da filha, queria sentir o calor de Maria e Maria o seu, e assim, estreitar o laço de mãe e filha entre as duas. Queria sentir o peso dela no seu colo e nos seus braços, queria que a filha se sentisse protegida e confortável em seus braços. Ficou no meio da enfermaria e começou a dançar com a menina de um lado ao outro, girando no próprio eixo, ouvindo a música mais feliz já ouvida por seus ouvidos: as risadas doces da sua filha. Cansada de tanto dançar, sentou-se na poltrona rindo, olhando para a filha querida, e felizmente ou não, a menina não tinha mais o quê vomitar. Não estava satisfeita em ficar sozinha naquela enfermaria, queria mostrar o motivo de sua felicidade para todos. Saiu da enfermaria esquecendo o celular sobre a cômoda e foi passear pelo corredor segurando a filha. Ao ver todas as imagens lúdicas pintadas nas paredes, apontava e explicava para a filha o que eram: um peixe, uma estrela, uma lua, um pássaro. Sabia que Maria ainda era muito pequena para entender, porém não queria perder tempo, queria ser a melhor mãe do mundo, ensinar tudo o que fosse possível para a filha, para assim, prepará-la da melhor forma para a vida.

Os pacientes e profissionais olhavam-na ao passar, ela sorria e, muito cordialmente, os cumprimentava. Ela ficava toda orgulhosa, imaginava que eles poderiam estar pensando: "Nossa, que menina linda e que mãe maravilhosa". O orgulho enchia seu o peito. Ouviu uma música infantil vir de uma sala, e ao aproximar-se, viu ser uma brinquedoteca colorida, cheia de brinquedos, música e programação infantil vindo da TV. Profissionais cuidavam e animavam as crianças que, por alguma infelicidade, encontravam-se doentes naquele hospital, tudo como uma forma de minimizar a tristeza da internação.

Helena sentou ao lado de uma mãe que brincava com seu filho.

— Licença.

— Toda, pode sentar. — respondeu a mãe.

Helena ninou Maria enquanto olhava as outras crianças brincarem e correrem — as que podiam.

— Nossa, ela é linda. — disse a mãe.

— É mesmo, ela é linda. — respondeu orgulhosa.

— Qual é o nome dessa gracinha? Desculpa se estou me intrometendo. — perguntou a mãe curiosa.

— Maria Ludwig.

— Ela não se parece muito com você, deve ser a cara do pai. — disse brincando.

— Eu adotei, por isso não se parece comigo. — respondeu seca.

— Ah! Por isso. Parabéns admiro muito quem adota.

— Muito obrigada.

Helena viu o filho daquela mulher todo envolto em bandagens pelo tórax, braços e pernas, não se conteve e acabou perguntando:

— Tadinho, o que foi que aconteceu com ele?

— Queimadura. Foi brincar na cozinha e achou de escalar a mesa e puxar a toalha como se fosse uma corda, a panela de maniçoba virou em cima dele.

— Minha nossa! Além da queimadura ainda queria envenenar-se. — disse, sem pensar, Helena com um humor negro.

— Ah não! Já tinha mais de sete dias cozinhando. — respondeu a mãe entendendo a brincadeira.

— Ainda bem.

As duas riram rapidamente da piada regionalista.

— Mas graças a Deus tá tudo bem.

— Que bom. — respondeu Helena solícita.

— Meu nome é Paula. — disse estendendo a mão.

— Helena. — disse retribuindo.

As duas cumprimentaram-se.

— Agora peço a Deus que semana que vem venha a nossa alta. Não aguento mais tá aqui, fazem três meses desde o acidente. E você? O que foi com ela?

— Caiu da cama e acabou quebrando o bracinho e a perninha. Bateu a cabeça também, mas o neuro só a colocou em observação, vai ficar fazendo exame alguns dias, se nada acontecer, se Deus quiser, não vai ser preciso mais nenhum procedimento, só a retirada dos pinos mesmo e ir para casa.

— Ele vai querer. — respondeu a mãe tocando-a de modo confortador no braço.

Um pai apareceu carregando o filho com as duas pernas imobilizadas, colocou-o no chão perto de outras crianças que estavam tentando montar um quebra-cabeça de castelo. O filho juntou-se às outras crianças na brincadeira.

— Licença, senhoras, posso sentar com vocês?

— Claro. — responderam as duas quase em uníssono.

Sentou-se junto delas.

— Estamos na proeza dos nossos filhos para estarem aqui, o meu tentou escalar a mesa e estragou uma panela de maniçoba; a dela caiu da cama; e o que o seu fez? — perguntou a mãe.

— Hum! Esse abençoado foi querer se balançar em cima do jambeiro, amarrou uma corda num galho e se balançou achando ser o Homem-Aranha até que, depois de um bom tempo, cansou, não aguentou mais o peso do corpo e soltou a corda, caiu e quebrou os dois tornozelos na queda. Eu me pergunto para quê brincar de Homem-Aranha no alto do jambeiro? Não podia ser perto do chão?

— Crianças são muito levadas mesmo. — disse Helena.

— São mesmo, não pode bobear que estão fazendo alguma peraltice. — respondeu a mãe.

— Oh se são. — corroborou o pai.

Conversaram por um bom tempo, criaram laços daquelas amizades descartáveis, das quais acontecem com aqueles que ficam confinados por um certo tempo sob situações semelhantes. Roberta apareceu na brinquedoteca.

— Por que você não ficou na enfermaria? Sabia muito bem que eu estava vindo, poderia pelo menos levar o celular e me atender quando eu ligasse.

— Desculpa, acho que acabei esquecendo o celular na enfermaria.

— Trouxe roupas limpas para você.

— Muito obrigada, amor. — disse Helena levantando, indo até a esposa, dando-lhe um singelo beijo rápido. Roberta abraçou-a, deu um beijo em Maria e depois brincou um pouco com ela.

Saíram da brinquedoteca e ficaram num local isolado próximo para poderem conversar.

— Não posso ficar muito, amor, tenho uma reunião agora. Quero conversar com o responsável desse hospital,

— Por quê?

— Nada importante, só quero ficar a par de todo o tratamento ideal.

— Por isso que eu te amo. — disse dando-lhe outro beijo.

— Eu também te amo. — disse retribuindo.

— E como foi? Conseguiu?

— Claro, meu amor, o documento eu deixei na cômoda da enfermaria, dentro da gaveta, estão num envelope o documento passando a guarda legal da menina para o nosso nome, a certidão de nascimento dela, o atestado de óbito da mãe, todas as cópias autenticadas da Iraci para dar uma legitimidade maior sobre a transferência de responsabilidade sobre a menor. Caso algum dia alguém venha questionar, teremos tudo isso para corroborar que foi de comum acordo, e se ela tentar desmentir, vai ser a palavra dela contra os documentos. — Sussurrava, para não serem ouvidas.

— Então ela já é nossa?

— Já.

— Ninguém vai mais poder tirar ela de nós?

— Muito difícil, e depois de muita briga por anos na justiça que, no máximo, vão dar guarda compartilhada.

Helena eufórica deu um beijo de felicidade apaixonante, Roberta retribuiu. Tiveram de se conter por aquele não ser o local para troca de carícias por um longo período.

— Que bom, amor, finalmente seremos uma família completa, com filhos que poderemos perpetuar quem somos, passando para eles, e eles para os filhos deles. — disse Helena.

— Eles não, só ela no momento.

— É verdade. Do menino pensamos em outra forma de conseguir.

— É mesmo, não quero separá-los.

— Nem eu.

— Tudo bem, amor, tenho que ir, daqui a pouco eu volto. — disse dando um breve beijo na esposa. — Eu te amo!

— Eu também.

Roberta despediu-se das duas e saiu.

Helena voltou e sentou ao lado de seus "novos" amigos descartáveis, entretanto, diferente de antes da chegada de Roberta, pareciam um tanto distantes, respondiam-lhe de forma fria e evasiva, não olhavam diretamente em seu rosto e sempre falavam olhando para outro lado. "Por que estão assim? O que foi que aconteceu?, perguntava-se. Relembrou rápido e entendeu que, provavelmente com certeza, mudaram suas atitudes após entenderem que elas, Helena e Roberta, eram um casal.

Sentiu um misto de ódio, raiva e tristeza. "Por que as pessoas são assim? O que que minha opção sexual vai atrapalhar na vida de alguém? Só se for outra mulher que tiver atração por Roberta, mas, porque isso é motivo para me excluírem? Tratarem-me com indiferença, como se eu fosse nada? Por que nos tratam como se fossemos doenças a serem exterminadas? Como se a homossexualidade fosse contagiosa. O que mudou na pessoa Helena com a chegada da minha esposa? Deixei de ser confiável? Deixei de ser simpática? Deixe de ser digna de conversa? Ou tudo isso é apenas seus preconceitos sendo ativados?", pensou naquele breve momento sentada ao lado dos dois, agora, ex-amigos descartáveis.

— Com licença. — disse levantando-se do banco.

Saiu da brinquedoteca com os olhos marejados e vermelhos, queria chorar de raiva, contudo esforçava-se para não derramar uma lágrima por esse tipo de gente. "Eles não merecem", pensava caminhando em direção a sua enfermaria, respirando fundo tentando acalmar-se. Entrou empurrando forte a porta, fazendo o mesmo barulho da maca entrando horas antes; colocou a menina deitada no leito: não queria passar toda essa carga negativa para a filha.

O corpo tremia de raiva; rodou em círculos tentando relaxar. "Por que ainda existe gente assim no mundo? Parece que não aprenderam qual é o resultado da intolerância? Do preconceito? Quantas pessoas ainda terão de morrer por uma ideia idiota de sentir-se superior a outro apenas por conta de sua opção sexual? E minha filha? Será que ela vai ter que passar pelas mesmas coisas por nossa culpa, as mães dela? Maldita sociedade preconceituosa. Eu vou prepará-la para ser forte e inteligente para lutar contra isso. Só com uma diferença, vou ensiná-la a ser livre, não se prender a qualquer pensamento para ser "aceita na sociedade". Ela vai ser livre para ser o que ela quiser, não é porque somos homossexuais que vamos obrigá-la a ser homossexual, como a maioria dos pais héteros fazem. Sentou-se na poltrona com o pensamento a mil.

"O fato de eu ser gay me faz uma mãe ruim? — pensou concentrada— Claro que não, meu pai é hétero e traiu a minha mãe, além de ser um alcoólatra espancador de mulher, mas sempre foi respeitado por ser um "cristão" e empresário de sucesso. Todos sabiam o que ele fazia conosco, sabiam das agressões e das traições, mas ninguém dizia nada, não queriam se indispor com o empresário rico, perder essa amizade influente e poderosa, e a igreja não queria perder o dízimo mensal de dezenas de milhar. O fato de ele ser respeitado e de sucesso não o ajudaram em nada a ser um bom pai. Altamente opressivo, intolerante, humilhava minha mãe todos os dias, parecia que ele precisava disso para se sentir melhor, mais homem, usava da dependência financeira dela para poder fazer o que queria. Vivia em puteiro, amantes a torto e a direita, porém, se desconfiasse o mínimo naquela cabeça doente dele, espancava minha mãe, ofendendo-a dos piores nomes possíveis. A hipocrisia de querer, e cobrar, uma mulher perfeita enquanto era o mais imperfeito dos homens. Então não, o fato de eu ser gay não me torna uma mãe ruim, em nada, e nem melhor, me torna igual a qualquer um, em qualquer lugar, pois para educar não precisar ser homo ou hétero, homem ou mulher; tem de ter caráter. E caráter não é medido com o que se faz com o pênis, vagina, boca ou ânus."

— AAAAAAAAHHHH! — gritou de raiva — Como eu odeio esse tipo de gente.

Pensou um pouco mais.

"Se pra ser uma boa mãe, precisa ter caráter, então, o que estamos fazendo com essas crianças, tomando-as de seus verdadeiros familiares, é algo de alguém que tem caráter? — pensou horrorizada com a qualidade de seu caráter. — Claro que sim. Às vezes, para fazer o certo, temos que fazer o errado. Como dizia Maquiavel: 'os fins justificam os meios'. E, tudo o que estamos fazendo é para o bem dessas crianças. Se não for isso, como vai ser? Vão continuar vivendo nessa porcaria de vida que vivem, morando naquela casa, naquele bairro onde só tem vagabundo, assaltante, traficante, assassino e sei lá mais o que de pior pode existir ali. Sem saneamento básico, vivendo naquele local insalubre, cheio de doença, onde toda vez que chove, enche tudo, espalhando merda por todo tipo de lugar. Estudarão nas piores escolas— isso se estudarem. Envoltas por violência, drogas e prostituição, numa estrutura decrépita que mais emburrece que educa. Com professores desmotivados, desrespeitados, desvalorizados que, em grande maioria, não vão ensinar nada, vão só marcar presença para ter o contracheque no fim do mês. Não terão nenhum exemplo construtivo para se espelharem, terão como os maiores significados de sucesso os traficantes facínoras que aterrorizam a região e dizem comandar o que acontece e não acontece na região. Por tudo isso, entrarão no crime com a perspectiva de sucesso e morrerão jovens, assassinados em algum confronto com a polícia ou rivais de crime; ou serão presos, enviados para essas masmorras que não reintegram ninguém na sociedade, fazem é especializar os detentos, fazendo-os sair com mestrado e doutorado no crime, violência e perversidade. E aqueles que chegarem aos trinta serão lembrados como exemplos. Não, não, não deixarei isso acontecer com essas crianças, eu vou cuidar delas, vou tirá-las desse destino ao qual estão aprisionadas... Quem faz isso são pessoas boas. Eu sou boa, se não fosse, se fosse indiferente, como a maioria, não estava nem aí para elas. " — pensava tentando se convencer de estar fazendo o correto, o elogiável, digno.

Helena levantou da poltrona, deitou ao lado de Maria olhando a pequena no rosto.

— Né que mamãe é boa, hein filhinha, diz para mamãe que eu sou boa e que você concorda com tudo o que tô fazendo. — dizia enquanto acariciava Maria.

— Diz que me ama e vai me amar sempre. Diz, diz para a mamãe que você me ama como eu te amo…

Capítulo 22.

1

Roberta dirigia-se para o setor administrativo do hospital. "Ainda bem que esse hospital fez essa cagada descartando lixo de forma irregular.", pensava ao caminhar pelos corredores do hospital. Tinha um plano para lidar com o custo do tratamento de Maria sem precisar acessar suas economias, e assim, Helena não descobriria o rombo financeiro que ela teve de fazer para quitar suas pendências com "Jah". Ganharia mais um tempo até resolver esse outro problema também.

— Mas primeiro, resolver isso para depois aquilo. — disse a si mesma no corredor.

Muitos estranharam seu caminhar por aquele setor, todavia, não se atreviam a impedi-la, uma mulher bem vestida, cheias de adornos e roupas caras, emanando poder, segurança e autoridade. "Vai que é da chefia? Se eu der uma de besta, posso acabar indo pra rua. Vou continuar aqui, fazendo o meu serviço, me fazendo de cego.", pensavam os funcionários ao vê-la passar. Encontrou a sala da gerência, dessa vez não poderia passar, estava fechada e ante a entrada havia um secretário sentado atrás de uma mesa; pardo, cabelo lizo e olhos pequenos, com um uniforme administrativo, em pé ao lado da porta, um segurança negro, alto e forte.

— Pois não, senhora, em que posso ser útil? — perguntou o secretário educado.

Roberta usaria todo seu poder para atingir seu objetivo.

— Bom dia, meu nome é Roberta Ludwig, sou Juíza Federal, preciso falar com urgência com o gerente desse hospital.

— Desculpe, senhora, mas ele não pode atendê-la, está numa reunião muito importante e...

— Você não tá entendendo, eu não estou pedindo para falar com ele, estou exigindo que ele me atenda. Principalmente sobre o fato que, este hospital está respondendo processo criminal por descarte inadequado de lixo hospitalar, contaminando inúmeras pessoas, e, devido a isso, exijo que me atendam para dar a devida explicação, ou embargarei esse hospital, além de aplicar uma multa da qual ficarão reféns o resto da existência desta pessoa jurídica.

— Mas... mas... mas...

— Mas nada. Se os seus superiores souberem que tudo isso foi causado pelo... — Roberta olhou no crachá do funcionário. — Luiz Claudio Pereira, você será demitido e nunca mais trabalhará em qualquer hospital da região.

Luiz olhou para ela apavorado, pegou o telefone, digitou o número apressadamente, com força, parecendo uma britadeira; virou-se escondendo a boca e pôs-se a falar baixo no telefone para não ser ouvido. Roberta olhou-o mover-se desesperado, tentando fazer o que tinha ordenado a ele. Encarou o segurança, esse que estava encarando-a desde a chegada. Ele, ao vê-la encarar de volta, virou o rosto, cruzou os braços escondendo o crachá e ficou encarando a parede, torcendo para que ela não pedisse a sua identificação.

Rapidamente apareceu um homem alto, calvo, branco, com um bigode grosso amarelado de nicotina, identificando-se como o gestor. Apresentou-se a Roberta, desculpou-se pela demora em recebê-la e disse que estava numa reunião importante. Pediu que ela entrasse no escritório para conversarem melhor e em um lugar mais privativo.

Ela seguiu-o até a sala.

Após sentarem-se nas suas devidas cadeiras, Roberta perguntou-lhe se ele fazia parte da diretoria responsável pelo o hospital, ele respondeu que não, porém era o gestor responsável pela unidade naquele momento, e que, qualquer assunto, poderia ser tratado com ele. Ela recusou-se, disse que queria tratar com os superiores dele, no caso, os diretores. O gerente tentou argumentar que não era possível, todavia antes de terminar o raciocínio, Roberta fez o mesmo discurso dito ao secretário.

— Desculpe, senhora, isso não vai ser possível.

— Então até mais, nos vemos no tribunal, nos vemos não, verei os advogados. Você, muito provavelmente, muito provavelmente não, com certeza será demitido e nunca mais terá um emprego administrativo nesta cidade, visto que, por sua decisão, o hospital receberá uma multa milionária. — disse levantando-se.

— Não, não. Um momentinho. — disse ele pegando o celular e ligando.

Prontamente o gerente respondeu que aguardasse, pois o dono e seu advogado estariam vindo ao encontro dela para conversarem. Roberta agradeceu. O gerente convidou-a a se retirar e aguardá-los na sala de espera adjunta, o que ela recusou-se, disse que os esperaria naquela sala. O gerente ficou calado, não tinha coragem para tirá-la contra a vontade, o clima estava muito tenso, ele decidiu sair — já que ela não queria. Antes de cruzar a porta, Roberta pediu-lhe um café preto, forte e sem açúcar, ele respondeu afirmativamente, minutos depois trouxe o café do jeito que ela pediu.

Novamente ela agradeceu e esperou pelos advogado e dono. 40 minutos depois, apareceram os dois.

— Olá, doutora, — disse o senhor com o maior estereótipo de burguês possível. — sou o James Cais, e esse é o doutor Oliveira.

— Muito prazer, Roberta Ludwig. — disse-lhe apertando a mão e virou-se para o advogado. — Como vai Cesar? Como tá indo a Anita? — disse cumprimentando-o.

— Bem, deve estar no escritório agora. E você?

— Vou bem.

— Vocês se conhecem? — Perguntou James.

— Sim, formamos juntos, éramos da mesma turma. De qual ano Cesar?

— Sei lá, faz tanto tempo.

— É mesmo. — corroborou Roberta.

— Muito bem, vamos ao ponto doutora, tempo é dinheiro, e meu tempo é muito caro. O que a senhora gostaria de falar comigo?

Todos posicionaram-se para conversarem da melhor maneira. James fez questão de sentar na cadeira do gerente, numa tentativa— quase inconsciente, ou não —, de mostrar-se como o chefe; Roberta sentou na cadeira a qual já estava, e Cesar, não tendo local onde sentar, puxou o cesto de lixo e sentou-se sobre a tampa— isso poderia, com muito esforço, exemplificar uma máxima do homem e sua busca por poder, sua vontade de potência como referia-se Nietzsche: o advogado, mesmo sendo extremamente eficiente e um dos melhores de seu ramo, é totalmente descartável para seu empregador poderoso, quando houver necessidade ou perder seu valor, não existe código de honra no interesse pelo poder. Cesar, já sabendo disso, guardava inúmeras provas incriminatórias de seu patrão para usá-las como meios de barganha e conseguir um acordo mais satisfatório à sua parte quando o dia do descarte chegar. Como Thomas Hobbes disse: "O homem é lobo do homem. " E esse advogado acreditava veementemente nisso.

— Vim falar com o senhor sobre o processo criminal que seu hospital está passando pelo descarte inadequado do lixo hospitalar, cuja contaminação afetou inúmeras pessoas.

— Bom, queria informar que todas as provas são circunstanciais e meu cliente está empenhado que nada é de nossa responsabilidade. Estamos com todas as licenças expedidas pelos órgãos competentes de fiscalização em dia. Na verdade, vamos provar que o estado é o principal culpado por todo esse acidente, por sua ineficiência, e que, ao não fazer seu trabalho direito, liberou as licenças sem estarem devidamente seguras, logo acarretando o acidente. Portanto, meu cliente é uma vítima, pois teve seu nome sujo publicamente, e, por isso, não nos contentaremos apenas com a inocência, também pediremos uma indenização por danos morais causados ao Grupo. — respondeu o advogado.

— Não vem com essa, Cesar, não precisa vir com todo esse juridiquês para cima de mim, estou aqui como uma civil, essa é uma conversa informal, um papo de boteco. Eu sou a responsável pelo processo, vocês sabem muito bem que não tem como se livrarem disso.

— Sim, mas o meu cliente tem direito a ampla defesa, e, enquanto não formos condenados pelo STF, vamos continuar exercendo nosso direito de defesa. — dizia o advogado enquanto James apenas ficava olhando sério e calado.

— E vocês sabem que, quanto mais recorrerem, maior será a multa final.

— Você tem razão, doutora, porém, é melhor recorrer até onde não der mais, e, quando formos finalmente condenados, o que levará décadas , essa multa de... quanto foi a multa Cesar?

— 20 milhões. — respondeu o advogado.

— 20 milhões — repetiu James dando uma risada irônica. — Pego esse dinheiro e faço uma série de investimentos no mercado financeiro, e, quando finalmente o processo estiver transitado em julgado, mesmo que aumente a multa para 80 milhões mais os custos do processo, eu vou ter é um lucro milionário com o rendimento de 20 milhões por décadas de investimento. Portanto, doutora, a senhora que não tem que vir com essa conversa, e se a senhora apenas nos chamou para tentar nos fazer refletir sobre o assunto, tentar tocar meu coraçãozinho de pedra, digo que não precisa, já pensei bastante sobre. Preciso ir, como disse antes, "meu tempo é muito valioso".

— Não vim aqui para tentar fazê-los mudar de ideia, até porque eu sei que seria inútil, vim aqui para tentar chegar num acordo melhor para os dois.

— Pois diga, estou atento a este acordo.

— Como o senhor disse, recorrer infinitamente é melhor para você. Mas sabemos muito bem que isso dá uma dor de cabeça enorme. Ter que se explicar, dar declarações, ter um monte de movimentos enchendo o saco e culpando o Grupo de vocês. Sabes muito bem que toda essa propaganda condenatória acaba minando o prestígio de vocês. No Brasil não, mas fora, onde realmente isso importa, vocês terão o nome sujo e isso evitará vocês receberem algum reconhecimento internacional, visto que é isso que vocês estão mais procurando. Ou não?

— Sim, prossiga.

— Minha proposta é a seguinte. Eu cancelo a multa de 20 milhões, desde que vocês se responsabilizem em corrigir todo o transtorno causado, além de indenizar minimamente todos os prejudicados e fornecer um tratamento de saúde amplo para todos os problemas de saúde vindouros.

— Não me agrada muito essa proposta, isso eu já teria de fazer, além de me custar muito.

— É, teria, mas seriam obrigados apenas depois de acabarem as instâncias e os recursos.

— Por isso mesmo, por que fazer agora se posso fazer daqui a 20 anos? Isso sendo pessimista.

— Égua, vocês são muito burros mesmo. Nem parecem homens de negócios. Vocês poderiam pegar toda essa merda que fizeram, e pela qual são culpados, sabem muito bem disso, mesmo que demorem décadas para constatarem. Peguem isso, forneçam todo o atendimento adequado para as vítimas, corrijam todo o estrago ambiental causado e depois façam um setor responsável para conter e prevenir esses acidentes, mesmo que seja só de enfeite. Propaguem isso, como vocês se importassem com a vida de alguém acima dos lucros, mesmo que seja a maior das mentiras, o que importa? Já mentiram tanto, mais uma não vai fazer a diferença. Continuem com a narrativa que o real culpado é o estado, por não fazer a fiscalização adequada, mas, por estarem extremamente preocupado com as pessoas prejudicadas, decidiram ajudá-los, mesmo sendo inocentes, digam que irão ajudar as pessoas mesmo não tendo culpa, porque a saúde não pode esperar anos até que o estado seja condenado e obrigado a indenizá-los. Vitimizem-se quanto a isso, mas não fiquem só nisso, ajam como quisessem que isso nunca mais fosse acontecer. Depois propaguem aos quatro cantos, e verão que, no fim, sairão ganhando. Serão vistos como humanos, não porcos, apenas preocupados com os lucros acima da vida dos outros. Terão o reconhecimento mundial que querem alcançar, e serão um exemplo a ser seguido, não só no Brasil, mas no mundo.

— Não sei isso...

— Pare de ser um velho de cabeça antiquada. Lembra daquela cafeteria que expulsou dois negros do estabelecimento deles, só por estarem demorando para pedir? Deu a maior merda, todo mundo falou mal, foi execrada publicamente por todos, e olha o que ela fez para se redimir, fez todos um curso de humanização, criaram uma fundação contra o racismo, propagou isso a torto e a direito e o que aconteceu? Está mais valiosa que antes. Outro exemplo, a empresa de fast food, a qual foi processada por inúmeras pessoas por causar obesidade, tacharam-na de culpada por toda a onda de obesidade e o aumento nas doenças cardíacas no mundo, e o que ela fez? Colocou saladas no menu, mas continuou vendendo os alimentos gordurosos, fizeram, também, uma fundação de combate à obesidade, mas continuaram vendendo o hambúrguer causador da obesidade. Hoje está superpoderosa, a concorrente está a quilômetros de distância. Posso citar outros exemplos. Não seja burro, faça o que tá dando certo e, no final de toda essa merda que fizeram, sairão maiores, mais fortes e mais ricos.

James ficou calado, refletindo seriamente sobre o assunto.

— Tá ok, e o que a senhora quer em troca, Doutora?

— Eu não quero nada, quero apenas que deem todo o suporte necessários para as vítimas enquanto estão vivas, não adianta nada depois de décadas quando estiverem mortas. E o que acha? Pegar ou lagar, contudo, se largarem, virei fodendo vocês, essa multa de 20 milhões, que é nada para vocês, vou jogar para a casa das centenas de milhões.

— Ok doutora, me convenceste. Anula essa multa que eu faço tudo que a senhora pediu.

— Mas eu quero tudo em até seis meses, se não tiverem limpado toda a sujeira e fornecido todo o suporte às vítimas, acordo desfeito e volto fudendo vocês com uma jeba bem grossa, veiúda e sem cuspe, ok?

James riu.

— É doutora, a senhora é dura de lidar, não joga leve. Ok, acordo fechado, seis meses corrigiremos todas nossas merdas. — disse levantando-se e estendendo a mão para fechar o acordo.

Roberta levantou-se.

— Fechado. — disse ela apertando a mão dele e selando o combinado. — Ah! Tem mais uma coisinha.

— E o que seria? — respondeu desconfiado.

— Tem uma menina, Maria, filha da minha empregada, não tem nem dois anos, caiu da cama e quebrou o braço e a perna direitos, além de fazer um traumatismo craniano. Trouxemos ela para tratar-se aqui. O senhor pode colocá-la no atendimento social do hospital, assim todo o custeio do tratamento dela, vocês poderão deduzir no imposto de renda, não terão centavos de prejuízo, ainda poderão emitir nota fria, como já fazem, para terem um desconto maior no imposto, o que acham?

James olhou para o advogado um tanto preocupado quanto a ela saber do esquema deles de sonegação de imposto.

— Doutora informo que, no momento, não existe nenhuma denúncia formal quanto a isso, e meu cliente não precisa se pronunciar sobre esse assunto. — disse Cesar mudando a postura relaxada (informal) para uma postura ereta, como ele comumente portava-se nos tribunais.

— Não se preocupem, não é da minha alçada, isso é com a Receita Federal, não me diz respeito. Tudo bem, senhor James, poderia fazer essa boa ação quanto ao cuidado dessa menina? A avó é muito pobre e não tem como arcar com o custo do tratamento, só a trouxemos para cá, pois era caso de morte, se fosse para UPA, morreria antes de ser atendida.

— Tudo bem, doutora, a colocaremos sim na assistência social do hospital, só dar todos os dados para o secretário que está aí fora que eu me comprometerei pessoalmente a colocar essa menina lá. — disse James muito educado com um sorriso mais falso possível.

— Obrigado, não sabem como eu fico feliz em saber que a humanidade ainda não está perdida. — disse sorrindo com um ar de sarcasmo que chegava a ofendê-los. — Bom, isso é tudo, não quero mais incomodar, sei como seu tempo é precioso.

Ela levantou-se e apertou mais uma vez a mão do empresário.

— Até mais, senhor James, um bom restante de dia.

— Para a senhora também, doutora.

Roberta andou em direção ao Cesar e o cumprimentou.

— Até mais, Cesar, foi muito bom te rever, manda um beijo para Anita.

— Mando sim. E a mandarei hoje, o mais tardar amanhã, o documento com todos os compromissos acordados aqui.

— Ok, assim que receber dou a sentença de seis meses para cumprir o acordado, ou cancelo tudo e venho fudendo com uma piroca gigante.

Cesar sorriu.

— Ok, depois dessa vou entregar esse documento é hoje.

— Muito bom saber. — respondeu rindo.

— E o promotor? Vai concordar com isso?

— Deixa que com ele eu me viro. Senhores. — disse Roberta saindo da sala.

Assim que ela saiu, James virou-se para Cesar.

— Égua da mulher, essa tem colhão, não joga leve.

— Se tem, desde a faculdade ela jogava pesado. E falar em colhão, bem que ela queria ter um.

— Por quê?

— É sapatão.

— Mentira.

— Sério?

— Sério.

— Porra! Por isso ela é assim. Caramba uma mulher linda dessa se perdendo. — disse balançando a cabeça em negação. — Também, desse jeito, só sendo sapatão mesmo, que homem ia querer uma mulher que quer mandar mais que ele?

11

Roberta sentia-se leve, nem parecia estar andando, sentia como se flutuasse de tão relaxada, assemelhava-se ter usado o melhor remédio para o seu glaucoma. "Nem consigo acreditar que resolvi isso. Nossa, que felicidade, se eu pudesse gritar com toda minha força, para liberar toda essa tensão que eu estava, até a dor no meu pescoço sumiu, olha. — pensava enquanto movia o pescoço em todas as direções— Agora sim, posso aproveitar todo esse momento com Helena e nossa nova filhinha." Foi na brinquedoteca falar com a esposa antes de voltar ao tribunal, porém não a encontrou, decidiu procurar primeiramente na enfermaria cujo leito Maria estava internada.

Ao abrir a porta, deparou-se com Helena sentada na poltrona, cabisbaixa, com o olhar perdido no chão, estava tão compenetrada que a esposa nem foi percebida ao entrar. Ao observá-la, Roberta percebeu que sua mulher estava atormentada por algo, podia perceber claramente a agonia no rosto dela. Sentiu um ímpeto de querer ajudar, trazer a paz para aquela à qual tanto amava. "Mas o que devo fazer? Ficar calada e esperar que ela me diga, ou perguntar qual o problema e mostra-me solícita a escutá-la? Ficar quieta e respeitar o seu espaço, ou intrometer-me? Pois os problemas delas são os meus, assim como os meus são dela?"

— Oi, amor, nem a vi entrando. — disse Helena, despertando-a.

— Oi, amor, percebi, você estava bem concentrada mesmo.

— É. — respondeu Helena olhando para o lado. — E aí, como foi a reunião? — disse voltando o olhar.

Foi maravilhosa. — disse sorrindo.

— Que bom. — falou com um sorriso no rosto, porém, claramente percebia-se ser forçado. — Sobre o quê mesmo foi essa reunião?

— Nada de mais, fui só certificar que Maria receberia o melhor cuidado pelos melhores profissionais.

— Não poderia esperar menos de você meu amor.

— Vou tomar como um elogio.

— Pois tome.

— E a menina como está?

— Bem, alimentou-se bastante quando chegou da cirurgia.

— Imagino, ela ficou muito tempo sem comer

— É, mas eu caí na besteira de dançar com ela de barriga cheia e tomei um banho de vômito.

Roberta deu um leve sorriso.

— É, todo bônus tem seu ônus.

— Verdade, porém esse bônus ainda é maior que o ônus.

— Claro, se não fosse, tenho certeza que você não escolheria. Percebi que você trocou de roupa.

— É, tenho que agradecer essas novas roupas que trouxeste, não estava mais aguentando aquele cheiro azedo.

Roberta tentou esperar Helena dizer qual era sua aflição, entretanto ela não o fazia. A curiosidade começou a torturar-lhe, sem conseguir se conter, acabou perguntando:

— Tudo bem, meu amor? — perguntou segurando-a firme nas mães e olhando fundo nos olhos. — Sinto que algo te perturba.

— Não é nada não. — disse, puxando as mãos e virando-se para Roberta não ver suas lágrimas.

— Sei que estás mentindo. Vamos, diga, sabes que eu farei tudo para te ajudar.

— Não, não quero te perturbar com besteiras insignificantes da minha cabeça.

— Não diga isso, sabe que nada sobre você é insignificante para mim. — disse segurando-a afavelmente no rosto.

Helena deu um singelo sorriso, repousando a face não mão da amada. Uma lágrima rolou pelo, repousando na palma da mão de Roberta, fazendo-a sentir um singelo calor. Helena beijou-lhe a mão, fechou os olhos e inspirou com força, como se o cheiro da esposa fosse o necessário para tirar toda a dúvida e o medo, os quais estavam a corroendo.

— Obrigada, meu amor, tenho muita sorte de ter você em minha vida.

Roberta sorriu de alegria ao perceber que era confiável para esposa, sentiu-se feliz por ser considerada um porto seguro para sua amada, tal como sentia-se por Helena: considerava-a seu refúgio, seu bunker secreto, seu local seguro de descanso cujo repouso era certeiro.

— Estou com medo. — disse Helena.

— Medo de quê? Que possamos perder a menina? Não se preocupe com isso, eu garanto que ela é nossa, não deixarei que a tirem de nós.

— Não é isso.

— É o que então?

— Tô com medo se posso ser uma boa mãe, se realmente serei o melhor para ela.

— Claro que vai ser, você é a melhor pessoa que eu já conheci, é decidida, forte, inteligente, carinhosa e tem o maior coração que já vi. A melhor coisa que aconteceu na vida dessa menina, foi você ter se tornado mãe dela.

— Não estou falando especificamente sobre mim, mas sobre esse mundo de merda no qual vivemos.

— Por que você está dizendo isso? O que aconteceu? Quando cheguei aqui você estava toda sorridente, nem 2 horas depois você está toda amarga e tristonha. Algo aconteceu? Me diga o que foi.

Helena hesitou.

— Vamos, amor, diga.

— Foi na brinquedoteca... enquanto as pessoas não sabiam que eu sou lésbica, tratavam-me muito bem, falavam comigo, riam, como se eu fosse uma pessoa "normal". — disse fazendo aspas com os dedos. — E, depois que você apareceu e viram que somos um casal, me excluíram, afastaram-se, falavam só o necessário, respondiam de forma seca e fria. Parecia que, ao saberem que sou gay, havia me transformado numa leprosa, num pombo imundo, num rato. Evitavam que as crianças se aproximassem de mim, achando que, só por seu ser gay, as molestaria, ou as transformaria em homossexuais apenas pela aproximação, como se a homossexualidade passasse por osmose, sei lá. — bufou de raiva ao lembrar-se do ocorrido.

— Você me culpa por isso? — disse Roberta com um falhar na voz ao pensar, erradamente, que ela era a responsável pelos atos relatados.

— Claro que não, meu amor, eu não te culpo por isso, você não tem culpa da idiotice alheia. Eu me orgulho de você, você é uma das pessoas mais corretas que eu já vi nesse mundo. — respondeu abraçando a esposa ao vê-la entristecer-se por entender errado suas palavras.

— Quem foram esses desgraçados? Que eu vou fazê-los se arrependerem por isso. — disse irada por sua esposa, o amor de sua vida, ter sido ofendida preconceituosamente.

— Não tem nada a ver com eles... tem a ver com essa sociedade tóxica em que vivemos, onde o diferente tem que se esconder, dobrar-se a vontade da maioria, como se todos fossem obrigados a serem iguais, e, o diferente, deve adequar-se ou, como a história mostrou inúmeras vezes, fugir ou morrer. — disse Helena dirigindo-se à janela e olhando compenetrada para a cidade de Belém. — O que me aflige é que nossa filha, mesmo que não seja lésbica, sofrerá por ter duas mães que são. Nós vamos dificultar a vida dela.

— Para com isso, amor. — falou Roberta abraçando a esposa por trás, envolvendo-a com os braços para dar-lhe a sensação de segurança. — Realmente, o fato de sermos lésbicas trará uma carga extra de preconceito para ela, principalmente por ser mulher e negra, porém, ela tem mais chances sendo criada por nós, duas lésbicas com dinheiro que continuar vivendo onde, e como ela vive, mesmo que seus avós sejam héteros. Sendo criada por eles, é muito mais alta a chance dela não ter estudo, engravidar na adolescência e, como a mãe, ser morta por algum homem violento, ou, por ser for lésbica, morrer em algum crime relacionado a violência, tráfico de drogas, assalto, prostituição etc. Não que, ela tendo estudo e sendo rica estará livre de violência doméstica, machismo e violência social, entretanto, sobretudo tendo tudo isso que podemos ofertar, será uma mulher independente econômica e intelectualmente, não ficará acorrentada a uma vida dessa de merda por não ter escolha. As chances dela são maiores conosco.

— Você acha certo fazermos isso? Tirar a menina da avó?

— Não acho apenas certo, acho um dever moral nosso, ajudá-los a terem uma perspectiva melhor de futuro. Mesmo que pareça errado separá-los dos avós, não é errado; errado é, podendo salvá-los, sermos omissas e, muito provavelmente, deixá-los ter um futuro horrível pela frente. Eu, muitas vezes, tenho que tomar decisões difíceis, decisões que, à primeira vista, parecem erradas, duras ou cruéis, porém, tal qual um jardineiro que poda uma árvore, cortando-lhe os galhos, ou um médico amputando um membro enfermo são, inicialmente, decisões cruéis, todavia, no futuro, mostram-se acertadas. Isso que estamos fazendo aqui. Agora temos essa sensação de erro, mas no futuro, quando olharmos para trás, com certeza, veremos que foi o correto a ser feito. — dizia ela segurando Helena pelos ombros, olhando diretamente nos olhos da esposa.

Helena abraçou a esposa com força, chorando, escondendo o rosto no ombro dela.

— Você acha? Você realmente acha que estamos fazendo o certo?

— Não acho, tenho certeza.

— Então por que essa me sinto assim?

— Porque fazer o certo não é fácil. — disse Roberta acariciando os cabelos da esposa.

III

Roberta dirigia-se ao tribunal sentada no banco de trás da viatura, novamente os seguranças públicos estavam fazendo o seu dever: fazer tudo o que o a divindade magistrada desejar. No entanto, dessa vez, por não querer chegar de imediato ao tribunal, as sirenes estavam desligadas, portanto, seguiam todas as leis, como qualquer outro reles mortal.

Ela olhava pela janela observando as ruas sujas de Belém, montes de lixo e entulhos distribuíam-se pela cidade como tumores de um câncer maligno, e, pela quantidade e tamanho deles, o câncer é terminal. Um carro grande e luxuoso acompanhava-os na mesma direção; a janela do passageiro desse abriu-se e, de dentro, apareceu uma mão delicada, branca, com uma pele, mesmo ao longe, visivelmente bem tratada e jovem, com anéis dourados e brilhantes, à primeira vista não pareciam ser imitação, e sim algo caro, bem trabalhado e valioso, unhas bem-feitas, davam a entender que saíra recentemente da manicure. Essa mão largou uma garrafa plástica de água ionizada alcalina, a qual caiu na via, quicou pelo chão, rolou e prendeu-se no bueiro junto de outras garrafas plásticas, sacos e papéis tapando a entrada da rede de esgoto.

Roberta, ao ver isso, deu uma risada irônica. Os policiais que estavam na frente, ao ouvir, perguntou:

— A senhora disse alguma coisa, doutora?

— Não, nada.

Os policiais ficaram calados.

— É que essa sociedade que me repugna. — disse Roberta sem conseguir conter. — Vejam esse carro do lado, deve custar, por baixo uns 200 mil reais, e para ter um carro desses, com certeza tem que ser rico, por dedução, subentende-se que os donos tenham uma educação, se não a tem, pelo menos, tem condições para tê-la. E o que eles fizeram agora a pouco? A passageira acabou de jogar uma garrafa plástica na rua, contribuindo para piorar essa cidade que, por si só, já é extremamente imunda.

— É, ninguém respeita. — disse o policial tentando fingir que se importava com o assunto abordado pela juíza.

— Porra! Eu entendo um miserável sem educação jogar lixo na rua. Entendo, não concordo, porém ele não foi educado e instruído que, ao jogar lixo na rua, vai fuder a própria vida, vai proporcionar o aparecimento de doenças infectocontagiosas, animais peçonhento. Sem dizer que entope os bueiros e quando vem a chuva, como se isso em Belém quase não acontecesse, inunda a porra toda, destruindo o pouco que eles têm, e pior, distribuindo doenças ao povo. O filha da puta pobre e ignorante não teve ninguém ensinando-o, por isso eu entendo, não concordo em vê-los jogarem lixo no chão, mas entendo. Agora, os donos desse carro, ricos e, muito provavelmente, estudados —tamanho uns cavalões desses — jogando lixo na rua, isso que eu não entendo, esse povo não tem o benefício da ignorância. Eles estudaram, sabem a avalanche de merda que dá jogar lixo na rua, e porque fazem? — falou em alto tom, revoltada.

Os policiais ficaram calados, estavam com medo de falarem alguma besteira e levarem esporro de graça.

— Eles fazem isso. — disse ela continuando. — Porque tão pouco se fudendo, eles têm um carro caro, com certeza moram num condomínio fechado e caro. Lá, com certeza, eles não jogam lixo no chão, lá eles cuidam, pois acham que o condomínio é deles, além de terem a certeza que, se fizerem isso, serão multados, mas num lugar público sabem que nunca serão punidos por isso. No público eles pensam, um pensamento idiota que a maioria dos brasileiros tem de que, o Estado, não é de ninguém, que não tem dono; esquecem que eles também são os donos do público, porém como o povo todo é o dono em conjunto, como o Estado é dividido com todos, não é exclusivo de uma pequena porção, não tem valor para eles. Se esse lixo que eles jogaram causar uma enchente, foda-se, não é a casa deles que vai para o fundo. Entretanto, isso é uma burrice imensa, achar que eles não serão afetados. A enchente vai fuder o trânsito atrasando-os, por consequência um dos pobres fudidos que perderão tudo na enchente, sem ter dinheiro, passará necessidade, provavelmente vai assaltar —não é regra, mas muitos agem assim — e quando esse rico mal-educado parar no sinal, e o pobre fodido botar uma arma na janela dele para assaltá-lo: ele vai achar ruim, vai reclamar da cidade violenta, fazer textão na internet de indignação. E sabe o que é pior? Ele sabe que o lixo dele contribuiu para o aumento da desgraça no país, porém ele deixa de jogar lixo na rua? Não, ele compra um carro blindado. Desse jeito esse país nunca vai para frente.

Os policiais continuaram calados, não disseram nada, estavam amedrontados que a raiva da juíza fosse aliviada neles, ou pior, em apenas num deles. O primeiro idiota que se puser a falar e disser besteira, receberá toda a ira, além de servir de deboche para o outro. Roberta ficou calada, um silêncio incômodo fez-se no carro para todos. Ela, não querendo mais protelar aquela viagem desconfortável, decidiu fazer algo:

— Liguem a sirene, preciso chegar ainda hoje no tribunal. — ordenou séria.

Assim eles o fizeram.

IV

Poucos minutos depois chegaram no tribunal, Roberta entrou no gabinete, instigou seus assessores a trabalhar, como de costume, e pediu à secretária que entrasse em contato com o promotor, doutor Pereira, responsável pela ação contra o hospital Cais Semanas, disse que queria falar com ele com urgência sobre o processo.

Ela esperou em sua sala, sentada em sua poltrona particular. Sentiu uma vontade louca de usar seu remédio para enxaqueca. Uma dor de cabeça fina começava a incomodá-la na têmpora esquerda irradiando para o olho adjunto. Abriu sua gaveta trancada a chave com os "fármacos" e viu que tinha pouco "remédio".

"Isso não dá para nada. — pensou nervosa. — a merda desse 'mensageiro' ainda não trouxe a minha mercadoria. "

Veio-lhe à mente a lembrança da conversa do advogado de seu último réu e também a cena daquela mão rica jogando lixo na rua, lembrar disso trouxe toda sua indignação com a hipocrisia humana. Imediatamente algo começou a atormentá-la.

"O que eu fiz com aquele rapaz foi justo? Eu fiz conforme a lei diz, não mudei nada, mas a lei é justa? Eu sou uma juíza, uma guardiã da moral e da ética, eu não posso mudá-la, tenho que fazê-la ser cumprida. Tenho que ser a justiça, cega e imparcial". Lembrou-se do seu último condenado, nem lembrava do nome dele, apenas os números iniciais da identificação do processo penal do qual pertencia. Todavia lembrava-se que ele, o réu, não tinha identificação do pai em sua certidão de nascimento, não o conhecia, nem a mãe sabia onde ele estava, seu endereço residencial era num dos bairros de maior periculosidade da região metropolitana de Belém. Não tinha nem formação educacional fundamental sequer. Negro, com inúmeros irmãos, cada um com o pai diferente do outro. Desempregado. O advogado de defesa argumentou que o réu tentou arranjar emprego formal, entretanto não conseguiu, teve de vender entorpecentes para conseguir dinheiro e ajudar nas despesas de casa. Roberta não aceitou a defesa e o condenou à reclusão, além de aumentar a pena por ser reincidente. — "Será que eu sou o vilão? E esse indivíduo o qual condenei é uma vítima? Será que eu, por representar esse estado brasileiro sou vilã? O estado brasileiro é vilão?" — Roberta riu sarcasticamente ao pensar isso— "Não existe qualquer dúvida disso: inchado, grande, preguiçoso, ineficiente, excludente, preconceituoso, corrupto, misógino, homofóbico, intolerante religioso; por que não vilânico? Não há dúvida, sou vilã por representa-lo? Afinal, quem defende o vilão, vilão também é. O Brasil pode ser herói? Claro que também o pode, fornecendo com qualidade tudo o que lhe é de dever: educação, segurança, saúde; conquanto, sei muito bem que não o faz, na verdade está muito longe disso. O que eu posso fazer? Voltar-me contra o estado? ...Não, melhor mudar o estado por dentro, mudar as leis que protegem os fortes e deprimem os fracos, um Robin Hood às avessas, tiramos dos pobres para dar aos ricos." — pensou ela dando um riso irônico, de novo — "Mas eu não posso mudar a lei, não tenho poder para isso, quem deve fazer isso é o legislativo, contudo a sociedade quer mudar isso? Não os pobres, os quais não tem importância e poder nenhum: importam apenas como massa de manobra e curral eleitoral; a elite da qual faço parte: a que tem realmente poder para influenciar algo, quer mudança? Queremos realmente mudar? Queremos fazer o esforço de transformar esse país numa Suíça, Dinamarca, Finlândia? Mas para fazer isso, teremos que abdicar de nossos privilégios, distribuí-los equitativamente entre todos. Queremos isso? Eu quero abdicar de meus auxílios, meus benefícios, minha divindade magistrada, para um terceiro qualquer que não conheço e nunca vou conhecer? ... Não, acho que não."

Lembrou do que disse para Helena para convencê-la a continuar fazer algo que claramente é criminoso... Roubar a neta dos avós, mesmo que seja com a melhor intenção do mundo, é errado, extremamente errado, e não só isso, é asqueroso, é monstruoso. Perceber que ela, Roberta, a qual tentava ser a mais correta, tentava ser justa, imparcial, que tentava cultivar uma superioridade moral cujo embasamento serviria para corroborar sua autoridade sobre os outros. Baseava-se na Bíblia, mesmo não tendo religião ou tendo uma crença propriamente dita em um Deus, contudo não discordava de Mateus 7:3-5 que diz: "E por que reparas tu no cisco que está no olho do teu irmão, e não vês a trave que está no teu olho? Ou como dirás a teu irmão: 'deixa-me tirar o cisco do teu olho; estando uma trave no teu? Hipócrita, tira primeiro a trave do teu olho, e então cuidarás em tirar o cisco do olho do teu irmão." Tomou isso como algo a ser seguido, porém, agora, ao ver-se cometendo um crime, via-se como um hipócrita, hipocrisia essa que sempre condenou. "Como terei autoridade para julgar alguém? Como poderei bater o martelo e dizer "culpado", sendo eu tão culpada quanto? Não sou apenas uma hipócrita, sou a maior de todas por achar-me que não era.", pensava depressiva, angustiada.

Transgredia a lei há muito tempo, entretanto não via-se como culpada por tráfico e uso de entorpecentes, justificava para si que tinha uma necessidade física daquilo, sua enxaqueca era horrível. "Mas qual justificativa tenho para sequestrar uma criança? Não seria melhor ajudar a família? Fornecer meios de cuidarem-se unidos, não dividi-los, como estamos fazendo. Porém, fazendo isso, não terei uma filha com Helena, e precisamos disso, se não, do jeito que estamos indo, vamos acabar nos separando. Eu preciso de Helena, muito.

— *Vossa excelência?* — soou a voz da secretária tirando-a de sua angústia.

— Oi, Paulinnha, diga. — respondeu rapidamente acionando a secretária eletrônica.

— *O promotor doutor Pereira acabou de chegar.*

— Ok, pode dizer para entrar.

Segundos depois apareceu o promotor.

— Excelentíssima doutora Ludwig.

— Doutor Pereira, pode sentar-se. — disse levantando-se e apontando a cadeira ante a mesa.

— Obrigado. — disse cumprimentando-a, apertando-lhe a mão de forma segura e firme, quase numa tentativa irracional de embate de poder. Roberta percebeu isso e pensou: "Quer tentar Pereira? O meu é maior. "

— Aceita um café? Água? Peço para minha secretária trazer. — disse, tentando disfarçar o pensamento, além de toda a agonia sentida a poucos segundos atrás.

— Não, obrigado. Qual é a urgência sobre o processo da contaminação do Hospital Cais Semanas?

— Bom, doutor, a neta da minha empregada se acidentou e, por ela estar num quadro muito grave, com risco de morte, Helena e eu decidimos levá-la ao Hospital Cais Semanas para tratá-la.

— Parabéns pela atitude, poucos patrões fariam isso. Queria me dizer isso? Poxa, poderia me dizer por telefone que eu a parabenizava do meu gabinete. — disse-lhe com sarcasmo.

— Obrigada. — respondeu-lhe percebendo o ataque, porém, como precisava entrar em acordo com ele, decidiu relevar. — Senti-me tentada a ligar para você, todavia, infelizmente, não é só isso que tenho para falar. Estando lá, aproveitei para falar com um dos donos sobre o processo, tentar fazer um acordo.

— E qual seria?

— Anular a multa cobrada por vocês, com a condição deles fornecerem todos os cuidados às vítimas, além de arcarem com os custos de desfazerem todo o transtorno gerado.

— Mas isso não é um acordo, é uma anistia, é um presente, sem querer ofender vossa excelência, é uma petulância. Pois tudo isso eles são obrigados por lei a fazerem, além de pagar uma multa que eu já acho baixa; 20 milhões, isso é nada para eles. Anistia-los? Isso parece uma piada sem graça, vossa excelência.

— Eu sei. — respondeu, controlando-se para não se ofender.

— E por que vossa excelência propôs isso?

— Porque, nobre doutor, não adianta nada eles serem condenados daqui há duas décadas. E as vítimas, os reais lesados nisso tudo, estarem mortos ou doentes irreversivelmente. Eles serem condenados nessas circunstâncias não vai valer de nada. A lei estará cumprida, porém a justiça não será feita.

— Mas isso é muito pouco para eles.

— Eu sei, mas é muito para as vítimas. Eu dei a condição deles prestarem socorro às vítimas e limparem toda a sujeira com recuperação do ambiente em, no máximo, seis meses, ou multá-los-ei em mais de 100 milhões de reais.

— Não sei, vossa excelência, isso só vai aumentar a sensação de impunidade nesse país.

— Concordo com o doutor, porém vidas humanas estão em jogo.

— Certo, e por que a senhora está me falando isso?

— Para que, ao sentenciar o que vos falei agora a pouco, o senhor não recorra, pois, se caso o fizer, só irá protelar ainda mais o cuidado às vítimas, além de agravar os danos ambientais.

O promotor ficou calado, pensando sobre.

— Por favor, doutor, pense naquelas pessoas, se alguma delas vier a morrer por falta de cuidado?

— Será culpa do Hospital. — respondeu quase elevando a voz.

— Eu sei, entretanto, ao serem atendidas o quanto antes, um número maior de mortes poderá ser evitado. Quantos filhos morrerão, ou pais, com o protelar desta sentença? Esperar tramitar em todos os tribunais, além dos inúmeros recursos. Vinte anos acho é pouco, pode passar desse número facilmente. E o senhor sabe disso.

— Mas eles precisam pagar por tudo isso que estão causando.

— Eu sei, e concordo com o senhor, mas nesse país, sabes muito bem que os ricos não sofrem nada. Não deixe que essas pessoas fiquem desamparadas. Sabes muito bem que elas não terão como cuidar de si mesmas e não poderão esperar tudo isso de anos até serem ressarcidas.

Ele ficou calado, apertou forte os dentes, tanto que era visível pelo contrair dos músculos mandibulares. Os olhos passeavam de um lado para outro, parecendo que personalidades dentro dele estavam lutando e, a vencedora, diria se concordava ou não. Olhou para Roberta, tentava falar, todavia parecia que algo o impedia. Sua luta interna ainda não havia findado. As veias do pescoço se evidenciaram, dando a ideia do real conflito que o promotor estava passando.

— Ok. — disse o promotor com muita relutância. — Seis meses, se não cumprirem em seis meses eu vou recorrer.

— Perfeito. Seis meses, se não cumprirem com o acordo, eu mesmo vou fuder com eles.

— Ok. E quando a vossa excelência sentenciará isso?

— Assim que o pedido deles chegar.

— Tudo bem, então, aceito os termos. Até mais, vossa excelência.

— Até mais, doutor. — disse Roberta vendo-o sair.

Assim que o som da porta fechando foi ouvido, Roberta começou a cair em agonia.

"Novamente estou sendo vilã, estou claramente fazendo o mal, defendendo esses porcos, os fortes em detrimento dos fracos. Sem imparcialidade, sou mais que parcial, sou cúmplice deles, tudo em benefício próprio. Mais uma vez o povo sendo fudido pelo interesse de poucos. Por que estou assim? Nunca senti tamanho remorso por minhas decisões, sempre achei que fiz o correto, e quando equivoquei-me, não me remoía com dúvidas ou arrependimentos, ficava impassível. Sempre achava que os prejuízos colaterais de minhas sentenças eram problemas do sistema, não meus, sentia-me superior ao sistema, conquanto nunca havia percebido que eu sou o sistema. O que mudou? Eu sei muito bem, nem sei por que estou perguntando isso. Claramente é por esse crime que estou fazendo e acobertando, esse sequestro."

Novamente o de Paulinha soando da secretária eletrônica despertou-a.

— Que foi Paulinha? O doutor Pereira voltou?

— *Não, vossa excelência, chegou uma entrega para a senhora, numa caixa, mandaram entregar diretamente em suas mãos.*

— Ótimo, pode trazer.

Imediatamente Paulinha entrou pela sala e entregou a encomenda. Roberta agradeceu e dispensou a secretária de sua frente. Abriu a caixa rapidamente, com um certo desespero. Encontrou 500 gramas de maconha pura. Cheirou o pacote com força: o aroma aliviou rapidamente a enxaqueca que estava extremamente forte.

— Já sei o que tenho de fazer para acabar com tudo isso que está passando na minha cabeça... não pensar.

Correu para a porta da sala para trancá-la, voltou à mesa e ordenou a secretária que, se chegasse qualquer petição legal, deveria guardá-las que, assim que possível, ela iria recebê-las, pois no momento ela estava muito ocupada. Paulinha confirmou que entendeu a ordem.

— Antes que eu me esqueça... Paulinha, teve alguma ligação importante?

— *Até o momento não, vossa excelência, só o secretário daquele Juiz de Santarém perguntando se a senhora estaria interessada em trocar de jurisdição com ele.*

— De novo?

— *Foi, respondo o quê?*

— O de sempre, diga que não estou interessada e que, caso venha a interessar-me, ligarei para ele. Só isso?

— *Só, vossa excelência.*

— Então avise a todos que me procurarem a partir de agora que não posso atendê-los.

Palinha confirmou que entendeu a ordem e desligou. Roberta aproveitou o momento de privacidade e fez o maior baseado que podia enrolar, dessa vez não saiu simétrico, alinhado, "uma obra de arte", como disse várias vezes; saiu torto, com a seda amassada, em locais seco e outros exageradamente molhados de saliva. Enrolou-o rápido, sem cuidado, desesperada para usá-lo, e assim, aliviar sua culpa e remorso, fazê-la cair em torpor, fugir, escapar de toda a aflição.

Tomou duas pílulas de seu opioide; foi ao banheiro como de costume. Acendeu o baseado com dificuldade, a mão tremia tirando-lhe a precisão. Estava com frio, porém o suor escorria de sua pele, caia de sua testa como um rio cai por um relevo formando uma cachoeira. Acionava o dispositivo do isqueiro, todavia não conseguia formar uma chama, apenas faísca iluminavam por milésimos de segundo o banheiro escuro.

Finalmente a chama se formou, a luz rapidamente espantou a escuridão ao redor, não o suficiente para iluminar todo o banheiro, só o rosto sofrido de Roberta. A luz amarelada da chama mostrou o sorriso de alívio dela ao conseguir realizar a proeza de usar corretamente o isqueiro; colocou o baseado na boca. Estava tão confusa e desesperada que nem conseguia inspirar e expirar corretamente. A chama queimava o fumo, entretanto ela não conseguia inspirar, seu corpo a sabotava. Tirou o baseado da boca, mas não deixou a chama se apagar, fechou os olhos e inspirou fundo, acalmando-se.

— É agora. Deu mais algumas inspiradas rápidas. A respiração começou a se normalizar, as mãos diminuíram a tremedeira, o suor compulsivo cessou. Colocou o baseado novamente na boca, finalmente conseguiu inspirar.

A fumaça passou suave, acumulou-se no pulmão, o princípio ativo entrou pela corrente sanguínea, rapidamente chegou ao cérebro, a droga espalhou-se pelo cérebro dando-lhe gozo. Ela soprou a fumaça, um sorriso de prazer e felicidade estampou-se no rosto. O sair do rejeito parecia carregar toda a agonia, até pouco tempo antes sentida, para fora, libertando-a das correntes da culpa. Soltou um grande gemido de alívio e prazer. Deu outra tragada, o gozo se espalhou com mais velocidade e intensidade, soprou novamente rindo por estar mais leve ainda.

Repetiu até sentir-se completamente leve. Não sentia mais culpa, remorso ou arrependimento, não pensava mais em nada pois estava desmaiada sobre o vaso sanitário com a mão dentro do cesto de lixo cheio de papel higiênico sujos com fezes, urina e outras excretas a mais.

Capítulo 23.

1

A choradeira de Rafael acordou Antonio que deitado estava sobre o sofá. Um barulho de metal batendo indicava que alguém estava na cozinha preparando algo. "Espero que seja Iraci e que esteja fazendo comida, estou morrendo de fome.", pensou sentando-se, ao fazê-lo, sua perna bateu na garrafa de cachaça vazia, a qual estava ao lado do sofá. O barulho do vidro grosso batendo na lajota, rolando por ela e parando no pé da estante, foi tão alto que parecia estar havendo uma demolição na sala. Ele esperou algum grito da esposa, de reclamação ou preocupação, no entanto, nada ouviu. Apenas o barulho de metal vindo da cozinha parou momentaneamente, depois, quase de imediato, voltou a soar.

Ele estranhou por um instante, porém ficou relativamente contente. "Que bom, ela deve estar de bom humor hoje.", pensou. Tentou levantar, mas a perna estava um pouco fraca, sentiu uma fisgada leve na parte posterior da coxa, nada muito preocupante para ele. Fez um pouco mais de esforço e levantou-se, passou a mão pela perna e sentiu a crosta formada por sangue endurecido, responsável por estancar o sangramento da lesão; percebeu a pele inchada e uma dor leve apenas quando pressionava com força. Não se preocupou. Olhou para a estante e viu duas garrafas de bebida ainda cheias, ao lado da televisão. Foi tentado a ingeri-las, contudo decidiu postergar, precisava de glicose, ou desmaiaria no primeiro gole. "Primeiro comida, depois bebida.", pensou. Pulou pela casa apoiando-se nas paredes, olhou pelo quarto da mulher e viu Rafael chorando sobre a cama, continuou até chegar na cozinha.

Encontrou Iraci lavando a louça suja, olhou pelo compartimento, lembrou de toda sujeira e nojeira feita por ele quando ficou bêbado, entretanto esse, dessa vez, não estava mais repugnante, mas limpo e habitável. Havia panelas sobre o fogão, indicando que ela tinha feito comida, sentiu um alívio ao confirmar isso.

Foi silencioso até a mesa, tentou sentar-se na cadeira silenciosamente, não queria chamar a atenção; todavia, ao fazê-lo, a perna falhou, jogando-o atabalhoadamente sobre ela e fazendo barulho. Iraci assustou-se e olhou rápido para a origem do som. Ele encarou a mulher, esperando nova reclamação dela, ele parecia um cachorro que destruiu algo importante para o dono e tem ciência disso, o qual fica esperando a repreensão vindoura, totalmente justificada, por todo o transtorno causado. No entanto ela continuou calada, voltou-se para a pia e permaneceu lavando a louça.

Antonio ficou confuso. "Nossa, por que ela não disse nada? Até eu sei o quanto de merda eu fiz ultimamente... Acho que ela finalmente entendeu o lugar dela aqui, entendeu que tem de ficar calada e fazer tudo para mim, porque eu sou o cabeça da família.", pensou satisfeito. O ideal de vida de Antonio é semelhante com o ideal de esposa propagado em revistas machistas propagadas na década de 50 nos EUA.

Decidiu arriscar para confirmar sua teoria.

— Mulher, tô com fome. Sirva logo essa comida.

Iraci virou-se. Ele percebeu toda a raiva em seu semblante e todo esforço em conter esse sentimento. Ela respirou fundo, pegou um prato, completou com alimento e colocou-o sobre a mesa, na frente dele. Antonio sentiu-se orgulhoso, tanto que seu peito se estufou, a postura alinhou-se e o queixo elevou-se. Finalmente sentiu-se novamente como um homem, coisa que não sentia desde a amputação de sua perna. Um sorriso orgulhoso foi estampado nem seu rosto. Pegou a colher e pôs-se a comer, a comida estava deliciosa, não sabia se realmente o principal mérito do sabor, se o preparo ou sua fome. Afinal, a fome é o melhor tempero.

Deliciou-se saboreando a comida feita por sua espora, porém não a elogiou por isso. "Não vou elogiar, vai que isso a estraga. E isso não é mais que a obrigação dela.", pensou engolindo a última porção.

— Pronto, pode lavar. — disse empurrando o prato.

Iraci olhou-o novamente com a mesma expressão de ira de antes. Novamente ficou calada, respirou fundo, pegou o prato e lavou-o sem dizer nada. Antonio ficou orgulhoso. "Finalmente ela se tocou de como as coisas tem que ser. Desde que eu perdi minha perna ela não estava mais querendo me obedecer como antes, mas parece que agora ela se tocou qual é o lugar dela.", pensou rindo, observando as costas da esposa fazendo todos os seus afazeres, cuidando da casa como uma mulher deve fazer — no entender dele.

Novamente o choro de Rafael chamou sua atenção.

— Mulher, tu não estás ouvindo o choro do moleque? Faz alguma coisa, não ficas aí.

Iraci saiu da cozinha. Instantes depois apareceu com o neto no colo. Pegou uma tigela no armário, foi até uma das panelas, completou a tigela com mingau, sentou-se em outra cadeira, colocou a tigela sobre a mesa e pôs-se a alimentar o menino. Rafael alimentava-se com gosto, comendo todo o mingau ofertado com voracidade. Antonio observava a cena feliz. "Ainda bem que ele calou a boca.", pensou. De imediato, lembrou-se da neta, não a via desde quando alimentou-a uns dois dias atrás. Preocupou-se com a menina.

— Onde tá a menina, mulher?

Iraci continuou calada alimentando o neto sem olhar para ele.

— Não me escutou? Tá surda? Onde tá a Maria? — disse, elevando o tom.

Iraci limpou o rosto sujo de Rafael, olhou para o esposo com um ar cansado.

— Tá internada, onde mais estaria?

— Sim, eu sei, mas quando ela sai?

— Não sei.

— Como assim tu não sabes?

— Não sei, porque o médico disse que ela tá com um edema no cérebro por ter caído da cama e batido a cabeça enquanto o avô que, em vez de estar cuidando dela, estava desmaiado bêbado na cozinha.

Antonio irou-se com o enfrentamento da esposa.

— Olha como tu falas comigo, achas que estás falando com quem?

Iraci olhou-o calada, impassível, respirou fundo, mais uma vez, e voltou-se para o neto, continuou a alimentá-lo.

— Muito bem. Isso mesmo, me respeita. — falou ele orgulhoso ao ver a esposa não enfrentá-lo. — Eu quero ver ela, tô preocupado.

— Tu não vais ver nada.

— Tu não mandas em mim, se eu quiser eu vou. Eu que mando aqui.

— Vai então, a menina tá num dos hospitais mais caros de Belém e quem tá pagando são as minhas chefes, se elas verem um bêbado como você, podem não querer pagar as contas, e, se acontecer isso, vais conseguir pagar milhares de reais pelo tratamento da menina?

Antonio ficou calado.

— Achei mesmo. Isso se não mandarem te prender por maus tratos. Só não fizeram isso porque eu menti, disse que foi outra pessoa que estava responsável, uma babá que inventei, mas quando te verem desse jeito, vão saber que eu estava mentindo e vão mandar nós dois para a cadeia. Tá afim de passar o resto da tua vida na cadeia?

Antonio sentiu um frio na espinha, subir de seu cóccix até a nuca, arrepiando seu corpo todo; teve a sensação de um vácuo formar-se em seu abdome. A perna única, já enfraquecida, perdeu o tônus que lhe restava, segurou-se na mesa para não cair da cadeira, o peito estufado e a coluna ereta encolheram-se ao imaginar-se na cadeia.

— Vo... vo... c... c... ê... ê tá de brincadeira né? Só pode?

— Eu? Por que brincaria com isso?

— Quer me assustar, eu não posso ser preso.

— E por que não? Só por que é perneta? Isso não quer dizer nada.

— Não fala assim comigo. Cala a boca, eu sou teu marido, eu sou o homem aqui — disse gritando de raiva.

— Ou vais fazer o quê? Me bater? Como? Se não consegue nem se limpar direito.

— Não fala assim, sua vagabunda. — disse socando a mesa.

Iraci mesmo sentindo um ímpeto de ofendê-lo, de dizer que ela não sentia mais medo dele, nem respeito, nem nada, que sentia apenas desprezo, decidiu se calar, não valia a pena se estressar com ele. "Um morto vivo" como ela pensava. Voltou-se para o neto e terminou de alimentá-lo; carregou-o até a pia, junto com a tigela suja, colocou-os sobre esta, lavou a tigela atenta a qualquer movimento do neto, guardou a louça, colocou-o no colo e saiu da cozinha sem dizer nada, enquanto Antonio a ofendia com inúmeras palavras de baixo calão.

A raiva tomou conta dele, sentiu o coração palpitar, tão forte e tão rápido, como se um fogo tomasse conta do peito dele, a cada pulsar deste parecia que o corpo tremia junto. "Essa vagabunda nem pediu perdão. Ficou calada, me tratando como um nada, nem sequer olhou para mim, o que eu sou? Eu tô cagado por acaso? Não tenho mais valor nenhum?", pensou tentando levantar e segui-la, porém, teve dificuldade, a perna estava fraca, quase não suportava mais seu peso corpóreo.

Finalmente colocou-se em pé e pulou atrás da esposa. Tinha de castigá-la por essa audácia, por essa falta de respeito, se não, toda sua autoridade, já enfraquecida, seria jogada por terra. "Um homem sem autoridade no seu lar não é um homem, é um merda. Não posso deixar as coisas assim.", pensou pulando pelo corredor. Entrou no quarto, viu a esposa vestindo o neto, o qual estava do lado de uma bolsa. Ela estava de costas para a porta, Antonio chegou por trás dela e socou-a na costa.

Iraci sentiu um baque nas costas e se assustou, percebeu o marido aproximando-se, porém não esperava o golpe. Entretanto, o susto não foi pela dor causada, e sim por ter machucado muito menos do que imaginara, muito menos que o último espancamento dado nela por ele, o espancamento que a fez entender como lidar com o marido para que, essas surras, não se repetissem. Desde então, nunca mais se impôs, nunca mais questionou, tornou-se apenas um corpo sem vontade, estava presa aquela rotina triste e humilhante. Não vivia, apenas existia. Contudo, viver daquele jeito, sem vontade, para ela, era muito melhor que ter vontade e ser espancada. "Melhor ser presa sem dor que presa com dor.", como antes pensava. Tudo o que mais temia voltava a acontecer, sabia que o marido estava frágil, sem força, porém não conseguia contradizê-lo. Sua prisão não era apenas física, era mental. Ele, por todos esses anos, a fez acreditar ser uma fraca, indefesa, sem motivação, sem vontade, e as grades mentais são muito piores que as grades físicas, ela parecia um animal que, quando menor, é preso há uma corrente frágil, e depois de crescer, a mesma corrente frágil, agora incapaz de aguentar toda sua força, continua a prendê-lo, não por prender seus músculos, mas por prender sua mente. Iraci assustou-se por ver-se livre, assustou-se por ver que seu algoz não podia mais controlá-la, entendeu que ela era a forte e ele o fraco, quem deveria ser temido agora era ela, e não ele.

Ela virou-se de frente para o marido, outro soco foi dado por ele, sem força ou velocidade. Iraci segurou o braço dele para não se machucar, ao ver ter conseguido se defender, um sorriso estampou-se em seu rosto. "Nossa, isso é tão fácil, se eu soubesse que seria assim, tinha me imposto antes, desde o dia que ele perdeu a perna.", pensou olhando para a mão dele.

Antonio ao ver-se impedido pela esposa, principalmente depois de ver o riso no rosto dela, sentiu-se humilhado, como se sua masculinidade não mais existisse. Não se via mais como um homem, e sim como um merda, um nada. Ele gritou de ira, tentou socá-la com a outra mão, todavia foi novamente seguro pela esposa. Tentou soltar suas mãos, porém não tinha apoio suficiente para isso com sua perna única. Iraci encarava-o firme. Sem poder fazer mais nada para se libertar cuspiu-lhe no rosto. De imediato ela empurrou-o, fazendo-o perder o equilíbrio e, por fim, jogando-o ao chão.

Ao vê-lo no chão, ela teve o impulso de ajudá-lo. Ao aproximar-se e segurá-lo pelo braço para levantá-lo, ele puxou o braço dizendo para não tocar nele, pois não precisava de ajuda de ninguém. Ela afastou-se, perguntou-se porque ainda botava-se a ajudar? Sem saber a resposta, voltou-se ao neto para terminar de vesti-lo.

Antonio começou a gargalhar jogado no chão.

— Tu deves sentir-se toda besta com essas sapatonas que são tuas chefes, mas você não é nada para elas, elas não estão nem aí com você, só te tratam bem por causa dos netos. Elas estão fazendo isso para ficar com eles, quando conseguirem, vão te jogar fora como um lixo.

Iraci olhou para ele séria.

— Isso mesmo, tu não és nada, és uma mulher, uma merda sem valor. Elas ajudam nossa neta para querer cuidar dela, por que achas que fazem isso? Porque são boas? — disse gargalhando. — Como tu és burra, tudo tem um motivo, ou achaste mesmo que era por bondade delas?

Iraci continuou calada, porém agora expressando confusão no rosto.

— Olha! Não é que acreditaste mesmo? Tu és muito fraca, muito ingênua, o que te falta é ódio. O que tu achas que duas sapatonas querem com crianças pequenas? Elas querem criar como filha delas, já que esfregar aranha com aranha não traz filho nenhum. E quando elas te abandonarem, sem dinheiro, sem os netos, sem nada, e perceber que está sozinha, sem ninguém, você vai voltar para mim, e eu vou rir todos os dias.

Iraci ficou chocada, olhou por todos os lados confusa. Voltou-se ao neto e terminou de arrumar Rafael. Assim que terminou, colocou o neto no colo, pegou a bolsa e saiu, passando sobre Antonio que tentou segurá-la, porém ela chutou-o livrando-se.

— Vai, vai, sua idiota. — gritava em meio aos risos. — Você é nada para elas, tá me ouvindo? Você é nada.

Antonio ouviu a porta da sala bater com força. Ficou no chão rindo, as gargalhadas se mesclavam com o choro, alternando entre si. Estava de bruços com o rosto no chão.

— Credo, o que tu te tornaste?

Ouviu Antonio a voz que ele sabia muito bem de quem ser.

— Cala a boca.

— Agora tua mulher te bate, trata-te que nem um merda. O que tu és? Estás virando uma bichinha mesmo.

— Cala a boca, cala a boca, cala a boca. — gritava Antonio. — Por favor, me deixa em paz. Some daqui.

— Sabes muito bem que não posso fazer isso, sabe muito bem que tu não consegues abandonar tua culpa, perdoar-se por tudo o que fez. E nem deves, não serves para nada, só faz atrapalhar a vida de todos os que estão próximos de você.

Antonio tentou sentar-se, com muito esforço e dificuldade conseguiu. Olhou para a sombra, os olhos rubros o encaravam assustadoramente. Seu braço esquerdo doía muito, na queda havia batido ele no guarda-roupas tentando se segurar.

— Já percebeste que és um estorvo? Claro que sim, eu sei tudo o que pensas.

— E por que perguntas?

— Porque eu me divirto com isso.

— Me deixa em paz. — gritou quase chorando

— Já percebeste que, se morreres, não farás falta a ninguém? Na verdade, as pessoas vão agradecer por isso.

Antonio ficou calado, mas seu olhar dizia muita coisa. Um olhar vago, sem foco, sem piscar, estático simplesmente. Tentou se levantar, entretanto não conseguiu. Decidiu arrastar-se até a cama, tentaria usá-la como apoio sem medo dela virar sobre si.

Enquanto dirigia-se até a cama, ouvia a sombra rir, dizendo que ele havia chegado ao fundo do poço, sem dignidade alguma. Comparava-o com um verme, por ser inútil, insignificante, um parasita, além de estar, naquele momento, rastejando-se tal qual uma tênia ou uma lombriga. Ao chegar na cama, segurou-se no esteio lateral com o braço esquerdo, por estar enfraquecido e com o direito, apoiou-se no chão para auxiliar a perna na tentativa de ficar de pé. Esforçou-se ao máximo, tomava impulso com o braço machucado, potencializando a dor. Antonio travou os dentes com força, quase a ponto de trinca-los. Conseguiu com muito esforço colocar-se sobre o leito, estava exausto, respirando fundo quase não mexia-se — os dias sem comer, vivendo apenas a base álcool estavam cobrando seu custo.

Antonio estava de olho fechado, flashes do rosto de Iraci rindo martelavam sua mente; apertou os olhos com força: no intuito de fazer essas imagens sumirem. Ele sentiu algo sentar-se ao lado dele na cama, não quis abrir os olhos, sabia muito bem quem havia sentado.

— Não entendo como você continua a querer ficar vivo, sabendo que és um verme.

Ele tentou tapar os ouvidos com as mãos para não ouvir mais essa sombra que o perturbava a todo instante, no entanto não teve sucesso, não importava quão forte apertasse, a voz dessa sombra continuava a ser ouvida claramente.

— Por que ainda tentas perder seu tempo fazendo isso? Sabes muito bem que eu falo dentro da tua cabeça. Podes até furar seus ouvidos e seus olhos, continuaras me vendo e ouvindo. — disse a sombra gargalhando alto, forte e frenético.

A sombra estava certa, nada podia fazê-la calar-se, exceto uma coisa da qual ele sabia muito bem qual era. Sentou-se de imediato, mirou em direção a sala, tentou-se colocar de pé, o braço esquerdo fraquejou de dor impossibilitando-o, tentou uma segunda vez e com muito esforço conseguiu.

— Sabes muito bem que isso não vai me fazer ir embora, nem emudecer-me, apenas terás um tempinho longe de mim.

— Qualquer tempo sem você me perturbando vale a pena.

— Mesmo que você não tenha consciência desse tempo?

— Mesmo.

— Então por que não acabas de vez com essa vida de merda? Pelo menos, dessa forma, se livrarás de mim para sempre.

Antonio ficou calado, porém seu rosto declarava claramente que ele não ignorou essa opção de imediato, considerou-a por um instante. Ao dar-se conta disso, balançou a cabeça negativamente, tentando afastar este pensamento mórbido.

Pulou em direção a sala, chegou até a estante exausto. Estava sem fôlego e muito fraco, sentiu um líquido escorrendo pela perna, pensou ser novamente sangue, passou a mão para ver qual seria a razão desta sensação. Olhou para a mão, esperou vê-la suja de sangue, entretanto não era sangue, era um líquido vermelho escuro, quase castanho, com fios amarelados, um odor forte e fedorento emanava desse líquido.

Não se importou com isso, limpou a mão no short e pegou uma das garrafas que estavam ao lado da TV. Abriu-a com rapidez, morden do o dosador com voracidade. Assim que retirou, cuspiu fora o plástico, colocou o gargalo da garrafa na boca, engoliu o máximo de álcool que sua garganta pôde suportar. Olhou ao redor e continuou vendo a sobra encarar-lhe intensamente. Voltou a beber, enquanto o álcool entrava pela boca, lágrimas saíam pelos olhos.

Capítulo 24.

1

O carro chacoalhava de forma incômoda, Iraci segurava Rafael no colo tentando compensar o balançar, tinha medo de ver o neto vomitando todo o mingau. Esse não foi o melhor dos carros de aplicativo que pegou, o ar condicionado não estava forte, os bancos pareciam velhos, o acabamento de plástico já estava desbotado. Teve até vontade de descer antes do ponto, dar uma avaliação baixa para o motorista e solicitar outro veículo. "Quem tá pagando é a sapatona mesmo.", pensou tentando decidir se o faria. Concluiu que não, ainda estava numa área de alta periculosidade, existia a possibilidade de ser assaltada antes da chegada do próximo transporte de aplicativo; esperaria chegar numa área mais segura e pensaria novamente no assunto. Iraci acostumou-se rápido com o "luxo", após alguns dias sem usar transporte coletivo público, apenas particulares de aplicativo, já não conseguia mais se imaginar usando ônibus, sendo que os usou durante toda vida.

— Podes ir mais devagar?

O motorista se fez de surdo e continuou passando sem cuidado por buracos e lombadas.

— Podes ir mais devagar? Não quero que meu neto vomite no seu carro.

De imediato a velocidade diminuiu e o balançar quase findou. Iraci soltou um riso silencioso. "É, só com a ameaça de vômito mesmo para ele se compadecer conosco, porque se não fosse isso, se não fosse a punição de ter o carro vomitado por ser um motorista idiota, continuaria fingindo-se de surdo e dando foda-se para nós. — pensou olhando para o retrovisor, encarando pelo retrovisor os olhos do motorista, o qual ao encontrar os olhos dela pelo reflexo desses, desviou-os rapidamente como se tivesse vergonha de algo. — Ele sabe que é um idiota, sabe tanto que nem tem coragem de me encarar."

Rafael mexia-se agitado no colo dela. "Ai meu Deus! Espero que não esteja cagado.", pensou olhando rapidamente na fralda. Para a felicidade dela, ele não estava.

— Ainda bem moleque, se estivesse cagado, ficaria assim até chegar no hospital. — falou Iraci olhando para o neto franzindo o cenho.

As palavras de Antonio voltaram a atormentá-la.

O menino mexeu-se agitado quebrando seu raciocínio.

— Calma, calma; já estamos chegando. — disse acalmando-o.

Rafael olhou fixo nos olhos dela. Iraci olhou para o neto com amor, ele representava a continuidade de sua existência, seu único legado deixado nesse mundo. Imaginou-o crescido, formado, com família, num trabalho respeitável, alguém que teria orgulho de dizer seu neto. Um sorriso singelo formou-se em seu rosto em imaginar isso, entretanto esse sorriso sumiu de imediato ao entender que, esse futuro almejado era quase impossível para eles; entender que isso nunca aconteceu na sua vida, nem de seus filhos, nem de seu marido, ou seus pais, irmãos, amigos e, muito provavelmente, seus netos também não teriam caso nada de diferente acontecesse em suas vidas.

"Existe um grande risco nisso... Vale a pena? Posso perdê-los se Antonio estiver certo... Vale, jogando esse jogo eu posso perdê-los, não jogando já os perdi, que nem perdi meus filhos.", refletia ela enquanto seguia ao hospital, sem perceber passar por uma área mais segura. Esqueceu-se da qualidade do carro, pensava apenas em si e nos netos.

11

Chegaram no hospital. Iraci desceu do carro segurando Rafael no colo e atravessou pelo hall de recepção, mas não pôde subir por estar com uma criança de colo, teve de esperar Helena descer para trocarem o acompanhante de Maria. Sentou-se numa das cadeiras, continuava a ouvir a voz de Antonio gritando em seu ouvido, dizendo que as patroas estavam ajudando-os apenas para tomar-lhes as crianças, tal qual uma música ruim que toca em loop inúmeras vezes dentro da mente, sem nada poder fazer para calá-la.

"Não, não pode ser, isso é besteira da minha cabeça e daquele traste. Helena é uma das pessoas mais bondosas e amáveis do mundo, e Roberta é uma juíza respeitável, não poderiam fazer isso, poderiam? Claro que não, elas não são ladras e nem sequestradoras; o único defeito delas é serem sapatonas.", pensava ela quando foi despertada por um toque.

Ao olhar na direção desse, Iraci percebeu que era Helena chamando.

— Nossa, Iroca, estava concentrada aí, o que estava te afligindo?

— Nada não, Lena, pensava só na recuperação da minha neta. — disse tentando disfarçar com um sorriso perceptivelmente falso.

— Não precisa se preocupar não, falei com o ortopedista e ele disse que a cirurgia dela foi um sucesso. Ele abriu o curativo hoje e estava tudo sequinho, sem secreção, sem nada. E o neurologista viu a tomografia dela e disse que o edema está diminuindo, se continuar assim em poucos dias ela terá alta.

— Ai que bom ouvir isso!

— É, muito bom mesmo, mas é para continuar ficar observando a menina, ver se ela não fica muito sonolenta, nem muito molinha. Caso fique, tem que avisar a enfermagem imediatamente.

— E com quem ela tá agora?

— Ela tá no berço, não tem perigo de cair. Disse para uma técnica ficar de olho nela até você subir. É melhor você ir logo. Me dá esse gatão aqui para mim. — disse tomando Rafael do colo da avó.

— Tá bom, E como a senhora vai? Não pode ir dirigindo com ele.

— Roberta vem me pegar, pedi para ela tirar uma licença hoje. Vai logo, não deixa a menina muito tempo sozinha, aquela técnica não vai cuidar exclusivamente dela por muito tempo. Ela tá cheia de paciente, coitada.

— Ok, já tô subindo.

— Ah! Já ia esquecendo. Cuidado se quiseres sair com a menina do quarto, fica de olho para não perder a visita do médico, eles passam durante o dia e tem de passar todos os dias, se não aparecerem até as 5 da tarde, vá no posto de enfermagem encher o saco deles pedindo a visita do médico. Ele é obrigado a passar com ela. Ok?

— Ok.

— Que bom que entendeste, pode subir.

Despediram-se.

Iraci dirigiu-se à enfermaria, conversou com os profissionais avisando que havia chegado e estava responsável por Maria, perguntou se tinha alguma alteração no cuidado da neta. Os profissionais confirmaram a troca de acompanhante e informaram de todo o planejamento de cuidados e procedimentos programados, após receber as informações, dirigiu-se ao quarto.

Encontrou a neta segura dentro do berço, bem acordada e esperta. Beijou-a na testa com amor, acariciou os cabelos dela, apoiou-se na cerca do beliche e ficou encarando a criança. Os pensamentos e lembranças continuavam a afligir sua mente, quando fechava os olhos, conseguia ver o rosto de Antonio rindo e debochando dela, gargalhando de forma vexatória de sua ingênua, na visão dele, confiança em Helena e Roberta.

— Não! Tenho que parar de pensar nisso. — disse para si mesmo. — Se isso ficar me atormentando posso acabar fazendo alguma besteira e acabando com a única oportunidade que eu e meus netos temos de sair dessa lama em que vivemos.

Ligou a TV e tentou assistir algo para se distrair, mas não conseguiu se concentrar. Decidiu sair da enfermaria. Pegou a neta e foi andar por onde era permitido. Passeou pelo corredor, ouviu uma música infantil e vozes de crianças rindo e conversando, lembrou da existência da brinquedoteca. Achou por bem ficar lá com a neta e socializar com outros acompanhantes. "Melhor me rodear de gente; 'mente vazia é oficina do diabo'." Ao entrar viu o espaço bem colorido, com crianças movendo-se de um lado ao outro. Sentou no banco ao lado de uma mãe, na sua primeira impressão ao vê-los juntos, arrumando o cabelo de uma criança toda enfaixada.

— Posso sentar aqui?

— Claro, à vontade. — respondeu ela, afastando-se um pouco mais para Iraci sentar.

— Obrigada.

— De nada. — A mãe reparou na menina no colo de Iraci. — Você que está cuidando dela hoje?

— Sim. — respondeu sorrindo.

— E onde está a mãe dela?

— A mãe dela?

— É.

— Morreu.

— O quê?! — gritou surpresa.

— Foi, o marido a matou.

— Não pode ser! — falou em alto tom, quase gritando, surpresa. — Pensei que ela fosse sapatão. — continuou controlando-se.

— Sapatão?

— É, eu a vi beijando uma outra mulher que veio aqui ontem. Meu Deus, será que o marido descobriu que estava sendo traído? E por uma mulher que é ainda pior, não me admira ele ter matado ela... Mas eu pensei ter a visto hoje de manhã bem cedo.

— De quem tu estás falando? — perguntou Iraci confusa.

— Da Helena, a mulher loira que estava cuidando dela — apontou para Maria — ontem.

— Ah, sim! A senhora está falando da dona Helena. Não, não, que confusão a minha, me desculpe. Dona Helena está bem, eu me referi a mãe dela mesmo.

— Ufa! Me deste um susto agora. O erro também foi meu em me referir a ela como mãe da Maria. É Maria o nome dela né?

— É Maria sim.

— Me esqueci que ela disse que a havia adotado.

— Ela disse que adotou ela? — perguntou surpresa.

— Sim, foi o que ela me disse. A senhora é o quê? Cuidadora? Empregada?

— Cuidadora, eu? Eu sou a vó dela. — disse nervosa e ofendida.

— Calma, eu não tenho culpa, foi a Helena que me disse. — respondeu levantando as mãos se desculpando.

Iraci ficou possessa, podia-se perceber sua ira apenas por sua expressão facial. A respiração ficou pesada, o cenho franzido os olhos vermelhos pelo aumento do fluxo sanguíneos na região, os dentes foram comprimidos com força, evidenciando os músculos mandibulares. Tudo conciliava-se numa verdadeira expressão de ira.

Ficou tão inquieta que não conseguiu mais ficar sentada, levantou-se e saiu da brinquedoteca, andou a esmo pelos corredores tentando aliviar essa raiva. Voltou para a enfermaria, colocou a neta novamente no leito em segurança, não queria nada limitando-a, queria extravasar toda essa ira, como ela desejava quebrar alguma coisa, contudo conseguiu se controlar para não fazê-lo. Sabia que não teria condições de arcar com o prejuízo que seriam causados com sua fúria.

— Vagabunda! Safada! Estava me usando o tempo todo, estranhei mesmo no início. Desde que viram as crianças, me trataram muito melhor, aquele brownie com sorvete, tudo foi feito para me comprar, me fazer pensar nelas como "anjos" da caridade. Filha da puta! Nada foi feito de coração, tudo por interesse de ficar com meus netos— sentou na poltrona de acompanhante apertando as têmporas, apoiando os cotovelos nos joelhos. — Foi isso, todo esse jeito delas, amável e bondoso, que sempre me fez achar que elas eram melhores que meus outros patrões, tudo não passava de interesse, tudo é um fingimento, uma mentira, elas são iguais a qualquer outro filha da puta daqueles. Agora eu percebo isso, pois eles, assim como elas, também vinham sorridentes quando queriam que eu fizesse algum favor para eles, trabalhar em algum dia da minha folga, ficar depois do horário sem ganhar extra. Safadas!

Iraci levantou da cadeira, deu voltas desgovernadas pela enfermaria.

— Claro, como eu sou burra, como não tinha percebido isso antes? Sempre soube que Helena é doida para ter filho. O que seria mais perfeito para elas que duas crianças novinhas que mal sabem falar e engatinhar, órfãs, de uma família pobre e burra? Burra, burra, burra. Antonio estava certo, eu sou uma burra em acreditar nelas. Só tem um problema nesse plano delas: sou eu. Eu sou a pedra no sapato delas, a pedra que vai sempre atrapalhar o fingimento delas de serem uma "família de verdade". Eu sou o incômodo que é necessário suportar, que nem o bombom de ameixa que vem obrigatório dentro da caixa de chocolate, aquele que fica por último e ninguém come, só é aceito porque acompanha os bombons de avelã; porém esse bombom aqui vai ser bem caro e indigesto. Querem o bombom de chocolate puro? Vão ter que engolir o de ameixa primeiro. Mas e aí? Vão me suportar para sempre? Será que elas não têm também um plano de se livrarem de mim? E se tornarem uma família de verdade? Como elas farão isso? Tomar as crianças não podem, isso é crime, então como farão? As manipularão com dinheiro e farão as crianças se afastarem de mim por ser uma pobretona e burra que não tem nada? Ou as transformarão em bichas pederastas, como elas são, afastando as crianças de mim?

Remexeu-se na poltrona.

— Sapatonas traíras de uma figa. Elas vão ver, elas querem jogar sujo? Eu também sei jogar sujo. Agora não, agora eu tenho que abaixar minha cabeça, já que a menina precisa de tratamento, mas quando sair daqui.... — gargalhou maldosamente ela. — Elas vão comer na minha mão, se elas gostam mesmo dos meus netos, e querem elas para fingirem ser uma família, coisa que não podem, vão ter que fazer tudo o que eu quiser e do jeito que eu quiser e do jeito que eu quiser, ou se não vão... vão ficar só na vontade. E do tanto que tão gastando com ela, tenho quase a certeza que vão aceitar minhas exigências, ou não poderão brincar de "família sapatona quase de verdade."

Andou em direção à janela do quarto. Olhou por toda a cidade que o andar elevado podia proporcionar. Ela viu os edifícios no horizonte emergindo do chão e apontando aos céus, no meio da Amazônia, muito mais numerosos que as árvores, fazendo o verde quase sumir na paleta de cores dessa cidade de concreto e asfalto. Os edifícios mais altos eram muito mais bonitos e luxuosos. À medida que Iraci baixava sua visão em direção ao solo, as construções mostravam-se menos cuidadas, mais grosseiras e menos admiráveis. Ao chegar no nível do chão, viu algumas barracas velhas e enferrujadas, amontoando-se na calçada irregularmente, tentando conseguir alguma "migalha" que caísse daquele hospital de alto padrão aquisitivo.

Montes de entulho tomavam parte da via, obstruindo os bueiros. No cruzamento próximo, sempre que o farol ficava vermelho, inúmeras crianças distribuíam-se entre as filas de carros tentando vender doces ou pedir dinheiro; outros dois, esse maiores e mais jovens, ficavam próximo da faixa de pedestre, na frente de todos dos veículos, fazendo malabares tentando impressionar o maior número de condutores, e assim, quem sabe, conseguir algum dinheiro. Um homem aleijado sobre uma cadeira de rodas era conduzido por um terceiro, disputava com as crianças quem era digno de mais pena, e assim conseguir a esmola.

Iraci, ao vê-los se digladiarem para conseguir essas migalhas, entendeu que ela fazia parte disso, eram seus pares ali, podiam não ser seus vizinhos de bairro, entretanto eram seus vinhos sociais. Todavia ela não estava ao lado deles, estava sobre, olhava-os de cima e não do lado. Estava no lugar mais alto, onde, muito provavelmente, a maioria deles nunca estaria. Entendeu que esse era o diferente de sua vida, não o fato de sua neta se acidentar — afinal inúmeros filhos de pobres se acidentam com risco de morte a todo instante—, mas sim de estar acompanhando, mesmo que subserviente, pessoas da casta superior. "Melhor viver de resto que ser o resto.", pensou.

"É, acho que esse é o acontecimento necessário para sair dessa vida que estamos condenados, e eu não vou deixar escapar. ‹Se a vida te der um limão, faça uma limonada›, isso mesmo, vou fazer isso uma oportunidade. Vão ter que dar tudo para os meus netos, e para mim, claro, afinal, sou a avó deles. E nada de ‹sem-vergonhice› de sapatão, não quero mau exemplo perto deles. Elas querem meus netos? Podem ter, mas eu que vou dizer como e quando vai ser. Mas tenho que ser cuidadosa, se não nem resto poderei ter.

Finalmente a expressão irada começou a mudar, um sorriso apareceu no rosto dela assim que começou a imaginar tudo o que poderia ganhar com isso. Não precisaria mais trabalhar, usaria as crianças como meio de negociação, teria roupas novas, sapatos, comeria tudo do bom e do melhor, sairia daquela vida de merda, moraria na mansão das "chefonas."

"Viver naquele paraíso, dormir naquela cama confortável, no ar condicionado. Meu Deus, nunca mais dormir no calor infernal dessa cidade, suando feito uma porca. Poder caminhar segura por aquele oásis, sem precisar ficar olhando por todos os lados com medo de ser assaltada ou morta; tomar banho naquela piscina maravilhosa.", pensou sonhadora.

A imagem de Antonio veio-lhe à mente.

"Merda, ele ainda vai ser uma pedra no meu sapato. Do jeito que ele é cabeça dura, nunca vai aceitar duas sapatonas perto dos netos dele, mesmo que isso seja bom para nós. Se eu me separar, ele pode fazer caso, porque são os netos dele, e isso pode afastar as lésbicas, e com razão ninguém gosta de ser ofendido e ficar perto de um velho alcoólatra fedorento. Vou ter que aguentar mais um tempo, não deve ser muito, do jeito que ele tá se afogando em cachaça e a diabete toda descontrolada, não vai demorar a morrer."

Maria começou a chorar, Iraci foi até a neta.

— Que foi, meu amorzinho? — olhou no relógio e viu que se aproximava do meio-dia — Tá com fome, é? É isso? Calma, calma, vovó tá aqui e não vai a lugar nenhum.

Olhou sobre a estante e viu uma dieta deixada pela copa no momento que elas estavam na brinquedoteca. Colocou a neta chorosa no colo, pegou a vasilha com sopa, sentou na poltrona, ajeitou-se posicionando a menina de forma mais confortável. Provou a primeira colherada com a desculpa de sentir a temperatura da comida, porém sabia que estava mentido para si mesma, queria apenas sentir o gosto. "Credo, além de fria não tem gosto nenhum, isso aqui não vou dividir não.", pensou, enchendo novamente a colher e imitando um avião em direção a boca da neta.

— Pronto, pronto, pronto, meu amor. Vovó vai cuidar de você e do seu irmãozinho, a nossa vida vai ser muito diferente daqui para a frente. Agora tudinho para crescer forte e bonita.

Capítulo 25

1

Helena cheirava o pescoço de Rafael para sentir aquele cheiro gostoso de criança — isso quando não estão fedendo a suor, fezes ou urina. Roberta apareceu pelo hall de entrada. Ver a parceira despertou-lhe um sentimento de enorme felicidade dentro de si, grande o suficiente a ponto de não conseguir se conter. Saber que sua esposa havia pedido o dia de folga, e portanto, teria sua companhia o dia todo para si, era de um valor incalculável. Ela já conseguia se imaginar passeando juntos, fazendo compras para as crianças, divertindo-se como uma família completa. Este sonho tão desejado estava prestes a se tornar realidade e, esse vislumbre a deixava extasiada.

— Que bom que chegaste, estava ansiosa em vê-la. — disse Helena indo em direção de Roberta e dando-lhe um beijo rápido nos lábios.

Essa atitude rapidamente chamou a atenção de muitos presentes no hall, uns irritaram-se e sentiram-se ofendidos com a declaração gestual de afeto, ainda mais com uma criança no colo. Outros lamentaram por duas mulheres, muito bonitas, serem lésbicas. Alguns não se importaram, acharam normal que duas pessoas, que se amam, beijem-se.

— Eu também, com tudo isso que está acontecendo quase não estamos nos vendo, quero passar um tempo com você... E esse gatão como tá?

— Um anjinho, muito agitado, porém sem tolice, tá se comportando como um homenzinho.

— Onde está seu carro?

— No primeiro andar do estacionamento.

— Então vamos, quero passar o máximo de tempo com você.

— Eu também. — disse Helena. Deram-se outro beijo, esse um pouco mais demorado.

— Vamos antes que comecem a aparecer as tochas e os forcados.

Helena riu com a piada.

— Concordo.

— Posso segurá-lo?

— Não pode, deve.

Roberta pegou o menino no colo, toda desajeitada e insegura, porém ao tê-lo nos braços, sentir seu peso, o calor, passou a permitir se enxergar como mãe pela primeira vez desde seu trauma anterior. Sentiu uma felicidade enorme cujo o tamanho nunca pensou ser possível existir. Todavia ao ver Rafael como filho, percebeu estar errada todo esse tempo.

Controlou-se para não chorar, não sabia o porquê de conter o sentimento, esconder isso da esposa. Talvez fosse por considerar as lágrimas como demonstração de fraqueza, e por ser magistrada, não queria que as pessoas duvidassem de sua capacidade, de sua força, a qual sempre foi bastante contestada por ser mulher, num ambiente majoritariamente masculino, e gay.

Seguiram para o estacionamento e entraram no carro de Helena.

— Para onde vamos? — perguntou Roberta entregando o menino para a amada.

— Primeiro vamos numa boa cafeteria, estou morrendo de fome. Depois vamos comprar cadeirinhas de segurança, roupas, berços, carrinhos de bebê e alguns mimos para eles.

Roberta ligou o carro e eles partiram.

11

Os três foram numa padaria muito chique e de alta qualidade. As duas estavam sorridentes, emanavam uma alegria e positividade para todos os observadores — apenas aqueles cegos pela raiva e preconceito não conseguiam enxergar isso. Helena, mesmo percebendo algumas expressões de raiva e cochichos de algumas pessoas que encaravam, não deixou que isso estragasse seu dia.

Finalmente estava tendo um dia com sua família completa — completa não, faltava Maria, mas brevemente, pensava ela, estariam completos. Após o belo desjejum, dirigiram-se ao shopping para comprar tudo o que consideravam necessário para a criação adequada de duas crianças. Almoçaram num belo restaurante, passearam por todos os pontos turísticos da capital paraense — todos os pontos seletivos, ou seja: estação das docas, mangal das garças, parque da residência e museus; praças abertas ao público foram evitadas por não serem consideradas seguras o suficiente.

Divertiram-se como nunca haviam feito antes, nem suas viagens a destinos paradisíacos ao redor do globo podiam ser comparados àquele passeio em família. Não sentia-se apenas esposa, também sentia-se mãe, sentia-se completa, realizada, plena. Bateram fotos em todos os pontos, ela queria registrar o máximo possível daquele dia, daquela sensação. Seu único lamento era não ter Maria com eles, no entanto, não tardaria a ficarem juntos, completos, como uma família.

Roberta partilhava da mesma sensação, no início ainda tentava conter-se numa tentativa inconsciente de se proteger, fechada dentro de seu casulo. Entretanto, sem perceber, entregou-se ao momento por completo, baixou todas suas defesas, mergulhando de cabeça, aceitando toda aquela felicidade sem ressalvas, sem medos. Permitiu-se até derramar lágrimas de alegria sem vergonha de que a esposa notasse. Aquele dia era um marco em sua vida, dias desses inesquecíveis, gravados para sempre na sua lembrança, na sua mente. Estava no mesmo patamar do dia em que passou no vestibular, sua formatura, o dia que casou-se com Helena. Agora esse dia, o dia que tornou-se mãe, uniu-se às seletas memórias de sua existência.

Voltaram para casa no fim do entardecer, Helena aproveitou para preparar um jantar que só ela sabia fazer. Roberta aproveitou o momento para dar banho em Rafael e até isso, atividade a qual pensava ser chata e incômoda, foi maravilhosa. Ria copiosamente dentro da banheira de hidromassagem, cujas bolhas alegravam os dois, mãe e filho. Num momento, quando Rafael começou a chorar, ela ficou momentaneamente desesperada, contudo controlou-se, disse a si mesmo que ela deveria cuidar dele, respirou fundo e, depois de muito trabalho, conseguiu acalmá-lo. Vestiu-o, arrumou-se e desceram para a janta.

Helena cozinhou uma receita italiana maravilhosa, acompanhada de um vinho tinto suave. Para Rafael fez uma sopa deliciosa, impossível de ser comparada com as do hospital. Depois foram para o quarto e assistiram um filme incrível juntos, os três deitados aconchegados na cama. Quando o filho adormeceu, Helena levou-o ao quarto contíguo, colocou o colchão no chão — os berços recém-comprados ainda não tinham chegado—, deitou Rafael sobre ele, ligou a babá eletrônica para o caso de ele acordar durante a noite, e dirigiu-se cuidadosamente ao seu quarto.

Ao adentrar, encontrou Roberta deitada sobre a cama com outra garrafa de vinho aberta sobre a cômoda adjunta, estava com duas taças cheias nas mãos, ela ofereceu-lhe uma dessas.

— Tome, amor, vamos brindar esse grande dia, esse dia único.

Helena abriu um lindo sorriso e subiu com cuidado na cama. Pegou uma das taças e disse:

— Ao início da nossa família.

— Ao início. — repetiu Roberta brindando.

Ambas beberam alguns goles e deitaram juntas.

— Estou tão feliz que nem sei mensurar o quanto.

— Nem eu, amor.

— Não sei como esse dia pode melhorar.

— Eu sei como. — respondeu Helena.

Pegou a taça da mão da esposa, colocou-as sobre a cômoda. Beijou Roberta com fogo e paixão, e fizeram amor coroando aquele dia inesquecível para as duas.

Capítulo 26.

1

Iraci acordou cedo, cansada, quase não conseguia abrir os olhos, parecia que uma carrada de terra estava sobre eles. Essa sensação era ratificada ao sentir as remelas endurecidas, parecidas com areia, incomodando as pálpebras. O celular tocava em algum canto da cama, avisando que o horário programado chegara. Sabendo que, teria dificuldades para acordar, programou inúmeros horários com intervalos de 5 minutos. Acertou em cheio nessa previsão, apenas no terceiro toque teve coragem de levantar-se, isso porque Rafael uniu-se ao celular com seu choro.

Sentou na beira da cama ainda sem abrir os olhos, encontrou o celular pelo tato, e para desligar o despertador, passou o dedo aleatoriamente pela tela até o aparelho silenciar. O cheiro de mofo estava forte, a luz do dia quase não entrava pelas frestas da janela, nem pelos espaços entre o teto e as paredes exteriores. Uma chuva fina e constante de mais de 14 horas de duração era a causa disso tudo. Só de pensar nisso, Iraci já estava reclamando que, por essa chuva constante, milhares — se não milhões — de cupins alados estariam sobrevoando desordenadamente por todos os lados, sujando tudo com suas asas descartáveis caídas por todo canto. Quando o dia está assim, bocejar é um risco.

"Como é que pode? Desde quando água cria asa? É só chover desse jeito que os cupins se libertam. Onde eles se escondem quando tá calor? Será que eles são parecidos com aquele moleque que Roberta me falou um dia, aquele que tinha asas de cera e, por voar muito perto do sol, acabaram derretendo e fazendo o coitado cair e morrer? Se forem, esses cupins são muito mais espertos que esse... Ítaro, Pítaro, sei lá, pois só voam no frio, nunca no calor. Elas sabem de seus limites; malditas pragas.", pensava acariciando Rafael, tentado fazê-lo parar de chorar.

Assim que conseguiu fazê-lo calar, teve vontade de voltar a dormir naquele clima gostoso, ameno; "friozinho", sem ficar suando as bicas, contrastando perfeitamente com a cama quentinha. Entretanto, para a infelicidade dela, não poderia, tinha de levantar cedo, a alta de Maria estava programada para aquele dia, provavelmente sairia ante do meio-dia. Os médicos passavam, em grande maioria, cedo pela manhã.

"Finalmente depois de quase duas semanas de internação a menina está liberada, fora de perigo. Aquela cadeira é confortável, mas não há nada como dormir na nossa cama... Exceto quando se dorme numa cama com molas ensacadas, ar condicionado e edredom.", pensou ela lembrando do quarto de hóspedes das patroas.

Criou coragem, enfim esfregou os olhos tirando o cimento que fechavam suas pálpebras. Olhou para o neto, o qual voltou a dormir. Saiu devagar do quarto e foi à cozinha preparar o café. Ao sair, ouviu o ronco do marido vindo da sala, nem se atreveu a ir vê-lo, já sabia que o encontraria bêbado, fedendo a álcool e pus ao lado de uma garrafa vazia de cachaça.

Preparou o café. Separou em duas garrafas térmicas, uma amarga e na outra colocou bastante açúcar, deixando-o extremamente doce e enjoativo. Preparou uma cobertura de brigadeiro e, depois de pronta, cobriu um bolo de cenoura feito na noite anterior. Preparou o mingau do neto, o alimentaria após aprontarem-se para sair, assim a comida estaria na temperatura ideal para ele. Ao terminar, foi até ao banheiro para assear-se, mas antes foi ao quarto pegar sua toalha.

Próximo de entrar, olhou para a porta de tábuas de madeira branda, colocadas verticalmente paralelas, com fiapos e cepas saindo delas, fixadas por três ripas horizontais. Sentiu um misto de tristeza, raiva e nojo — depois de reparar detalhadamente no banheiro das patroas, sentia nojo de entrar no seu, algo que nunca havia acontecido até aquele dia.

Ao abrir a porta, teve de forçá-las para entrar, pois estava empenada, travando no chão, elevou sua raiva com isso. Entrou e viu as paredes e o piso sem acabamento, apenas no cimento cru, tudo úmido, nojento, escuro. Ligou a lâmpada tentando melhorar o ambiente, não sentiu melhora em nada, a luz fria da lâmpada fluorescente deixou tudo mais gélido, depressivo e repugnante; a escuridão quase em nada foi alterada, apenas evidenciou, ainda mais, a umidade, a qual refletia minimamente no chão e paredes escuras, levemente esverdeadas nos locais onde tinham constantemente água acumulada, deixando o piso inseguro e escorregadio, e a parede manchada.

Olhou-se no espelho.

A baixa luminosidade quase não permitia ver o reflexo de seu rosto, e a imagem que via estava completamente alterada pela péssima iluminação, deixando seu rosto mais triste e deplorável, evidenciando as olheiras, rugas e os acidentes da face. Sentiu vontade de gritar, chorar, explodir, contudo, estava tão triste que não tinha força de exteriorizar nada, nem suas decepções, sentia apenas um vazio e cum cansaço enorme.

— Seja forte, mulher, hoje a menina sai. A partir de hoje vamos mudar nossa vida. Não desista, fique forte. — disse olhando fixo nos olhos do reflexo.

Foi ao chuveiro.

A água gelada caía do cano parecendo agulhas de metal as quais penetravam, quando tocavam a pele, fundo e doloroso até nos ossos. Tentando minimizar essa dor, começou a pular tentando aquecer o corpo para se acostumar com a sensação. Num desses pulos, escorregou no limo formado próximo ao ralo desequilibrando-a, fazendo-a bater o braço na parede ao tentar se segurar.

— Merda, merda, merda, merda. — reclamou segurando o cotovelo.

Terminou o banho e foi ao quarto para se arrumar. Abriu a gaveta do guarda-roupas e ficou parada olhando para as peças tentando escolher qual vestir. Suas vestes haviam sofrido uma troca total desde que a menina se acidentou. Ao entender isso, percebeu como sua vida havia melhorado com todo esse "cuidado" dados pelas chefes para com eles. Novas roupas e calçados, contas de luz e água pagas, inclusive as atrasadas, geladeira cheia com alimentos variados— muito diferente de antes que ficava cheia, mas só de água. Há mais de duas semanas não usava transporte público, só particulares de aplicativo. Mesmo tendo esses "novos privilégios" por um período breve, certo dia, ela pegou um ônibus, para um trajeto curto em seu bairro, sentiu vertigem e enjoo, sensação que não tinha desde a infância, "Credo! Essa vida acostuma mal mesmo, menos de um mês nisso e já estou enjoada com a pobreza.", disse na época.

"É, pensei que ficar responsável por essas crianças ia me trazer problemas, mas parece que eu me enganei. Tá parecendo que eu ganhei um prêmio de algum sorteio, em duas semanas conquistei mais coisas que na vida toda.", disse para si com uma certa felicidade.

Imediatamente lembrou que o preço do ticket desse sorteio foi a morte da sua filha. Pensou que, ao perceber o custo disso tudo, ficaria entristecia, porém não ficou; envergonhou-se por isso. Lembrou de como, naquele dia fatídico depois de ver a filha no necrotério, pensava no que faria se não conseguisse arcar com os custos de criar duas crianças pequenas. "Provavelmente as daria para quem quisesse cuidá-las".

Passou-lhe pela cabeça as vezes que pensou em deixar de vez os netos à responsabilidade das patroas. Estava disposta, se fosse necessário, entregá-los para pessoas com um poder aquisitivo menor, questionava-se qual era a dificuldade de deixá-los com elas.

"Mas o problema é elas serem sapatão, isso não pode, vai influenciar errado as crianças. E por que deixá-las ajudar no cuidado da neta, não é? — perguntava-se. — Não é errado porque eu tô perto para ensinar pra elas o correto." — respondia tentado se justificar. Sabia muito bem que um dia, logo no início disso tudo, sua principal motivação poderia ser religiosa; contudo, sabia muito bem que, naquele momento, seu interesse em benefício próprio era o principal fator.

"Será que estou vendendo meus netos? Não, claro que não, elas não vão ficar com eles, vão continuar comigo, eu sou a responsável por eles. Vender, isso eu não faço e não farei nunca! Vender uma criança é a coisa mais repugnante do mundo.", afligia-se com essa questão.

"Ninguém tem preço, a vida humana é inestimável. — disse olhando para o neto deitado na cama— Nunca farei isso com vocês ou com ninguém.", falava tentando convencer-se. Porém não havia entendido, ou fingiu não entender que, agindo dessa forma, não os vendia, mas sim os alugava.

Decidiu parar de pensar nisso, essas reflexões a estavam perturbando. Desde o dia que decidiu agir dessa maneira, não teve um dia inteiro de paz, sempre esses pensamentos surgiam em sua mente. Tinha vontade de fazê-los parar, não sabia como, pensou até em beber cachaça para escapar dessa perturbação, todavia sentia medo de perder o controle e se tornar como o marido.

Escolheu a roupa que parecia menos nova: não queria que as patroas percebessem que o dinheiro que elas estavam dando para ajudar nos custos estava sendo gasto, em suma maioria, com ela e não com os netos. Depois de pronta foi arrumar o neto; decidiu não banhá-lo, não queria fazê-lo passar pela mesma tortura que passara, nem estava com vontade de esquentar água no fogão. Decidiu dar-lhe um banho theco; ir nas axilas, pescoço, virilhas e genitais do neto e jogar um punhado de água que soaria "theco, theco" ao bater na pele dele

Após estarem arrumados foram à cozinha.

Alimentou primeiro o neto, assim poderia comer em paz, sem tê-lo de ouvir chorar. Colocou-o sobre a mesa para poder ter maior liberdade e também para aliviar o braço dolorido. Quando estava comendo, sentiu um cheiro pútrido, sabia qual era a origem desse fedor. Momentos depois Antonio apareceu apoiando-se pelas paredes, andando lentamente — a muleta única não era mais o suficiente para sustentá-lo, sua perna estava tão fraca que precisava de dois apoios.

— O que é que tem pra comer?

— Bolo de cenoura com brigadeiro e café.

— Nossa! Me pergunto o porquê de você fazer bolo e doces todos esses dias. Não fazia isso antes, quer virar confeiteira?

— Não, apenas gosto de cozinhar.

— Gosta?

— Gosto.

— E porque não era assim antes?

— Porque não tínhamos ingredientes. — falou encarando-o, deixando claro que estava criticando a capacidade provedora do marido.

— Claro, com o que eu ganhava. E quanto tu estas ganhando com os sapatão? Te pagaram bem pelas crianças — disse revidando a indireta, atacando a esposa para defender-se.

Iraci deixou o resto do bolo que estava comendo sobre a mesa, levantou, pegou o neto e, antes de sair, abriu a geladeira, pegou uma garrafa de refrigerante e colocou sobre a mesa; saiu em seguida.

Ela não se ofendeu com as palavras do marido, saiu da mesa por não conseguir mais suportar o fedor purulento. Antes de levantar, pensou em levar um pedaço de bolo para comer no caminho, porém lembrou que iriam para a casa das patroas após a alta; e lá, na casa delas, haveria coisas muitos mais saborosas para degustar.

Antonio, ao ver o refrigerante, arregalou os olhos de desejo, encheu o copo até a borda, deu um gole rápido para evitar que a expansão da espuma caísse pela mesa. Em seguida, deu uma mordida generosa no bolo, enchendo a boca, parecendo um esquilo guardando as sementes nas bochechas. Tomou outro gole de refrigerante para ajudar a engolir e não entalar-se; assim que a boca ficou livre o suficiente para emitir um som, ele soltou um gemido de prazer ao saborear aquela deliciosa refeição açucarada.

Ao vê-lo deleitando-se ao comer, Iraci estampou um singelo sorriso; não um sorriso de felicidade de ver o marido satisfeito com sua comida, e sim um sorriso de satisfação ao ver seu plano continuar dando certo. Antonio continuava a se envenenar todos esses dias com açúcar, desregulando ainda mais a diabetes já desregulada.

Não tardaria o dia dele perecer por "culpa única e exclusiva dele mesmo", como pensava ela. Afinal, não estou fazendo nada de errado, só estou fazendo a comida que eu também como. Ele sabe muito bem que é diabético e sabe muito bem dos perigos dele continuar a comer açúcar sem controle. Ele é adulto, sabe o que deve ou não fazer. Eu não o forço a nada, ele faz tudo por vontade própria. Estou com as mãos limpas, já as lavei faz muito tempo.

No início, chegou a sentir uma culpa e um remorso por tudo; chegou até, certo dia, tirar da mão dele uma torta de chocolate que ela havia feito — a culpa fora tanta que ela não resistiu e tentou impedi-lo de se matar de tanto comer. Ele, ao ver isso, ficou furioso, ofendeu-a dos piores palavrões, disse para ela não se meter na vida dele, pois ele era adulto e sabia muito bem o que estava fazendo. Iraci poderia ter ficado extremamente ofendida e triste por ouvir tudo aquilo, todavia aconteceu o oposto, ficou contente e aliviada com a atitude do marido, toda a culpa e remorso que estava sentindo de pensar estar matando-o, desapareceu. Desde então nunca mais sentiu essa culpa, agora sempre ria ao vê-lo tomar o café depois afogar-se em álcool.

Foi até a sala com o neto para se livrar do fedor, no entanto não foi possível, o fedor purulento pútrido estava entranhado ali também.

O sofá apresentava manchas fedorentas amareladas, nojentas e secas por todo o tecido dele, causadas pela secreção escorrida da perna de Antonio, a qual era "limpa" toda vez que ele deitava ou sentava no móvel.

Não aguentou ficar ali, voltou ao quarto com o neto para esperar o transporte particular de aplicativo. Contudo o fedor não a deixou, parecia estar sentindo por todos os lugares daquela casa; abriu a janela momentaneamente para arejar o quarto e tentar minimizar o odor. A chuva fina persistia, cupins voadores entraram pela janela tomando o lugar, entretanto Iraci preferia os cupins do que aguentar aquilo.

Minutos depois seu celular alertou da chegada do veículo. Agradeceu aos céus, fechou a janela e saiu o mais rápido possível daquela casa. "Não vejo a hora de sair desse poleiro.", pensou entrando no carro.

Assim que o carro pôs-se em movimento, ela decidiu mandar uma mensagem para Helena, avisá-la de que estava a caminho. Minutos depois chegou a mensagem de resposta da patroa. Ao ler ficou possessa de raiva. A mensagem dizia que elas não estavam mais no hospital, já estavam na casa delas, justificou que a menina havia recebido alta durante a noite, não a avisaram por ser noite e Iraci morar longe; decidiram ir para casa e avisá-la apenas ao amanhecer. Sabia que ela estava mentindo, sabia que os médicos não faziam visita de rotina durante a noite, provavelmente havia passado pela manhã, momentos depois dela trocar com Helena, como sempre faziam.

"Essa filha da puta saiu com minha neta sem me avisar. Vagabunda, quem ela pensa que é? Mas ela vai ver, a menina já está bem e fora daquele hospital, agora vou mostrar para ela o preço de querer brincar de boneca com meus netos, brincar de família de mentirinha. Esse parquinho é caro e quem cobra a entrada sou eu.", pensou nervosa.

— Ê motora, vou ter que mudar o destino, não vou mais para o hospital, pode mudar a viajem?

— Pode, senhora, mas vais ter que pagar uma taxa por isso.

— Tudo bem, não tem problema. — respondeu Iraci — "Quem vai pagar não vai ser eu mesmo". — pensou.

11

O carro parou em frente à casa das patroas.

— Quando deu, amigo?

— 51 reais.

— Ok, vou pegar o dinheiro e volto rapidinho.

Iraci saiu com o neto do veículo. Caminhou rápido em direção a porta, adentrou pela sala de visitas, colocou Rafael sentado sobre o sofá e chamou alto por Helena. Segundos depois ela apareceu descendo a escada; ela vinha segurando uma bolsa junto com Maria no colo, a qual estava vestindo um lindo conjuntinho amarelo suave cujo contraste com a pele escura acastanhada ficava lindo. Na cabeça, tinha uma travessa com um lacinho vermelho vivo o qual combinava com a cor natural dos lábios da menina. Tudo da forma mais linda e meiga possível.

Iraci, ao ver isso, sentiu acender um fogo de raiva dentro de seu peito; controlou-se para não expor sua ira e descontentamento. Esforçou-se para estampar um sorriso falso no rosto— ela sabia muito bem que, a melhor forma de manipular alguém, é no sorrir, portanto tinha que continuar fingindo até conseguir o que queria.

— Oi, Lena, desculpa incomodar, preciso pagar o carro.

— Ué? Não já foi descontado no meu cartão?

— A primeira viagem sim, como eu estava chegando no hospital, tive que pagar outra para vir para cá.

— E quanto é?

— 91 reais.

— 91 reais? — Helena gritou assustada. — Por que tudo isso?

— Corrida dinâmica, pegamos um engarrafamento horrível vindo para cá.

— E por que não pediu para pagar no cartão?

— Confundi na hora.

Descontente e contrariada, Helena entregou Maria para Iraci segurá-la, pegou uma nota de 100 reais e entregou para Iraci.

— Credo, o Brasil é um roubo.

Antes dela sair, Helena retirou a neta do colo sem pedir a avó; mais uma vez o ódio subiu pelo peito até os olhos de Iraci, deixando-os levemente vermelhos pelo aumento de fluxo sanguíneos nos vasos do órgão. Novamente, com muito esforço, conteve-se. Caminhou para fora da sala apertando as mãos tão fortes que sentiu as unhas quase atravessar a carne; os dentes pressionados um contra o outro, causando-lhe dor nas têmporas. Sentia-se prestes a explodir. Soprou com força tentando aliviar toda aquela raiva tal qual uma panela de pressão.

Aproximou-se do motorista.

— Tá aqui. — disse dando-lhe a nota. — Me dá o troco.

— E a gorjeta que combinamos senhora?

— Onde?

— A que combinamos antes de trocar o destino.

— Não lembro disso.

— Como não lembra, não faz nem uma hora que tu falaste.

— Continuo não lembrando.

— Eu só vou sair com o combinado.

— Ok, se poderes provar que eu combinei isso, fica à vontade, mas se não saíres vou chamar a segurança e se não me deres o troco vou chamar além dele a polícia.

— E como vais provar que o dinheiro que me deste é seu?

— Tenho uma testemunha disso, minha patroa, ela é juíza, acho que vão acreditar mais nela que num motorista qualquer.

O motorista olhava-a furioso.

— Vagabunda. — disse revoltado. O motorista entregou o troco e partiu.

— Eu não acredito em gorjeta.

Iraci guardou as notas no bolso.

"Isso aqui ainda é muito pouco, a entrada do parquinho é muito maior.", pensou entrando novamente na residência.

Encontrou Helena sentada no sofá junto dos netos, ela havia tirado a roupa de Rafael e estava vestindo-o com outra mais nova, cara e melhor, recém comprada, num estilo que combinaria com as vestes da irmã.

— Aqui o troco. — disse, entregando uma nota de 10 reais.

— Não precisa, Iroca, podes guardar.

— O que você tá fazendo? — perguntou Iraci com um tom de voz que quase não disfarçava sua indignação.

— Trocando a roupinha dele. Comprei essa aqui, achei que vai ficar linda nele, vai combinar com a irmã. — disse Helena sem olhá-la, o que foi bom para Iraci, pois ela não estava mais conseguindo manter uma expressão impassível. O cenho estava franzido, os olhos estreitos, a mandíbula forçada e os lábios comprimidos deixavam claro o que a avó dos meninos estava achando de tudo aquilo.

— Iraci, tem polpa de cupuaçu no congelador, faz um suco, por favor. Essa chuvinha deixou tudo mais abafado agora, tô suando rios aqui.

Iraci foi em direção à cozinha, tinha de sair dali ou acabaria explodindo: falaria alguma besteira que acabaria atrapalhando seus planos.

"Vagabunda, nem esperou para me tratar como uma empregada qualquer, uma servente, uma escrava assalariada. Esquece que eu sou a responsável pelas crianças, eu que tenho o poder de deixar, de dizer se ela vai ou não brincar com meus netos; esquece que sou eu que posso acabar ou não com essa brincadeira. Ela quer os meninos só para ela. Afasta-me delas, tira as roupas que eu comprei e coloca as que ela comprou, muito mais caras e bonitas. Já está comprando as crianças nessa idade, fazendo-as preferir ela, que tem dinheiro, que a mim, uma pobre miserável. Quer roubar meus netos? Pois não vais conseguir, se as quiser vais ter que fazer do meu jeito, sua sapatão de uma figa.", pensava irada enquanto preparava o suco.

Colocou-o numa jarra e levou à sala com dois copos. Enquanto caminhava em direção da patroa pensava:

"Não posso continuar assim, apenas me revoltando em silêncio sem fazer nada, a cada segundo que passa eu perco mais e mais os meus netos. O tempo está contra mim, à medida que as crianças crescem, elas irão se afeiçoar mais e mais por elas — o que no ponto de vista delas está certo, com elas terão muito mais a ganhar do que ficar com uma avó velha, burra e pobre; eu faria o mesmo. Tenho que fazer alguma coisa para me tornar relevante, quanto mais eu esperar, maior a chance de, no futuro, próximo ou distante, ser descartada de vez pelas sapatas, assim ficarão livres para brincar de família sem qualquer empecilho."

Colocou a jarra sobre a mesa de meio e serviu um copo para a patroa, segurando-se para não jogá-lo no rosto da patroa.

"Tenho de apostar alto nesse jogo, se eu ficar com medo vou acabar perdendo de qualquer jeito. Vale a pena jogar sabendo que irremediavelmente será derrotado no final? Eu não, eu não jogo para perder, eu jogo para ganhar. Não posso esperar mais, tem que ser tudo ou nada, diferente disso só me resta a derrota."

Iraci sentou-se na poltrona, deixando os netos entre elas.

— Nossa, Iraci, isso tá muito bom. Parabéns. — disse Helena após provar a bebida.

— Lena, tenho algo importante para falar com você.

— O que é Iroca? Pode falar.

Iraci respirou fundo tomando coragem.

— Não posso mais ficar aqui com vocês.

— O quê? — disse surpresa, quase afogando-se. — Mas por quê? O que foi que aconteceu?

— Não estou me sentindo bem, estou muito envergonhada por todo o transtorno e gastos que nós demos a vocês. Vocês gastaram muito e nunca poderei arcar com tudo isso. Não quero mais ficar aqui com eles dando despesas para vocês. — Não, que isso, Iroca. Não foi nada, não se preocupa com isso, foi um prazer ajudar, cuidar dessa menina. — disse Helena tentando controlar-se, sem se mostrar nervosa ou desesperada com o anúncio da empregada.

— Mesmo assim eu não posso ficar. — tinha de mostrar-se envergonhada por tudo, mostrar uma humildade e honra, mesmo que mentirosas, admiráveis na cultura brasileira. Teria de ser uma atriz digna de Oscar para fazer isso dar certo. — Não tenho com quem deixar os dois. Vou ter que ficar cuidando deles até eles terem idade para ir à escola, ficaremos vivendo só da aposentadoria do Antonio; vai ser difícil, mas é o melhor que posso fazer pela criação deles. Não os posso deixar sozinhos naquele lugar onde vivo, se fizer isso, com certeza serão seduzidos pelo crime e pelas drogas.

— Para com isso. — dizia, já demonstrando desespero por sentir que seus filhos fugiam-lhe entre os dedos, como areia do mar que escapa após uma onda, não importando quão forte se aperte. — Não fique assim, eu posso cuidar dos seus netos de graça, aqui enquanto você trabalha... E vamos contratá-la com exclusividade, não precisará mais trabalhar em outras casas, só na nossa. — disse rindo, demonstrando nervosismo, quase um desespero.

— Não posso dar todo esse trabalho para vocês, elas são responsabilidade minha, não de vocês.

— Nós podemos ficar com essa responsabilidade também... se preferir, é claro. Gostamos de você e delas. Depois dessas semanas no hospital, criamos um carinho enorme por essas crianças, sentimo-nos quase como... — pensou em dizer pais, entretanto percebeu que isso poderia ser maléfico para o momento, poderia acabar afastando-a ao fazê-la perceber que ela, Helena, queria as crianças para si. Pensou em outro parentesco menos direto depois do tempo de hesitação. — Tias deles.

Iraci percebeu que tudo estava indo certo, não poderia recusar muito, ou poderia acabar irritando-a com a negativa e fazendo-a desistir das crianças. Tinha de pescá-la, tal qual um Tambaqui; ou fazer como um jogador de Pôquer, tinha de segurar com força, porém ceder alguns momentos, criar a ilusão da vitória, fazê-la apostar mais e mais com a ilusão da vitória, para assim levar o máximo possível dela.

— É, mas não me sinto segura, sou a única parente responsável deles, infelizmente meu marido é totalmente dependente e está muito doente, temo que não fique vivo por muito tempo. A diabetes dele está totalmente descontrolada e o médico já o desenganou, está com uma doença muito grave...

— E qual é? — interrompeu-a

— Não lembro, um nome estranho. Mas não adianta chorar por isso, eu temo por minha saúde, se eu morrer ou ficar doente, quem vi cuidar deles?

— Nós podemos cuidar. — respondeu prontamente, quase que suplicando.

Iraci percebeu todo o desespero de Helena. "Ela está desesperada, acho que é a hora de atacar.", pensou.

— Mas eu tenho que cuidar deles, é minha obrigação como avó. Mas como trabalhar e cuidar deles? Como vou ter tempo para cuidar da minha saúde e tentar viver o máximo para dar suporte a eles com esse sistema público de saúde todo sucateado?

— Nós podemos pagar um plano de saúde para você poder se sentir mais segura enquanto trabalha para nós.

— Jura? — perguntou Iraci satisfeita com a proposta.

Entretanto apenas o trecho: "...enquanto trabalha para nós..." não a agradou muito — ela queria mesmo é não trabalhar mais, mas já era um bom começo.

— Juro. E podemos colocar as crianças como nossos dependentes, meu e da Roberta, mas para isso elas terão que ficar sob nossa responsabilidade legal, nada sério, apenas uma burocracia necessária para elas terem esse plano de saúde de servidores federais.

"Olha! Ela tá atacando também, querendo me enganar nisso tudo. Ela pensa que eu sou besta. Respeito sua coragem por isso.", pensou ela.

— E por que elas não podem ser minhas dependentes no plano que você está me propondo?

— Poder pode, mas sendo nossas dependentes e tendo cuidado nesse plano que só pode ser utilizado por servidores públicos federais e seus dependentes legais, elas terão direito ao melhor atendimento nos melhores hospitais nacionais e alguns internacionais.

— Parece ser muito bom, mas somos pobres, não podemos sair de Belém, imagina do Brasil.

Helena percebeu o erro por dizer isso. "Realmente, se eu não posso mostrar que quero as crianças. Devia ter pensado melhor. Por que vão precisar de Hospitais fora do Brasil se são miseráveis desse jeito? Pensa Helena antes de fazer merda, seu sonho de mãe está em jogo."

— Vamos fazer o seguinte. Você continua trabalhando para nós e como eu trabalho em casa, posso cuidar dos seus netos para você...

— Isso não vai te incomodar? — interrompeu Iraci.

— Imagina. Eu sou correntista da bolsa, não faço nada, a corretora faz tudo para mim. Eu cuido dos seus netos enquanto você estiver atarefada, pagaremos um plano de saúde para você. E sobre eles, você pensa com mais calma. — disse apontando para as crianças.

Iraci demorou um pouco para responder, queria criar mais desespero na patroa, assim, quanto mais desesperada esta estiver, mais ela aceitaria suas propostas mais altas. Ela estava se sentindo como uma das negociadoras do programa de TV *Trato Feito*, uma verdadeira mulher de negócios.

— E por que eu não posso ter esse plano de saúde aí de vocês?

— Porque apenas servidores públicos e dependentes. Você não pode ser nossa dependente, é maior de idade.

— Hum... — respondeu desapontada Iraci.

— Vamos, aceite isso, você precisa de suporte financeiro para cuidar deles. Ao continuar trabalhando conosco, terás um ótimo salário, plano de saúde e, quando estiver trabalhando, pode, de vez em quando, dar uma olhada nos netos, já que eles vão estar aqui também.

Iraci demorou um pouco mais; ao ver o sofrimento e desespero da patroa esperando a resposta, ela sentia um prazer vil muito saboroso.

— Ok, eu aceito continuar trabalhando aqui...

Helena ao ouvir essa resposta deu um suspiro de alívio.

— Mas quanto ao plano de saúde das crianças eu quero pensar um pouco mais nesse assunto. Não quero abusar de vocês, me sinto mal pensando estar fazendo isso.

— Tudo bem, Iraci, pense o quanto quiser. E se eles ficarem como sendo nossos dependentes, não será abuso nenhum, será um prazer. Sei que, se pensares melhor, com mais cuidado, verás que isso é o melhor para eles. Sei que você é uma pessoa incrível, que só pensa no bem dos seus netos, e por isso, decidirás que o melhor para eles é ficarem como nossas dependentes... nesse plano de saúde. — Disse Helena olhando no fundo dos olhos de Iraci e segurando firme no joelho dela.

— Obrigada, Lena. — respondeu Iraci com um sorriso no rosto que não podia ser definido como de felicidade, arrogância ou falsidade.

— Que isso, vocês são como da família.

"Sei, como aquela prima de terceiro grau do interior que é explorada pelos familiares da 'cidade grande' como demonstração de afeto, bondade e caridade; e depois de ser explorada como uma escrava, ainda tem de ser grata por isso.", pensou Iraci enquanto segurava a mão de Helena cuja essa estava sobre seu joelho.

— Que bom que resolvemos isso, estava muito agoniada.

— Concordo com você, Iroca, que bom!

— Sabe de uma coisa, Lena, tô morrendo de vontade, e saudade, daquele seu brownie de chocolate com café e sorvete de baunilha. Você faz lá para nós... por favor. — disse olhando fundo nos olhos da patroa, com esses levemente serrados e o sorriso indecifrável.

— Cla... claro, Iroca. Que bom que você me lembrou estava com vontade de comer isso também.

Helena levantou-se do sofá e foi para a cozinha.

Iraci ficou na sala com os netos, começou a ouvir o barulho dos materiais sendo tirado dos armários e do atrito de um contra o outro no preparo da receita. Esse barulho, aos ouvidos de Iraci, parecia a melhor música já composta no mundo. Olhou para os netos que estavam brincando sobre o sofá.

— Muito bem, crianças, muito bem. — disse rindo de alegria e prazer. “Essa rodada é minha.”, pensava rindo sozinha.

Escorou-se no sofá, ligou o aparelho de TV e procurou alguma coisa para assistir na programação da TV a cabo.

Capítulo 27.

1

Roberta estava sentada em sua poltrona, dentro de sua sala de trabalho, olhando para o teto, tentava alongar o pescoço e relaxar minimamente. Estava a manhã toda estudando os casos, analisando pedidos da defesa e da promotoria. Entretanto não era isso que mais a incomodava, matérias em vários veículos de informação questionavam a qualidade e legalidade da sua decisão judicial de anistiar o hospital por todos os danos causados. Felizmente, para ela, mesmo com essa pressão dos jornais, o promotor não cedeu, continuou com o acordado entre eles e não recorreu da sentença.

Ela estava com uma sensação contraditória, feliz por seu plano ter dado certo: Helena não descobriu o rombo financeiro na conta conjunta delas e custeou o tratamento de Maria sem adquirir dívidas; e envergonhada por ter feito o que mais repugnava: deixar de ser a "justiça imparcial" e ser particularmente tendenciosa. Roberta assim como a grande maioria dos juízes brasileiros, estão tão enterrados em suas fossas de hipocrisia que não percebem quanto usam seus cargos, seus poderes em benefício próprio, mesmo nas coisas mais comuns, como auxílios e privilégios; sendo completamente corporativistas, colocando a casta dos magistrados acima de qualquer coisa, acima de qualquer um, e principalmente, acima do país, do coletivo.

Sua vergonha já estava bem menor que a sentida no dia da sua famigerada decisão, ela foi diminuindo paulatinamente, proporcional à medida que sua felicidade com o casamento aumentava. Nessas duas semanas tudo havia mudado, sua relação com Helena estava numa felicidade nunca sentida antes, maior até que aquele início de paixão, quente e intensa. Contudo, a satisfação no trabalho estava muito baixa— no início ficou muito pior —, porém Roberta estava se acostumando com a vergonha e em alguns dias, talvez duas semanas, não sentiria mais nada, não passaria de uma lembrança ruim quase esquecida.

Particularmente, os benefícios individuais de seu conluio com o diretor do hospital foram enormes, principalmente para a saúde dela, pois estava feliz, parecendo que o vazio de seu ser havia sido preenchido com a renovação da paixão de seu relacionamento. As terríveis cefaleias haviam diminuído exponencialmente, principalmente ao se habituar com a vergonha, quase não mais usava seus "remédios" para enxaqueca. Sua última compra de maconha, comprada com Jah, ainda restava mais que a metade, o que era admirável para ela, normalmente a quantia adquirida durava apenas uma semana; havia passado o dobro do tempo com apenas metade do uso.

Ainda sentia vontade de sentir a fumaça doce entrar-lhe pela boca em direção aos pulmões, enchendo o peito, passando para a corrente sanguínea, correndo por todo o corpo, distribuindo o prazer e tomando o sofrimento chegando no cérebro, esfriando tudo, tal qual jogar água numa chapa de metal extremamente quente: o metal evapora a água e rouba todo o calor da chapa esfriando-a, no caso do cérebro de Roberta, rouba as preocupações e angústias. Depois de acalmar sua mente, essa fumaça carrega tudo de ruim do interior de seu ser, então a fumaça é expelida pela boca no seu soprar, aliviando-a de tudo. Roberta ainda tinha essa vontade, no entanto, não precisava mais da cannabis para livrar-se dessas perturbações: o beijo de Helena voltou a cumprir esse efeito, portanto a marijuana não era mais necessária, por enquanto.

Voltou para sua mesa e tentou ler novamente o processo. Passava os olhos pelas linhas e não conseguia mais entender nada; não estava concentrada em seu trabalho, lia as palavras automaticamente, a ponto de são saber mais o que havia lido segundos atrás. Sua concentração estava voltada para o dia anterior, em lembrar da felicidade que teve ao chegar em casa e encontrar Maria nos braços da esposa. A menina havia recebido cedo a alta do hospital, antes do meio-dia, 40 minutos após fazer a troca de acompanhante de Helena com Iraci. Helena "esqueceu" de avisar a avó da alta, de tanta alegria que sentiu. Foi rápido para casa fazer um jantar de comemoração. A noite só não foi perfeita por Rafael não estar presente, e o encerramento com chave de ouro, depois da menina dormir: fizeram amor quente, intenso e apaixonado até tarde da noite.

Lembrar disso estampou um sorriso largo em seu rosto.

Roberta largou o processo em cima da mesa, não adiantava fingir estar lendo, seria apenas uma perda de tempo continuar insistindo. Levantou-se, começou a caminhar em círculos pela sala para se alongar, tentar relaxar e voltar ao trabalho. Enquanto caminhava, não importava para qual direção estivesse, sua vista ficava sempre no mesmo lugar: a gaveta da mesa trancada a chave. A boca ficou amarga, ela tentou passar a língua para minimizar a sensação, no entanto não surtiu efeito, ela queria um doce único. Os dedos das mãos moviam-se inquietos querendo segurar algo pequeno e delicado.

Caminhou até a mesa, pegou seu molho de chaves preso na roupa por uma corrente, abriu a gaveta e viu o monólito de vegetal moído, segurou-o firme com ambas as mãos, encarou-o por um bom tempo — pensava no que devia ou não fazer. Levou o pacote próximo ao rosto; cheirou-o com força, o cheiro único, puro, sem misturas dessa pequena amostra foi o suficiente para amenizar sua inquieta por uma fração de segundo.

— "Precisa de mais". — ouviu ela, como se alguém falasse-lhe ao ouvido.

— Não. — disse alto.

Jogou o pacote de volta na gaveta e a trancou.

— Não preciso disso. — falou firme para se convencer.

Saiu rápido de perto da gaveta e foi ao sofá onde gostava de, quando possível, deitar-se para relaxar. Sentou-se nele.

— Não preciso disso... sei muito bem do que preciso.

Levantou quase pulando, tirou a toga e pendurou-a de forma respeitosa no suporte exclusivamente feito para isso. Pegou suas coisas. Certificou-se que a gaveta estava trancada, verificou se nada comprometedor havia caído pelo chão ou deixado à mostra. Vendo que tudo estava de acordo com o desejado, caminhou em direção a porta de saída.

— "Vou fazer uma surpresinha para Helena e chegar mais cedo, mas antes vou passar em algum lugar para comprar um presentinho para ela e as crianças.", pensou com um leve sorriso.

Saiu pela porta assustando a secretária.

— Paulinha, preciso sair para resolver algumas coisas. Avise a quem vier me procurar que não posso atender no momento. Pegue os recados e os enumere por ordem de chegada. Amanhã eu vejo quais vou priorizar. Entendido?

— Entendido, vossa excelência. Ah! Já ia esquecendo, o secretário de um Juiz da comarca de Santarém ligou novamente perguntando se você poderia falar com ele.

— Perguntou o assunto?

— Perguntei, o mesmo das outras vezes, ele queria saber se a senhora estava interessada em trocar de localidade com ele.

— Hum, diga, novamente, que no momento não. \continue dizendo que caso mude de ideia, eu ligarei avisando. Mais alguma coisa?

— Não, vossa excelência, apenas isso.

— Ok então, até mais, Paulinha.

Roberta saiu da antessala e foi até os assistentes.

— Pereira, Silva, vou precisar resolver um problema. Façam uma análise bem fundamentada desse processo e entreguem para a Paulinha, amanhã eu leio. Sabem muito bem o que acontecerá caso as considere fracas.

Os assistentes balançaram as cabeças afirmativamente, de forma sincronizada.

— Até mais.

Os dois não responderam, apenas balançaram a mão em sinal de despedida, era mais seguro que arriscar cometer algum erro.

Roberta caminhou até ao carro.

No percurso, sorria consigo, imaginando a alegria da esposa com a surpresa de sua chegada. "Acho que vou passar numa floricultura antes, Helena adora orquídeas, vou comprar um buquê bem grande e lindo para ela; para as crianças, acho que uma pelúcia para cada.", refletia.

Roberta percebeu que sua inquietude havia findado; sua boca não estava mais amarga. Seus dedos estavam quietos, não precisou de seu baseado para corrigi-los, pensar em Helena e no amor sentido por ela foi o suficiente para suprir todas suas necessidades. Não precisava mais de drogas para escapar da realidade, para acalmar seu ser, para aliviar sua angústia, precisava apenas dos braços da amada e dos filhos; não estava mais dependente de nada, exceto de Helena, de seus filhos e seus amores.

Ligou o carro e partiu atrás de sua droga.

11

Roberta entrou pelo condomínio, ela decidiu não estacionar na própria garagem, não queria quebrar a surpresa. Parou poucas casas antes. Saiu do carro com o lindo buquê em mãos e mais dois lindos ursos de pelúcia. Nos poucos minutos de caminhada entre a residência e o carro, o coração acelerou de ansiedade; o corpo tremia por tentar, involuntariamente, correr, porém ela, com muito esforço, não o fazia. Sentiu vontade de rir, contudo não permitiu-se, não queria que terceiros pensassem que estava perdendo a razão. Comprimia os lábios com força expressando uma careta que todos fazem ao prender um riso incontrolável, por vezes não conseguiu e acabou soltando alguns sorrisos largos e poucas gargalhadas. Percebeu que seu emprenho em mostrar-se lúcida não estava funcionando." Ah! Foda-se, que pensem o que quiserem, o importante é que estou feliz."

Entrou pela porta da sala com cuidado, em silêncio, esgueirando-se para a esposa não vê-la. Olhava com cuidado, dava passos curtos, na ponta dos dedos, tal qual um marido chegando tarde em casa depois de uma partida de futebol.

— Já, dona Roberta, essa hora?

Roberta assustou-se com o barulho inesperado, tentou entrar como um ninja invadindo o feudo inimigo para assassinar o daimiô, contudo acabou falhando e sendo vista tal qual um ninja fracassado. Ao passar pela entrada frontal, ela olhou, sem atenção, na sala, e não percebeu Iraci sentada no chão com as crianças próximo da aresta de união entre a parede externa e a lateral que separa a sala da garagem.

— Sssshhhh— disse Roberta, após virar-se para Iraci, com o buquê escondendo o rosto por tentar colocá-lo na frente dos lábios e simular um dedo, tentando fazer o sinal universal de silêncio.

— O quê? — falou Iraci mais alto por não entendê-la. — Não tô conseguindo te entender, Rô.

— Calada, fala baixo. — falava Roberta quase sussurrando.

— Fala mais alto, não tô entendendo nada. Quer saber onde está a dona Lena? Pera aí, vou chamá-la.

Roberta balançava a cabeça negativamente, tentando impedi-la de chamar a esposa. Gritava sussurrando, como se isso fosse possível de acontecer, balançava o buquê lateralmente tentando fazer o sinal físico de negação, fazendo poucas flores perderem algumas pétalas no movimento.

— DONA LENA. A ROBERTA TÁ CHAMANDO A SENHORA !!!!!!

— Não! NÃO! Cala a boca, não quero que...

— Roberta? Que fazes aqui uma hora dessas, tá tudo bem?

Roberta, de costas para a escada, ouviu a voz doce de sua amada. Nesse momento sentiu um misto de raiva e frustração por seu plano não ter dado certo. Imaginava que a encontraria na cozinha preparando alguma coisa, ou na área, sentada, brincando com a filha. A veria primeiro, sem deixar ser percebida por ela; caminharia bem silenciosa, chegaria por trás dela e colocaria o buquê em sua frente, depois beijaria o pescoço, fazendo-a sentir cócegas. Por fim, veria o rosto surpreso da esposa de tanta felicidade, com os olhos arregalados e a boca aberta de tanta alegria; abraçar-se-iam com a filha entre elas, e finalmente um beijo com amor e paixão. No entanto nada disso aconteceu, tudo foi jogado por terra graças à intromissão da Iraci.

Roberta virou-se lentamente, frustrada, em direção a voz doce ouvia a pouco.

— Surpresa, meu amor. — falou abrindo os braços, mostrando o buquê lindo de algumas tulipas amarelas que serviam de sustentação para as mais variadas orquídeas com uma coloração linda entre o rosa e o roxo, sendo essas as protagonistas e as tulipas coadjuvantes. Tentou sorrir, demonstrar alegria, porém a frustração não permitia.

— Oh, meu amor! São para mim? — disse Helena descendo as escadas.

— São, meu amor, queria algo que simbolizasse sua beleza mas, infelizmente, não existem flores que possam equiparar-se a ela.

Helena sorriu desconcertada com as palavras da esposa, pegou o buquê, admirou-as, cheirou-as sentindo o perfume único emanado por elas. Uma grande emoção tomou conta dela, uma lágrima de alegria escorreu pelo canto do olho esquerdo, tentou dizer: "eu te amo", mas não saia voz alguma, apenas os lábios moviam-se mudos, a voz estava embargada pelo choro contido.

Roberta aproximou-se da esposa, abraçou-a com força e afeto, beijando-a apaixonada logo em seguida.

— RÃRÃM — pigarreou alto Iraci.

As duas pararam o beijo com a intromissão e olharam na direção da empregada.

— Quer alguma coisa, Iraci? — perguntou Roberta irritada, contendo-se para não demonstrar.

— É que não é bom fazer isso na frente das crianças.

— Fazer o quê? — perguntou Roberta já elevando a voz.

Helena segurou-a tentando acalmá-la.

— Vocês se beijarem na frente das crianças, acho que não é bom para elas ficarem vendo isso.

Essas palavras atingiram Roberta como se espetos incandescentes fossem introduzidos por todo seu corpo. A ira e o ódio foram consumindo-a por tamanha ofensa recebida. Ela passava por isso durante toda sua vida: pessoas ofendendo-a, agredindo-a e privando-a de ser quem ela realmente é. Primeiro foram seus pais que sempre tolheram-na desde a infância por não parecer-se com as outras meninas: não gostava de brincar de bonecas, ou vestir-se de princesa; sempre gostou mais de esportes, adorava ir com o pai para estádios, assistir lutas, coisas que a maioria dos meninos gostam de fazer por serem moldados pela sociedade preconceituosa de "coisas de homens". Chamavam-na de "Maria macho" por se parecer um menino, entretanto ficaram apenas nas especulações — "Isso é coisa de criança, ela é muito pequena quando crescer vai se endireitar", pensavam os adultos responsáveis. Até que chegou a juventude e seus hábitos permaneceram. Não se interessava por meninos, nem pensava em namorados, gostava mesmo de ficar junto de sua amiga Tatiana, eram inseparáveis, faziam tudo juntas. Algumas crianças diziam que eram namoradas, mas elas não se ofendiam com isso, até gostavam, alguns meninos irritaram-se por elas não se ofenderem e tentaram agredi-las, Roberta e Tatiana foram para a diretoria por baterem neles, e bateram. Os pais das duas tiveram de ser chamados, e ambos não gostaram nada dessa história. Os pais da amiga diziam que Roberta era uma má influência para a filha deles e os pais de Roberta rebatiam o mesmo sobre a amiga dela. Separaram-nas, transferiram-na para outro colégio, proibiram de se verem. Com muito esforço, conseguiam encontrar-se poucas vezes na semana, até que foram novamente descobertas e Tatiana, por isso, acabou mudando-se de cidade. Tentaram ainda comunicar-se por cartas, porém essas nunca chegaram no destino final, sempre eram interceptadas no caminho. Foi a primeira vez que Roberta chorou compulsivamente, sentia raiva de tudo e de todos. O pai, que antes eram tão unidos por gostarem das mesmas coisas, distanciou-se depois desses eventos; falava que preferia uma filha morta à uma filha sapatão. Levaram-na na psiquiatria e psicologia para curar-se dessa doença, segundo eles; muitos profissionais recusavam-se a curá-las, pois não tinha o que ser curado; entretanto os pais não aceitaram, levaram-nas em igrejas para tirar-lhe o "mau espírito". Isso a foi revoltando cada vez mais, ela prometeu a si mesma que seria sua única dona, nunca mais permitiria que alguém a impedisse de ser quem ela era. Decidiu ser juíza, pois ninguém está acima do juiz, ninguém diz ao juiz como deve ser, ele é que diz como deve ser feito. Depois de muito esforço conseguiu, tornou-se uma deusa entre os mortais, tudo para nunca mais a subjugarem. Tornar-se juíza não a impediu de sofrer preconceito, sempre quando estava com Helena, percebia olhares condenatórios e cochichos vexatórios. Todavia, ao saberem de seu cargo, o maior homofóbico colocava o rabo entre as pernas e fugia chorando. Esses casos de rua, até relevava-os, por entender todo o preconceito e ignorância social do país. Contudo dentro de sua casa, sua propriedade, onde a moral é exclusivamente da vontade do casal, homofobia era o pior dos crimes, quase passive de pena de morte.

Quando Roberta encheu o peito para gritar com Iraci, Helena calou-a com um beijo, desconcertando-lhe completamente.

— Calma, amor, controle-se, por favor, não vamos pôr tudo a perder agora. — disse Helena baixinho em seu ouvido, olhando-a fundo nos olhos.

A voz dela era a única coisa capaz de acalmar sua fera interior, seu Cérbero, seu ódio; Helena era seu Orfeu.

— Suba, vá ao quarto, já subo com você.

Roberta subiu as escadas com passos fortes. Helena a seguiu com os olhos, após a esposa sumir-lhe da vista, voltou-se para Iraci. Ela tremia de tanta raiva, contava de trás para frente tentando se acalmar, respirava fundo, mas tinha de se controlar por seus filhos. Chegou perto da empregada e disse com a voz mais calma possível:

— Por que não é bom eu e minha esposa nos beijarmos na frente deles?

— Há! Porque isso é sem-vergonhice.

— Como assim? Duas pessoas se beijarem? Não é bom que a criança veja dois adultos se beijando? — Helena apertou a mão com tanta força que sentiu as unhas atravessando-lhe a carne.

— Adulto até pode, mas... ah não quero te ofender, Lena.

— Tudo bem, pode falar, não vai me ofender não. — disse imaginando-se socando o rosto dela

— Duas mulheres se beijando não é certo, vai ensinar errado para elas, vai que eles crescem e querem ser gays, acabam pegando a viadagem de vocês.

— E por que ser gay é errado?

— Porque é pecado, tá na Bíblia. E não é natural, o natural é homem com mulher, não mulher com mulher ou homem com homem, se for assim, ninguém tem mais filhos. O mundo acaba se todos virarem gays.

Helena pensou em argumentar com Iraci, explicar-lhe tudo, mas decidiu não fazer; percebeu que seria uma perda de tempo. Os preconceitos estavam incrustados e solidificados na mente dela, não importava o quanto ela tentasse moldar e lapidar a mente da empregada, não teria sucesso, a ignorância e o fanatismo dela impediriam o sucesso; aquele pensamento, naquela cabeça dela, não tinha mais volta. — Mas aqui é minha casa, eu tenho o direito de beijar minha esposa.

— Claro, dona Helena, você pode fazer o que quiser aqui. É que eu não quero meus netos vendo isso.

— E como vai ser? — perguntou Helena percebendo que, com a presença de Iraci, seria impossível cuidar de seus filhos.

— Há! Não sei, acho que não vou poder ficar com eles aqui se continuar assim. Então vou ter que recusar sua proposta, Lena — disse fingindo arrumar-se para ir embora — Até mais, foi muito bom conhecer vocês. Obrigado pela ajuda com minha neta.

— Calma, Iraci — disse Helena com desespero aparente na voz, impedindo-a de levantar com as crianças — Calma, não precisa se precipitar. Vou conversar com Roberta para termos mais cuidado. Isso não vai se repetir.

— Não sei... isso não vai ser muito incômodo? Afinal essa aqui é a casa de vocês.

— Não vai ser incômodo nenhum. — disse tentando não chorar.

— Tá bem, se não for incômodo eu fico aqui com eles.

— Que bom. — respondeu Helena sorrindo com um misto de tristeza

Helena fez carinho nas duas crianças, beijou-as na fronte, deu um novo sorriso fingido para Iraci e subiu para o quarto em meio às lágrimas. Sentia-se uma masoquista traidora, estava aceitando as piores ofensas para algum objetivo particular, algo que sempre criticou nos homossexuais reprimidos; mulheres, ou homens, que aceitam abuso sexual para conseguiu uma vaga de emprego; negros que minimizam os racismos sofridos por outros negros; ou qualquer outra minoria oprimida fortalecendo o opressor.

III

Roberta estava dando voltas no quarto, possessa de raiva, mordia uma almofada tentando arrancar outro pedaço da capa de proteção. A porta do quarto abriu, chamando-lhe a atenção.

Helena entrou com os olhos vermelhos e a maquiagem levemente borrada, entretanto o rosto seco.

— Não sei por que você me conteve, mas não quero mais essa filha da puta aqui na minha casa.

— Calma, am...

— Calma é o caralho. Essa fodida quer me dizer o que é certo ou errado dentro da minha casa, ninguém me diz o que devo, como, quando e onde fazer, principalmente na minha casa. Tira ela da minha casa ou vou expulsá-la na bicuda. Quero saber se eu não posso beijar mais minha mulher dentro da minha casa?

— Não posso.

— Como assim não posso?

— As crianças, amor, se eu expulsá-la, ela vai levar as crianças junto. Vamos acabar perdendo-as.

— Que porra nenhuma, vou chamar a polícia para fazer uma batida na casa dela, vou prender os dois por abandono de incapaz e o caralho a quatro. E pego as crianças sob a nossa custódia.

— Mas você não falou que isso é arriscado? Temos uma relação com ela, e, se eles forem presos e ficarmos com os netos deles, isso pode trazer problemas?

Roberta, mesmo irada, pensou por um tempo após ouvir esse argumento.

— É, mas eu posso contornar isso. Posso falar com alguns contatos que podem dar cobertura.

— Mas isso pode ser uma brecha para seus inimigos te pegarem, você mesma disse isso.

Roberta ficou calada. De fato, Helena estava certa, sabia que, se decidisse usar esses meios, abriria uma brecha muito grande na sua "couraça magistrada" a qual poderia ser usada por seus inimigos, e ela tinha muitos. Acabou com inúmeros esquemas de políticos e pessoas "importantes", prejudicou muitos poderosos, os quais a muito estavam querendo contra-atacá-la; contudo, ainda, não haviam conseguido, por não terem nada que pudessem usar contra ela. A única coisa que poderiam usar seria seus meios de conseguir "remédio para enxaqueca", no entanto, caso usassem isso, todos os grandes e poderosos cairiam junto por também estarem envolvidos, portanto estava imune.

— E o que você sugere? — perguntou Roberta.

— Não sei.

Helena começou a chorar. Roberta, ao ver seu grande amor chorando, ficou mais irada com Iraci, porém manteve a calma, não adiantaria nada perder a cabeça, tinha que manter-se fria para encontrar alguma possível solução.

— Tentou falar com ela sobre passar as crianças para nossa dependência para poder ter direito ao plano de saúde?

— Falei, mas ela recusou.

— O que foi que ela disse?

— Perguntou se ela não poderia ser incluída no plano, respondi que não, mas que pagaríamos um plano de saúde para ela. Não aceitou, quer dizer, aceitou só a metade, quis ficar com o plano, mas as crianças sob nossa dependência ela recusou, disse que iria pensar sobre o assunto.

Roberta ficou calada pensado sobre o assunto, estranhou essa atitude da empregada, percebeu muita semelhança no modo dela agir com as tentativas de manipulações usadas nos tribunais, entre promotores e advogados para manipular as partes nas tentativas de acordo, só que dessa vez não estava julgando, era uma das partes.

— Amor, quero que você me conte tudo o que falaram, não me esconda nada, tente ser o mais correta possível, com o jeito e o tom da conversa de vocês.

Helena concordou e contou-lhe tudo da forma mais precisa e correta que conseguiu fazer.

Depois de ouvir tudo e analisar por uns instantes, decidiu que nada faria, no momento, contra a empregada. Disse para a esposa parar de chorar e descerem para ficar com Iraci e as crianças. Roberta ficou observando com cuidado e discrição a atitude da empregada, percebeu como ela recusava-se a fazer suas atividades diárias, usando as crianças como moeda de troca nos "acordos" com a desculpa de estar cuidando delas, como dosava, ela ou Helena, de ficar muito tempo com as crianças, como se quisesse criar uma dependência delas para com eles, tal como um traficante dando pequenas doses de graça para viciar os clientes.

Roberta ordenou que Iraci varresse a casa, ela tentou, novamente, usar as crianças como meio de barganha; Roberta não cedeu, insistiu e disse que ficaria responsável sobre as crianças, disse mantendo sua postura poderosa e indubitável, a mesma usada nos tribunais, sem mostrar qualquer medo ou receio, caso o fizesse, caso "sangrasse", os tubarões não teriam dúvidas em atacar. Iraci não suportou, acabou cedendo.

Momentos e alguns compartimentos de limpeza depois, parou de varrer. Ela foi com Helena, chorou dizendo que estava triste e como sentia-se incapaz de trabalhar, sendo melhor ela largar o emprego e cuidar das crianças até recuperar-se. Helena, facilmente manipulada, disse a empregada que ela não precisaria mais trabalhar, até recuperar-se, outra empregada seria contratada para realizar o serviço, porém Iraci continuaria recebendo.

Roberta analisou tudo friamente.

No final do dia, após terminar o horário de serviço dela, Iraci preparava-se para sair com as duas crianças, Helena observando isso não conteve-se.

— Iroca, você vai levar as crianças?

— Claro, Lena, eles são meus netos, e não posso deixá-los aqui, dando trabalho.

— Você não precisa ir, pode ficar aqui com as crianças.

Ouvir isso causou uma grande sensação de prazer e sucesso em Iraci, havia conseguido tudo o que havia planejado não trabalhar mais e continuar recebendo, além de morar naquele paraíso. Entretanto, ainda, não poderia aceitar, pois Antonio ainda estava vivo, ela teria de postergar esse sonho até a morte dele. "Espero que não tenha que esperar muito, não aguento mais aquela casa.", pensou antes de responder.

— Não posso, Lena, não trouxe nada para passar a noite aqui, nem calcinha. Além disso, Antonio tá me esperando, e ele precisa de mim.

Roberta percebendo o desespero no rosto da esposa por ver a filha ir embora, decidiu intervir.

— Acho bom a Maria ficar por aqui esse tempo de recuperação da cirurgia. Ela está com duas próteses de fixação, tem que ter muito cuidado para não ter infecção, ou ela pode acabar perdendo o braço e a perna, isso se não acontecer o pior e ela morrer. Além do que, se ela tiver algum problema, podemos correr com ela para o hospital mais rápido que ir buscá-la onde vocês moram e depois ir para o hospital. Esses segundos podem custar muito caro.

Iraci refletiu sobre, lembrou da perna pútrida do marido. Percebeu que Maria estava correndo um grande risco indo para lá, não só ela como Rafael. Todavia, o risco da neta era muito maior e muito mais grave. Decidiu deixar a neta com as patroas. "Melhor deixar ela aqui, tá muito arriscado com Antonio escorrendo aquele pus podre. Acho que não vai ser muito problema deixá-la mais uns dias aqui com elas. Ela está muito nova, acho que não entende a sem-vergonhice das patroas.", pensou. Estava em dúvidas de deixar Rafael com elas, mas imaginou deitar só naquele quarto escuro, úmido e mofado. Ela não tinha medo de monstros ou fantasmas, tinha medo da solidão. Desde a morte da última filha — última, visto que não sabia, faziam anos, onde estava Clarisse—, viu-se solitária, tinha pesadelos constantes que, na grande maioria deles, ficava caindo eternamente no vazio escuro do nada. Pensava o que seria e como seria sua vida solitária, como viveria sozinha, envelhecendo cada vez mais, ficando totalmente dependente de um terceiro, porém sem existir esse terceiro? Ficava morrendo de medo de, quando sozinha, cair e acabar quebrando o fêmur ou a bacia; e nesse caso, quem a ajudaria? Provavelmente morreria à míngua, chamando ajuda até perder a voz, só a encontrariam depois de seu corpo começar a feder. Não poderia ficar só, isso a apavorava. Decidiu levar o neto, pelo menos para ficar ao lado dela durante a noite; a neta, por hora, poderia ficar com as patroas até recuperar-se. E quando Antonio morresse, moraria na casa das patroas de vez.

— Tá bom, Maria pode ficar, mas Rafael vai comigo.

— Nã... — tentou falar Helena que não seria bom separar os irmãos, entretanto não pode terminar seu raciocínio, Roberta tomou a frente.

— Tudo bem, concordo com você.

Helena tentou discordar, mas dessa vez foi Roberta que usou o beijo como arma de contenção.

— Calma, depois conversamos — disse Roberta sussurrando-lhe ao ouvido.

Helena concordou com um aceno afirmativo com a cabeça.

— Vou chamar o carro.

— Tá bom, mas pede o tipo select, esses básicos são muito ruins, além do risco de ser um tarado ser muito menor.

— Claro, você tem razão. — disse Roberta de forma fria.

Minutos depois chegou o transporte de aplicativo select, com um carro muito mais confortável e espaçoso do que os carros populares aos quais Iraci já estava “cansada” de pegar. Ela deixou Maria nos braços de Helena, despediu-se da neta com um beijo, entrou no carro e partiu.

Helena, assim que o carro pôs-se em movimento, virou-se para Roberta.

— Por que você concordou com ela levar o Rafael?

— Porque, para conseguirmos ficar com a menina, teríamos de ceder algo. E dessa vez teve de ser o menino.

— Como assim?

— Iraci os está usando para manipular-nos. Ela percebeu nossos sentimentos pelas crianças, e está usando isso para nos chantagear. Ela percebeu sua ânsia pelos meninos. Tu estás sangrando e ela está usando isso para te sobrepujar.

— Mas, mas... o que fazemos?

— Isso é um jogo, primeiro preciso avaliar minha mão para depois apostar.

— Como assim?

— Ela está adorando essa nova vida, de usufruir do conforto que podemos dar a elas e não quer perder isso, se quisesse, já teria deixado esse emprego. Nós temos dinheiro e queremos as crianças, ela tem as crianças e quer o dinheiro. Ela está cobrando o valor para ficarmos com as crianças.

— Achas que ela quer vender eles?

— Não, muito pior, se fosse só isso, bastava pagar para livrar-nos dela. Ela não quer vendê-los, quer alugá-los; e como somos dependentes dela, ela é nossa única "fornecedora", ela pode cobrar o que quiser, nós que estamos na posição de fragilidade. E não importa quanto paguemos, ela sempre vai aumentar o preço mais e mais por não existir concorrência.

— E o que pode ser feito?

— Bom, já temos a menina legalmente.

— É, mas não podemos separá-la do irmão.

— E nem quero.

— Como vamos fazer para ficar com o menino?

— Bom, ela não quer perder essa boa vida, podemos usar isso como negociação. Mas para isso preciso saber quais são minhas opções e como e quanto blefar. Ela vai apostar alto também, ela tem ótimas cartas. Portanto vamos continuar no jogo, dançando nos conformes dela, quando vier a mão boa, quando eu descobrir qual é, atacamos.

— Tá, mas você já tem um plano?

— Tenho, porém, preciso primeiro armar a armadilha.

— E qual é?

Roberta contou-lhe o planejado.

— Achas que vai dar certo? — perguntou Helena incerta.

— Acho, meu amor, mas primeiro preciso fazer umas ligações, e quando tiver tudo ok, damos o bote.

Capítulo 28.

1

O carro balançava pelas ruas esburacadas de seu bairro— nem tanto quanto antes, visto que, utilizando os serviços selects do transporte de aplicativo particular, esses carros tinham um sistema de amortecimento e suspensão muito mais efetivos que os veículos populares oferecidos pelo plano básico do mesmo aplicativo. Dessa vez Iraci estava em uma SUV compacta, muito confortável e com bastante espaço, não sentia-se comprimida numa lata de sardinha como antes; o ar condicionado era muito bom, tanto que conseguia vencer o calor de Belém e resfriava confortavelmente o local dos passageiros.

Rafael estava em seu colo, calmo e sonolento. O sacolejar do carro não prejudicava, mas sim, ajudava como um leve ninar, a ponto de Rafael estar brigando com as pálpebras para manter-se acordado, mais uns minutos desse balanço ele estaria completamente derrotado, e foi.

Ela olhava pela janela vendo toda a realidade oposta da vida de seus pares em comparação com as patroas. O número de negros e mestiços escuros pela rua era infinitamente maior que o número de moradores do condomínio onde as chefes viviam, claro que existiam brancos e mestiços claros nas mesmas condições que as dela, entretanto, mais uma vez, a proporção populacional invertia-se. Iraci olhava a sua volta e pensava sobre: "Por que essas duas realidades são tão opostas?" Não sabia o porquê disso.

Ela lembrou da vez que as patroas e seus amigos "inteligentões" discutiam sobre o assunto numa roda de debate, na casa delas, regados a uísque 12 anos e charuto cubanos. Um deles, ela não lembrava quem, relatou que: "Os brancos pobres também são vítimas da escravidão, tanto que, esses brancos não são puramente descendentes de europeus, a grande maioria deles são descendentes de alguma escrava que foi estuprada por seu dono descendente de português; gerou um filho mestiço (bastardo), esse filho mestiço relacionou-se com outro mestiço, com história antepassada semelhante, e, por genética, esse tipo de relação pode gerar pessoas brancas mesmo sendo descendente de escravos. Por isso — na hipótese dele —, o número de negros (ou mestiços de pele escura) nas classes pobres é muito maior que o de brancos (ou mestiços de pele clara que podem ser confundidos com brancos)." Essa mesma pessoa embasava sua teoria que esses brancos nas classes pobres, mesmo sendo claros, apresentam traços negros: cabelos crespos, narizes largos, lábios grossos, alguns tinham queloides, sinal de miscigenação. Perguntaram-lhe que provas ele tinha para corroborar com essa hipótese, ele respondeu que nenhuma, apenas havia refletido no caso baseado em achismo, e para essa hipótese ter validade, os cientistas deveriam fazer um estudo de mapeamento genealógico desses brancos em classes pobres. "Porém outros terão de fazer esse estudo; eu que não vou me dar ao trabalho. Sou branco e rico, não sofro com esse problema." Iraci pensou nisso por muito tempo: "Será que dá para fazer isso?" Depois de dias pensando sobre, achou que seria um trabalho muito difícil, dado que, a grande maioria desses garotos moradores do bairro dela não tinham pai presente, e muitos nunca souberam quem eram seus pais, contumaz saber quem eram os pais de seus pais; ou de onde e porquê vieram. Nem sequer pensavam nisso, pensavam mesmo em como sobreviver "mais um dia sob o olhar sanguinário do vigia..." como canta o Racionais MC's.

Iraci voltou a si quando Rafael acordou e mexeu em seu seio, numa atitude instintiva de procurar comida.

— Égua menino, ainda tá com fome? Acabaste de comer uma pratada de mingau. Para, dorme, depois te dou mais comida. — disse para o neto tentando acalmá-lo para fazê-lo dormir novamente.

Assim que ele voltou a dormir, ela voltou a pensar no assunto, mesmo não querendo. Olhar novamente pela janela e ver as casas simples, a maioria sem reboco, com telhados de amianto; algumas tinham postes de iluminação pública saindo do meio de seus telhados, envolvidos pela habitação irregular, novelos de fios elétricos entrelaçavam-se formando ninhos nesses mesmos postes, fios estes para furto de energia. Crianças correndo descalças pela rua de barro enlameada, sorrindo e divertindo-se por entre a sujeira; totalmente emagrecidas, com coloração levemente amarelada, costelas evidentes, porém com seus abdomes dilatados, não a deixavam pensar em outra coisa.

Testemunhar essas situações deixou Iraci completamente entristecida por ver tanta pobreza e miséria à sua volta, principalmente, por experiência própria, saber o tamanho do sofrimento que é viver nessas condições. Contudo sua vida estava mudando, desde a morte da filha e o interesse das patroas por seus netos, fez com que Iraci pudesse experimentar um pouco da vida daqueles que vivem no Olimpo. Entristecia-se pelos outros, mas "Preciso pensar primeiramente em mim, se der, penso nos outros." Desde então, não pegou mais transporte público, conseguiu dinheiro suficiente para trocar todo seu armário, ganhou um celular novo, moderno e caro, graças ao suporte que as chefes davam aos netos, e, em um tempo não muito distante, passaria a viver com elas nesse paraíso, assim esperava ela. Antonio, nessas 3 semanas desde a alta de Maria, havia piorado bastante e a hora de sua morte se aproximava.

O fedor purulento pútrido de sua perna esquerda aumentara. Antonio estava com muito mais dificuldade para locomover-se por estar bastante enfraquecido. Além do fedor purulento, um odor cetônico havia aumentado bastante em sua transpiração. O antigo médico informara a Iraci para reparar nesse odor específico do suor dele, pois esse cheiro era indicativo de piora na diabetes, o vaso sanitário vivia infestado de formigas por causa da urina cheia de açúcar do esposo, mostrando que sua glicemia estava descontrolada. Ela percebeu também que ele estava perdendo a razão a cada dia. Nos poucos, momentos em que ficava consciente, falava sozinho, gritava, morria de pavor de uma sombra com olhos rubros imaginária, vez por outra jogava objetos no nada, falando para essa sombra imaginária sumir.

Toda vez que ele começava a se alterar, Iraci colocava uma garrafa de cachaça sobre a mesa e observava ele se afogar no álcool até perder a consciência. Quando testemunhava esse estado deplorável do marido, sentia ela uma culpa enorme; tentava convencer-se que não fazia nada de errado, não o obrigava a nada, ele que, por vontade própria, embebedava-se. Mesmo assim a culpa continuava a assolá-la. Até que Iraci decidiu que nunca mais passaria por isso, passou a trancar-se no quarto com Rafael para nao vê-lo nessa situação.

Maria continuava a dormir com as patroas. Iraci não se sentia muito confortável em deixar a neta sozinha com duas lésbicas, no entanto, tinha de aceitar essa opção, pois era muito arriscado deixar a a neta, recém operada, no mesmo ambiente que um moribundo bêbado contaminado. Iraci tinha medo de contaminá-la indiretamente com a infecção do avô. Entretanto, deixá-la sozinha com as patroas não duraria muito tempo: ou seu marido morreria e ela moraria com as patroas, ou a menina retiraria as próteses, em poucas semanas, e voltaria a morar com ela.

O que Iraci queria mesmo era passar a morar de vez na mansão de suas chefes — portanto a morte do marido, todavia ela não gostava de pensar por essa perspectiva. Não aguentava mais sua casa, toda vez que voltava do trabalho, ao descer do carro e olhar para sua fachada, tinha vontade de chorar. Não via a hora de dormir todas as noites numa cama fofinha e quentinha, com ar condicionado deixando o quarto com clima de montanha. Iraci não sabia como era "clima de montanha", ela nunca havia saído do estado, porém passaria a saber quando acompanhasse as patroas em suas viagens pelo mundo, pois nunca as deixaria levar seus netos sem sua supervisão, se quisessem viajar com eles, teriam de levá-la.

— Ai Senhor, me ajuda, já estou sem paciência. — pensou ela alto.

— Disse alguma coisa, senhora? — perguntou o motorista.

— Não, nada.

"Vamos, fica firme mulher, está tão próximo de se consumar essa mudança total de vida, não pode se afobar agora.", pensou acalmando o espírito. Olhou em seu relógio de pulso para ver as horas, esse comprado no dia anterior, quando ela, as patroas e os netos tiraram o dia para passear. Foram no Mangal das Garças pela manhã, no carro de Roberta, pois o carro de Helena havia sido vendido dias antes; almoçaram no belíssimo restaurante do mesmo local; à tarde foram no shopping, do bairro do reduto, assistir um filme infantil no cinema. Nesse momento, enquanto passeavam pelo shopping, Iraci aproveitou para fazer as chefes comprarem-lhe esse relógio lindo de pulso de custo considerável, tentaram recusar inicialmente, mas bastou lembrá-las de quem eram as crianças que, com muita insatisfação de Roberta, acabaram cedendo.

Apenas no início da noite que decidiram acabar com o dia de lazer, Iraci nem precisou voltar para a casa delas, foi dispensada para voltar a sua casa do shopping mesmo. Iraci achou estranho, entretanto aproveitou a oportunidade, quanto mais cedo chegasse em casa, menor eram as chances de ter o carro assaltado ao entrar em seu bairro, como aconteceu certa vez por volta das 21 horas, quando o carro andava devagar pelas ruas acidentadas quando foi abordado por quatro assaltantes, dos quais três ela conhecia, porém achou melhor não deixá-los saber disso; "felizmente" apenas levaram dinheiro e objetos de valor, o motorista a deixou quase dois quilômetros antes do destino, fugindo desesperado; ela não o condenou por essa atitude. Iraci teve de completar o resto do percurso caminhando. Ela não achou tão ruim ser assaltada, pois foi a desculpa perfeita para fazer as patroas comprarem-lhe um celular melhor e mais moderno.

Iraci, vez por outra, quando esquecia que todas essas "bênçãos" em sua vida foram originadas através da morte da filha, agradecia aos céus; porém, quando percebia o preço pago por essas bênçãos, sentia remorso e vergonha. Entretanto cada vez mais eram menores as vezes que sentia vergonha.

O carro pegou a via principal.

— Ufa! Sobrevivemos, saímos inteiros — brincou o motorista.

— É, sobrevivemos. — respondeu Iraci — "Por enquanto." — pensou enquanto, sentada no banco de trás do carro, aguardava chegar na residência na qual desejava tanto morar.

11

Cerca de 30 minutos depois, chegaram no condomínio das patroas. Ela desceu em frente à casa delas com Rafael no colo. Iraci viu o carro de Roberta estacionado na rua, em frente à casa, indicando que a patroa não havia ido trabalhar; ela lamentou por um momento, com ela presente ficava muito mais difícil manipular Helena.

Inicialmente Iraci estranhou que alguns quadros os quais ficavam pendurados na entrada, enfeitando-a, não estavam mais lá. "Devem ter enjoado deles, vão trocá-los, como já fizeram antes.", pensou antes de atravessar a porta de entrada. Ao entrar pela sala, parou assustada, a casa estava vazia, não havia nenhum móvel, apenas marcas nas paredes nas posições em que ficavam.

— Meu Deus! — disse assustada — Dona Robeeeerrrta! Dona Heleeeeena! — gritou.

— Aqui na cozinha, Iraci. — Soou a voz de Helena.

Iraci andou rápido até elas, encontrou-as sentadas em cadeiras de plástico simples, com Helena segurando Maria no colo, ante uma mesa também de plástico. Sobre essa, tinha um documento, uma caneta e uma mochila apenas.

— Nossa! Aconteceu alguma coisa? — perguntou Iraci temerosa.

Roberta pegou o documento e a caneta, os quais estavam sobre a mesa, levantou-se e andou em direção da empregada.

— Aqui, Iraci, quero que assine isto. — disse entregando-lhe o documento.

— Mas por quê?

— Apenas assine. — disse Roberta ríspida.

Iraci estranhou a situação. "Por que ela tá me dando isso para assinar assim, sem mais nem menos? Ainda mais com a casa vazia. Tem alguma coisa estranha aqui.", pensou enquanto segurava o documento. Tentou lê-lo rapidamente, mas, como da última vez que tentou ler um documento escrito pela magistrada, não estava entendendo nada, entendia apenas os nomes próprios dela, das patroas e do neto; além de outras palavras, porém ao juntá-los numa frase, ficavam incompreensível para ela.

— Agora?

— É, agora.

— Pode ser depois, tem uma vizinha minha que o filho tá fazendo direito na UFPa, ele passou com esse negócio de cota, quero levar para ele me explicar, porque eu não tô entendendo nada que tá escrito aí.

Roberta, por uma fração de segundo, sua couraça rígida, firme e inexpressiva, quebrou-se demonstrando sua surpresa e susto com a resposta da empregada. Rapidamente ela recompôs-se e voltou a ficar com seu ar poderoso e inabalável.

— Infelizmente não vai ser possível, Iraci.

— Por que não? — perguntou Iraci estranhando muito a situação.

— Porque estamos de partida imediata e não teremos tempo para isso.

— Como assim?

— Vamos sair de Belém. — respondeu Helena.

— E como vai ser? O que vai acontecer comigo e com as crianças? — perguntou Iraci nervosa e amedrontada de ter seu sonho, sua chance de mudança de vida ser destruída.

— Eu e Helena gostamos muito das crianças e nos preocupamos muito com o futuro delas, por isso, decidimos levá-las conosco, para assim, podermos fornecer os subsídios necessários para uma formação educacional adequada delas. Dando-lhes uma boa educação, moradia, saúde, lazer, tudo o que uma criança precisa para uma vida digna. — disse Roberta contendo-se para não dizer: "Tudo o que você não pode fazer".

— Ma... ma... mas, mas eu não posso ir com vocês? Por quê?

— Infelizmente não, Iraci. — disse Helena com um ar de tristeza.

— E por que não? — clamou quase chorando.

— Nós não temos porquê responder-te isso.

Iraci olhava assustada de uma patroa para outra, estática, apenas o globo ocular movia-se. Não organizava seus pensamentos em algo racional, apenas as imagens, vistas pela manhã no trajeto até o local presente, golpeavam sua mente como os cruzados do Mike Tyson acertando os oponentes, e assim, como os oponentes dele, estava totalmente desorientada e confusa, quase indo à lona. As casas mal construídas, o bairro sem saneamento, as crianças brincando entre as imundices, a violência assustadora, tudo o que ela queria se livrar, agarraram-se nela prendendo-a, impedindo-a sair como as grades de uma prisão. Prisão essa na qual ela, familiares, vizinhos e pares foram condenados a perpetuidade e letalidade; com a única diferença que, na cadeia da vida, o dia da execução não é programado, a morte vem a qualquer momento e por qualquer método.

— Vamos, assine logo isso, é para o bem dos seus netos, sabe muito bem que você não pode cuidar deles, assim como não pôde cuidar dos seus filhos.

Os pensamentos dela, depois desse choque inicial, voltaram a se organizar. Rapidamente começou analisar a situação. "Um momento, elas querem as crianças, e eu sou a única que tem o direito sobre elas, se elas as querem, vão ter que me levar junto, ou nada feito.", pensou enquanto segurava Rafael com mais força. Depois que o susto virou medo, o medo virou raiva, e, por fim, a raiva virou coragem, Iraci conseguiu dizer as primeiras palavras:

— Não, não vou assinar nada, eles são meus netos, meus. Se vocês querem eles para ficarem fingindo ser uma família bizarra, como se eles fossem os filhos de vocês, vão ter que me levar junto, ou continuarão sem crianças para brincar. — disse ela olhando firme nos olhos de Roberta.

— Não faça isso, Iraci, nós vamos cuidar deles muito bem, você sabe muito bem que isso é o melhor para eles. Nós não podemos te levar conosco, porque... porque... porém vamos pagar suas passagens para vê-los sempre que você quiser, além de te dar por mês uma ajuda de custo de 2 mil reais. — falou Helena com uma voz mais conciliadora.

Iraci após ouvir isso, começou a rir debochada.

— Nossa! Meu Deus, como vocês são generosas, 2 mil reais por mês — disse com extremo sarcasmo, Roberta ao ouvir isso irritou-se com o deboche da empregada. — Vocês ainda têm a pouca vergonha de me oferecer apenas isso para vender meus netos?

— Não apenas isso — disse Roberta ríspida, andou até a mesa e pegou a bolsa que estava sobre a mesa, abriu o zíper e mostrou todo as notas de dinheiro em seu interior, as quais foram conseguidas com a venda do carro de Helena. — Aqui tem 125 mil reais, é para você, por ter nos ajudado esses anos.

Iraci ao olhar todas aquelas notas ficou, temporariamente, seduzida, por pouco não teve o impulso primário de aceitá-las. Todavia, depois de pensar um pouco melhor, lembrou-se que essa quantia não duraria nada, não a faria mudar de vida, no máximo traria um conforto por alguns poucos anos, e quando terminasse o que faria? Como iria se sustentar? Teria de voltar a limpar privadas de pessoas com mais dinheiro que ela? Muitas das quais, para aliviar alguma frustração da vida, a humilharia para sentirem-se superiores? "Não, isso não.", pensou.

— Não, não aceito isso, vocês só poderão ter as crianças se me levarem junto. Nenhum dos dois irá com vocês.

Roberta começou a rir retribuindo o deboche a pouco dado pela empregada.

— Você não entendeu ainda? Não percebeste que entreguei-te apenas o documento pedindo a guarda de Rafael?

Iraci realmente não entendia isso. "Por que fariam isso? Não gostam de Maria? Não é possível, elas sempre ficaram com Maria, além de terem gastado uma fortuna no hospital cuidando dela... — nesse momento que Iraci tomou outro choque ao entender finalmente tudo— ...É por elas não precisam, elas já têm a guarda dela." Nesse momento Iraci quase caiu no chão, isso só não aconteceu porque, enquanto discutiam, Iraci recuou inconsciente, ficando próxima da parede. Ao desorientar-se com a descoberta, as costas dela chocaram-se com a parede dando-lhe sustentação. Ela escorregou devagar até ao chão, segurando Rafael contra o corpo, com medo que o tirassem também.

— Parece que agora você entendeu. Vamos, você não vai querer separar os dois irmãos, vai? — Perguntou Roberta.

— Não, nunca vou permitir isso, vou na polícia, vou na imprensa, vocês nunca ficarão com meus netos, NUNCA!!! Direi a eles que vocês me enganaram para assinar isso sem eu saber.

Helena ao ouvir isso assustou-se, a ameaça da empregada pareceu bastante crível, não teve a menor dúvida que ela faria isso caso levassem seus netos sem o consentimento dela. Roberta, por outro lado, não se surpreendeu ao ouvir essas palavras, já esperava essa reação.

— E como você vai fazer isso? Como você vai provar que te enganamos? Tu tens alguma prova que comprove isso? Ou é apenas tua palavra? Em quem acreditarão? Numa diarista, semianalfabeta com familiares envolvidos com o narcotráfico, ou numa juíza respeitada com uma reputação ilibada como a minha? Hein? Sem contar que eu, como juíza, vou mandar prendê-los pelo que aconteceu com Maria. — blefou no final, não envolveria a polícia nisso, disse apenas para assustá-la. O envolvimento da polícia trazer-lhe-ia muita dor de cabeça.

— Não pode, não pode, isso é mentira — disse Iraci chorando — Isso não é verdade.

— A verdade não importa, o que importa é o que se pode ou não provar. E você não pode provar que a enganamos para ficar com a menina. Além do que, temos todos os documentos, dados por você de bom grado, esqueceste?

Iraci lembrou dos documentos que ficaram com Roberta no dia do cartório. Iraci começou a chorar agarrada no neto, percebeu que não poderia opor-se contra uma juíza. "Quem sou eu para isso? Uma nada, uma ninguém.", pensou. Começou a imaginar-se sozinha dentro de sua casa, velha e totalmente dependente, sem os netos, caída no chão com as pernas quebradas, sem poder se mexer, sofrendo, torcendo a Deus para que a morte viesse o mais breve possível, livrando-a da dor, da fome, da solidão e dos ossos partidos. Seu maior medo estava se tornando palpável, ela passou da esperança do sonho ao pavor do pesadelo.

— Vamos, Iraci, assine esse documento. — disse Roberta entregando-lhe novamente o documento e a caneta, os quais ela derrubou no meio da discussão — Não faça isso com seu neto, pense no futuro dele, pense neles dois, não os separe, não faça isso, não o condene a esse futuro decrépito que ele está fadado a ter sem o nosso apoio.

Iraci chorava compulsivamente, tentou pensar de maneira racional, porém o pavor da solidão não permitia. Ela sabia que, tendo apenas essas duas opções: entregar o neto, deixá-los unidos, com um belo suporte, ou separá-los, deixando-o desamparado, com a mesma vida que condenou seus filhos. O melhor para ele era deixá-lo ir com elas, assim, pelo menos, ele teria uma esperança maior de sucesso em sua formação. Contudo não conseguia ser racional, se é que escolher essa opção é ser racional. Flashess e flashes de seu pesadelo bombardeavam sua mente.

— Não posso, não posso deixar ele ir. — disse em prantos.

— Você prefere pensar em si, egoisticamente, em vez de fazer o melhor por seu neto?

Iraci não conseguiu responder, apenas balançou a cabeça afirmativamente.

— Então não tenho outra opção, vamos embora apenas com Maria. Você será responsável por tudo de ruim e todas as oportunidades que ele perderá por seu egoísmo.

— O quê? — falou assustada Helena — Como assim, não podemos sair daqui sem ele, eles são gêmeos, não podemos separá-los.

— Não os estamos separando, é ela. — disse apontando para Iraci.

— Não m...

Roberta a segurou com força e disse baixo no ouvido dela:

— Infelizmente, se ela não assinar, não poderemos partir com ele. Se ela entrar na justiça, temos a autorização, assinada por ela, da Maria, não tem como ela provar que a enganamos; mas se levarmos o menino sem autorização e a justiça entrar no caso, seremos presas, cedo ou tarde.

— M...

— O que você prefere: a menina ou nenhum dos dois?

Helena não conseguia falar, seu cérebro estagnou num paradoxo doloroso e quase impossível dela responder. Como poderia escolher alguma dessas opções? A única possibilidade em sua mente era ficar com os dois irmãos unidos. Imediatamente veio-lhe à mente as lembranças das conversas sobre o assunto com a esposa, entendeu que Roberta sempre referia-se a menina, pois sempre falava sobre a impossibilidade delas perderem a guarda no singular, nunca no plural. Helena nunca havia prestado realmente atenção nos mínimos detalhes da conversa por, na maioria das vezes, estar inebriada cuidando da menina.

Rapidamente o pavor de perder seus filhos e voltar a ser uma mulher incompetente — como seu antigo marido dizia —, sem serventia, nenhuma a consumiu. O que ela faria? Qual decisão tomar? Teria coragem de separar os irmãos apenas para realizar um sonho egoísta e individual? Helena não conseguiu responder sua esposa, desvencilhou-se dela com Maria no colo, ajoelhou próximo de Iraci e disse:

— Vamos, Iroca, faça a coisa certa e melhor para os seus netos, eu sei que você os ama, e, se for amor de verdade que os ama sem egoísmo, escolherás o melhor para eles e não para você. Uma mãe, uma avó, sacrifica-se pelo bem dos seus filhos.

Iraci, surpreendendo Helena, tentou tirar-lhe Maria do colo. Helena movendo-se por reflexo conseguiu evitar que ela conseguisse, afastou-se num pulo.

— Me dá minha neta, me dá minha neta. — disse Iraci tentando arrancá-la do colo de Helena.

Roberta aproximou-se da esposa para levantá-la, pois essa, ao afastar-se da empregada, perdeu o equilíbrio caindo de costas no chão. E, para proteger a menina, abraçou-a protegendo-a com ambas as mãos; devido a isso, Helena não protegeu-se da queda e bateu com a nuca no piso. Assim que colocou-se em pé, Roberta a orientou para esperar no carro para não, por acidente, machucar a menina.

— Me promete que vais trazer o Rafael?

— Eu vou fazer o meu melhor.

— Jura?

— Juro.

Helena saiu em direção a porta de saída. Roberta depois de acompanhar a esposa com os olhos, voltou-se para a empregada que estava sentada no chão agarrada ao menino.

— Vamos, Iraci, faça a coisa certa, não faça isso com seu neto, sabes muito bem a vida que ele vai ter se ficar com você.

Iraci imaginava o neto correndo entre as imundícies com outras crianças, crescendo em meio às pessoas as quais têm, como meio de subsistência, o crime, o tráfico, a violência. Onde o homem mais violento, perigoso e sem escrúpulos é admirado como exemplo de sucesso, visto que, a capacitação profissional em ensino superior era quase impossível com a educação fornecida pelo estado. Sabia que o melhor para o seu neto realmente era deixá-lo ir com as chefes; com apoio delas, a possibilidade dele ser admirado pela sociedade era muito maior; em contrapartida, deixá-lo sob seus cuidados, muito provavelmente, baseada no exemplo de seus filhos, ele seria temido e discriminado por essa sociedade. Contudo, seu pavor da solidão e da velhice não a permitia deixá-lo ir, ele seria o único que teria a "obrigação moral" de cuidá-la, mesmo sabendo que, essa "obrigação moral" não tem nenhuma garantia.

— Não posso. Não vou.

Roberta percebeu que não haveria acordo, Iraci não o entregaria. Não tinha jeito, teriam de ficar apenas com a menina. Mesmo sendo muito triste fazer a separação dos irmãos, elas teriam de fazer isso, poderiam "ajudar" somente a menina, pois a avó não permitiu que o menino fosse "ajudado", pensava tentando justificar o injustificável.

Helena ficaria devastada, choraria por semanas, até meses, porém, um dia ou outro, ela entenderia que, ficar apenas com a menina, era a melhor opção. "Um é menor que dois, entretanto infinitamente maior que nada.", pensou brevemente. Após decidir que teria de desistir do menino, teria de fazê-la entender de nunca tentar procurá-los ou incomodar suas vidas daquele ponto em diante.

— Iraci, então é isso, escolheste. Terás de arcar com as consequências de sua decisão. Quando seu neto entrar para o mundo do crime e transformar-se num traficante assassino, saberás que a culpa foi sua. Quando ele for morto num confronto com a polícia ou com outros criminosos, saiba que você o condenou a isso. Fique com ele, já que é sua vontade, porém não cometa o erro de nos procurar, não faça estardalhaço sobre isso, não permitirei que estrague a vida de Maria também, isso jamais. Caso tente, virei com todo meu poder de juíza, prenderei você e seu marido pelo resto de suas vidas, mandarei seu neto para a tutela do estado e ainda o adotarei. — Iraci ouvia calada, encarando-a com medo— Entendeste?

Iraci ficou calada.

— Responda — falou firme com tom beligerante — Entendeste?

Iraci balançou a cabeça afirmativamente.

— Você irá nos incomodar?

Iraci balançou a lateralmente a cabeça em negação.

— Ótimo — Roberta pegou a bolsa cheia de dinheiro e mostrou-lhe as notas — Mesmo você não merecendo, vou deixar esse dinheiro para ajudar Rafael. Espero que gaste com ele, e não com você, como eu venho observando que, todo o dinheiro que demos nesses dias, você usava apenas para proveito próprio. Você nunca pensou nos seus netos, pensas apenas em você, tanto que não nos deu a guarda dele por puro egoísmo. — Roberta ficou em pé, ereta e imponente — Acho bom você não ficar aqui muito tempo depois de partirmos, eles podem acabar detendo-a por invasão de propriedade e acabarão tomando essa bolsa. Cuide dela, pois é tudo o que tens.

Roberta saiu da cozinha.

Iraci, segundos depois, ouviu o barulho de um carro dando a partida. Ela ficou sentada no chão, chorando abraçada com o neto olhando para o dinheiro dentro da mochila. Perguntava-se onde ela teria errado, o porquê daquilo ter acontecido, seu sonho estava tão próximo de realizar-se, entretanto, agora, estava destruído como um castelo de areia sendo atingido por uma onda revolta.

Ela olhou para o relógio em seu pulso, para ver as horas, e, num estalo de luz, encontrou a resposta para sua pergunta. Entendeu que havia forçado demais a situação, não fora cuidadosa, acabou quebrando a relação sensível dela com as, agora ex-patroas. Não teve cuidado, foi desleixada, estava sofrendo as consequências desse descuido. Ela voou muito perto do sol com suas asas de cera, parecido com Pítaro, Ítaro, Itálico, não sabia o verdadeiro nome e não se importava em saber, como ele perdeu as asas e caiu em queda livre.

— Eu sou uma idiota, mais burra que um cupim com asas. — lamentou-se.

Iraci levantou-se depois de alguns minutos, não adiantaria mais nada ficar no chão lamentando-se. Pegou a bolsa cheia de dinheiro. Pensou em ir para casa de ônibus, mas desistiu, a chance de acontecer um assalto no coletivo era muito alta, poderia acabar tendo a bolsa roubada. Achou por bem alugar um carro de aplicativo, pegou o celular novo, moderno e caro do bolso e assim o fez.

III

Iraci voltava para casa abraçada com a mochila, Rafael vinha deitado no banco traseiro do carro, estava choroso, o carro balançava muito e isso o incomodava. Ela decidiu contratar o plano básico, como ela pagaria os custos daquele transporte, achou por bem economizar. Com mão esquerda segurava o menino para evitar dele cair do banco num desses chacoalhar; com a direita, apertava a bolsa com bastante força para não correr o risco de esquecê-la no banco traseiro quando saísse, tanto que os botões, cordas e detalhes estavam sendo impressos em sua pele.

Ela continuava a lamentar-se por ter perdido a oportunidade, e talvez a única, de mudar de vida. No entanto isso agora era passado, o problema principal dele passou a ser decidir como usar o dinheiro da melhor forma, e como fazê-lo render o máximo possível? Não poderia colocar no banco, caso o fizesse, quase todo ele seria debitado de sua conta para o pagamento das dívidas contraídas no tratamento da perna direita necrosada de Antonio. Uma coisa ela já tinha decidido sem dificuldade, dado que na perna esquerda do cônjuge também estava em processo de necrose: não gastaria um único centavo em tratamento.

"Como eu vou guardar esse dinheiro em casa? A casa é totalmente insegura, um empurrão forte poderia abrir aquelas fechaduras. Sem contar que, se Antonio encontrar esse dinheiro, gastaria grande parte em bebida, e a outra parte ele contaria para todos envaidecendo-se; acabaríamos sendo roubados por um desses ouvintes, se não mortos no processo. Acho que a melhor coisa é sair de casa com meu neto, comprar outra para nós. O problema vai ser se um dia Antonio perguntar pelos netos, o que eu vou dizer? Ele pode não aceitar ficar calado e fazer uma bagunça. A juíza ficaria possessa e nos colocaria na cadeia — pensou amedrontada — Melhor é sair e não deixar ele saber de nada, recusar qualquer pedido dele para ver os netos, posso usar a desculpa dele ser um bêbado... pode dar certo, não precisa ser por muito tempo mesmo. Quanto tempo ele ainda tem de vida?", pensava Iraci voltando para sua casa.

Capítulo 29.

1

Helena entrou no carro com Maria no colo, ligou o ar-condicionado para amenizar o forte calor. Um medo incontrolável de perder seus filhos a dominava, começou a chorar compulsivamente. Maria estava inquieta, mexia-se no colo dela tentando libertar-se para poder desbravar o mundo ao seu redor. Ela segurava-a firme, mas sem machucá-la; Maria ao ver o rosto dela completamente entristecido, inchado, cheio de lágrimas e saliva; a menina não entendia o porquê, porém sabia que essa mulher estava muito entristecida e pressentindo ser algo ruim, a menina uniu-se ao choro da mulher.

Ao ver a menina chorando, Helena controlou-se para acalmar Maria.

— Calma, calma, calma, calma, calma meu amorzinho, mamãe tá aqui para cuidar de você. Não chore, não chore — disse beijando-a e abraçando-a aconchegante com o rosto em lágrimas — Sshhh, ssshhhhh, ssshh, mamãe tá aqui, mamãe tá aqui.

Helena conseguiu, com muito esforço, conter os soluços, mas não conseguiu conter as lágrimas. Todos seus sonhos de ver os dois crescendo juntos, vestindo-os com roupas do mesmo tom, fazendo lindos ensaios fotográficos, festinhas para comemorar seus aniversários, natal, páscoa, dia das crianças, viagens, tudo lindo e perfeito, todavia poderiam não acontecer.

Ela se agarrou com todas as esperanças na capacidade argumentativa e manipuladora de Roberta, adquirida nos anos de trabalho em tribunais para trazer Rafael e, assim, poderem ser uma família feliz e completa. "Roberta tem de trazê-lo, ela prometeu isso, ela nunca deixou de cumprir com suas promessas, se ela prometeu ela vai cumprir, vai cumprir.", pensava sorrindo, com um sorriso que mais demonstrava desespero que a felicidade da confiança.

Momentos depois, surgiu Roberta saindo pela porta de entrada da residência, ao notar-la, Helena estampou um grande sorriso. "Lá vem ela, lá vem ela trazendo o meu filho — todavia esse sorriso foi murchando até esse rosto demonstrar apenas infelicidade — Já sei, ela vem pegar alguma coisa que ela esqueceu aqui no carro, depois vai voltar lá para dentro e trazer Rafael nos braços, é isso.", pensava tentando afastar do pensamento qualquer possibilidade de não conseguir o menino para si.

Ela acompanhou a esposa, com os olhos, aproximar-se do veículo, Roberta passou pela frente do carro para o lado oposto e parando em frente a porta do motorista, abriu-a e entrou no carro. "Ela entrou para falar comigo alguma coisa privada; com certeza vai pegar alguma na bolsa que estar no banco de trás, provavelmente mais dinheiro dos quase 50 mil que sobraram da venda do meu carro, vai retornar para dentro de casa e sair com Rafael nos braços.", pensava ela vendo-a acomodar-se na cadeira.

Enquanto esperava a esposa dizer algo, viu-a ligar o carro, colocar o câmbio automático na posição de dirigir e saiu em movimento. "O que foi? Por que ela tá tirando o carro do lugar? Quer estacionar melhor? Ei, por quê estamos nos distanciando mais e mais da casa? Ela deixou alguma coisa em outro lugar e tá indo buscá-lo.", pensava confusa, inventando mais e mais desculpas para não perguntar o real motivo deles estarem saindo. Inconscientemente ela protelava ao máximo ouvir a resposta horrível que tinha tanto medo. Depois que o carro saiu do condomínio para a via pública Helena não conseguiu mais elaborar pseudo justificativas e acabou perguntando:

— O que foi, amor? Para onde estamos indo?

Roberta nada respondeu, continuou estática olhando para frente, sem mover um único músculo, quase não era perceptível seus movimentos respiratórios. Estava com os olhos abertos, sem piscar, sem foco, sem brilho. Parecia uma estátua rígida, fria e sem vida. O único sinal que ainda demonstrava um pouco de vida naquele corpo rígido foi o rolar de uma lágrima solitária pelo rosto dela.

— Vamos, responda. Onde vamos e cadê o Rafael?

Novamente ela nada respondeu.

— Vamos, diga, cadê o Rafael? — perguntou Helena chorando e sacudindo-a com a mãe livre.

Finalmente a estátua rígida deu mais sinais de vida: o rosto impassível e firme começou a transmutar-se nos sinais clássicos de tristeza e choro de qualquer humano; as lágrimas começaram a jorrar sem controle por ambos os olhos, soluços soavam entre a respiração pesada; podia-se escutar alguns gemidos devido a força que ela fazia para conter-se. Entretanto, novamente, ela não respondeu.

— Responde!!!! — gritou Helena assustando a menina a qual começou a chorar estridente dentro do carro fechado — Não fica calada, responda.

— E... e... e... ele não vem. — respondeu Roberta com bastante dificuldade entre os soluços.

— Como assim?

— Ele não vem, a Iraci não aceitou dá-lo para nós.

A péssima notícia confirmou-se dentro da mente de Helena, notícia que ela sabia qual era, porém não queria acreditar. Ela sentiu-se frustrada, a decepção caiu sobre ela como uma cruz pesada, recusava-se a aceitar isso. "Isso não, não agora que estava tão perto de conseguir.", pensou.

— Não, não, não podemos permitir isso, não podemos separar os dois, temos que voltar lá e trazer o menino, isso é o melhor para ele, Iraci não pode cuidar deles, ele vai acabar morrendo se ficar com ela, temos de salvá-lo.

— Não podemos, a avó dele não permitiu.

— Não, não, me recuso a aceitar isso, temos que voltar. — disse tentando fazer Roberta dar meia volta na contramão.

— Não, para, Helena, não faça isso, vai acabar causando um acidente.

— Volta rápido, rápido! Não podemos deixar Rafael com ela. Se não voltar eu vou me jogar desse carro e voltar sozinha. — dizia ela completamente desorientada.

Vendo o desespero e descontrole nas expressões, falas e atitudes da esposa, Roberta segurou-a forte pelo braço, o suficiente para causar-lhe dor e, assim, com firmeza, demonstrar quem tinha a autoridade e controle no momento.

— Para com isso. Te acalma agora. — disse imperativa e beligerante, olhando firme e direto nos olhos de Helena, tirando completamente a atenção da via, fazendo as quase bater na traseira de um carro; felizmente ela freou centímetros antes. Essa atitude conseguiu acalmar

Helena minimamente, evitando-a de cometer alguma loucura. O choro desesperado de Maria não era percebido por elas, estavam tão imersas naquilo que nem percebiam a menina.

Assim que pararam num sinal, Roberta virou-se para a esposa:

— Tu achas que gostei de deixá-lo lá? Hein? — perguntou em alto tom, assustando Helena e Maria — Achas que eu queria isso? Não pensas enquanto eu também estou sofrendo com essa decisão? Hein?

Helena não respondeu.

— Responda, vamos, diga alguma coisa. Tu achas que eu não estou sofrendo com isso?

— N... n... nã... não... Mas vo... vo... você me prometeu que tra... traria ele, tu sempre dizes que nunca promete algo que não po... podes cum... cumprir.

— Eu não prometi que traria ele. Prometi que faria o melhor para conseguir isso.

— Não me venha com esses seus truques de advogada. — Helena respondeu irada.

— Isso não é truque de advogado. Foi o que realmente fiz, dei o meu melhor para conseguir o menino, infelizmente Iraci não aceitou.

— Mas ela não pode ficar com ele, ela não consegue cuidar dele, nem fornecer um suporte adequado na criação dele. Nós devíamos ter o direito de cuidar dessas crianças, isso é caso de vida ou morte.

— Não é assim que as coisas funcionam, meu amor. Mesmo eu concordando com você que ela não tem condições de fornecer uma vida digna para Rafael, não podemos ficar com eles sem consentimento dela. Se eu trouxesse o menino sem documentação comprobatória que foi concedida a guarda dele de comum acordo pelo responsável familiar direto, e ela entrasse na justiça, seríamos presas por sequestro de incapaz; poderia demorar anos, meses, com essa morosidade da justiça brasileira, mas seríamos presas cedo ou tarde. — Helena ficou calada olhando para o nada — Já que não podemos salvar os dois, pelo menos, poderemos salvar a menina.

— Ma... mas... mas...

— Tu queres ser presa? Tu queres ser presa e perder os dois filhos daqui a alguns anos, ou ser mãe de uma menina linda até o fim da vida?... Hein?... Responda, qual das duas opções você prefere?

— Eu não posso escolher isso — respondeu Helena em prantos — Eu não posso escolher isso. — disse abraçando a menina e escondendo o rosto no corpinho dela...

Roberta viu a esposa chorando copiosa abraçada a filha, chorando tanto quanto uma mãe de "verdade" chora ao perder seu filho para a morte. Seus olhos encheram-se de lágrimas. Roberta sofria muito, uma dor indescritível ardia dentro de seu peito. Sabia que Helena nunca seria capaz de tomar essa decisão, Helena era amorosa, cuidadosa, carinhosa e frágil, nunca seria capaz de suportar esse fardo, por isso decidiu tomá-lo para si.

— Eu sei, meu amor, eu sei — disse acariciando os cabelos da amada — Eu sei que você não poderia escolher nenhuma dessas opções, por isso escolhi por nós. Sei que você está extremamente triste com isso, mas, assim que se acalmar, entenderás que eu tomei a melhor decisão. Tudo o que fiz foi para o nosso bem. Chore, coloque tudo isso para fora, vai aliviar sua dor. Vamos para Santarém, lá construiremos uma nova vida, isso nunca irá apagar a dor de perder Rafael, porém podemos dar uma vida melhor para Maria, uma vida que ela nunca teria sem a nossa ajuda.

O sinal abriu e Roberta colocou o carro em movimento. O choro copioso de Helena foi diminuindo gradativamente até ficar apenas em esporádicos derramar de lágrimas. Ao ver a esposa mais calma, Roberta sentiu-se mais tranquila, não poderia dizer que "mais feliz", pois felicidade era a única coisa que não estava presente dentro de seu ser.

Ela guiou o carro em direção ao aeroporto da capital paraense.

— Em Santarém vai ser tudo muito melhor meu amor, isso eu te prometo. — disse segurando o ombro da esposa para dar-lhe segurança.

Helena olhou dentro dos olhos de Roberta, sabia que ela não poderia dar lhe certeza que essa promessa seria cumprida, entretanto não teve dúvidas que ela faria de tudo para tentar. Helena beijou a mão da esposa que estava em seu ombro e descansou a têmpora sobre ela carinhosamente. Assim que o carro parou em outro sinal, Helena beijou a esposa.

— Eu acredito em você, meu amor. — disse ela acariciando o rosto de Roberta.

Finalmente Roberta expressou um singelo sorriso naquele rosto totalmente triste. Helena voltou-se para a filha. Começou a limpá-la e enxugar todas as lágrimas que a menina havia chorado e estavam marcando o rostinho dela depois de secar. Ela pegou uma fralda limpa e esfregou as bochechas delicadas da filha com muito cuidado.

— Mamãe vai cuidar de você, meu amor — uma lágrima caiu sobre a bochecha da filha — mamãe vai cuidar muito bem de você.

Capítulo 30.

1

Antonio estava deitado no sofá sobre uma garrafa de cachaça, olhando para o telhado de amianto. O cheiro da bebida derramada, acumulada no móvel, recendia pela sala, porém ele, por viver constantemente com esse odor alcoólico, já não o sentia mais por causa da acomodação sensorial, assim como o fedor pútrido do pus que exalava de sua perna solitária. Ele movimentou-se tentando retirá-la, no entanto seu peso dificultava a conclusão da ação.

Estava fraco, uma febre assolava-o, enfraquecendo seus músculos e tremendo seus ossos, Iraci vendo com constantes febres, comprou uns antibióticos sem prescrição; no começo melhorou e baixou a hipertermia, não obstante voltou a retornar. Antonio teve vontade de desistir de tirar a garrafa, mas a sede o impelia cada vez mais. Depois de muito esforço conseguiu retirá-la. Ainda restavam alguns poucos mililitros dentro da garrafa, entornou-a sem hesitar, o líquido caiu em sua língua como um néctar doce e saboroso.

Esvaziou a garrafa de imediato, todavia não era o suficiente para satisfazê-lo, ele queria muito mais. Antonio tentava enfiar a língua o mais fundo possível dentro do gargalo para aproveitar qualquer porção mínima que houvesse restado no interior do recipiente. Após cansar-se disso, deixou a garrafa cair por entre as mãos, frustrado. O vidro grosso resistiu ao impacto com o piso, causando um barulho ensurdecedor, fazendo-lhe, por consequência, sentir uma forte dor de cabeça.

Antonio, com muito esforço, conseguiu sentar-se no sofá. Ele olhou pela sala e viu as paredes rachadas e manchadas com mofo, uma escuridão soturna tomava conta da casa; Iraci havia saído e deixado todas as portas e janelas fechadas, apenas alguns fios de luz solar entravam pelas frestas e goteiras do telhado rasgando a escuridão, e nesses fios de luz, era possível enxergar partículas de poeira pairando pelo ar.

Cabisbaixo, Antonio olhou para o chão, passeou os olhos pelas lajotas antigas e rachadas, até que percebeu seu pé único: os dedos aparentavam não ter vitalidade nenhuma, estavam escuros e levemente azulados, esse aspecto diminuía à medida que sua vista subia em direção ao tronco. Ele sabia que algo não estava bem, quase não existia mais sensibilidade alguma no membro: não sentia frio, nem calor, nem dor— certo vez ele, cerca de três dias atrás, andando bêbado pela casa, acertou a perna da mesa da cozinha com o dedo mínimo; Antonio pensou que sentiria uma dor horrível, contudo nada sentiu, nem mesmo um arder, ficou feliz por não ter sentido dor e voltou a fazer o que fazia. Nesse momento, ele, observando o pé, percebeu o resultado desse baque irrelevante, o dedo mínimo estava totalmente enegrecido, numa posição anatômica totalmente torta e antinatural; ele decidiu colocá-lo no lugar, segurou-o com firmeza, sentiu-o gélido, fechou os olhos preparando-se para dor e, quando devolveu-o à posição natural, novamente não sentiu nada. "Que maravilha não senti nadinha.", pensou satisfeito.

— Acho que isso não é um bom sinal assim como você acha.

— Ah! Você de novo? Não me deixas em paz não?

— Claro que não, sabes muito bem qual é o único jeito d'eu deixá-lo em paz. — disse a sombra parada na frente dele.

Antonio decidiu-se levantar e procurar uma nova garrafa, com muita dificuldade conseguiu ficar em pé, e nesse processo, a sombra ria debochando dele toda a vez que, por não conseguir sustentar o corpo, tornava a sentar no sofá. Ele precisou tentar oito vezes para, enfim, colocar-se em pé, e assim, para procurar sua bebida, mas para isso, primeiro deveria encontrar sua muleta.

Apoiando-se no móvel e na parede procurava seu sustento; encontrou-a jogada atrás do sofá, ao tentar abaixar-se para pegá-la, não conseguiu sustentar o peso do corpo: a perna cedeu jogando-o ao chão. A sombra ria dele de forma vexatória, ele ouvia essas gargalhadas como se fosse o Cabeça de Prego rindo dele.

— Cala a boca! Cala a boca! — gritou revoltado.

— Imagina quando tu perderes essa perna, como vai ser? Vais andar arrastando o cu no chão, parece um cachorro tentando limpar a bunda depois de uma bela cagada. — disse a sombra rindo mais alto e mais vexatório.

— Cala a boca, cala a boca, cala a boca. Me deixe em paz, por favor meu Deus — disse clamando — Faz essa coisa sumir, me dê a paz.

— Não sei por que perguntas, sabes muito bem o que deves fazer para ficar em paz. — disse a sombra encarando-o com os olhos vermelhos. — Sabe, depois que tu perderes essa perna, é só perderes também os braços e ficar dentro de um casco, podem te chamar de tartaruguinha. Poderás ganhar uma fortuna com isso

— Me deixa em paz. — disse já em lágrimas.

Novamente batalhou para ficar de pé.

— Meu Deus, Antonio, não sei ainda como consegues viver assim, estás num estado deprimente.

Antonio movimentava-se lentamente em direção à cozinha, estava desesperado para pegar outra garrafa de cachaça por dois motivos: primeiro para aliviar a sede sufocante que já estava agonizando; segundo para perder todos os sentidos e não ouvir as humilhações "Dessa maldita sombra", pensou. Chegou finalmente na cozinha, procurou em todos os locais por mais bebida, porém nada achou.

O desespero começou a assolá-lo, estava sem álcool e sem dinheiro.

— Caramba, tu és burro mesmo, não tens dinheiro? Faz que nem da última vez, vende a TV, depois Iraci dá o jeito dela para conseguir de volta.

Concordando com o conselho da sombra, ele retornou para sala — novamente com muita dificuldade. A perna estava muito enfraquecida, no percurso, por duas vezes ela não suportou o peso dele e, por um segundo, cedeu; felizmente, Antonio conseguiu sustentar-se com os braços evitando a queda. O líquido purulento escorria por sua perna empestcando o local com seu fedor nauseante, mesmo estando acomodado sensorialmente com esse cheiro, ele sentiu a fetidez da podridão. O esforço causado por ele causou a saída de bastante secreção.

— Credo! Você está podre em vida. — disse a sombra reclamando.

Depois de muito tempo e esforço, ele conseguiu chegar na estante da sala. Tentou tirar o apoio da muleta e sustentar-se apenas na perna para poder elevar a TV com mais facilidade; conseguiu por poucos minutos, o esforço era tanto que rios de suor escorriam por seu corpo, a respiração ficou acelerada e ofegante. Quando estava conseguindo levantar a TV, a porta da sala abriu, Iraci entrou segurando Rafael do no colo com uma das mãos, e, na outra, estava a bolsa cheia de dinheiro.

— O que está fazendo? — gritou Iraci.

Antonio assustou-se com o grito e derrubou a TV no chão.

— Porra, olha o que tu fizeste? Me fizeste jogar a TV no chão.

— E para que você estava carregando a TV?

— Não te interessa, eu não tenho que te responder o que eu vou ou não fazer. Eu que tenho de te perguntar, o que estás fazendo aqui, e que bolsa é essa?

Iraci revoltou-se, aquele bêbado inválido e putrefato ainda achava-se no direito de ordená-la como se fosse seu dono, tratando-a como uma escrava subserviente com o único objetivo de fazer-lhe tudo sem questionar, e isso ela não aguentava mais. Ela estava em seu limite, passara a vida toda como serviçal, treinada apenas para obedecer, nunca pensar por si, apenas cumprir as ordens de outrem. "Isso eu não aguento mais, principalmente de um aleijado como esse merda aí. Eu tenho agora dinheiro, eu mando em mim, e não vou deixar ninguém mais dizer o que eu devo ou não fazer.", pensou sentindo a raiva crescer dentro de si.

— Eu que não tenho mais de te responder, você que depende de mim seu saco podre de bosta.

— Cala sua boca, essa casa é minha, e tu tens que fazer o que eu mandar. — gritou irado com a reação da esposa.

— Essa casa é tua?

— É, essa casa é minha.

— Ótimo, então fica com ela. Pode ficar com essa merda de casa, que eu vou pegar meus netos e vou embora daqui. Nunca mais teremos que te aguentar. Vais viver sozinho e vais morrer sozinho, seu deficiente fedorento de merda.

Iraci saiu em direção ao quarto dela.

— Me respeita, sua vagabunda, tu tens que calar tua boca quando teu homem, que sou eu, falar.

Iraci decidiu sair daquele local opressivo, não aguentava mais um segundo ao lado desse homem, sem contar no fedor. Sairia para procurar uma casa, qualquer uma. Decidiu não levar Rafael, ele o atrasaria demais, achou por bem fazer o mesmo que fizera da vez anterior: tirou o colchão de cima da cama e deitou-o sobre o piso, colocou Rafael sobre ele, tirou algumas centenas de reais da bolsa e jogou-a sobre o guarda-roupas, pensou que ali seria o local mais difícil para Antonio alcançá-la.

Assim que abriu a porta, Iraci ouviu várias ofensas do marido:

— Aonde pensas que vai, sua piranha?

— Aonde eu vou?

— É, aonde vais?

— Eu, seu filho da puta, vou procurar uma casa para mim e para meus netos, não importa que seja um barraco de paus e lona, qualquer coisa é melhor que viver aqui com você, um aleijado insuportável fedendo a podre que nem você. Eu vou embora daqui. Essa casa não é tua? Então fique com ela, morra aqui, apodrecendo feito um morto-vivo. — disse dirigindo-se a porta.

— Tu não vais a lugar nenhum porque eu não disse que podes ir, só sairás daqui quando eu deixar. — disse colocando-se na frente dela para impedi-la.

Iraci apenas empurrou-o sem esforço, Antonio caiu no chão sem conseguir proteger-se, totalmente indefeso.

— Como vais me impedir? Hein? O que irás fazer para me prender? Seu pedaço de merda... Você não me dá mais medo, tu és um fraco, um peso, uma vergonha, um fardo que está a atrapalhar a vida dos outros. Tu és triste, mais indefeso que uma criança: pelo menos elas engatinham, e, daqui a pouco, nem isso mais vais conseguir fazer... Eu tenho pena de você... Não, que pena nada, eu quero que você se foda, você destruiu a minha vida; desde o dia que eu fiquei com você minha vida só fez piorar, mas isso acabou. Hoje quem manda na minha vida sou eu, e você pode ficar esbravejando o que quiser, mas eu vou fazer o que me der na telha. — disse Iraci revoltada, falando tudo o que estava preso dentro dela por anos.

Virou-se, andou até a porta e saiu.

Antonio ficou no chão, humilhado, destruído. O pouco de amor próprio que ainda existia dentro dele foi soterrado pela vergonha. A sombra ria dele mais e mais alto, piorando ainda mais a humilhação que ele estava sentindo.

— Cala a boca! Cala a boca! Cala a boca!

— Eu? Por quê? Por que irei obedecer-te, se ninguém mais o faz? Nem mesmo tua mulher? Tu não és nada, não és humano, nem homem, és um fardo, uma maldição na vida de todos, tu apenas serves para atrapalhar a vida dos outros. Ninguém gosta de ti, se morreres, ninguém te lamentarás; o inverso, comemorarão sua morte. Portanto, eu rirei de você porque é isso que és, uma piada, não uma piada engraçada, muito pelo contrário, horrível, triste, embaraçosa, mas que se rir por pena... Isso, eu rio de você porque és digno de pena.

Antonio ficou prostrado no chão, chorando de humilhado. As gargalhadas da sombra martelavam sua cabeça como uma marreta de 15 quilos. Ele tentava tapar os ouvidos com as mãos, contudo não abafava o som em nada, continuava ouvindo-as como se estivessem saindo de uma aparelhagem de tecnobrega. Ficou ali, deitado por horas chorando, ouvindo cada gargalhar daquela sombra com olhos rubros que o perturbava, encarando-o fundo nos olhos.

— Chega! Não aguento mais isso. — gritou travando os dentes com força.

Levantou-se com raiva, com o máximo de força que poderia fazer. Pegou sua muleta e direcionou-se o mais rápido que podia em direção ao quintal, foi para o quarto de depósitos, abriu a porta revoltado, procurava entre a escuridão, teias e poeira, encontrou o que procurava dentro do carro de mão. Pegou a corda grande e forte, roubada de uma das últimas construções na qual trabalhou. Voltou para dentro de casa, estava exausto, os braços doíam de tanta força que fazia para sustentar o corpo.

Foi até uma das janelas da cozinha e amarrou a corda na grade de proteção. Olhou para o teto, procurando onde teria um suporte forte o suficiente para sustentar seu peso. Encontrou uma coluna que saia da parede, verticalmente, e sustentava o teto, achou perfeito. Empurrou a mesa com muita dificuldade até o local, na mesma direção da coluna.

Passou alguns minutos tentando subir na mesa até conseguir. Pôs-se de pé sobre a essa, novamente com muito esforço passou a corda em volta da viga, preparou um nó com um laço, colocou o pescoço dentro desse laço, deixando-o como um cordão.

A sombra o encarava de frente, ela, pela primeira vez, havia parado de rir desde que fora derrubado por Iraci.

— Não vai fazer, não tem coragem para isso. És um covarde, tem que ter muita coragem para fazer isso, tem que ser homem, e já sabemos que não és homem, não és nem um rato.

— Então fica olhando.

Antonio apoiou as costas na parede e tentou empurrar a mesa com as pernas, todavia sua perna estava muito fraca, não conseguia vencer o atrito do piso. Mesmo tentando conter-se, ele começou a chorar, o corpo tremia de medo. Teve vontade de descer dali, conquanto recusou-se, caso fizesse, a sombra o perturbaria por toda a vida, principalmente sem álcool para embebedar-se.

— Não disse que você não iria conseguir, és um fracassado mesmo. Mas eu vou te ajudar.

A sombra aproximou-se da mesa, olhou com seus olhos rubros, fundo nos de Antonio, bem fundo, dentro da alma. Antonio viu aquele rosto enegrecido, sem nada, a não ser por seus olhos, porém um sorriso se formou naquele rosto escuro. Então a mesa escorregou tirando-lhe o sustento. O barulho da madeira contra o piso parecia uma trombeta anunciando ao mundo a "coragem" de Antonio, minutos antes da queda, ele imaginou como se aquele som anunciasse a todos que ele não era um merda, mas sim um homem.

Seu corpo ficou sem sustento, a gravidade fez seu trabalho jogando-o em direção ao solo. A corda se apertou em volta do pescoço sustentando-o no ar; a perna única perdia sem apoio, automaticamente começou a debater-se lutando pela vida. Antonio sentiu uma dor horrível em seu pescoço, parecendo que, o atrito da corda arrancaria a pele de seu pescoço.

Rapidamente Antonio arrependeu-se da ideia, no entanto era tarde demais para arrependimentos. Ele tentou gritar por socorro, contudo apenas um som mínimo e baixo saiu por sua boca. Para sua infelicidade, a corda não impediu totalmente a passagem de oxigênio para os pulmões, apenas uma pequena quantidade conseguia passar por sua traqueia, o que protelaria, e muito, seu sofrimento.

Ele, em desespero, tentou tirar a corda com as mãos, porém não conseguiu: a corda estava apertada demais; para conseguir afrouxar a corda e aliviar a pressão. Ficou desesperado, começou a forçar com os dedos para tentar salvar-se, as unhas encravavam no pescoço, rasgando a pele, cortando a carne, fios de sangue começaram a surgir dos ferimentos. O rosto dele começou a inchar, primeiro ficou avermelhado, momentos depois começava a ficar azulado, a língua saiu de sua cavidade oral, ficando azulada, o tamanho dela quase dobrou com o edema formado. O ar passando pelo micro espaço restante na traqueia causava um som agudo, parecido com um silvo, o mesmo tão comumente ouvido em asmáticos quando estão em crise.

Percebendo que não conseguiria tirar o laço de seu pescoço, ele tentou segurar-se na corda que o separava do solo e puxar-se para aliviar a pressão; levantou os dois braços sobre a cabeça, segurou firme e puxou-se, porém, não conseguiu aguentar o próprio peso, a corda escorregou por entre as mãos queimando-as. Desesperado começou a debater-se, cabeça, cotovelos e calcanhar chocavam-se contra a parede abrindo chagas nas proeminências. Fezes e urina começaram a escorrer por sua perna. O telhado tremia com seu desespero, embora não sendo o suficiente para derrubá-lo ou chamar a atenção de alguém.

Antonio olhava para a sombra que continuava a encará-lo. Os olhos ficaram vermelhos e esbugalhados; uns vasos romperam-se dentro dos olhos, preenchendo o corpo vítreo com sangue, impedindo a luz de entrar deixando completamente cego. Tudo ficou escuro, não conseguia enxergar nada, a não ser os olhos rubros que não deixaram de encará-lo dentro de sua mente. Após horas de sofrimento agoniante, suas forças começaram a diminuir, não tinha mais energia para levantar os braços ou mexer o corpo. Foi quando perdeu a consciência e finalmente não se mexeu mais.

Capítulo 31.

1

Caixas amontoavam-se por toda a casa. No quarto, apenas a cama estava arrumada; roupas, sapatos, quadros, bijuterias, todos ainda estavam em algum lugar dentro de seus invólucros. A nova casa era tão espaçosa e bonita quanto a antiga, contudo, sem os arranjos, os detalhes e sem os objetos que criam a identidade do casal, a linda casa parecia morta e fria: apenas paredes rearranjadas de uma forma inovadora com um telhado cobrindo-as. Elas teriam muito trabalho para deixar essa nova residência tão confortável e aconchegante quanto a antiga, mas Roberta não se preocupava com isso, preocupava-se com Helena, que ainda estava muito cabisbaixa.

As três prepararam-se para dormir. Maria teria de dormir com elas, pois o berço, assim como todos os outros móveis haviam chegado três dias depois delas em Santarém. Nesse tempo de espera, tiveram de ficar esperando na melhor suíte do melhor hotel cinco estrelas da cidade, com todos os gastos custeados por um desses inúmeros auxílios dados aos juízes e funcionários públicos do alto escalão. Não tinha o que reclamar do hotel: teve direito ao SPA luxuosíssimo, acesso livre ao buffet preparado por um dos melhores restaurantes da cidade. Entretanto, como quem faz o local são as pessoas, nada disso foi aproveitado inteiramente; o clima pesado de dias antes, deixava um amargor metálico no final de tudo, impedindo-as de aproveitar os sabores da vida.

Preocupada, Roberta achou por bem ir para a casa nova assim que a entrega chegasse. "Quem sabe, estando em casa e com mais privacidade, só nós duas com a nossa filha, talvez isso levante um pouco o semblante dela.", pensou ao observar Helena pelo hotel. Fizeram o check-out assim que receberam a confirmação de chegada da transportadora.

Voaram para a casa recém-comprada, nem pararam para admirar o lindo condomínio fechado, com ampla área de esporte e lazer; um lindo paisagismo, piscina ampla, lago artificial com peixes e tartarugas; padarias, farmácias, tudo o necessário para não precisarem sair de sua redoma. a não ser quando precisarem trabalhar.

Conseguiram apenas organizar poucas coisas na cozinha; no quarto deu tempo apenas de preparar a cama e tirar algumas peças para dormirem confortáveis. Poderiam ter arrumado o berço, mas Roberta decidiu protelar isso, pensava que seria bom para Helena dormir com Maria mais algumas noites, assim, talvez, poderia ter um conforto maior da perda do Rafael.

Helena e Maria aprumaram-se na cama, Roberta desligou as luzes, colocou o ar condicionado numa temperatura fria e agradável de montanha. Andou em direção à cama e entrou com cuidado, e bem devagar, sob o edredom quente e macio. Maria estava no centro, sorridente e levemente sonolenta; Helena a entretinha com um ursinho de pelúcia que a menina amava. Roberta ficou olhando para as duas, a imagem de Rafael veio-lhe à mente num flash, deixando-a triste e saudosa, porém esforçou-se para não demonstrar, não queria que Helena percebesse e ficasse mais triste que estava.

— Você fica linda cuidando da nossa filha.

Helena deu um leve sorriso sem conseguir disfarçar a tristeza.

— Eu sou a mulher mais sortuda em ter você como minha esposa e ela como minha filha. — continuou Roberta.

— Eu também, amor, eu também.

Um silêncio constrangedor se formou.

— Ainda está triste? — perguntou, chamando-se de idiota mentalmente de imediato. "Claro que ela tá triste, tá na cara dela estampada a tristeza, e eu ainda faço uma pergunta idiota dessa, eu sou muito burra mesmo."

— Estou, meu amor, claro que estou, não vou mentir para você. E nem posso, basta olhar para mim e saberás que estou triste... Mas não se preocupe, vai passar, só estou tentando absorver o luto. Logo, logo estarei como antes. Não se preocupe, eu entendo que fizeste o melhor, porém entender isso não diminuiu minha tristeza. Eu te amo do mesmo jeito que antes. — respondeu, olhando Roberta nos olhos.

Helena deitou virada para a direita, olhando para a esposa, deitando a cabeça sobre o travesseiro, o qual estava sobre seu braço. Segurou a mão esquerda de Roberta firme, passando-lhe segurança e companhia. Roberta apertou a mão da esposa retribuindo o sentimento, posicionou-se da mesma forma que a esposa, de frente para ela, com a direita: pousou-a protetoramente sobre a filha.

Helena repetiu o gesto.

— Nossa vida vai ser muito boa daqui para frente, e nossa filha vai ser uma grande mulher. Eu prometo. — disse Roberta.

— Eu sei, amor, acredito em você. Seremos uma linda família e nossa filha será uma grande mulher.

As duas ficaram se olhando durante bastante tempo, ambas com os olhos marejados. A cama, na qual estavam repousadas, davam-lhes conforto, aconchego e segurança. Continuaram assim até que as duas dormiram tranquilas e esperançosas de um futuro melhor.

11

A cadeira foi colocada como uma alavanca para travar a porta. Iraci forçou a cadeira para verificar se estava bem presa; satisfez-se com o resultado — não totalmente por ainda sentir-se insegura dentro daquela casa frágil. Estava com sono, mas antes de ir para o quarto, decidiu verificar mais uma vez todas portas e janelas.

Ao virar-se e olhar para a parede, veio-lhe à mente a imagem de Antonio suspenso, preso por uma corda em volta do pescoço, com o rosto roxo, a língua inchada e assustadoramente aumentada para fora da boca, num tom púrpura mais escuro que a face; olhos esbugalhados fora das órbitas, cheios de crostas de sangue endurecido, escorrido deles por causa da forte pressão; o pescoço cheio de lesões as quais pareciam ter sido infringidas por uma onça ou algum outro grande felino.

Ao relembrar essa cena de forma tão detalhada e viva a ponto de duvidar se estava lembrando ou vendo-o enforcado naquele instante, Iraci sentiu as pernas fracas e quase foi ao chão, tal qual a reação tida no mesmo dia em que o encontrou pela primeira vez.

Foi um choque horrível, faziam três dias desde o enterro, porém continuava tendo pesadelos com a cena. Não estava preparada para encontrar aquilo, sempre achou que ele morreria num hospital por infecção, ou qualquer complicação da diabetes; pensava que o veria no IML, da mesma forma que viu a filha pela primeira vez. "Dessa forma seria muito menos agressiva.", pensou andando pela casa e verificando as janelas.

Lembrou-se da polícia tomando a sua casa e da perícia removendo o corpo. Ela havia prometido a si mesma que não gastaria um centavo daquele dinheiro com o marido, entretanto, teve de quebrar essa promessa, usou-se dele para pagar os serviços da funerária. Novamente teve de passar por todo aquele ritual funerário típico, com os inúmeros curiosos e estranhos querendo ver um cadáver, vizinhos sem qualquer intimidade, desafetos testemunhando a desgraça alheia para se sentirem melhor, sem contar de esquecerem todos os defeitos dele e elogiá-lo por todos os atributos que ele não tinha.

Iraci entrou no quarto depois da segunda vistoria, olhou Rafael dormindo sobre a cama, envolto por uma proteção de lençol que não serviriam de nada, apenas dava um conforto moral de ter feito algo caso acontecesse alguma tragédia. Pegou uma cadeira, trazida da cozinha dias antes, e colocou-a travando a porta como fizera na cozinha.

Antes de deitar-se, olhou embaixo da cama para certificar que a bolsa com dinheiro ainda estava ali; após confirmação, entrou rápido no mosqueteiro, torcendo para não terem entrado junto muitos mosquitos, e deitou com cuidado sobre o colchão velho, desnivelado e fedido a mofo. Sentiu calor, gotas de suor surgiram no pescoço e virilhas, dando-lhe uma grande sensação de agonia e inquietude.

Tentou aumentar a força do ventilador, todavia já estava no máximo. Queria estar em outra casa, menos velha e menos decrépita, contudo, no dia da morte de Antonio, quando saíra à procura de uma nova morada, assustou-se com os valores cobrados pelas casas à venda, gastaria quase todo seu dinheiro por uma casa de estrutura semelhante e num bairro tão violento quanto o seu. Depois da morte do marido, desistiu, decidiu não procurar outras casas — já que o motivo de querer se mudar estava morto. Seria melhor fazer algumas pequenas reformas, aumentar um pouco a segurança e viver ali mesmo. Apesar de violento, sentia-se confortável em sua insegurança, pois estava acostumada com ela. Sabia quem evitar, que horários poderia sair ou não. Mudando-se, teria de aprender tudo de novo.

Rafael começou a mexer-se querendo acordar.

— Ssssshhhh, ssssshhhhhh, sssssshhhhh vovó tá aqui, vovó tá aqui. — disse acalmando-o

Assim que ele se aquietou, Iraci deitou posicionando-se, sem acordar o menino, da forma mais confortável que conseguiu— depois de muito tempo procurando essa posição, parecido como um cão faz ao deitar. Tentou relaxar, mas o calor não permitia. Ficou imóvel esperando Sandman levá-la para o mundo dos sonhos, infelizmente ele estava demorando bastante, devia estar ocupado em outra casa que podia pagar o plano premium.

Ficou olhando para o teto envelhecido, estava muito ansiosa com seu futuro indefinido e sem esperanças de melhora. Até que, depois de algumas horas de preocupações, ela dormiu ao lado do neto.

pólen bold 90 gr/m2
tipologia garamond
impresso na primavera de 2022